当代中小学教师研修教材

体育新课程教学与教师成长

主　编　陈雁飞
副主编　袁立新　韩兵　潘建芬

Tiyu Xinkecheng Jiaoxue Yu Jiaoshi Chengzhang

中国人民大学出版社
·北京·

当代中小学教师研修教材编委会

《体育新课程教学与教师成长》
编委会

主　　编　陈雁飞

副 主 编　袁立新　韩　兵　潘建芬

编写人员（按姓氏笔画排列）

马　凌　马敬衣　卫　星　毛振明　宋尽贤
李　健　李江泰　季　浏　陈雁飞　张庆新
杨　帆　罗希尧　周志勇　胡峰光　耿培新
袁立新　唐东辉　黄春秀　赖天德　韩　兵
韩金妍　潘建芬

总　序

建设人力资源强国是我们今后一段时间的重要任务，作为工作母机的教师教育，包括职前培养和职后培训，越来越发挥着关键作用。温家宝总理提出，与国家民族振兴相联系的师范教育才是真正的师范教育。我们今天的教师培训要从培养现代化建设人才的需要出发，从改革不适应社会发展需要的教育内容和方法手段出发，使教师牢固树立素质教育的理念，提高自身师德与专业素养，提高实施素质教育的能力和水平，总之，要有魂，要有力，要有效，要见诸儿童青少年的全面健康可持续的成长，这样的培训才是真正的培训。

人才强教是首都教育现代化的战略，也是北京教育学院的职责。作为首都重要的教师培训机构，北京教育学院坚定办学方向，坚持内涵发展，为成为首都人才强教的高地而不懈努力。2004 年北京教育大会以来，我们根据“面向全体，突出骨干，倾斜农村，服务急需”的培训方针，开展了以“绿色耕耘”为品牌的农村教师培训、以“春风化雨”为品牌的城区中小学教师培训、以市级学科带头人和骨干教师为主要对象的培训等大规模的培训，涉及 10 多个项目，每年培训万余人次。在培训过程中，我们又在充分发挥自身优势的前提下，秉持整合资源、开放创新的理念，充分发挥首都优质培训资源的作用，聘请了中国科学院、北京大学、清华大学、北京师范大学、首都师范大学、北京教育科学研究院等机构教授专家和一线中小学特级教师、中小学名校长为培训项目授课，从而积累了丰富的培训课程资源。为了使这些资源发挥更大的作用，既为后面我们的各类培训提供学习教材，又为其他地区的教师培训提供参考，我们决定筛选优秀的课程内容，把教学讲义整理出来，按学科编成相对系统的培训教材。

我们认识到，学校的发展必须是内涵发展。基于此，我们提出了学科建设、科研建设、信息化建设、人才队伍建设、制度建设五项攻关。而培训课程是五项攻关的核心内容，是五项攻关的汇聚点、着力点。学科建设的核心是在知识创新的基础上转化形成一批品牌课程；科研是培训课程建设的基础和基本手段；信息化是培训课程实现新载体形式、新传输形式的途径；人才建设也要以课程为平台，好的课程往往能培养出优秀人才；制度建设则是课程开发与运用的保障。我们的主业是干部教师培训，而培训的核心竞争力是课程。

开发和建设培训课程不是简单的事情。通常要经过实际需求分析、案例及素材采集、理论研究、实践应用，最后转化为课程，它实际上是一系列理论研究和实践应用后的结果，是培训者的一种再创造。正是由于培训课程开发的特殊性、复杂性，才使我们的教师较好地把理论和实际结合起来，也才使我们的教师朝着“顶天立地”型发展。

本套教师研修教材共计14本，涉及中小学主要学科。既是一套反映新课程理念、新课程改革实践的教材，又是一套针对课程与教学改革中的重点难点问题而深入探讨、给人启发的教材，还是一套前沿理论与丰富案例较好结合的教材，相信它能够为教师的专业发展带来积极的帮助。

在本套教材编写出版的过程中，我们得到了院外许多专家教授、一线名校长名教师的大力支持，在此对他们的辛勤耕耘表示敬意和感谢！

李方

2009年5月

目　录

第一编　体育课程改革的理念与实施

第二编　体育课堂教学设计与策略

第三编　体育教学技能与案例分析

第四编　体育教学评价与体质测试

第五编 学校体育课程资源的开发与利用

第六编 体育教师专业发展与成长

第一编

体育课程改革的理念与实施

第一讲
体育课程改革的理论与实践

华东师范大学体育与健康学院　季　浏

义务教育《体育（与健康）课程标准》（简称《课程标准》）实验已有八年，各实验区和实验学校都切实贯彻《课程标准》的精神，结合本地区和本校的文化传统、经济发展和教育特色，因地制宜、因校制宜，认真负责地开展《课程标准》的学习与实验，均取得了非常显著的实验成果。但是在新课程实施过程中，也存在着一些问题。课标组认为，有些问题是《课程标准》需要进一步改进与完善的，主要集中在文字表述等方面；有些是源于教师们的理解和实践操作的问题，教师需要进一步加深对《课程标准》的认识，进一步解放思想，转变观念，切实领悟《课程标准》的精神实质；还有些问题则属于教育行政、社会环境等方面，不是《课程标准》本身所能解决的，需要多方协调才能得以解决。本讲结合教育部对全国 29 个省市 42 个国家级实验区的城镇、县镇、农村学校及不同办学水平学校的体育教师和体育教研员进行的问卷调查和访谈调查的结果，以及课程标准组成员近八年来通过多种途径和方法搜集到的各种反馈信息等，对新课程实施中若干理论与实践问题进行探讨与分析。

一、课程性质

问题 1：《课程标准》在课程性质的描述中提到“它是对原有的体育课程进行深化改革，突出健康目标的一门课程”。看法一：原有的体育教学多年来积累了宝贵的、丰富的经验，原有的体育教学形成了多年来行之有效的教学模式和方法，对之应该是继承和发展相结合。因为任何事物都离不开继承与发展，没有继承和发展的改革是没有根基的改革。看法二：如果取消这句话，并不会影响体育学科课程性质定义的完整性。

建议：首先，改革并不意味着推倒重来，否定一切。《课程标准》中提到的“是对原有的体育课程进行深化改革”，指的是在继承原来体育课程优秀经验基础之上进行的深化改革。改革虽然包括继承优秀的传统，但不是继承“所有”，对有些落后的、陈旧的东西就必须进行改革。改革并非仅仅是继承，还包括改变和突破。例如，体育新课程突出三维健康目标就是对原有体育课程的一种改变与突破。

问题 2：课程性质中提到“是实施素质教育和培养德智体美全面发展人才不可缺少的重要途径”，其中方针的表述应为“德、智、体”三个字。

建议：将课程性质表述中的“德智体美”改为“德、智、体”。因为“德智体美”的提法不常见，一般是三育观（德智体）或五育观（德智体美劳），因此，改为“德、智、体”。

二、课程目标

问题 3：心理健康目标应增加“培养顽强的意志品质，具有良好的抗挫折能力”；社会适应目标应增加“形成关爱他人的良好品质，树立良好的团队意识”。

建议：意志品质已在心理健康学习领域目标中有所体现，可在其后增加“具有良好的抗挫折能力”；团队意识也在社会适应学习领域目标中有所体现，可增加“关爱他人”方面的内容。

问题 4：《课程标准》中强调心理健康和社会适应的内容过多。体育课应是以运动实践和身体练习为主的实践课，心理健康和社会适应内容目标过多不宜凸显体育课的特性；心理健康和社会适应的内容目标同属于不易观测的隐性目标，可以通过体育教学进行渗透和培养，但不是体育课具体的教学内容。

建议：这可能是认识上不够全面和深刻所致。第一，体育不仅仅是为了运动，更是为了教育，体育与健康课是以身体练习为主要手段，但目的是促进学生的全面发展。全面发展不等于仅仅只是身体发展或运动发展。从育人的角度出发，既要重视体育的生物属性和技术属性，也要重视体育的教育属性和人文属性。第二，体育活动既是身体活动，也是心理活动和社会活动。因此，体育活动对人的身体、心理和社会适应具有重要的影响。第三，健康的生物观早已过时，身、心、社整体健康观受到人们的普遍认同。第四，教学目标应包括认知目标、技能目标和情感目标，三者缺一不可，同等重要。第五，实践证明，体育与健康课除了能够增进学生的身体健康以外，对于增进学生的心理健康与提高社会适应能力，也具有非常重要的作用和独特的优势。由此可见，在《课程标准》中强调心理健康和社会适应的目标不但非常重要，而且十分必要。在体育教学中，这些目标主要是通过身体练习的手段来实现的。当然，如果心理健康和社会适应方面的目标有重复的话，应该予以合并或删减。

问题 5：五个学习领域目标之间是一种什么关系？

建议：将体育与健康课程的学习目标和内容划分为五个学习领域，一是为了体现体育课程的功能和特性，二是为了体现整体健康观，三是为了符合国际体育课程发展的趋势。实际上，五个学习领域由两条主线组成：一条是运动主线，包括运动参与和运动技能；另一条是健康主线，包括身体健康、心理健康、社会适应。运动主线是手段、方法和载体，健康主线是目标。手段、方法和载体主要是为了实现健康目标，健康目标可以引领手段、方法和载体。此外，需要强调的是，五个学习领域是一个相互联系的整体，不能分割开来进行教学，应该通过身体练习去实现五个领域的学习目标。

问题6：能否将心理健康目标和社会适应目标合并？

建议：《课程标准》将社会适应单列出来有三个原因：第一，社会适应是三维健康观中独立的一个维度；第二，我国学生的社会适应问题较为突出；第三，体育教学在提高学生的社会适应能力方面具有不可替代的作用，值得重视和强调。如果合并，也不是不可以，但心理健康和社会适应方面的内容都应该有。

三、教学内容

问题7：《课程标准》中由于对教材内容的安排过于宽泛而教学要求相对又比较简单，所以对于新参加工作的体育教师来讲，他们可能会感到有些迷茫，面对教材与学生，他们应该教什么、怎样教？

建议：对于新参加工作的教师而言，即使规定具体的、详细的教学内容，也需要一个适应的过程。对于一名大学毕业生来说，主要问题不在于他会不会选择教学内容（一名合格的大学毕业生应该知道田径、篮球、排球、武术等项目包括哪些主要内容），而在于他会不会设计教学内容。因此，关键是应尽快提高新教师设计教学内容的能力和水平。退一步讲，即使规定了篮球的具体教学内容，一个教学能力差的体育教师也上不好体育课。实际上，实验区的反映是，不规定统一的、具体的教学内容，不是教师不会上体育课了，而是体育课上得更精彩了，更符合实际了，更受学生欢迎了。因为教师能够根据学校和学生的实际情况去选择和设计教学内容，这样的内容当然受学生喜欢。另外，《课程标准》除了规定明确的、具体的学习目的，还在其后附上了教学内容的框架和范围，以及教学实施建议，可供教师参考。因此，教学要求并不是简单的，而是具体的。但这些建议不能绝对化，留给体育教师自主发挥的空间是必要的。

问题8：《课程标准》中的“内容标准”，给人感觉像一个详尽的“目标体系”，而不是“内容标准”，缺乏具体的教学内容，教师们希望能充实一些具体的指导内容与方法。

建议：要说明的是，《课程标准》是有内容的，但内容的表达方式与过去的《体育教学大纲》不同，发生了新的变化。这与国际体育课程的发展趋势完全一致，即《课程标准》规定具体的目标和内容框架以及对学习内容的要求（即内容标准）。所谓内容标准，是指学习和掌握内容应该达到的标准。对于《课程标准》不规定具体的学习内容这一问题，其原因除了考虑到与国际体育课程的发展趋势相一致外，还考虑到以下几点：第一，中国地大物博、各地各校的差异很大，如果规定具体的内容，就会导致一些学校教得了，而更多的学校教不了的现象。用一个纲、一本教材、统一的内容去解决全国各地各校复杂的体育教学问题，事实表明是不行的。过去硬性统一规定教学内容的教训应该引以为戒。规定统一的、具体的学习内容会导致千校一面、千人一面的状况。第二，《课程标准》规定了统一的课程目标和内容框架以及对学习内容的要求，体现了课程的统一性。具体的教学内容让学校和教师根据自己的实际情况去选择和确定，这样的内容选择更切合实际，更受学生喜欢，更能提高教学效果，体现了课程的灵活性。因此，《课程标准》体现了统一性与灵活性的高度结合。第三，本次基础教育课程改革实行国家、地方和学校三级课程管理，不同的管理层面承担不同的权力和责任，国家的《课程标准》主要是引领课程发展方向、确定课程目标、提出课程理念等，具体的学习内容应该是学校层面的事情。第四，这样的表述方式有助于促进体育教学从“教教材”向“用教材教”的方向转变，有助于促进教师的专业化发展。综上所述，规定具体的学习内容弊大于利。

问题9：《课程标准》指出：以目标的达成来统领教学内容和教学方法的选择。各地、各校和教师可以选择多种不同的内容，采用多种不同的形式和方法去达成课程学习目标。这种表述会造成两种理解：一种理解是综合五个领域里的水平目标，选择具体的教学内容；另一种理解是根据每个领域里的水平目标，选择主要体现该水平目标的教学内容。在实际的教学中，到底应该采用哪种理解来选择教学内容呢？在这些方面存在很大的分歧。

建议：在一堂体育课的教学中应首先综合考虑相应水平五个领域的学习目标，然后选择有助于实现学习目标的学习内容和方法。

问题10：把“观看体育比赛”作为内容标准有点牵强。

建议：“观看体育比赛”既可以是体育与健康课内的要求，也可以是课外体育学习的要求。这对培养学生的体育意识、体育欣赏能力、激发学生的运动兴趣等很有作用。我们不能把体育与健康课的内容仅仅局限于身体活动本身，组织学生观看体育比赛实际上也是为了促进学生更好地参与体育活动。在体育教学中，我们应该树立大课程观的思想，促进课内与课外教学相结合。

问题11：内容标准中使用了“达到该水平目标时，学生将能够……”的表述方式，给人的感觉这也是一个详尽的“目标体系”，而不是一个课程的“内容标准”，有名不符实和逻辑关系不清之感。学习内容是达成学习目标的具体材料，“内容标准”和“课程目标”两者并不是一回事。

建议：“内容标准”不等于“内容”，不是指一个个具体的学习内容，而是指学习内容掌握到什么程度。换言之，内容标准是针对学生学习内容的程度要求，而目标体系则是凌驾于内容标准之上的，是针对整个体育教学而言的，不仅仅是针对内容。一般而言，内容标准主要是显性的要求，而目标体系中则既有显性目标，又有隐性目标。

问题 12：通过水平目标的确定可以看出，供教师选择的运动技术教学内容过少，运动技术含量过低，学生不能够真正掌握运动技术，有些内容过于简单。

建议：《课程标准》规定的运动技能学习内容框架包括田径类、球类、体操类、水上或冰雪类、民族民间体育类、新兴运动类项目，可供教师和学生选择的运动技术教学内容非常广泛。可以这样说，只要是符合学校实际的、学生喜爱的运动技能都可以选择为体育教学内容。另外，《课程标准》还专门设置了运动技能学习领域，对运动技能的教学问题也有多处强调。由此可见，《课程标准》不仅没有限制运动技能的教学内容，反而应该说更为专门地强调运动技能的教学。至于说“运动技术含量过低”，那是某些教师对于《课程标准》中有关运动技能学习内容规定没有深刻认识所致。

问题 13：希望教学中还是应该适当地给竞技体育留一个位置，但必须要进行教材化处理。

建议：《课程标准》对竞技体育依然高度重视，并不存在留不留位置的问题，从其规定的学习内容框架来看，包括田径类、球类、体操类、水上或冰雪类、民族民间体育类、新兴运动类项目等，所有的竞技体育项目都可以选择作为教学内容；从其学习目标来看，不仅有对一些竞技性学习内容的目标要求，同时还有包括“观看体育比赛”等方面的与竞技体育相关的学习目标。由此可见，《课程标准》并没有反对竞技体育，而是反对竞技运动的教学色彩，即不能完全照搬训练运动员的内容和方法来进行体育教学，强调要根据体育教学目标、学生的身心发展特征等来选择或改造竞技运动的内容和方法，使这些内容和方法适合学生的学习和锻炼，受到学生的喜爱。

问题 14：学习目标、学习内容、学习步骤均应该使用教学名词替代，即教学目标、教学内容、教学步骤。

建议：这不仅仅是个提法上的问题，还反映了一个教学理念和重心的转移，即从注重教师的“教”转变为注重学生的“学”。一方面，采用学习目标、学习内容、学习步骤的提法，充分体现了新课程“以学生发展为中心”的新理念；另一方面，“教”是为“学”服务的，教学的最终结果是学生学有所得、学有所获，因此一切教学活动都应该落在学生的“学”上。如果仍然强调教师的“教”，则容易导致教师在教学中忽视学生的情感、体验和兴趣，使得教学难以为学生所接受，教学效果则会大大下降。

问题15：武术项目的专业性太强，内容标准中有多处谈到“武术”，实施起来有相当的难度。

建议：武术是中华民族的瑰宝，多处强调它是为了在体育教学中重视这一内容，以弘扬中国优秀的民族传统体育文化。况且，多年来，武术项目一直是我国中小学体育教学中的重要内容，体育教师们已经积累了大量的教学经验。同时，武术项目（尤其是非器械武术，如拳术套路的学习等）不仅没有对场地器材提出过多要求，而且还是许多地方广为流传的民族民间传统体育活动；不仅能够因地制宜地予以实施，而且还深受学生们的欢迎。

问题16：《课程标准》强调“健康第一”的指导思想，很容易忽视运动技能，导致教学内容的运动技术含量过低，学生不能够真正掌握运动技术。如何进行运动技能的教学是教师们感到棘手的大问题。

建议：实际上，这是一些教师的误解，强调“健康第一”的指导思想不是忽视运动技能的教学，而是强调在设计运动技能教学时要考虑学生的身心发展特征，要使运动技能的教学有助于促进学生的健康发展。运动技能教学是手段、方法和载体，目的是增进学生的健康。我们不能简单地认为，不完全按照训练运动员的手段和方法进行体育教学就是运动技术含量过低。目前，“健康第一”的课程指导思想因其适应社会发展的需要和人们对健身的迫切需求，而逐渐为体育教师和学生所接受，并能够充分体现体育与健康课程的“育人”功能。因此，现阶段体育教师中存在的问题并非是否要强调“健康第一”的指导思想的问题，而是应该如何构建“健康第一”指导思想下的运动技能教学的问题。通过八年来的课程改革实验，许多体育教师在这方面已积累了很好的经验，相信通过课程改革不断地向纵深推进，体育教师将会更为深刻地理解和把握“健康第一”指导思想与运动技能教学之间的关系。

问题17：《课程标准》中提到“1～6年级不编写学生课本，7～9年级和高中阶段各编写一册学生课本”。小学没有教材，初中和高中三年各一本书，造成教学安排不好把握。小学高年级应该有体育课本，初中和高中三年教材应每年一本，独立成册。

建议：《课程标准》组将努力解决这一问题。从很多的反馈信息来看，很多信息反馈者都建议小学高年级（水平三）和初中阶段（水平四）每个年级编写一本教材。

四、教学案例

问题 18：一些体育教师对《课程标准》中的案例有疑惑之处，认为案例的题目不像是体育与健康课的案例，像是思想品德课或别的学科案例。

建议：《课程标准》一共出现了两个案例，鉴于这两个案例是八年前编写的，通过八年的课程改革，我们又已积累了更多、更好的经验，《课程标准》修订组将在对已有案例进行精心修改的基础上，增加一些新的案例，且在题目上增加“体育活动”的概念。至于“不像是体育与健康课的案例”这样的说法，那是有的教师没有真正理解这些案例的内涵。

问题 19：在实际工作中，诸多项目因为场地器材等条件的限制是无法开展的，应多提供一些在农村地区容易实施的教学建议及教学案例，多补充一些具有实效性、操作性强的教学建议和案例，或提供一节体育课的完整教案。

建议：可以适当考虑提供一些农村地区容易实施的教学建议以及教学案例。但需要指出的是，《课程标准》强调三级课程管理，强调各地、各校、教师在内容选择、方法安排上的灵活性和自主性，并没有对教学内容进行硬性规定。由此可见，体育新课程更关注一些农村学校的教学现状和条件，更加有利于农村地区根据自身条件因地制宜地开展体育教学，因而并不存在有些项目无法开展的问题。如果没有条件，这些项目完全可以不开设，而去开设一些有条件开展的教学项目，因为有利于学生健康发展的项目成百上千。另外，对于提供一堂课的完整教案，我们认为没有必要在《课程标准》中呈现，这是《课程标准解读》中呈现的内容。不过，可以考虑在《课程标准》中提出一堂课的教案应包括哪些要素。

五、学习水平

问题 20：学习水平的划分与年级不配套，实施较难；各种目标的设置过于笼统，教师在教学中难以有效地掌握和运用。

建议：《课程标准》以学习水平划分代替年级制，既符合国际体育课程的发展趋势，也符合学生身心发展的规律和特点，对于实施体育教学具有明显的益处。首先，各地、各校教师可以根据实际情况灵活安排体育课程的教学内容和教学时间。其次，学习水平的划分有利于调动学生的学习积极性，可以鼓励体育学习成绩较优异的学生在达到某一水平目标的前提下，将高一级的水平目标作为自己的发展性目标，从而使学生得到更好的发展。再次，学生的身心发展特征并不是与每个年级一一对应的。最后，学生在各方面的差异也较大。因此，按照年级来设置学习目标、规定学习内容，会造成一些学生“吃不了”而另一些学生“吃不饱”的现象。此外，应该说《课程标准》的目标设置是比较具体和明确的。在修订时，会考虑尽量使一些目标更明确和更具体。

问题21：学生的学习水平是由任课教师自己说了算，还是由别的学术机构、学术标准说了算？

建议：《课程标准》将学生的学习不按年级划分，而是按学习水平划分，共分四个学习水平，对应九个年级，并提出了相应的学习水平目标要求，是根据学生的身心发展水平和体育学习程度来划分的，并未与年级存在绝对的对应关系。学生达到哪种学习水平，可以参照《课程标准》中所提出的各个水平要求，由任课教师对学生进行考核和评价，然后确定学生的下一个学习水平目标。

六、课时安排

问题22：《课程标准》中的课时数是随学生的年级而递减的，小学一二年级学生好动，参与体育学习的积极性高，而三至六年级学生其他学科的学习压力增加了，参与锻炼的时间就少了，课时与以前相比还在减少，不是很合理。

建议：小学一至二年级是四学时，小学三年级至初三都是三学时，比以前的课时增加了，也是较合理的。

问题23：现在孩子们玩的时间太少，仅靠一周三节体育课不够。

建议：除了体育课要提供给学生充分活动的时间外，各校还可以灵活开展丰富多彩的课外体育活动。课外体育活动是体育与健康课程的重要时间资源，无论是课内体育学习，还是课外体育活动，都应该是体育与健康课程所需要关注的，体育教师应树立大课程观的思想。

七、学习评价

问题24：提供更多可操作的评价量表供教师参考；将学习成绩评定内容的学习态度、情意表现与合作精神两个部分合并。根据不同水平的学生心理特点提出相对比较具体的评价标准。

建议：首先，从三级课程管理的指导思想出发，如同《课程标准》不宜对全国的学校统一规定具体的学习内容一样，学习评价的内容和方法不宜也不能规定过细，应该由学校和体育教师根据实际情况来定。当然，在修订时可以考虑提供案例供参考，也可以在修改《课程标准解读》时提供更多的案例。其次，学习态度、情意表现与合作精神分别作为运动参与、心理健康和社会适应学习领域的代表性评价指标，不宜合并。最后，运动参与、心理健康和社会适应学习领域的这些评价难以像体能和运动技能那样定量评价，只宜采用相对具体的定性评价。

问题25： 在体育学习的评价中应该设立体育学习的必测项目和选测项目。有些基础内容学生必须要掌握，必须要学好，通过考核和测量促进学生掌握基本技能。

建议： 为了使评价内容与学习目标相一致，评价内容应包括体能、运动知识与技能、学习态度、情意表现与合作精神四个方面。这四个方面即为必测的内容。至于运动技能方面选择什么内容作为评价项目（包括必测或选测），由于《课程标准》对全国不规定具体的学习内容，应由学校和体育教师根据具体的学习内容和学生的学习情况等来定，不宜全国统一规定。

问题26： 评价指标的内容与比例各自为政，很难统一。是否能给学生的体能、运动知识与技能、学习态度、情意表现与合作精神四项评定内容一个固定的权重比例？

建议： 评价指标与权重应该由学校、教师酌情掌握，应根据学生学习的实际情况予以确定，不宜由《课程标准》统一限定。用一个标准、一种比例来规定全国差异很大的各地、各校学生的体育学习评价是不切实际的，很难发挥评价的导向和激励功能。

问题27： 有关学习态度、情意表现与合作精神等指标内涵比较模糊，在具体的教学实践中较难操作，增加了教师的工作量和工作难度，甚至会造成体育教学评价的随意性。

建议： 学习态度、情意表现与合作精神等不可能像体能和运动技能的评价那样来进行定量评价，只能采用相对的定性评价。虽说增加了评价指标会相应地增加教师的工作量和难度，但这有助于全面、准确地评价学生的学习行为，促进学生更好地学习和发展。从这一个角度来讲，适当增加评价方面的工作量是必要的。目前最关键的是研究和探索一些好的评价方法与工具，帮助教师尽量减少评价工作量，实际上我们现在也已开发出了既能减少教师工作量，又能有效评价学生体育学习成绩的“中小学体育学习评价”工具。至于体育学习评价随意性的问题，主要不在于评价指标的多少上，而在于教师的工作态度和责任心方面。

问题28： 学生学习成绩的评定为什么不从五个领域入手，而从体能、运动知识与技能、学习态度、情意表现与合作精神四个方面入手？

建议： 五个学习领域只是学习目标和内容框架，不具有评价性质和可操作性，而且包括的内容很多。四个方面的评定内容主要评价的也是学生在五个学习领域方面的情况，这些指标都具有较强的代表性，且明确、具体，操作起来也比较可行。

八、教师培训

问题29：《课程标准》是一个纲领性文件，一线教师在努力领会《课程标准》精神的同时，不断学习、理解《课程标准》的内容，并尽其所能地达到《课程标准》要求。如果《课程标准》不能给予教师最具体可行的指导，那么就会出现三种倾向：部分教师仍沿用已有的知识、技能的传授体系进行教学；部分教师处于矛盾的选择中；还有部分教师处于不知所措的状态。

建议：《课程标准》只是一个国家性纲领性文件，主要起到指导的作用，而不是硬性的规定，不宜成为一份教学大纲或教学计划。如果规定得很死、统得过严、指导得太细，一是难以符合各地、各校的实际情况，导致适应性差；二是只能使教师继续成为课程的被动执行者，无助于教师成为课程的设计者和教师专业化的成长；三是导致全国千校一面、千人一面的状况，无助于教师进行创造性的、富有特色的教学。为了促进教师更好地理解新的教育思想和理念并付诸实践，一是需要教师自身加强学习、转变观念、提高认识、勤于交流、勇于实践、善于反思、不断总结；二是通过多种途径加强对教师的培训和研修工作；三是加强校本课程的开发和研究，这是推进体育课程改革和促进教师不断成长和发展的重要途径，也是下一步应该重点关注的问题。教师的发展更多地应该通过参与各种培训、交流和研究等途径来予以实现，而不能仅仅依靠有限的文件精神描述来解决实际问题。

问题30：小学体育教师中途转岗的人数颇多，对于新入岗的体育教师，如何让他们真正领会《课程标准》的精髓和内涵？

建议：对于新入岗的体育教师而言，一方面需要加强学习和实践，从知识结构、能力结构等方面对他们进行入门培训；另一方面应该以老带新，让具有一定新课程实施经验的老教师指导这些新教师，以确保《课程标准》的有效实施。

九、其他方面

问题31：体育学科与信息技术整合内容缺乏。当今社会是一个网络时代，信息技术高速发展，体育学科有必要吸取先进的技术，以充实自己。

建议：体育学科与信息技术的整合，一方面体现在运用多媒体技术进行课堂教学上，另一方面体现在网络工具的运用上。因此，修订《课程标准》时，可以在实施建议的课程资源部分提出相应的建议。但是由于目前全国并未实现网络普及化，因此不宜做统一规定和要求。

问题32：尽可能删减与体育课既不密切相关，老师又教不了的课程内容。

建议：首先，《课程标准》的内容标准中所提到的内容，都是同体育与健康课程密切相关的内容。绝大多数课程内容对于一名合格的大学本科毕业的体育教师而言，都是能够胜任的。只有极少数的课程内容是过去没有强调、但对于学生的健康发展同样非常重要的，这些内容主要由于过去没有教过而需要进一步加强学习。而且，《课程标准》中列出许多运动项目供老师们选择，并非都需要教，如果老师认为有的项目教不了，可以不教，可选择一些学生喜欢且有条件教的项目作为教学内容。

问题33：针对北方的特色运动项目基本没有。

建议：《课程标准》中有冰雪类项目的学习内容和要求。

问题34：《课程标准》中有些内容含糊，指导性强，操作性差。如“做出多项球类运动中的简单组合动作”。在这句话中，“多项球类运动”究竟指的是什么，是否可以具体表述，如足、篮、排、乒、羽等；“多项”究竟是几项？两项？还是三项？“简单组合动作”究竟指什么？能否举例或用技术术语进行表述，如原地运球与行进间运球的组合、运球与急停的组合等。而且，对于小学三、四年级的学生来说，能“做出多项球类运动中的简单组合动作”不是一件易事。

建议：《课程标准》给了老师较大的理解空间和创造发挥的空间。上述问题完全可以由教师根据实际情况，在教学中予以灵活掌握。运动项目太多，且每一个项目中的内容更多，不可能也没有必要严格限定。

本讲小结

本讲是在课程标准组根据全国新课程实施调查统计分析报告和各省市、各实验区所提出的具体问题及修改意见的基础上讨论、研究的部分意见和结果。通过分析新课程实施中有关的理论与实践问题，旨在帮助一线体育教师正确认识和理解《课程标准》，并上好每一节体育课。

思考与活动

1. 你在新课程的实施过程中，曾碰到过哪些现实问题或值得探讨的问题？

2. 新课程实施以来，你的体验和收获是什么？

3. 根据课程标准组专家对新课程实施过程中具体问题的思考与分析，你打算如何更好地实施体育教学？

参考文献

1. 中华人民共和国教育部. 体育（1～6 年级）体育与健康（7～12 年级）课程标准（实验稿）[M]. 北京：北京师范大学出版社，2001

2. 中华人民共和国教育部. 普通高中体育与健康课程标准（实验）[M]. 北京：人民教育出版社，2003

3. 季浏主编. 体育与健康课程与教学论 [M]. 杭州：浙江教育出版社，2003

4. 季浏. 义务教育体育（与健康）课程标准解读 [M]. 武汉：湖北教育出版社，2002

[作者简介]

季浏，男，华东师范大学体育与健康学院院长，教授，博士生导师。担任国家中小学体育与健康课程标准研制组组长，全国中小学体育教学指导委员会副主任等职务，曾编著《体育教育展望》、《体育与健康课程与教学论》、《初中体育与健康新课程教学法》等 30 余部著作和教材；发表《体育课程在继承的基础上改革与发展》、《我国基础教育体育课程改革对高校体育教育专业课程改革的启示》、《体育与健康课程标准实施过程中应注意的几个问题》等 130 余篇学术论文。

第二讲
体育课程改革取得的成绩与进步

——兼述《对中小学体育课的基本要求》的说明

中国学校体育研究会理事长 宋尽贤
中国学校体育研究会秘书长 赖天德

随着基础教育课程改革实验范围的不断扩大与改革的深入发展，相关领域对此出现了不同观点的争论。这些争论不仅表现在理论观点上的分歧，也表现在对实践中出现的问题的不同认识。出现一些争论是很正常的，但由于学术上争论的问题与实践中需要正视和解决的问题纠缠在一起，因而在一定程度上影响了体育教学改革的深入发展。

为了有利于体育课程与教学改革健康深入地发展，本讲在总结各地体育课程与教学改革经验和听取有关方面意见的基础上，结合出现的一些新问题，从体育课堂教学层面上，提出了九条对中小学体育课的基本要求。

一、教学指导思想正确，正确贯彻课程标准精神

教学指导思想正确，能依据体育学科的性质、体育教学的基本规律，从实际出发，正确地贯彻《课程标准》的精神，促进体育课程与教学改革健康深入的发展。体育教学的指导思想是否正确，主要看在课堂教学设计与教学实践中，是否正确地贯彻、落实了“健康第一”的指导思想。贯彻“健康第一”的指导思想，就要坚持面向全体学生，为提高全体学生的身体健康、心理健康与社会适应服务，但必须明确，从体育学科的角度来看，“身体健康”是“三维健康”的基础。体育课堂教学是否正确地贯彻了《课程标准》的精神，主要看三点：

（一）体育课是否符合体育课程的性质

《课程标准》指出：“体育与健康课程是一门以身体练习为主要手段，以增进中小学生健康为主要目的的必修课程”。近段时期以来，出现的一个比较突出的

问题就是，有些体育课不以身体练习为主要教学手段，不以运动技能为主要教学内容。例如，有的把围棋、象棋、吹肥皂泡等引入教学内容中；有的用硬纸板制成模拟建材与构件，让学生在体育课上去组装房子、汽车；有的把尿素袋开发成“时装”，让学生在上课时套在身上学走时装步等。这些做法既无法让学生学到什么体育的知识、技能，也达不到锻炼身体的目的，背离了体育学科的性质，应当注意避免。

（二）体育课是否遵循体育教学规律开展教学活动

体育教学规律主要是人体生理机能活动变化的规律、运动技能形成的规律、身体锻炼的规律、学习心理的规律及教与学的规律。体育课只有认真遵循上述规律开展教学活动，学生才能真正学到应有的知识、技能，身心才能得到有效的锻炼。体育教学就是要让学生快速、高效地掌握所需的知识、技能和有效地进行身体锻炼，而主要不是让学生自己去发现、探究与构建什么新的体育知识、技能。这是体育教学区别于体育科研的一个重要标志。

（三）体育课是否从实际出发开展教学活动

体育教学改革，应当根据《课程标准》的基本精神，结合学校自己的场地器材、师资特点、学生水平等实际情况来进行。对外来的经验，必须从实际出发，以提高教学质量为目的，加以借鉴，不能生搬硬套，警惕“追风”、做表面文章和搞形式主义的倾向。

二、教学目标明确、具体，可评价、操作性强

课堂教学目标具有导向、激励、发展与评价等功能。教学目标明确、具体，操作性强，对教学目标的达成情况，可以进行检查和评价。要充分发挥课堂教学目标的功能，制定的目标就必须明确、具体、可行，就必须是可以检查、观察和评价的。现在存在的问题主要有两个：一个是，制定的目标比较抽象和空泛，不明确、不具体，教师不明确自己要把学生教成什么样子，学生也不知道自己要完成什么任务。因而，教和学都带有一定的随意性，对目标的达成情况根本无法进行检查与评价。另一个是，五个领域的目标面面俱到，没有重点，导致课堂教学精力分散，“蜻蜓点水”，教学走过场。

为了保证教学目标的实现，还应注意制定的目标要符合教材的特点和教学的进度；要符合学校的场地器材、教师的教学能力与学生的体育基础等实际；要有具体的组织教法做保证；要重点突出，主次分明；对目标的达成情况可以进行检

查和评价。

三、教学内容的选择能准确地把握教材的性质、特点和价值

教学内容的改革，历来都是课程改革的核心。因为，教学内容是教学指导思想的重要体现，是实现课程目标的基本保证。当前的主要倾向是教材低龄化、幼稚化和简单生活化，这些必须引起我们的高度关注。我们必须牢牢地把握体育课程的性质，明确体育教学的根本任务，切实遵循体育教学的规律，本着求真务实的精神，科学地处理好教材。对教学内容的选择（含开发新教材），我们提出了如下一些要求：

（一）符合学生的身心特点和发展需要

即教学内容要与学生的身心发展水平相适应，超越或不及都不好。超越了，学生完不成，甚至还可能对学生的身心造成伤害。但选择的教学内容低于学生的身心发展水平也不好，不能激发学生的学习兴趣，收不到应有的教学效果。例如，让初中生再去学小学的“立定跳远”教材，让高中生去学本应在初中学的“三步上篮”等。又如，把毽球“开发”成秧苗，让中学生蹲在地上用摆放毽球，当作插秧、补苗，用空塑料瓶假装给秧苗浇水、施肥；用扔纸球来发展中学生的投掷能力等，学生练习起来都感到有些滑稽可笑。

总之，选择的教学内容，应是学生体育发展所必须掌握的一些基本技术，能为学生未来的体育学习与终身体育打下一个良好的技能基础。

（二）准确地把握体育教材的性质（身体练习）、特点（运动文化）和价值（发展身心）

现在出现了为体育课命名的现象，如“上甘岭”、“一碗情深”、“闹元宵”、“射猎古韵”、“春播秋收”、“爱的合作”、“众志成城”等，为使体育课能符合课的名称，有些课选用或改造的教材，已经改变了体育教材的性质、特点和价值。有的把一些可以用来达成多种教学目标的身体练习内容，当作某种简单的劳动模仿动作来处理；而有些开发的“教材”，几乎不具有体育文化的性质，不具有运动技术的特征，不具有终身体育的价值。例如，把扫把“开发”成战马，让全班学生骑着扫把满操场跑，还启发学生把扫把“开发”成哈利波特的魔法扫把，让学生都在操场上飞舞，最后还要引导学生用扫把来“打仗”。我们认为，这样“开发”的教材，是不符合体育教材的性质、特点的，失去了体育教材应有的价值。

（三）主要教材具有适宜的技术难度和较强的教与学因素

体育教材的技术难度（或技术含量）是教材的魅力所在，是教与学的基点。有一定的技术难度，才能激发学生的学习兴趣，才需要教学。学生也只有在攻克难度、掌握技能的学习过程中，才能获得真正的成功与快乐的情感体验，心理品质与社会适应能力才能得到有效的培养。如果选择的主教材没有一定的难度，技术含量很低，没有什么可学的，学生一看就会，那就无须开设专门的体育课，也无须体育教师去教，让学生在课外自己去活动就可以了。当然，难度要适宜，要符合学生的年龄特征。

四、教学设计科学、合理，教学过程实用、有效

教学设计是否科学、合理，教学过程是否实用、有效，主要应从教学阶段的划分、组织教法的运用、运动负荷的安排、场地器材与现代教育技术手段的利用等方面来衡量。

（一）教学分段要合理

所谓教学分段，指的就是原来的“课的部分”，即一堂课的教学过程安排。当前存在的主要问题有三个：一是分段过多，最多的达到十几段，这主要是课堂教学目标过多造成的。二是分段没有主线，各教学阶段缺乏逻辑联系。三是不恰当地为课的阶段命名，如把准备部分命名为“激发兴趣”、“活跃情绪”、“纽带之光”、“愉悦身心”、“我心飞扬”等；把基本部分命名为“自主学习”、“发展能力”、“快乐参与”、“桥的畅想”、“情景发展”、“合作创造”等；把结束部分命名为“稳定情绪”、“自我展示”、“欢庆成功”等。为课的阶段命名有无必要，可以继续研究。如果要命名，就必须准确、鲜明地反映各教学阶段的本质特征，并要符合逻辑。例如，把课的基本部分命名为“桥的畅想”，就没有反映基本部分教学的本质特征，也无法明确其具体含义；把基本部分命名为“快乐参与”，也不符合逻辑，难道准备部分与结束部分就不需要学生快乐参与吗？

（二）教学方法有效，教学步骤清晰

一堂好的体育课，教师必定要根据教学目标的要求、教材的特点和学生的实际，科学地选择、运用教学方法与安排教学步骤，使学生一步一个脚印地掌握运动技能，给人以“水到渠成”之感。而现在有些体育课，教师虽然注意了讲解示范和分组练习的运用，但对于如何根据教学目标、教材特点和学生的实际情况，

有针对性地选择和运用组织教法的深入研究不够，教学步骤不太清晰，因而教学效果不佳。

（三）运动负荷适宜

合理安排课的运动负荷，是锻炼学生身体、掌握运动技能和满足学生运动欲望的需要。当前存在的主要问题是；不重视课的运动负荷安排；运动负荷过小。课的运动负荷安排，与教学目标、教材性质、教学对象、课的类型、气候情况、教学条件等因素有关，不能强求一律，但必须重视。在教案中对各项练习的时间和数量，要做出具体的安排，做到心中有数。

（四）场地器材及现代教育技术手段的利用要经济、实用，符合教学的需要

一堂课场地器材及现代教育技术手段的利用，必须从教学的实际需要与学校的实际情况出发，遵循经济实用的原则。当前，有些观摩课在场地器材与教学技术手段的运用上，存在追求品种多、规格高、数量多与形式化的倾向，既不经济、实用，也脱离了日常教学的实际，许多教师对此都提出了批评意见，这也是值得我们关注的一个问题。

（五）要有严密的课堂教学组织

严密的课堂教学组织是我国体育课堂教学的一个特色。认真贯彻课堂教学常规和严密课堂组织纪律，是我国的国情所决定的，这既是保证教学有序、有效和安全进行的需要，也是培养学生组织纪律性的需要。

五、充分发挥教师的主导作用，正确体现学生在体育学习中的主体地位

在教学中教师能根据教学目标、教材内容、学生特点和教学的实际需要，正确、有效地运用接受式学习与自主学习、合作学习、探究学习等学习方式，使教和学的积极性都能得到充分的发挥。在课堂教学评价中，能够正确地运用激励性评价、诊断性评价及其他评价方法，给学生以及时、真实、明确的学习反馈信息。教与学的一切活动，都要以有利于提高课堂教学质量为目的。

（一）要充分发挥教师的主导作用

在我国的体育教学中，历来强调要充分发挥教师的主导作用。然而，近年

来，随着现代教育理念、现代学习方式的传播与现代教育技术手段的运用，有些人认为体育教师的作用不像过去那么重要了。例如，有人说只要把教材、教法设计成多媒体软件，上课放给学生看就可以了，哪个教师的篮球示范动作能比得过乔丹？

其实，新一轮的体育课程与教学改革，对体育教师提出了新的、更高的要求。在体育教学中，学生的主体地位，需要由教师来构建；学生要掌握的知识、技能，需要由教师来选择、加工和传授；学生的学习兴趣和积极性，需要由教师来激发和培养；学生的学习过程，需要由教师来组织和指导，因此，教师的主导作用不能淡化，只能加强。

在体育教学中，教师的讲解、示范，具有强烈的真实性、针对性、即时性、灵活性、可学性和人文性，这是任何业外人士与现代教育技术都无法取代的，非体育教师莫属，这也是当今提倡教师专业化与教师教育终身化的缘由之一。

当然，强调要充分发挥教师的主导作用，决不是要“以教师为中心”。我们也必须清醒地认识到，在传统的体育教学中，确实存在着以教师为中心的现象，一切都是教师说了算，教师决定一切，指挥一切，唯我独尊，甚至讽刺、挖苦、污辱与体罚或变相体罚学生。这种现象必须改变。

（二）要正确体现学生在体育学习中的主体地位

学生是体育学习和体育发展的主体，体育教学活动就是为学生的体育学习和体育发展服务的。确立学生在体育学习中的主体地位，对于弘扬学生的主体精神，培养学生的独立性、自主性和创造性，发挥学生体育学习的主观能动性，具有十分重要的意义。对于这一要求，我们应当深刻领会，并正确贯彻。要正确体现学生在体育学习中的主体地位，就必须首先了解学生作为学习主体的基本特点：

1. 学生是受教育规律制约的学习主体

学生作为“学习主体”，不同于“生活主体”，如购物主体、饮食主体、娱乐主体等，学校也不是商店、饭馆、娱乐场所，所以不能把学生比喻成“顾客”或“上帝”。学生作为生活主体，完全可以根据自己的意愿来决定自己的行为；而作为学习主体，是受教育规律制约的，必须遵循教育规律从事学习活动。学校教育必须反映国家的意志，学生必须根据培养目标的要求和学校的有关规定与所开设的课程进行学习，必须完成课程规定的学习目标等。在体育教学中，我们要关注学生的运动兴趣，但不能一味地迎合和迁就，学生不能喜欢就学，不喜欢就可以不学。

2. 基础教育阶段的学生是处于发展中的不成熟的主体①

基础教育阶段的学生所掌握的体育知识、技能还不多，运动经验有限，对体育的认知水平不高，甚至对自身的体育需要也还缺乏深刻的理解。因此，学生的体育发展，在很大程度上取决于体育教育对其所施加的影响。

3. 学生是以学习间接知识为主的主体②

所谓间接知识，主要是指人类已经发现和掌握了的知识。学校教育就是要把这些知识，以最少的时间、最高的效能，转化为学生的精神财富。没有这种文化的传承，就没有人类社会的发展。因此，学生是以学习间接知识为主的主体，而不是以获取直接知识为主的主体。所以，在体育课程教学中，不是所有的知识与技能都是要让学生自己去探索、发现或构建的。

4. 学生是能动学习的主体

学生不是被动接受知识、技能的容器。学生在教师的启发指导下，可以自觉积极地进行自主学习，对所学的知识、技能，可以举一反三，触类旁通。随着认知水平的不断提高，学生了解了知识的来源，掌握了获取知识的方法，提高了元认知的能力，因而也可以能动地获得（发现与构建）某些直接知识。

据此，我们在构建学生学习主体地位时，一方面要尊重学生个体的发展需要，关注学生的个体差异，充分发挥每一个学生学习的主观能动性；另一方面要注意不能把学生的“主观性”误当成“主体性”。③

素质教育既强调学生在课程学习中的主体地位，也强调教师在课程教学中的主导作用，我们必须充分发挥教和学两个方面的积极性。

（三）要正确、有效地运用组织教法

接受式学习大多是以班级授课为基本形式的，学生在教师的直接指导下学习知识、技能。这种学习方式，具有快速、高效的优点。因此，它是基础教育阶段学生体育学习的基本形式，我们应当充分认识其地位与作用。但在接受式学习中，学生按照教师的讲解、示范进行学习，主体性可能缺失；学习的主观能动性难以得到充分的发挥；学生之间的合作，也受到一定的限制；学生的个体差异难以得到充分的照顾。为此，新一轮的体育课程改革，积极提倡自主学习、合作学习和探究学习。这三种学习方式，不仅是对接受式学习的一种必要的有益补充，更重要的是有利于弘扬学生的主体精神，激发学生学习的自觉积极性，培养学生

①② 参见于秀：《学生体育学习论——主体性体育学习的理论构建》，北京体育大学博士论文，1999。

③ 参见王富仁：《莫用学生的主观性取代教师的主体性》，载《中国教育报》，2006-07-30。

的创新意识和自主学习的能力。[①] 为此，在教学中，教师应当根据教学目标、教材和学生特点、场地器材及教学的实际需要来选择与运用组织教法。运用组织教法一定要强调其实效性，一定要为提高教学质量服务，防止盲目性和只追求表面形式而不顾及效果的倾向。

（四）要正确开展课堂教学评价

单元教学的不同阶段，由于教与学的任务不同，因而，对学生体育学习评价的目的、内容、主体与方式，也应有不同的侧重。课堂学习评价，应以过程性评价为主，以学生自评与互评为主；评定学生的体育学习成绩，应以终结性评价为主，以教师评价为主，以学生自评与互评为辅。

在课堂教学中，学生学习是一个从不会到会的逐步发展过程，因此，这时的评价是一种形成性评价，所以应当多看学生的进步和优点，以表扬为主，以利于增强学生的学习信心，充分调动学生的积极性。同时也要对学生的学习表现与掌握运动技能的情况，做出全面客观的诊断，及时地、有重点地向学生反馈真实的学习信息。在课堂学习评价中，不能只讲优点、不讲缺点，只有表扬、不敢批评；不能把“吹捧”当成“激励”；不能言过其实、夸大其词地为学生提供虚假的学习信息，否则对学生的学习和发展是有害的。

六、正确地处理好统一要求与区别对待的关系

教师在体育教学中，应能够正确地处理好统一要求与区别对待的关系，既能做到面向全体学生，解决好教学中的共性问题，使全体学生都能达到体育课程学习的基本要求；又能关注学生的个体差异，做到因材施教，区别对待，使每个学生都能学有所得。

《课程标准》提出的“关注个体差异与不同需要，确保每个学生受益”的理念，决不是否定体育课程教学需要有一个统一的基本要求。《课程标准》对各水平阶段都提出了具体的内容目标，这些目标就是对学生体育学习的统一的基本要求，是全体学生都要达到的。体育教学必须重点抓好这个共性问题，不能因为要关注学生的个体差异与不同需要，学生就可以想学什么就学什么，能学成什么样子就算什么样子。

---

① 参见毛振明：《如何正确理解与运用自主学习》，载《中国学校体育》，2006（9）。

七、以运动技术教学与身体锻炼为载体，把几个方面有机结合起来

在体育教学中，教师应能够以运动技术教学与身体锻炼为载体，切实有效地促进学生心理健康水平的提高与社会适应能力的增强，把几个方面有机地结合起来，使之融为一体。学习和掌握运动技能与发展学生的身体，既是体育课程的重要目标，又是体育课程学习的主要内容，同时也是实现体育课程其他目标的主要载体。也就是说，运动参与、身体健康、心理健康和社会适应的目标，主要是通过身体锻炼和运动技能教学来实现的。因此，体育课堂教学，就应以身体锻炼和运动技能教学为中心来进行，把其他目标和身体锻炼与运动技能教学有机地结合起来，不能一个目标起一个"炉灶"。否则，体育课将不堪重负，体育教学的各项目标都将难以实现。

值得注意的是关于教学单元的设计问题。教学单元设计以什么为依据？在小学低年级有以"主题"为单元的做法，但一般这种单元都比较小。到了小学高年级和进入初中后，教学单元一般都以教材为依据来设计。① 但现在有些地方，在中学阶段，仍然还有以运动参与、心理健康与社会适应目标为依据来设计教学单元的。例如，培养学生运动兴趣教学单元、培养学生组织能力教学单元、培养学生意志品质教学单元、培养学生合作意识教学单元等，这些教学单元都根据各自的需要来选择教材，结果就把运动技能的教材内容肢解了，运动技能的学习目标也就无法实现了。这是一个关系到体育课程的性质、体育教学的根本任务以及体育课程改革方向的大问题，必须引起我们的高度重视。

八、较好地体现教师的教学能力与教学基本功

在体育教学中，教师应能够较好地体现自身的教学能力与教学基本功，如口令清晰、洪亮；示范正确、优美；讲解简明、易懂；保护帮助合理、到位；指导练习与纠正动作错误有效、得法；队形调动迅捷、合理；课堂常规贯彻认真、得当；安全措施得力、有效；突发事件处理及时、正确等。

上述要求是教师教学能力与教学基本功的具体体现，是教师发挥主导作用的

---

① 参见顾渊彦：《体育课程设计与教学单元构建》，载《体育教学》，2006（5）。

基本要素，与前七条是一种因果关系，是上好体育课的基本保证，理应受到我们的重视。特别是安全教学与突发事件的处理问题，往往关系到一堂课的成败，尤为值得我们关注。为此，体育教师应当树立终身学习的意识，不断提高自己的综合素质与专业化的水平。

九、针对农村学校场地器材与学生体育基础等实际情况开展教学活动

农村学校的体育课应能够针对农村学校的场地器材与学生的体育基础等实际情况，因地制宜、因人制宜地开展教学活动，尽可能地使学生学到必要的体育知识和技能，身体得到有效的锻炼，体育意识与心理品质得到一定的培养。

由于我国经济与教育发展的不平衡，因此，对农村学校体育课的要求，也应当有所区别。东中部经济、教育比较发达的农村学校，体育课应逐步达到城镇学校的要求。在西北部地区与经济、教育发展比较缓慢的地区，对体育课的要求不能过高、过急。但也要克服无所作为的思想，努力达到上述的基本要求。

本讲小结

体育课程与教学改革实验正在深入发展，我们要进一步坚定信心，继续积极投身于改革实践，牢牢把握课程改革的正确方向，做课程改革冷静的促进派。作为一名体育教师，应当以提高教学质量为中心，上好每一节课，为创建有中国特色的体育课程与教学新体系作出更大的贡献。

思考与活动

1. 对上述中小学体育课的九条基本要求有什么思考？
2. 参照对中小学体育课的九条基本要求，审视一下自己的体育教学。

参考文献

1. 毛振明，陈雁飞. 师之翘楚——全国体育特级教师教育智慧与艺术［M］. 北京：北京出版社，2007

2. 宋尽贤等. 明确课程性质　把握教学规律　提高教学质量［J］. 中国学校体育，2007（1）

[作者简介]

宋尽贤，男，中国学校体育研究会理事长，曾担任教育部体育卫生与艺术教育司司长，出版《关于我国学校课余体育训练发展战略研究》等专业著作，发表《让广大青少年学生在金色的阳光照耀下健康成长》、《落实科学发展观　推进中小学体育科研的发展——全国第九届中学生运动会科学论文报告会论文综述》等学术论文。

赖天德，男，中国学校体育研究会秘书长，曾担任《中国学校体育》杂志主编，出版《中国学校体育改革评述》、《学校体育改革热点探究》等著作教材，发表《体育课程与教学改革在继承与创新中发展》、《素质教育的基本特征及其对学校体育改革的启示》等学术论文。

第三讲
体育课程改革中存在的一些问题与思考

人民教育出版社体育室　耿培新

随着基础教育体育课程与教学改革的不断深入，体育新课程的指导思想和理念在实践过程中得到了广大一线体育教师的普遍认同，大多数体育教师能够根据《课程标准》的精神进行体育教学改革和建设，并取得了很明显的成绩。学校体育教学发生了新的变化，呈现出了“学生喜欢上、想上、盼上体育课”的喜人景象，学生的身心健康水平逐步得到改善。但是，由于种种原因，课程改革中还存在一些值得商榷的问题。本讲在肯定课程改革取得成绩与进步的同时，分析课程改革中存在的一些问题以及一些误解，以便更深入地进行体育课程和教学改革。

一、应该肯定体育课程改革取得的成绩与进步

（一）这次课程改革实验是广大体育教师们热情最高的一次，也是困惑最多的一次

教师们激情投入、自觉投入、全身心投入；努力学习，躬身实践；在近20年来体育课程改革过程中，这次改革是广大体育教师们最努力的一次，是近年来思想最活跃、最解放的一次，同时，也是出现困惑最多的一次。

（二）广大体育教师的教学观念发生了新的变化

教师们自觉学习、积极思考、深入研究、不断探索，对《课程标准》由不甚理解到逐渐理解，付诸实践后加深理解，通过理性思考、深入反思，总结经验教训，反映出教师们在课程实验中不断探索、遵循、驾驭客观规律的科学精神。“健康第一”的指导思想逐步深入人心，通过体育促进学生健康、全面育人的认识不断提高；教师的教学观、学生观、评价观、质量观发生了可喜的变化。

（三）涌现出一大批勇于实践、勇于创新的优秀教师，出现了一大批优秀实验成果

以科学的精神、求真务实的态度，用辩证唯物主义的思想，以继承、改革、创新、发展的教学实践，对课程、教材、教学、评价、资源开发的各个方面全方位进行实验，并在实践的基础上提炼出丰富的成果。这些成果的推广对促进我国体育课程和教学改革，对提高体育教师的素质和专业化水平，对促进中小学生的身心健康发展起到了重要作用。

（四）学生学习体育的积极性、主动性、创造性有了较大提高，学习方式有了新的变化

体育课成为学生喜爱的课程之一，学生逐渐成为课堂学习的真实主体，学生的体育知识、技能、情感态度与价值观向所期望的方向发展，体育课教学促进学生身心健康发展的价值得到初步体现。

这些成绩是客观存在的，是广大中小学体育教师艰苦探索、认真实践的结果，应该给予充分的肯定。

二、课程改革中存在的一些问题与思考

（一）准确理解和正确体现体育课程的基本价值——促进学生身体健康发展，防止体育教学中的片面性和出现异化现象

1. 体育课程的基本价值是促进学生身体健康发展

体育课程是学校教育一门必修的基础课程。从学校教育的基本任务来看，教育的目的是全面育人，体育课程是培养德智体美全面发展人才的重要教育内容之一，体育课程最基本的价值是促进学生身体健康发展，这是体育课程在学校中得以存在的核心价值。

《中共中央、国务院关于加强青少年体育增强青少年体质的意见》明确指出：当前和今后一个时期，加强青少年体育工作的总体要求是，认真落实健康第一的指导思想，把增强学生体质作为学校教育的基本目标之一。通过五年左右的时间，使我国青少年普遍达到国家体质健康的基本要求，耐力、力量、速度等体能素质明显提高，营养不良、肥胖和近视等现象的发生率明显下降。

学生体质连续多年下降，影响因素有很多。我们国家经济、社会连续 30 年快速发展，GDP 总值跻身于世界经济大国之列，人民生活水平有了极大的改善，30 年的发展也使我们面临着与许多发达国家一样的问题，即学生体质下

降问题。新世纪各国政府在新的竞争中，更加重视增强学生体质。例如，美国政府实行的推进“增强儿童体质运动”；英国政府规定在校中小学生每周至少锻炼五个小时；日本文部省宣布，推行了近20年的快乐体育实际上已经失败，要加强中小学生的体育教育。作为学校体育工作者，我们必须清醒地看到，在未来的国际竞争中，我们有可能赢在创新上，也更有可能输在学生的体质和心理素质上。

学校教育和体育工作者对增强学生体质、促进学生健康有着义不容辞的责任。教育部体卫艺司杨贵仁司长明确提出，学校体育要把提高体育课教学质量作为学校体育工作的中心，体育课要以增强学生体质、增进学生健康为基本功能，要锻炼学生的身体，教会学生体育的基本知识和基本技术。体育课不能上成休闲课。

无论是从学校教育全面育人的任务看，还是从学校教育各门课程设置中体育课程的价值看，体育课程不能丢掉促进学生身体健康、增强学生体质这个核心价值。体育教师要术有专攻，要守土有责，做好自己的事，站好自己的岗。不能把体育课的功能无限扩大，想通过一门课程解决学生身心发展的诸多问题，是一种理想主义的看法。但是，体育教学绝不能回到对学生进行纯生物学改造的老路上去。多年的体育教学实践告诉我们，体育是增强学生体质、促进学生身心健康发展和向学生进行思想品德教育的重要教育内容和教育手段，要全面、准确地理解和贯彻新课程标准，即“体育与健康课程是一门以身体练习为主要手段、以增进中小学生健康为主要目的的必修课程”。

2. 体育课程教学的重点是健身性，难点是健身性和教育性的统一

继承改革和发展中一以贯之的一个基本问题是体育课如何处理好健身性和教育性的关系。体育课贵在健身性和教育性的统一，也难在健身性和教育性的统一。健身性，是通过学习掌握体育知识、技术，不断提高体育知识、技能水平，同时增强学生的体能，促进其身体形态、机能发展的过程。教育性，是通过体育促进学生的心理健康、提高其社会适应能力，培养其创新意识和实践能力，从而促进学生形成优良思想品德的过程。

健身性是“表”，教育性是“里”。健身性是载体，教育性是灵魂。健身性如“皮”，教育性如“毛”，“皮之不存，毛将焉附”？健身性如“肉”，教育性如“血”，有血有肉，才是鲜活的生命。没有了健身性，便没有必要开设体育课，教育性也就无从谈起；没有了教育性，体育课成为纯生物学的改造，体育课失去了方向和应有的生机与活力，要上有内容、有生命、有灵魂的体育课。

体育教师要做好通过健身来育人的本职工作，使体育学科真正成为学校教育中培养德智体美全面发展人才的一门基础的必修学科。我们应该牢记，以体育与

健康知识技能作为主要学习内容、以身体练习为主要手段、以增进中小学生健康为主要目的是体育课的专务。体育课不能弱化本体，自废武功。

（二）要用辩证唯物主义的思想认识体育教学过程中教师的主导作用和学生的主体地位

1. 学生的发展是主客观结合、相互作用的结果，离开了哪一个方面，学生也得不到很好的发展

从学生的角度来看，强调学生在学习过程中的主体地位是符合学生认知规律的，只有学生自己主动构建并经过反复实践形成的知识技能，才能内化为学生自己的知识技能，学生才能真的感悟出体育的知识技能对自身发展的价值。

教师应该尊重学生在学习过程中的主体地位，结合教学内容和学生特点为学生创造适宜的自主、合作、探究学习氛围，这对于学生学会学习、终身学习以及学生的长远发展具有重大意义。

2. 在转变学生学习的方式上，教师起着关键的导航、定向作用

对于成长过程中的中小学生来说，“教”的方式决定“学”的方式。在转变学生学习的方式上，教师起着关键的导航、定向作用。因此，教师对于用什么样的教育观念教，把学生导航、定向何方，有着义不容辞的责任。教师的主导作用体现在教师精心的教学设计、精练的教学语言，深刻地理解教学对象的身心发展实际，摸透学生的心思上；体现在学生思维的活跃、锻炼的活跃等一系列学生主体性上。学生的主体性是实实在在地体现在学练过程中动体动脑的结合上。体育课要反对重自主、轻指导；反对重形式、轻内容；反对重活动、轻思考；反对重拓展、轻技术；反对重体验、轻实践；反对重个性、轻秩序等现象。体育教学是师生水乳交融、互动合作、密不可分的教与学关系，不能把一个事物的两个方面看成是非此即彼的过程，要充分发挥师生双方的积极性。

3. 从教的角度说，学生学得好坏，教师是关键；从学的角度说，学生懂得了学习的价值，自主性提高了，学得好坏，学生是关键

盲目排斥教师必要的讲授、示范，试图把所有的体育知识、技能都让学生自主构建是不现实的。如果学生真的能够那样自主构建全部体育知识、技能，也就没有必要设置体育教师这个职业了。新课程强调要发挥师生双方的主动性和创造性，在教学活动中共同成长，并没有提出由学生自己形成知识与技能、过程与方法、情感态度价值观。应该避免盲目追求自主、合作、探究的学习方式，不能既导致学生的自主、合作、探究学习流于形式，又放弃了教师的主导作用。

4. 正确认识教师主导与学生主体的关系（参见图1—1）

（1）教师在体育教学过程中起主导作用。教师的主导作用是以教授对象的主

体性能否真正发挥出来为标志的。学生的主体作用与教师在教学中发挥了什么作用直接相关，与体育教师为学生提供的学习条件、营造的教学氛围，如何关注学生的差异，如何创造适宜难度的探究、合作问题，如何启发，如何提问，如何评价等有着密不可分的关系。教与学是一个事物的两个方面，否定了教师的主导作用，实质上也就否定了学生的主体作用，从而导致不利于学生真正高质量地主动发展。

(2) 要让学生真正成为学习的主人。内因是变化的依据，外因是变化的条件，外因通过内因起作用。体育课把学生视为主体，更多的是要激发学生内在的主动性和积极性，创设真正有利于自主学习的有效条件，鼓励学生一点一滴的进步，逐步引导学生掌握体育基本知识、基本技术、基本技能，帮助学生用进取的心态学会体育锻炼的方法，学会体验学习过程中的各种感受，逐步形成对体育的正确情感、态度、价值观。

在教与学的关系上，我们应该探索教师教的过程与学生学的过程的内部联系——师生心灵感觉上的真实交流与互动，而不是表面的现象。新时代的体育教师，既要塌下心来学习新的教育理念，又要夯实教学基本功，结合教学实际扎扎实实地进行实践，努力探索、遵循、驾驭体育教学规律。

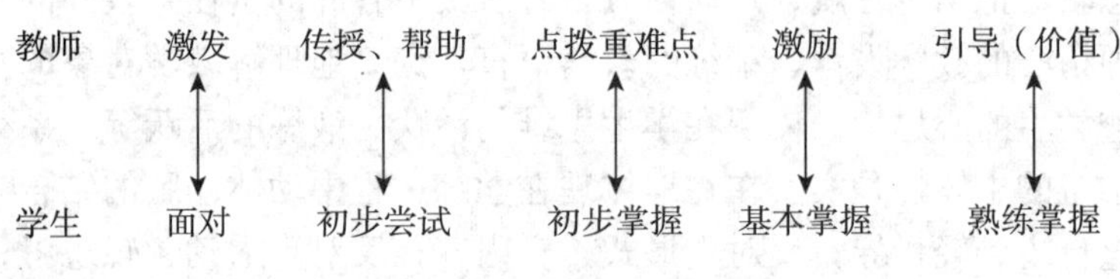

图 1—1　教学过程中教与学关系图

三、当前体育课程改革过程中几个容易引起误解问题的讨论与分析

(一) 体育与健康新课程是否淡化了运动技术教学

1. 误读和误解

淡化运动技能的提法，导致课的练习密度降低、运动量减小、运动负荷减小。在教学中，有的教师把学生的运动兴趣当作课堂教学改革的唯一依据，认为学生玩得高兴，就体现了课程改革的精神。

《课程标准》明确指出“体育与健康课程以身体练习为主要手段，以体育与健康知识、技能和方法为主要学习内容，以增进学生的健康为主要目的”，并专门设有“运动技能”学习领域。在这一学习领域中，提出了明确的运动技术和技能的学习目标和内容框架，课程标准水平五要求学生“提高运动技能水平”和“增强运动技能的运用能力”，水平六要求学生“在提高所选运动项目技能水平的基础上组织和参加课外体育比赛”等。

《课程标准》中强调，“运动技能”体现了高中体育与健康课程以身体练习为主的基本特征，学习运动技能也是实现体育课程其他目标的主要手段之一。因此，高中阶段要在九年义务教育的基础上，充分尊重高中学生的不同需要，引导他们根据自己的具体情况选择运动项目进行较系统的学习，促进学生形成自己的运动爱好和专长，发展运动能力，提高体育文化修养，为终身体育奠定基础。

《义务教育体育（与健康）课程标准解读》（简称《课标解读》）还提出：“运动技能学习领域是体育与健康课程的主干学习领域，该领域与运动参与领域一起最能体现以身体练习为主要手段的课程性质；运动技能学习领域是实现其他学习领域目标的载体。如果没有运动技能学习领域，其他学习领域将成为‘无本之木、无源之水’，就会失去本课程的特征，‘身体、心理、社会适应’的整体健康目标就无法实现。”

由此可见，《课程标准》不仅没有忽视或淡化运动技能的教学，相反却突出了运动技能是体育与健康课程的重要学习目标和内容。

2. 思考与分析之一

（1）淡化运动技术不是新课程提出来的，课改前就提出这样的观点：一些体育教师的理解出现了偏差；淡化是针对过浓提出来的；强化了运动技能，运动技能仅仅指竞技运动技能吗？

（2）必须摒弃“以运动技术教学为中心”的观念，必须改变教师单纯地为运动技术而教、学生单纯为运动技术而学的做法；应该促进学生通过运动技能的学习，了解体育锻炼的原则，掌握科学锻炼身体的方法，坚持有规律的体育锻炼，将体育锻炼作为自己生活中不可或缺的重要组成部分，培养学生良好的健康意识和生活方式。

特别说明：不能将摒弃“以运动技术教学为中心”的观念，误解成淡化运动技术。

3. 思考与分析之二

（1）体育课程要面向全体学生，培养大众体育的人群。

我们要明确运动训练与体育教学的区别。从对象上来讲，体育教学是面向全体学生的，属大众教育和体育；运动训练是面向少数具有运动天赋的学生的，属精英教育和体育。从目标上来讲，体育教学以增进全体学生的健康为主要目标，运动训练以提高竞技比赛水平为主要目标。从内容上来讲，体育教学的内容丰富多样，既包括竞技运动项目，也包括非竞技运动项目，强调与学生的生活经验和实际相联系；运动训练的内容比较单一，运动员只需练习一个项目的内容，强调与发挥比赛水平相联系。从方法上来讲，体育教学强调学生科学锻炼的方法，运动训练强调科学训练的方法。从评价上来讲，体育教学既关注结果，也重视过程；既关注成绩，也重视表现。运动训练主要关注成绩和名次，以胜败论英雄。

（2）体育课程是学校体育的一个重要组成部分。

中小学体育课的教学时数有限，一节课的教学对象少则几十人，多至上百人，侧重教学生掌握基本的、关键的技术。从面向全体学生的角度考虑，运动技术掌握到什么程度很重要，但学生能否通过运动技能的掌握积极参与运动更重要。

特别说明：不能将反对过分追求运动技术的细节误解成不要运动技术的细节。

（3）应重视提升运动技能教学的内涵。

运动技能的教学同过程与方法、情感态度和价值观的培养有机联系起来，实现三者的和谐统一。这是为了充分挖掘运动技能的教育功能，体现素质教育的精神，促进学生全面发展。

4. 思考与分析之三

（1）学生体质健康水平 20 多年来持续下降，更应该树立“健康第一”的指导思想。

有人提出体育课程不应该强调“健康第一”，认为体育课应该以运动技术的传授为主要目的，体质健康、体育风尚、团队精神等都是运动技能技术传授的副产品。还有人进一步提出，学生体质健康水平下降问题不能由体育课程来承担，不能把“增进健康，增强体质，促进学生身心全面发展”作为体育课堂教学的首要目标，因为“试图靠每周 2～4 节各 40～45 分钟的体育课堂教学来解决学生的体质健康问题是不切实际的，这样的目标是根本无法实现的”。但决不能因此而放弃体育课程对增进学生健康应该承担的责任。

（2）不能将体质健康水平下降归罪于新体育课程。

体质健康水平下降的原因是多方面的，如学生学习负担过重、营养过剩或不足、睡眠时间不够、身体活动时间减少等。学生体质下降是 1985 年以来长期的趋势，而新体育课程开始全面实验是 2005 年以后开始的。

（二）体育与健康新课程是否淡化了竞技运动

1. 误读和误解

《课程标准》明确提出了关于球类运动、体操类运动、田径类运动、水上或冰雪类运动、民族民间体育类运动、新兴类运动的学习目标和内容框架，毋庸置疑，这些运动许多都是竞技运动项目。

《课程标准解读》指出：新体育课程“反对的是体育课程的竞技化而不是竞技运动本身，竞技运动项目仍然是体育与健康课程教学的重要内容和形式；竞赛仍然被用作重要的教学手段”。

2. 思考与分析

(1) 新体育课程强调淡化竞技运动的教学色彩，不能完全照搬训练运动员的内容和方法进行体育教学。

教学时对运动技能的要求要适度，即不宜太难，也不宜太容易。需要设定一定的运动量，但要适宜，并因人而异。

(2) 课改前就有一些专家提出了“淡化竞技运动”，不是新体育课程提出来的。

1978年教育部制定并颁布的《全日制十年制学校中学体育教学大纲（试行草案)》就在指导思想上提出了“打破以竞赛为中心”的教材体系。专家指出：当竞技运动项目作为课程内容资源进入课堂时，不可能是直接的拿来主义，完全照搬，要本着某种明确的教学要求与目的对其进行精选与改造。

（三）重视学生的运动兴趣是否意味着淡化运动技能教学

1. 误读和误解

我们首先要认识到兴趣的重要作用以及运动兴趣对体育学习和锻炼的作用。

2. 思考与分析

(1) 误读之一：重视运动兴趣就是学生想干什么就干什么，就是一切围着学生转。

(2) 误读之二：重视运动兴趣就是不要运动技能或淡化运动技能。

(3) 误读之三：重视运动兴趣就是提倡“放羊式”教学。

《课程标准》指出：“课程目标的确定、教学内容的选择和教学方法的更新，都要特别注重学生的学习兴趣、爱好和个性发展，促使学生自觉、积极地进行体育锻炼，以全面发展体能和提高所学的运动技能水平，培养积极的自我价值感，为终身体育奠定良好的基础。”

（四）体育与健康新课程提出“以学生发展为中心”的课程理念，是否就是忽视教师的指导作用

1. 误读和误解

强调树立“以学生发展为中心”的课程理念，就是要在教学中重视学生的心

理感受、情感体验和兴趣爱好，使学生“想学、愿学、乐学”。

中国台湾教育部门教育认为，只有以学生自己为中心所形成的价值观念，才能真正地影响他们的态度和行为。因此，课程要创造一种变学生被动学习为主动学习的局面，把过去认为是剥夺人生乐趣的课程，变成一门协助学生展开人生价值追求的课程。

《课程标准》明确指出：从课程设计到课程实施的各个环节，在注意发挥教师主导作用的同时，确立学生的主体地位，尊重学生的情感和需要，充分发挥学生的学习积极性，培养学生的创新精神，把学生的学习过程变成主动构建体育与健康知识和技能、提高批判性思维以及分析和解决体育与健康问题能力的过程。

2. 思考与分析

(1) 重视“以学生发展为中心”，就要改变“以教师为中心”的观念，改变教师总是扮演主角、学生总是扮演配角的状况。

特别说明：重视“以学生发展为中心”的理念，不能误解成忽视教师的作用和指导。

(2) 改变灌输—接受的单一学习方式，改变教师讲得多、学生练得少的状况。

要重视学习方式由单一性转向多样性，由片面学习转向全面学习，由狭义学习转向广义学习，倡导多样化的学习方式，引导学生采用自主学习、合作学习和探究学习的学习方式。

香港特区教育部门要求通过体育与跨课程学习，加强学生的各项沟通能力。例如，批判性思考和解决问题的能力。这些能力不仅能使学生学会学习，还能帮助学生终身不断学习，让他们毕生受用，追求美好的生活。

特别说明：学习方式的改变并不意味着用一种方式代替另一种方式，如用自主学习代替指导学习，用合作学习代替个体学习，用探究学习代替接受学习。不能为了体现新型的学习方式，导致课堂教学出现“为了合作而合作，为了探究而探究”的形式主义。同时，不能将新型的学习方式理解成是新的“放羊式”教学。

(3) 重视“以学生发展为中心”，不是不要常规教学。

必要的常规教学是需要的，对有效地组织体育课堂教学具有积极的作用，但要防止三种倾向：

一是将常规教学单纯地理解成就是稍息、立正、报数、向右看齐、向左转、齐步走等，毕竟体育课不是军事课。

二是过分地进行常规教学。一堂40～45分钟的体育课，如果常规教学所占时间过多，势必导致学生学习运动技能和练习体能的时间减少。

三是以抓常规教学为名，导致课堂教学程式化、刻板化、机械化，造成课堂气氛沉闷乏味，学生学习体育毫无乐趣。

(4) 重视“以学生发展为中心”，但不是不要课堂纪律。

体育课中的课堂纪律需要加强，这是保证体育课堂教学正常进行的前提。

特别说明：不能理解成课堂纪律就是要求所有学生的体育学习在整个的课堂教学时间内都要整齐划一，所有的学生在整个的课堂教学时间内都必须按照教师的意图不折不扣地执行和完成。也不能将课堂气氛活跃说成是课堂纪律不好。

本讲小结

新一轮的体育课程与教学改革实验已经进行八年多了，广大学校体育工作者积极投身于改革实践，勇于探索，开拓进取，使体育教学呈现出了一派生机勃勃的景象。八年多的改革实践取得了丰硕的成果，积累了宝贵的经验，同时也出现了一些新情况、新问题。广大一线体育教师在体育课程与教学改革过程中要准确理解和正确体现体育课程的基本价值，要防止体育教学中的片面性和出现异化现象。同时，体育教师要术有专攻，做好自己的事，站好自己的岗。

思考与活动

1. 你在课程改革过程中有什么困惑吗？
2. 如何理解体育课程的价值？
3. 如何在体育教学中运用自主、合作、探究的学习方式？

参考文献

1. 耿培新等. 体育教师怎样尽快快适应新课程［J］. 中国学校体育，2003（6）

2. 周登嵩等. 与时俱进　顺潮而动——远观体育课程改革的背景［J］. 中国学校体育，2008（1）

3. 毛振明等. 解读中国体育课程与教学改革［M］. 北京：北京体育大学出版社，2007

4. 季浏. 义务教育体育（与健康）课程标准解读［M］. 武汉：湖北教育出版社，2002

[作者简介]

耿培新，男，教授，教育部课程教材研究所成员，人民教育出版社体育室主任，教育部全国中小学体育教学指导委员会副主任，中学学校体育研究会常务理事，《体育（与健康）课程标准》修订组成员，曾出版《解读中国体育课程与教学改革》、《体育与健康》等30余部著作和教材，发表《中小学〈体育与健康教学大纲〉的新变化》、《体育教学研究的几个选题策略》等40余篇学术论文。

第四讲
怎样按照体育新课程标准实施教学

北京教育学院体育系　陈雁飞

当前，基础教育课程改革在我国全面展开，新课程从教学观念、教学内容、教学方式、教学手段等方面对广大中小学体育教师提出了新要求，老师们不断领会、感悟、创新，为体育与健康新课程献策献力，做出了各自的努力。如何按照《课程标准》的精神实施体育与健康课堂教学是每一位体育教师面临的困惑和问题，引起了一线体育教师的种种讨论和思考。我们如何理解、贯彻《课程标准》？如何做好新课标指导下的体育教学工作？如何开展有效的体育课堂教学？如何上好一节体育课？如何进行体育教学设计与计划？如何开发与利用课程资源？如何选择和运用教材？如何对学生进行评价？也就是说，我们在新的《课程标准》下，怎样实施新课程教学，如何将新课程理念转化为优质的实践教学，这是体育教师必须要弄清楚的重要问题，否则，新课程标准的理念便无法通过体育教学来贯彻。基于此，本讲试图以新修订的《课程标准》为指导，对实施新课程教学的基本思路做一梳理，为新课程标准下的体育教学改革提供相关依据。

一、以“健康第一”的指导思想为载体，再现体育教学的全新内涵

在新课程实验和推广的过程中，广大中小学体育教师和学校体育工作者以素质教育的观念和“健康第一”的思想为指导，自觉转变观念，推进体育与健康课程教学改革，使之在学校教育中真正发挥健身育人的功能，促进中小学生德智体美全面发展。体育教师在新课程实施中不断接受新知识、新技术、新信息，不断改变和重新构建自己的知识结构，适应日新月异的社会变化和素质教育的需要，满足学生充分享受体育文化的要求。

体育与健康知识、教科书内容的变化促使教师知识结构发生变革。例如，教科书编写了以下内容：脉搏检测、科学减肥、营养学与平衡膳食、不吸烟、不酗

酒、远离毒品、预防艾滋病，搭设经历挫折和克服困难的平台，提高抗挫折能力和情绪调节能力，在不断进步或成功中增强自信，以及运动中的角色分配与遵守规则等。这些新的内容和知识，迫切要求体育教师变革自身的知识结构，适应体育新课程改革和实验的需要。

二、更新体育教育理念，转变体育教学观念

几乎所有的学校领导、体育教师在总结新课程改革经验的时候，都一致认为转变教育观念是搞好课改的关键。观念是行动的灵魂，观念的更新是课程改革的永恒主题，教学观念对教学起着指导和统率的作用，一切先进的教学改革都是在新理念和新观念的基石上探索出来的。体育教学改革，要始终以基础教育体育课程改革的新理念为指引，不断转变传统的不利于学生发展的体育教学观念。在改革中教育思想、教学观念逐步“泛化→深化→深刻”的过程，是体育教师从自我反思到观点碰撞、争论到完善的过程。

（一）教师观

教育工作者，是学生学习的引导者、启发者、指导者和促进者，与学生共同成长（从过于单纯的传授角色向多角色转变）。教师不再是课本知识的消极解释者和课程的忠实执行者，而是与专家、学生等一起构建新课程的合作者。新教材的民主性、开放性、科学性，让教师找到了课程的感觉，形成了课程的意识，以教材为平台和依据，充分地挖掘、开放和利用各种课程资源，已成为教师的一种自觉行为。教学中再也不以教材为本，把教材作为“圣经”解读，而是十分注重书本知识向生活的回归，教学不再只是忠实的传授课程的过程，而是课程创新和开发的过程。

（二）学生观

作为一名教育工作者，应当如何看待自己的学生呢？主要应从四个方面考虑：学生是学习的主体，学生是具有个体差异的（如投篮的高度和远度，不同学生应有所不同）；学生是具有发展潜能的；学生是动态发展的；要注重每一个学生的发展和终身学习能力的培养。

（三）质量观

促进学生身心健康，培养创新精神和体育实践能力，促进学生综合素质的发展，最终提高体育教学质量。

（四）评价观

激励学生不断进步，促进学生发展。从关注结果向过程、结果和学生长远发展并重转变，如体操技能的应用、情绪调节方法的运用等。

（五）课程观

课程的涵盖面要广于教学，课程在一定程度上决定了应该如何进行教学，课程相对来说是比较稳定的，是静态的，而教学改革是比较灵活的，是动态的。要做课程的参与者、创新者，需要对课程进行科学的理解和深入的研究。从课程到教学，从教学到体育教学，需要不断地更新自己、改变自己、创新自己。任何课程的教学，都需要以课程为依据，符合时代有关课程的规定性要求。而课程改革就是教师队伍加强建设、不断成长的过程，且要实现以“教”定学向“学”“教”并重转变。

（六）师生观

新课程改革倡导建立平等、民主、和谐的师生关系。师生之间情感交融是教育成功的关键，更是新课程实施成功的关键。教师不是仲裁者、指挥者、说教者，而应该是教学的参谋者、协商者、引导者。因此，在新课程实施过程中，体育教师应该学会运用校本课程改革中的优势资源，把学生的聪明与智慧加以整合并推动学生的自主学习。

案例 1—1　**篮球教学中的师生观学习策略设置** 

阶段	学生表现	学习策略设置	问题
一	盲目争抢，球到哪人到哪	让学生进行减化规则的比赛，在玩中发现问题	学生兴趣往往在于比赛，教学时数少，器材少，教不完，教不会，教不悦
二	全攻全守，聚集篮下	单项技术综合运用，如传球结合投篮，运球结合防守，改进动作	
三	“分级”能考虑进攻与防守（位置）	半场结合技能比赛，如单项技能分组赛等，改进与提高	
四	“分级”从篮下到全场（位置）	不同组别的三对三、五对五接力赛	

三、选择什么样的方法进行体育新课程教学

新课程改革使教师面临现代教育理念、教学观念和新教材以及学生知识面、学习兴趣、个性化不断发展的挑战，同时也使教师面临巨大的发展机遇和空间，需要教师不断地学习和充实新的知识和信息，了解体育相关学科的发展动态，不断丰富和调整自己的知识结构和储备；将训练性的体育教学转变为将主体性、兴趣性、健身性、技能性、教育性相融合的体育教学，注重学生的学习和参与，以及对体育运动学习态度的转变，把体育与健康教学指向学生的健身和终身健康发展。

（一）自主学习

在体育与健康课堂教学中，要注意充分发挥学生的独立性和能动性，如教师可布置适当形式的家庭作业，促进学生主动、积极地参与体育活动，提高学生自学、自练、自评的能力。自主学习就是“自我导向、自我激励、自我监控”的学习。

案例 1—2　在体育活动过程中增强自尊与自信

【学习目标】 增强个人的自尊和自信

【学习内容】 过障碍

【学习步骤】

1. 教师要求学生自己动手布置一条“勇敢者的道路”，规定场地和器材，包括四种不同类型的障碍物和一条等长的跑道，障碍顺序自定，四种障碍分别是走过体操凳、钻过跨栏架、跳过跳箱盖和滚过体操垫。

2. 第一次练习：各小组每个学生挑选一个自己最有把握通过的障碍物做尝试练习。

3. 第二次练习：选两个障碍物做尝试练习。

4. 第三次练习：选三个障碍物（留下一个通过最困难的）做尝试练习。

5. 第四次练习：越过四个障碍物。

本课设计的思路是让每个学生通过自己动手布置场地来获得心理上的准备与适应，并在不断克服运动难度（障碍物）的过程中来提高自尊与自信。当某一学生完成练习后，要求其他同学给予掌声鼓励。

（二）合作学习

在体育与健康课堂教学中，可以让学生组成学习小组，在体育活动中相互帮助、相互鼓励、相互指导，使学生在合作学习的氛围中，不断提高学习水平。

案例 1—3　**支撑跳跃技术学练** 

1. 选出小组负责人，确定组内人员的分工合作，形成交流氛围
2. 确定个人目标
3. 共同练习
4. 小组内和小组间的评价

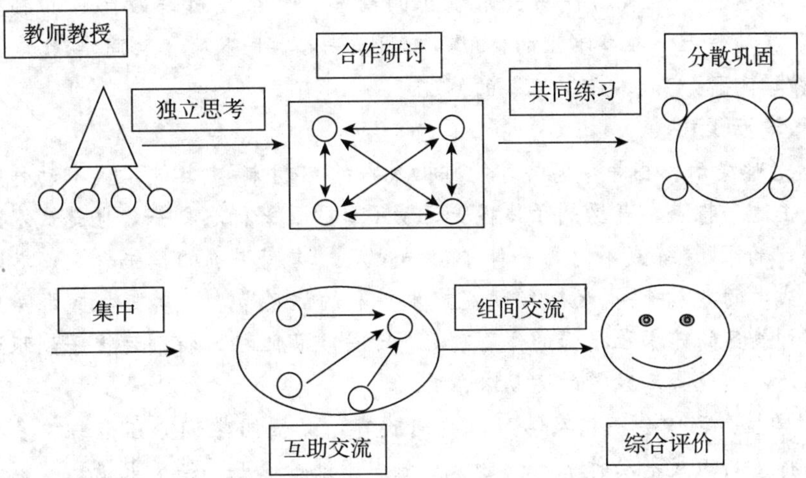

（三）探究式学习

在体育与健康课的教学中，可以通过创设情景等手段，引导学生去发现问题和解决问题，培养探究意识和创新精神。例如，在教学过程中，有些教学内容教师可以只提要求，让学生进行尝试学习。

案例 1—4　**学习弯道跑技术的探究学习** 

【问题】 弯道跑与直线跑方法一样吗？有什么区别？

【实践观察】 分别体会一下快速跑和弯道跑。仔细观察同伴在跑动时身体姿势的变化。

【初步结论】 弯道跑与直线跑方法不一样，相对直线跑来说，弯道跑身体向内倾斜，左脚受力大，右脚受力小，左臂的摆幅小于右臂。

【实践观察】 通过缩小练习半径的方法进一步进行弯道跑的练习，并提醒学生互相观察。

【最终结论】 弯道跑身体向内倾斜，左臂的摆幅小于右臂，主要用力部位是左脚的外侧和右脚的内侧。

【验证与提高】 通过不同半径弯道跑的反复练习，改进提高动作技术。

案例 1—5 探索练武的"韵味"

【教学目标】 通过探索练武的"韵味"这一构思，使学生了解，掌握武术"韵味"的感受，武术动作与武术意识的结合，武术动作与攻防，并领会武术"韵味"在动作上、在身形上的体现，与同学一起共同欣赏，共同实践。

【教学内容】 武术"韵味"的体现

【教学步骤】

1. 老师提示、指导，怎样才能练出武术的"韵味"。其一，武术动作是有攻防的技击这一特点，是区别于体操等运动项目的显著标志之一，也是武术最基本的一种"韵味"。练武术时，一伸手，一投足，均有明确的技击含义。其二，要想练出武术的"韵味"，还必须讲究武术特有的运动节奏。其三，武术是内外合一、形神兼备的艺术性很强的体育项目，十分重视眼神，特别注重手到眼到，手眼相随，以体现武术独特的运动激情。

2. 学生自己体会，相互学习，共同欣赏，提倡同学们分组多练、多看、多想，要将学到的武术动作融入"韵味"之中，细心琢磨，精益求精。

3. 观看优秀运动员的录像带以及老师和同学的表演，从欣赏中回味自己的动作、眼神、劲力、攻防是否体现在动作和身形上，然后反反复复练习，自己体会。

【教学评析】 探索练武的"韵味"是让学生通过讨论和交流，改变自己在学练武术中的"花拳绣腿"动作，使自己练的武术更具有韵律和美感，要求同学们注重武术专项身体素质、武术基本功等练习。

（四）创造性学习

创造性学习是经心理学界长期探索而提出来的，是创造性教育的一种形式。创造性学习强调学习者的主体性，重视学会学习，注意学习策略和方法，关注学习活动的动机，追求创造性学习目标。例如，体操技巧的教学、健美操的教学（基本动作—组合—展示）、武术套路的教学等。

案例 1—6　在武术教学中合理运用“自主、合作、探索”的教学方法 

【感知试练】 教师运用语言、文字、图片等手段展示教学内容，让学生在初步感知的基础上根据自己的理解尝试练习，试练时学生可自由结合、相互观摩，教师随时指导，但不做过多点评。尽管学生动作多种多样、不是很规范，但有利于学生个性发展。

【欣赏体会】 在音乐背景下，学生自愿自由找同学或自己进行表演，一般表演人员不要过多（以 2～3 人为宜），其他同学观摩欣赏，体会动作，自己对照，表演完毕，由学生进行评价，指出动作不正确、不规范的地方，教师加以指导，帮助表演的同学做好动作，也提醒其他学生要注意的地方。这种演示、观摩、评价由学生自己完成，充分体现学生的主体地位。

【互帮多练】 要求每一位同学帮助身边的一位同学，共同复习学过、想过、练过的动作，互帮互练时强调找的同学不是同自己的错误动作相同者，这样可以一帮一地学习。激励学生认真做好每一个动作细节，尽最大努力高质量地完成动作，纠正自己的错误动作，使每个学生都有进步，都有收获。

四、如何全面认识与把握教材内容和具体目标的关系

怎样通过选择与实施实验教材内容，实现体育与健康的教学和课程目标？依据《课程标准》的精神，各项体育与健康教材构建了新的内容编写体系，以教与学目标的达成来统领各项教材教与学的内容和方法，教师应根据学校、教师、学生的实际情况选择达成教与学目标的具体的各项教材内容。但是，仅就教材内容来讲，不通过教师和学生的教与学双边活动，是不可能达成具体目标的。因此，对各项教材内容的学练实践，是达成多种教学和具体目标的运动载体。

例如，体育与健康的基础知识，只有学生在锻炼实际中运用，才能达到教材本身所承载的目标；运动技术，要通过学生的学练实践，来达成教学和课程标准中提出的领域、水平和具体目标，如教科书中的心理健康、社会适应目标，田径、体操等运动项目的技术目标，学生必须通过自身的实践活动才能达成。

（一）从现有的教学内容中进行筛选

几十年来，传统的中小学体育课程已经积累了丰富的、可供教师选择的教学内容，并且根据上述三个依据以及通过广大体育教师的创造性劳动，完全可以对原有的教学内容进行有目的地筛选和重新组织，如“跑”这一教学内容，应该受到中小学生的欢迎。然而，由于传统的体育课程受到竞技运动教学指导思想的影响，把学生当作运动员对待，把丰富多彩、形形色色的跑变成了单一跑道上的胜负之争，从而远离了学生的生活经验和生活实际，使跑的内容变得枯燥乏味。新体育课程要求广大教师发挥自己的想象力，创造多种跑的练习方法，如在进行跑的内容教学时，可以开展游戏跑、合作跑、接力跑、越障碍跑等，以适应中小学生的身心发展特征，激发学生学习跑的兴趣和积极性。

（二）对现有的教学内容进行改造

虽然传统的体育课程已经注意到学生的年龄特点，选用了较多的游戏内容、趣味内容来充实教学内容，但我们仍然能发现，传统的中小学体育教学内容一直沿用竞技运动的项目作为主要教学内容，教学方法也类似于竞技运动的训练方法。然而，竞技运动的内容并不都适合学生的身心发展特征，如何使竞技运动的内容为中小学体育课程服务并受到学生的喜爱，就需要对竞技运动的内容进行适当改造，删除竞技运动单纯追求运动成绩的弊端，挖掘竞技运动对人的激励功能。以“跑”为例，“跑”这一大类中有许多内容，有短跑、中长跑、障碍跑、接力跑等；有跑道上的跑和场地上的跑；有比赛速度的跑和比赛灵巧性的跑等。传统的教学内容主要选择的是第一类“跑”，即短跑、中长跑等，而忽视了其他形式的“跑”，其主要的教学目的是提高学生跑的速度，并以学生跑的绝对成绩作为评价的唯一依据。这样的跑对运动员来说非常重要，但对一般的学生而言价值不大，对于广大的学生来说，他们只要学会在实际生活中如何跑就行。例如，国外一些体育课，学生经常是赤脚在不同的场地上练习跑，在严寒的冬季穿着短衣短裤在外面跑，就是为了适应生活，从而使跑的内容贴近生活实际。近年来，我国体育课程在对竞技运动进行改造方面已经做出了不少成绩，如软式运动器材的推出、运动场地的小型化、竞赛规则的游戏化等，对促进学生身心健康发展起到了积极的作用，值得大力提倡。

（三）从生活实际中选取教学内容

现代教育观念告诉我们，学习内容越是贴近学生的生活，学生就越容易接受。不仅是语文、数学这样的学科，体育学科也同样如此。在学生的生活实际中，有着大量的体育素材可以供教学选取。例如，我们经常可以在操场上看到学生在玩一些自编的游戏，如女生的跳橡皮筋、造房子、跳格子、跳楼梯等，男生的奔跑追逐、骑马打仗、斗鸡等，学生有自己玩的规则，大家都能很好地遵守，许多情况下也不需要裁判。这些游戏，有的是流传下来的，有的是学生自己发明的，学生能从这些游戏中获得无比的愉悦。这些游戏如能引入课堂教学，必然会产生良好的效果。

我国地大物博，各地有着丰富多彩的体育活动资源可供我们选择，在传统的体育教学中，这些资源没有受到应有的重视。体育新课程给了体育教师充分选取适合学生需要的内容的空间，教师完全可以将滚铁环、抽陀螺、踢毽子、抖空竹、踩高跷和民间舞蹈等体育活动引入体育课堂。总之，千百年来，祖祖辈辈流传下来许多饶有兴趣、行之有效的体育活动内容就在我们身边，是体育课教学取之不尽、用之不竭的资源，是我们学习内容选择的重要组成部分。

（四）创新与生活实际有关的教学内容

体育运动演变与发展的过程就是一个不断创新的过程，现代化的体育运动更加注重创新，并突出创新与生活实际相关的活动内容。随着人们生活方式的改变，各种源于生活的新的运动内容和方式不断涌现，如各种健身操和舞蹈、各种简易便捷的健身器材等迅速进入人们的生活。体育教师不仅要汲取这些富有时代特征的运动内容和方式充实和丰富自己的教学，更要善于观察生活，从生活中汲取更多的营养，创新出适合学生的教学内容，从而为他们身心的健康发展服务。国外对于创新的运动内容给予了充分的重视，如近年来在电视台举办了名为“超级变、变、变”的日本学生和日本家庭的创新实践活动，其中60%～70%的内容与体育运动有关，如“蜘蛛人”、“乒乓球自动练习机”、“撑竿跳高”、“划船运动”等都是利用人体模拟的运动，是从生活实际中提取的素材加工而成的。这种创新思维的方式是值得我们借鉴的。

五、结合学校、学生和教师实际情况制订教学计划

体育教学计划是根据国家颁发的新课程标准和各地区及各类学校选择的教材，结合学校的实际情况而制定的体育教学工作的指导方案。切实可行的体育教学计划对于保证体育教学目标的完成、体育教学工作科学有序地进行以及体育教学质量的提高有着重要的意义。由于新课程取消了对教学内容的规定，那么只有通过制定体育教学计划，才能使原本宽松的课程标准变成具体的、可操作的、可实施的体育教学过程。

教师在制订教学计划、设置具体学习目标时，必须认真地考虑自己学校、学生和自身的实际情况。由于我国地大物博、人口众多，不同地区、学校的学生存在着很大的差异，如生长发育、认知水平、营养条件、体能和运动技能以及生活经验等方面的差异。由于经济发展的不平衡，各校教学方面也具有极大的差别，例如：了解课标领域和水平及具体目标的不同；每学年的教材内容和课时分配的不同；每学期教材内容和课时分配的不同；制定单元教学计划的不同；制定课时教学计划的不同。

六、指导和加强学生的自我学练评价

体育新课程倡导在对学生体育学习成绩进行评价时，既要有体育教师对学生进行的评定，还要有学生对自己的学习情况的评价以及学生之间的评价等，充分发挥学生本人和团体在评价过程的作用，实现评价主体的多元化。教师应充分利用和发挥教科书评价内容的作用，让学生可以通过各种评价方式和内容，及时对自己学练的情况进行总结和检查，使学生在评价中能及时找出自己的不足，使学练更具有针对性，以促使个人运动成绩的发展和提高，并及时了解个人在技术学练和技能发展过程中思想、情意、态度、意志品质等方面的表现和转变，以激发和调动自身学练运动技术的自主性、积极性和能动性，促进自我的进步和发展。例如，确定学生独特的需要、兴趣和目标；帮助学生确定他们的个人目标，并将他们的个人目标和学习目标结合起来；将体育教学目标与学生的个人兴趣和目标结合起来；构建学习目标，组织学习活动，促进每个学生体验成功、走向成功；运用榜样的力量来指导学习合理地评价和看待所取得的成绩。

七、因地制宜开发和利用多种教学资源

教学资源也称课程资源，是指基于学校实际的、有利于体育课程目标实现的各种资源的总和。积极利用和开发课程资源是顺利实施课程的重要组成部分，因此，必须因地制宜地开发利用各种课程资源，科学发挥课程资源的优势，体现课程的弹性和地方特色。

（一）人力资源的开发

在体育与健康课程实施过程中，除了体育教师以外，还应注意开发和利用班主任、有体育特长的教师和校医等人力资源，充分发挥他们的作用；应充分调动学生的主动性和积极性，发挥有体育特长学生的骨干作用，如请他们做示范、当

辅导员等；在校外，还可发挥社会体育指导员的作用，请他们辅导学生进行体育活动；在家庭，应充分发挥家长对学生的体育活动进行督促、帮助的作用。

（二）体育场地器材设施资源的开发

由于我国各地经济、文化发展的不平衡，各地、各校体育场地器材设施配备水平不大相同，特别是我国西部地区和农村学校，体育场地和器材严重不足，因此，应该充分改造和发挥现有体育场地和体育器材设施的多种作用和多种功能，因地制宜，因材施教，以尽量满足学生的体育活动需求。

1. 体育场地的开发与利用

根据新课程的精神，可以把学校成人化的场地改造成适合不同年龄学生活动的场地，如缩小篮球、排球、足球场地等。

2. 体育器材设施的开发与利用

充分利用和发挥器械的多种功能，尽量开发一切可以使用的体育器材设施资源，解决教学内容单一所带来的枯燥、乏味问题，克服学校器材设施匮乏的困难。例如，实心球可以用来投掷，也可以用作障碍物、标志物，还可以用来打保龄球；跳绳可以用于绳操、跳绳移动、二人三足跑、三人角力、拔河等；接力棒可以用于接力跑，也可用作体操轻器械、哑铃操器械；鞍马、跳箱、跳山羊等体操器械可以作障碍物使用等。

（三）课程内容资源的开发

1. 对竞技运动项目的开发与利用

对于一些竞技运动项目，可以做适当的开发与利用，例如，简化规则、修改内容、降低难度要求、简化技战术、改造场地器材等。

2. 民族民间体育活动的开发与利用

开发以嬉戏娱乐为主的民族民间传统体育课程内容、开发以竞赛为主的民族民间传统体育课程内容、开发配合节庆习俗的民族民间传统体育课程内容。

3. 新兴运动项目的开发与利用

新兴运动项目即在国际上比较流行、但在国内开展不久的，或在国内新创的、深受学生喜爱并适合在学校开展的运动项目，如轮滑、独轮车、攀岩、滑板等。

（四）课外和校外体育资源的开发

1. 课外体育资源的开发与利用

早操、课间和课外体育锻炼时间等都属于课外体育资源开发的时间范围。各地可把课间操转变为20～30分钟的大课间体育活动；抓好课外体育锻炼和校内体育比赛，确保学生每天锻炼一小时。

2. 校外体育资源的开发与利用

校外体育资源包括家庭体育活动、社区体育活动竞赛、区县镇的体育活动比赛、少年宫体育活动、业余体校训练、体育俱乐部活动、节假日体育活动竞赛等。

（五）自然地理资源

我国地域宽广，幅员辽阔，地矿地貌千姿百态，季节气候气象万千，蕴藏着丰富的课程资源。

1. 自然资源的开发与利用

利用大自然的空气，进行有氧运动，如散步、慢跑、有氧操等。利用阳光进行日光浴，利用水进行游泳、温泉浴等。

2. 季节资源的开发与利用

春季可以开展春游、远足；夏季可以开展游泳、沙滩排球；秋季可以开展爬山、越野跑；冬季可以开展滑冰、滑雪。

3. 地形资源的开发与利用

利用江河湖海，可以进行水上安全运动；利用雪原，可以进行滑雪、滑雪橇、滚雪球、打雪仗等；利用草原，可以骑马、练武术等；利用森林山地，可以进行安全的定向运动、攀岩活动等。

（六）体育信息资源

充分利用各种媒体，如广播、电视、网络，获取体育信息，不断充实和更新课程内容。在条件相对较差的学校，也可以利用教学挂图、黑板绘制简图等提高教学效果。

八、继承、改革、创新与发展

继承与发展是新课程改革的特点。新课程从“以书本为中心、以教师为中心、以课堂为中心”转向“以学生发展为中心”，强调“以增强学生体质为主”，又必须在“健康第一”的指导思想下，促进学生身体健康、心理健康和社会适应。一线体育教师在实施新课程教学中，应处理好继承、改革、创新、发展的关系，将理论与实践相结合，将继承和创新相结合，做到批判地继承，把继承传统体育文化同时代精神结合起来，并在此基础上进行创新与发展。

案例 1—7　创新田径教学设计的思考

内容	原设计	标准	思考
案例（田径）	跑：学生自我设计，以发展速度和耐力素质为主要目标的各种跑的练习；在 40～60 米快速跑中跨过 3～4 个障碍或低栏；各种传接棒方法的不同距离的接力跑 跳跃：跨越式跳高或蹲踞式跳远或其他方式的跳高跳远 投掷：用各种方法推、抛实心球；原地或助跑投掷适当的投掷物；使用健身器发展力量的各种练习	基本掌握几项主要田径运动技能	课程标准不规定田径的具体教学内容，这给学校和教师留有选择的空间和发展的余地，学校和教师完全可以根据本校的体育场地和设施情况以及学生的兴趣爱好，有选择地对田径项目进行教学 课程标准与教学大纲的主要区别之一是，课程标准不规定具体教学内容，是一种目标管理，最重要的不是选择什么内容，而是所选择的内容要有助于激发学生的体育学习兴趣，有助于提高学生的身心健康水平

本讲小结

本讲从宏观到具体、从理论到实践、从教学到学生、从课堂到学练、从分析到案例，概括了在新课程的背景和理念下，体育教师如何实施新课程教学。特别是通过来自一线教师的实际问题剖析与案例分析，让体育教师从中领悟理念的更新、思路的拓展、解决问题的方法、教学的创新，从而更深刻地把握新课程的实质、内涵，更好地实施新课程教学。

思考与活动

1. 体育与健康新课程的实施，对体育教师提出了许多新的要求，你在体育新课程实施教学中，遇到过哪些问题和困惑，请加以总结。

2. 根据你的教学实施和创新，举例说明你在教学观念的转变、教学内容的选择、教学环境的创设、教学资源的开发、教学行为的改变和教学角色的变化等方面有哪些新的举措，效果如何？

3. 结合学校体育与健康课程资源，探讨可开发和利用的课程资源和内容，以便最大限度地满足学生的需要。

4. 通过教学总结与反思，找出自己在实施新课程教学中的主要问题和薄弱环节，寻找出“最关键、最困惑、最有价值”的问题，针对自己的实际状况，制定一份具体的学习计划。

参考文献

1. 中华人民共和国教育部. 基础教育课程改革纲要（教基［2001］17号）
2. 李建平. 聚焦新课程［M］. 北京：首都师范大学出版社，2003
3. 叶澜. 课程改革与课程评价［M］. 北京：教育科学出版社，2001
4. 朱慕菊. 走进新课程——与新课程实施者对话［M］. 北京：北京师范大学出版社，2002

［作者简介］

陈雁飞，女，北京教育学院体育系教授，教育部全国中小学体育教学指导委员会委员，中国学校体育研究会常务理事，《体育（与健康）课程标准》修订组成员。曾编著《中国学校武术教育——沿革与发展　改革与创新》、主编《师资翘楚——全国体育特级教师教育智慧与艺术》、《成人体育本科教材（上、中、下册）》等20余本著作和教材；发表《运动教育模式对学校体育课程改革的启示》、《农村体育教师教育新视野》等50余篇学术论文。

第二编

体育课堂教学设计与策略

第一讲
怎样上好一节体育课

北京师范大学体育与运动学院 毛振明

体育课是体育课程与教学的基本“细胞”，是体育教学和质量形成的积累要素，是与体育教师和学生最近、最密切的时间和空间，也是体育课程最为显现的外表和外衣。无论是理性还是感性地看待体育，都要从体育课去寻找视角。因此体育课是体育课程教学的理论问题和实践问题中重要的和不可回避的问题。

但是体育课的问题又是一个复杂的问题，看似只有40～45分钟的时间，看似只有一个教师和一群学生，看似只在巴掌大的一块地方，看似只是在玩乐和活动，但却是一个令众多体育教师一直很费神，花费了大量的精力和百余年的时间苦苦钻研的难题。至今体育课应该怎样上？什么是最理想的体育课？能不能有最理想的体育课模式？怎样来判断和评价体育课？影响体育课质量的因素有哪些？优秀教师在体育课教学中体现的“精彩”是艺术还是技术？是可学的还是不可学的？体育教学模式是什么？体育教学方法是什么？体育教学评价有哪些问题？体育的学理是什么……这些问题一直困扰着众多的体育教师。本讲就根据最近一些有关体育课的问题谈谈自己的一些体会。

一、好体育课的根基：要有好的教学目标

（一）体育教学目标的问题

由于体育学科的种种特性和体育目标理论研究不足等问题所致，当前的体育目标无论在课程目标的层面、教材目标的层面上，还是在课堂教学目标的层面上都面临着“不明确”、“不具体”、“操作性不强”的困惑。第一线的体育教师在制定明确和具体的体育学年教学目标、学期教学目标、单元教学目标，特别是体育课堂教学目标上遇到过许多困难。从现在的一些体育课改示范课的课堂教学目标可以看出许多问题。这些问题使得目标对教学行为的指导意图很不明确，可以看

出体育教师们或照抄《课程标准》的目标，或照抄原来《体育教学大纲》的目标，更多的参考和照抄各种《教案集》中的教学案例目标，还有的就是凭着自己的理解去仿写一些教学目标，不用说，这些课堂教学目标必是良莠不齐的。

（二）制定体育教学目标的几个基本原则

我们应该怎样制定体育教学目标呢？首先，无论是哪个层面的体育教学目标，一般必须遵守以下几个基本原则：

1. 目标在体育教学场景中的原则（见表2—1）

体育教学目标一定是在体育教学场景中实现的，体育教学场景以外的目标应该不是教学目标。既然是教学的目标，那它首先就是在教学中获得的成果，就是教学的指向，如果这个目标不是在体育教学场景中可以获得的，那它应该不是体育教学目标。

表2—1　目标在体育教学场景中原则的示例与分析

因没有教学场景而不能成为目标的例子	目标中的教学场景
（1）在陌生的场地进行体育活动和游戏 （2）知道附近的体育场所及其用途 分析：这是某节课的心理健康和社会适应的目标。因为学校里没有学生陌生的场地，在学校也无法知道附近体育场所的用途，因此这些行为不会在体育的课堂上发生，因此不会成为体育教学的目标	在篮球教学比赛中，做到场上奋力拼搏，场下为本队和对手队加油助威，团结友爱，不说风凉话

2. 目标包含努力因素的原则（见表2—2）

目标是要经过努力去达成的东西，不是轻易能获得的，因此，体育教学目标中都一定具有暗示学生努力的内容。

表2—2　目标包含努力因素原则的示例与分析

因不包含努力的因素而不能成为目标的例子	目标中的努力因素
乐于参加各种游戏活动 分析：这是某节课的运动参与目标。因为几乎所有这个年龄段的学生都乐于玩游戏，也没有说明是什么游戏，因此电子游戏也在其中，所以任何学生不经努力便可达到目标	在篮球教学比赛中，做到场上奋力拼搏，场下为本队和对手队加油助威，团结友爱，不说风凉话

3. 目标可选择性原则（见表2—3）

教学目标应是学生可选择的努力方向的一种，不具有可选择性的必然不成为目标。目标是人选择的达到目的过程中的量标，达到目的不应只是一个途径，也不只有一个量标，好的目标必是多个途径和多个量标中的最合理的一个。

表 2—3　　目标可选择性原则的示例与分析

不具有选择性而不成为目标的例子	目标中的选择性
选择参加有助于获得运动愉快感的体育活动 分析：这是《课程标准》中心理健康的目标。正常情况下，学生都会选择参加能获得运动愉快感的体育活动，不会选择无法获得愉快感的体育活动，因而此目标不具选择性，也就不成为目标，只是正常的行为	在篮球教学比赛中，做到场上奋力拼搏（学生可以不拼搏，也可以改为动脑筋），场下为本队和对手队加油（学生可以不为对手加油）助威，团结友爱，不说风凉话（学生可能说风凉话）

4. 目标依托体育教材原则（见表 2—4）

培养的教学目标应依托在某个教材的学习上。体育教学的目标，不能等同于教育的目标，也不能等同于学校体育的目标，更不能等同于其他学科的教学目标。而这一区别的主要体现就在于体育教学的目标是与体育的教材紧密相连的，是依托在体育教材载体之上的意图和努力方向。

表 2—4　　目标依托体育教材原则的示例与分析

因脱离了体育教材载体而不成为目标的例子	目标中的体育教材
（1）乐于参加各种游戏活动 （2）自觉地表现出为他人创设良好心理环境的意愿和行为 分析：这是《课程标准》中的运动参与和心理健康的目标。乐于参加各种游戏活动可以在各个学科的课堂实现，如文字游戏、数字游戏等智力游戏，这个目标是什么很不清楚；自觉地表现出为他人创设良好心理环境的意愿和行为就更是如此	在篮球教学比赛中，做到场上奋力拼搏，场下为本队和对手队加油助威，团结友爱，不说风凉话

（三）在写体育教学目标时要注意：目标中一般具有“课题”、“条件”和“标准”三个要素

那么，什么是体育教学目标的要素呢？美国著名体育教学论专家西登拓朴认为：具有指导性的体育教学目标（instructional objective）应该包括“达成什么样的课题”、“在什么条件下达成课题”、“用什么标准来评价”三个内容，我们可以把这三个内容理解为运动技术教学目标的要素，在制定体育教学目标时要予以考虑，并尽量有所表达。

1. 课题（目标中要学习和掌握运动技术）

课题往往是一个要学生学习的动作，其中包含了运动的技术，如“排球的垫球”就是课题。往往，体育教师在制定目标时比较容易找到“课题”，这是目标的主要内容，虽然很重要但还不够，还要接着订出这个课题的“条件”和“标准”，这个目标才能变得具体起来。

2. 条件（目标是在什么条件下完成的）

条件决定了目标实现的难度。我们在考虑运动技术的目标难度时，可利用目标中的条件因素来进行调整。例如，同样是排球的垫球，条件变化了，目标的难度也变了。如条件 A：自己抛出后将球垫出；条件 B：接垫同伴在 3m 外柔和的抛球；条件 C：接垫同伴隔网抛来的球；条件 D：接垫同伴隔网发过来的球。

3. 标准（目标实现与否的评价标准）

标准也是改变目标难度的一个因素，同样是“接垫同伴隔网发过来的球”，就可以通过改变标准来调整目标的难度，如标准 A：垫出的球要达到 2.4m 的高度，并落到本方场地中；标准 B：垫出的球要达到 3m 的高度，并落到本方场地的前半场；标准 C：垫出的球要达到 4.5m 的高度，并落到本场的前左方规定的范围内。

二、好体育课的脊梁：要有好的教材为主轴

（一）什么是体育教学的主轴

应该说教学中有许多的轴。那么，什么是体育课的主轴呢？所谓主轴，就是能牵动和引领其他轴的轴。从这个定义出发，教学课的主轴就是引领身体发展、知识发展、技能发展、情感发展和行为规范发展的轴。那么，这个轴就是教材。因为：

第一，教材是教学中的实体性因素，是看得见和摸得着的东西，是教师和学生都可以遵循的东西；而目标分为教学目标和学习目标，它们分别存在于教师和学生的头脑之中，是一个意向性因素，它们并不是时时都能看得见和摸得着的东西，当然也不是每个教师和学生时时都可以共同遵循的东西。

第二，教材都是根据目标选择出来的，因此目标的指向已经内含在教材的性质和功能之中，目标的体现往往是通过教材化工作和教法选择来实现的。教材是“固体”，而目标则是“气体”和“液体”。

第三，按照目标来安排教学单元和课堂教学不是教学的惯例，在现实中以教材来串联单元和课堂的教学实践占绝大多数，如“单杠”、“篮球运球”、“中长

跑”、“跳远”等。

第四，因为运动技术学习需要一定的教学时间来保证“痕迹的强化”，教材的延续性和系统性是保证“学会运动技术”的必需，此时必须是以学习的教材为线索。

第五，就是在一些超小单元的特型课（如小学低年级的活动课、探究课、知识课、考核课等）中，教材也往往是课的重要线索，只不过因为独立成为单元，没有了与其他课教材之间的紧密联系，目标也可以相对独立一些而已。

（二）防止“否定教材是教学主轴线”的错误

当前体育教学过程的改革中出现了否定体育教材重要性、否定体育教材研究重要性的错误现象，个别学者还提出了“体育课的主轴线是目标而不是教材”等令人费解的新见解，引起了教师对体育教学过程认识和思考的混乱，这是要特别注意和防止的。

1.“否定教材是教学主轴线”的观点实质上是否定知识、技术，必然引起体育学科的虚无化

“否定教材是教学主轴线”的观点实质上是在否定知识、技术的传授。如果体育教学没有了教材，没有了教学内容的逻辑，那么运动技术就无法学会，身体素质可以得到全面发展吗？体育知识可以得以系统地传授吗？体育还是一个健全和成熟的学科吗？因此“否定教材是教学主轴线”的理论必然导致体育教材的逻辑混乱，导致对体育教材的轻视，使体育教材非系统化和凌乱化，其结果必然是体育学科的虚无化。

2.“否定教材是教学主轴线”必然会否定教师在体育教学中的主体地位，导致教师工作的缺失

否定了知识和技术的重要性，必然也就否定了教师在教学中的主导地位。本讲认为“以学生为主体”和“以教材为主”决不是对立的，“以学生为主体”和教材的研究更不是对立的。我们要在坚持“以学生为主体”的同时坚持搞好教材研究，不能因为否定教材是课的主线而导致教师在教材研究工作中的缺失，导致体育教师在教学中的无所适从。

3.“否定教材是教学主轴线”必然会否定教材研究和教材化工作的重要意义，导致教材的随意和凌乱

否定了知识和技术教材的重要性，必然就否定了教材研究和教材化工作的重要性。但是体育教师如果对教材不知道应该采取哪些教学步骤来教学，不知道应该花几节课来教学，不知道学生对教材应该掌握到什么程度，不知道怎样通过示范和讲解来传达信息，那么这还能是好的体育教学课吗？我们在这样的

问题上如不能清晰，我们的体育教学就会随意和凌乱，我们的体育学科就不可能科学。

4.“否定教材是教学主轴线”的理论在体育教改实践中已经扰乱了体育教学的过程，影响了运动技术的教学，使体育教学幼稚化、戏剧化和空洞化

在当前的体育课程教改现实中，“否定教材是教学主轴线”的思想对体育课程和教学的实践造成了不小的危害。在一些教学改革的实践课中，已经出现了错把一个个的“目标”当成课的“阶段”去安排体育教学单元和教学课的现象，造成了体育教学过程的混乱和虚无化，更多的体育课在否定了教材主轴线的背景下，开始用各种非教材主轴的线索去串联单元和课堂教学过程，结果出现许多逻辑混乱和名目荒唐的教学过程，使体育课越来越不像体育课，越来越像话剧了。表 2—5、表 2—6 列出了一些体育教学实践的例子和分析。

表 2—5　“用课堂目标去串联体育课过程”的例子与分析

“用课堂目标去串联体育课过程”的例子	分　析
激情引入—愉悦身心—增进合作、掌握技能—探究交流、成果展示—民间项目—陶冶情操—制定处方	由于多目标带来了多教材，该课是由许多的游戏组成，教学明显蜻蜓点水
激发兴趣、活跃情绪—自主练习、发展能力—合作创造、体验乐趣—稳定情绪、身心放松	发展能力、合作创造这些目标很难在一节课中实现，由于目标太多，教学主线含糊
激情引趣—合作探究—延伸乐趣—恢复身心	激情、探究、乐趣和合作哪个是主线不清楚

注：以上例子来源于两届全国中小学体育教学展示活动的教学课的原始教案。

表 2—6　“用非教材的主轴串联体育课过程”的例子与分析

“用非教材的主轴串联体育课过程”的例子	分　析
课前导入—热身活动—太空训练—宇宙对接—礼花满天	不知是什么教学内容，也不知是什么教学过程
激发兴趣—奔赴猎场—射击演练—群雄逐鹿—夜幕降临、围火踏歌	像是演戏的场次，而不像一堂体育课
开课导言—我心飞扬—师生共舞—欣赏评价—情景健身—身心调整	像个联欢会，教学中搞“开课导言”和“师生共舞”有小题大做和画蛇添足之感
纽带之光—桥的畅想—快乐参与—放松身心	阶段的命名完全没了逻辑，更不用说教学的逻辑了
1—2—3—4—5—6—7—8	由于没有了逻辑，只能用数字表示

注：以上例子来源于两届全国中小学体育教学展示活动的教学课的原始教案。

（三）要加强对体育教材的研究和“学理”与教法的研究

体育教学单元和体育课是体育课程的基本细胞，是整个学段、学年和学期教学过程的基本组成单位。体育课程就是通过一个个教材的单元和单元中的体育课堂来实现其价值和目标的，体育的传道、授业和解惑是通过教学单元一堂堂体育课来实现的。运动技术和身体锻炼更是通过教学单元的效果累加才实现的。在一个教学单元中，主教材是连贯一致的，单元的体育教学目标是承载在教材之中的。在单元教学中，教材不能是断裂的和支离破碎的，那样的话，运动技术不可能学好，以运动技术学习为重心的学科目标自然也不能得以实现。当前，我们应该做的工作是，坚定地把教材的教学作为体育教学单元和体育课堂的主线，仔细研究运动技术教学的内在规律性（学理），研究教材、教法、学法，提高每一个体育教学单元和体育课的有效性，提高体育教学质量，真正使学生能够学懂、学会和学得愉快。

三、好体育课的灵魂：要有精心合理的设计

好的体育课必然是建立在好的教学设计基础上的。那么什么是教学设计呢？教学设计都包括什么内容呢？本讲认为教学设计主要是指体育课堂中教学方法和手段等的设计，具体来说就是“教学分段要合理”、“教学步骤要清晰”、“教学组织要严密”、“教学方法要有效”、“教学负荷要适宜”、“器材教具要经济”几个方面，下面本讲就具体地对其做一解读。

（一）教学分段要合理

大凡是个过程就会有阶段，体育课堂教学也不会例外，问题是怎么分段？根据什么分段？分成几段？目前有些说法评判“三段式”教学，批判“以技术传授过程为主线的分段”，说什么“要摆脱分段教学的束缚”、“放弃分段教学模式”、“采用整体教学的形式”、“新课改最大特点就是已经很少有人再按传统的技术教学模式来上课了”等。这些说法既不是对当前体育教学改革的正确总结，也不是科学和有益的理论。

1. 体育教学过程的分段应主要依据运动技术学习的过程来进行

体育教学过程的目的和本质就必须定位于“在学习运动技术的过程中不断发展学生身体和提高锻炼身体的能力”。因此，体育单元和课堂教学的分段都应主要以运动技术学习的合理步骤来进行分段，并在各个阶段中辅助于各种发展身体素质和运动能力的练习，使学生在不断的身体锻炼过程中学会、学好运动技术和

锻炼身体的方法。

2. 体育教学过程分为几段应视教材性质和课堂条件需要，但不应太多

体育教学过程应分为几段？我们可以将教学过程分为“开始部分”、“基本部分”和“结束部分”。体育课的“基本部分”中应该分成几段？这首先取决于教材的数量，为了学好教材，除小学低中年级以外，有时也不得不安排一个以上的教材，那么这时主要受以下几个因素的影响：

（1）教材比较难，需要小步骤地学习，如独轮车的初始阶段的学习。

（2）教材比较累，不可能在基本部分都使用这样的教材，如长跑教材。

（3）教材比较枯燥，学生不宜长时间学习的教材，如某些器械体操动作学习。

（4）教材需要多样性的内容，如发展身体灵巧性的教材。

（5）因为教学条件的限制，场地不够，必须安排两个教材来进行分组轮换教学。

但总的来说，体育教学过程的分段不应太多。

（二）教学步骤要清晰

教学步骤的核心是教法步骤。一个运动技术，学生是怎样学会的，需要多长时间，需要怎样的教法程序是学理要揭示的问题。我们初步发现：运动技术可以大致地分为“会与不会有明显区别的技能”（也能理解为“教了才会的技能”，如游泳）和“会与不会没有明显区别的技能”（也能理解为“不教也会的技能”，如跑步），还有因为难度太大或体能的因素很大导致的“教也不会的技能”。这三大类的教法步骤会呈现出很大的不同（见表2—7）。一般来说，“教了才会的技能”要求有非常严谨的教法步骤，要求有合理而科学的、一环扣一环的教法。

表2—7　　三种不同类型的运动技能及其所要求的教法步骤

运动技能类型	不教也会的技能	教也不会的技能	教了才会的技能
本质与特征	“会”与“不会”没有明显区别	“会”与“不会”有区别（太难）或没区别（需要特殊体能训练）	“会”与“不会”有明显的区别
举例	一般的跑、跳、投	撑竿跳高、100m跑达到9分5秒	游泳、独轮车
教学步骤要求	进行完整的学习	前者不学、后者以提高体能为主	从易到难、循序渐进地学习

（三）教学组织要严密

“教学组织”有时与“教学设计”同义，而“严密”则更多地要通过精心设计的学习管理和行动指挥使体育教学达到“有序”、“高效”、“安全”、“和谐”四个方面的效果。

1. 有序

即教学的过程要有逻辑性，在运动技术学习和身体锻炼的基础上，使教学的程序科学合理，教学秩序井然，教学过程如行云流水，一气呵成，好的体育教学过程不能杂乱无章、停停绊绊，更不能横出枝杈或出现体育教学过程不得已而中断的现象。

2. 高效

即“懂、会、炼、乐”四个方面都取得良好的教学效果。要在每一个单元和每节课中都使学生获得更多的知识、学会更多的运动技术、多一些时间锻炼身体并让学生体验到更多的成功感和乐趣。体育教学设计必须要有“效益”的观点，要提倡“有效和高效的体育教学”。

3. 安全

其最低要求是从事安全的运动，保证学生的运动安全，而最高的要求就是让学生进行有一定危险但保证安全的运动，并让学生在其中受到安全意识的培养。安全设计也有不同的水平，因此，体育教师的安全保证水平也是其专业化的重要内容。

4. 和谐

即要处理好各种关系和各种矛盾，在人际关系方面要能促进师生关系、生生关系的和谐，在发展的方面要促进教学与锻炼、思考和练习的和谐等，还有集体进步与个人进步的和谐等诸多方面。

（四）教学方法要有效

教学方法是体育教学设计的主要内容。但教学方法的问题却是一个复杂的问题，如什么是体育教学方法、什么是学习方式、什么是学法、管理方法与教学方法有什么区别等现在仍是众说纷纭，甚至体育教学方法的分类也并未统一。但是，我们却可以有一个判断教学方法优劣的标准，那就是“教学方法是否有效”。表 2—8 是本讲总结的讲解、示范、练习、合作、探究、表扬和批评等的“有效的教学方法”、“无效的教学方法”和“错误的教学方法”的分析例。

表2—8 “有效的教学方法”、“无效的教学方法”和“错误的教学方法”的分析例

方法	有效的教学方法	无效的教学方法	错误的教学方法
讲解	学生听明白了要点、内容很简洁、动作的讲解同学生的身体感受相符合	学生没有听出重点，要记忆的内容超出学生的记忆能力，学生听后没有生动的感受	学生听错了要点，动作要领与学生的身体感受相反，学生受到了不良的鼓动
示范	学生看清楚动作的顺序和要点、在头脑中有了清晰的想去模仿的正确表象	学生没有看清楚动作的顺序和要点、在头脑中没有建立清晰的想去模仿的正确表象	学生看错了动作的顺序，学生注意到与学习无关的细节，建立了错误的表象
练习	学生能正确、安全、次数和强度都合理地进行练习，练习后有进步或没有心得	学生的练习因为方法、安全、次数和强度等存在问题而没有进步或有心得	学生的练习方法因不正确、不安全或次数和强度不合理而导致练习后有退步或伤害
合作	学生真正融入了集体的学习行为，并依靠集体的智慧和相互帮助取得了进步	教学中没有产生真正的集体学习，同学们并不需要依靠集体智慧和相互帮助	教学中只产生了虚伪的集体学习场面，学生之间没有发生真实的相互帮助乃至相反
探究	探究过程解决了学生在学习过程中的重要疑难，且学到探究问题的程序与方法	只是简单的提问和回答的过程，只解决了某个简单的问题，学生没有学到探究的方法	所谓探究只是个样子，问题是预先设定的，学生已经知道答案，学生觉得很无聊
表扬	学生受到表扬后感到是一种鼓励和鼓舞，并通过表扬的内容明白了努力的方向	学生受到表扬后没有感到深切鼓舞，只是一时的高兴，得到表扬后不久又得到批评	学生受到表扬后感到可笑和难堪，以后怕受到老师类似的表扬
批评	学生受到批评后感受到了警示和自责，通过批评的内容学生发现了自己的不足	学生受到批评后没有感到自责，只是一时的懊恼，甚至是委屈，不久又受到同样的批评	学生受到批评后感到很委屈或愤怒，以后成心要做同样的事来报复老师

（五）教学负荷要适宜

由于体育课的本质是“进行运动技术学习和进行相应的身体素质锻炼的过程”，因此体育课必须有适宜的运动负荷和练习密度。体育课有着不同的形态和样式，而不同的体育课对适宜运动负荷的需要也不相同。例如，体育课在一个教学单元中有着先后的不同，处在单元前段的新授课和处在单元后段的练习课的运动负荷要求不会一样，体育课有着传习课和探究课、班级教学和自主教学的区别，不同教学形态的体育课对练习密度和运动负荷的要求也不尽相同，其他还有活动课、展示课、考核课等都对运动负荷有着不同的要求，表 2—9 就是不同的体育课对练习密度和运动负荷的不同要求。

表 2—9　　　　不同的体育课对练习密度和运动负荷的不同要求

课　型	对运动负荷的要求
技术新授课	根据技术学习需要考虑练习密度和负荷，一般为中等负荷
技术复习、练习课	根据技术学习需要考虑练习密度和负荷，一般为中等以上负荷
身体活动课	根据锻炼需要考虑练习密度和负荷，一般为较大负荷
探究性学习、发现式学习	根据探究学习需要考虑练习密度和负荷，一般为中小负荷
合作性学习、自主性学习	根据学习目的和内容考虑密度和负荷，负荷变数较大
展示、总结课	根据展示方式和人数考虑密度和负荷，负荷变数较大
测验、考试课	测验、考试的特殊要求决定密度和负荷，负荷变数比较大

体育教师在设计体育课负荷时要遵循确保学生活动安全的原则、有利于运动技术学习的原则、有利于不断提高学生身体素质的原则、有利于学生体验运动乐趣的原则、不致过于影响下节课教学的原则。

（六）器材教具要经济

体育教学是一个比较依赖场地和器材的教学过程，在我国现行的经济情况下，我们必须因陋就简和因地制宜地使用体育场地和器材。什么是体育场地器材和教具的经济性呢？一般来说，“精心和充分使用现有的体育器材教具”、“不购买昂贵的和可能闲置的体育器材教具”、“适当自制部分简单的体育器材教具”、“不向学生和家长摊派任何体育器材教具”应是使体育器材教具经济化的几个原则和工作内容，也是判断一节体育课的器材教具是否经济节约的标准。

四、好体育课的形象：体育课一定要像体育课

体育学科的性质也被称为课程性质。在《课程标准》中对体育学科的性质是这样阐述的：体育与健康课程是一门以身体练习为主要手段、以增进中小学生健康为主要目的的必修课程。这里明确地阐述和说明了体育学科的三个本质属性：第一，体育是每个学生都要学好的一门课程；第二，体育课必须以身体练习为主要手段；第三，体育课必须以促进学生的健康为目的。

1. 要把体育学科理解为是“一定要学好的课程”，要把体育学科与非学习性的体育活动相区别

“体育是一门课程”明确地说明了体育学科在授业和解惑方面是与其他学科一样的。体育要像语文要教识字、数学要教计算、历史要教史实、地理要教版图一样，教会学生有用的知识和技能，只不过体育要教的是人体运动的操作性知识——运动技术，这就规定了体育课一定是具有“传授运动技术的程序和效果”的课程。这就使得体育学科与课外的玩耍和学生自由的身体活动有了本质的区别，体育学科不能不教会学生技术，也不能没有技术进步这一突出的教学效果，同时体育学科必须有科学的课程设计和严密的教学程序，要有高水平的体育教师、严谨的体育教学文件和一整套的教学评价。

2. 要把体育学科理解为是“以身体练习为主要手段”的，要把体育学科与其他学科的教学形式相区别

“以身体练习为主要手段”明确地表明了体育学科和体育课的特点，确定了体育学科与其他学科相区别的标志，甚至也区别了体育的“主体教学形式”（与其他学科很不一样的户外实践课）与“辅助教学形式”（与其他学科相近的室内理论课）的区别，说明了体育课必须是以运动技术学习和体育锻炼为主要内容和主要形态的课程，说明了体育课要有运动负荷和必要的练习密度，也说明了体育课一定是“要具有健身和锻炼程序与效果”的课程。

3. 要把体育学科理解为是“以增进健康为主要目的”的，要把体育学科与“选手锦标体育”相区别

“以增进健康为主要目的”明确地表明了体育学科与学校中的“选手锦标体育”的区别。在学校体育中实际存在两大类的体育形态，一类是群众性和健身性体育形态，这就是体育课和课外的群体性体育活动，另一类是较高水平的俱乐部活动和代表队的训练，前者主要是锻炼身体和愉悦身心，而后者在锻炼身体和愉悦身心的基础上还肩负着向高水平体育成绩冲刺为学校和地区争荣誉的任务，因此体育课必须强调“锻炼身体、愉悦身心、为学生的身心健康服务的程序和效

果”，不能将体育课程生硬地与作为文化的体育运动相衔接，这就是多年提倡的“竞技运动教材化”的含义。

4. 体现体育学科性质的具体形态和标志

既然好的体育课首先是要体现体育学科的性质，那么在具体的体育课中体现体育学科性质的标志有哪些呢？本讲将做如下分析：

第一，学生在“学习”，教师在“教授或指导”，课的效果通常是学生学会了和更加熟练了某个运动技术。具体而言，主要包括：

（1）有明确的基本教学内容。学生面对一个他们尚未掌握和正在掌握过程之中的教材，这个教材通常是运动技术。

（2）教师的主要工作是传授。教师的教学行为目的是“教会教材”，教师的课中行为主要是围绕这个教材来进行的，教师在课前要围绕教材来备课。

（3）教学活动时间占上课时间的大部分。教学活动必须有一定的时间延续，这些教学活动主要有讲解、示范、练习、展示、教学比赛等内容。

（4）课的过程要符合教学的规律和原则。课的过程是根据学生掌握运动技术的规律来设计的，符合学生的认识规律和掌握技能的规律等。

（5）课的过程是按照教学规范有头有尾的。按照一般的教学要求，体育课必须要有必要的开始和结束，要有教学的常规。如果某节课甚至某个单元就是“身体锻炼课”，不以学某种运动技术为目标，只是为了锻炼学生的身体，那么这种课在特定的教学目标和需要下也是可以进行的，但是这种课是特定的，是有针对性和限度的，从某种意义上讲也是非常规的设计，而且在锻炼课中也应让学生学习锻炼的原理与方法。

第二，学生在进行“身体活动”，而这一点的具体标志又有以下四点：

（1）所学习的技术必须是运动技术。

所谓运动技术是指有大肌肉群参与的动作方式，而不是现在被列为体育，但没有大肌肉群参与的运动和智力性游戏，如多米诺骨牌、电子竞技、棋牌文化等，这些内容一般不能成为教学内容，至少不能成为主体教学内容。

（2）运动技术学习和练习交替进行。

没有练习是不可能学好运动技术的，因此在教学中必须精讲多练，讲练结合，而且练习必须要有一定的密度。在当前中国的体育教学情况下，练习密度一般在35%左右。

（3）体育教学中一般要进行身体素质的锻炼。

为了更好地掌握技术，身体素质的提高是必须的，好的体育教学必须要在恰当的时机安排身体素质练习，而且这种安排还随着教学单元的进展越来越重要。

(4) 全课要有科学的生理负荷。

要科学地设计和控制由于技术练习和身体素质练习而带来的生理负荷，要根据所教教材和学生的特点来设计课的平均心率以及课中运动与休息的节奏，一般来说，学生在课中大汗淋漓是不行的，完全不出汗也是不行的。如果某节课甚至某个单元都是“探究性学习”，由于强调了学生的认识和开展探究性活动而在一定程度上影响了运动的负荷，那么这种课也在特定的教学目标和需要下进行，这种课的意义是“有价值的弯路”，是为了“某种特殊学习意义的时间牺牲”，是“为了更好砍柴的磨刀”，因此，这样的课一定要明确、有效和有限度地进行，不可多用和滥用。

第三，体育课要有实际的效果，要能通过每一节体育课为学生的身心健康服务，而这一点的具体标志又有以下五点：

(1) 学生在每节课的学习后技术都要有所进步。

教师在教学观念上还要有这样的认识：我们的每个单元和每节课都要有意义，都要有效果。因此单元和课的教学目标要定得具体，要选择有效的教学方法。对学生应有的进步和判断、衡量这些进步的指标要做到心中有数，并尽可能地反映到体育教学目标中来，从而进行评价。在进行教学展示时一定要把这些指标告诉同行，请他们一起来判断。

(2) 学生在每节课的学习后身体都要有一些良好的反应。

教师要在教学观念上首先有这样的认识：我们的每个单元和每节课都要锻炼学生的身体。因此每个单元和每节课都要进行有效的和针对性强的身体素质练习，要有一定的强度和练习量，要让学生的身体在上完体育课后有一些良好的反应，如肌肉酸痛和适当的疲劳感，从而达到体育教学锻炼学生身体的目的。

(3) 学生在每节课的学习后都能有所感悟。

教师在教学观念上还要有这样的认识：我们的每个单元和每节课都要让学生明白一定的道理。因此单元和课的教学内容一定要有计划有意识地进行道理的讲解和知识的传授，体育的知识很多，不能都依赖理论课的教学，要结合体育实践课教学不断地传授，并注意让学生通过传授和发现懂得体育运动的原理，从而达到让学生掌握锻炼方法，提高体育实践能力的目的。

(4) 学生在每节课的学习后都能体验到某种成就感。

教师在教学观念上还要有这样的认识：我们的每个单元和每节课都要让学生体会到小小的成功，这个成功包括运动技术的提高、知识的获得、身体的锻炼、比赛的胜利、同学的友情以及教师的表扬，要让学生在体育课中逐步建立起自信，逐步建立对体育运动的兴趣和热爱，但是要注意这种成功和乐趣都是真实并有一定深度的，那些嘻嘻哈哈的游戏和单纯的笑声并不代表也不构成这种深层次的乐趣。

(5) 学生在每节课中都会被规范行为和受到教育。

教师在教学观念上要有这样的认识：我们的每个单元和每节课都要让学生受到教育，每节课都要不断地规范学生的体育行为，要通过课堂常规、纪律教育、集体教育等让学生记住体育中的道德规范和行为规范，使体育课真正成为体育教育和奥林匹克精神教育的场所。

体育课没有解决的理论问题有很多，没有说清楚的实践问题更多，这是由于体育课既是课程，又是文化；既是学科，又是活动；既是理性的，又是感性的；既是先天的，又是后天的；既是动，又是静；既是苦，又是乐；既是成功，又是失败；既是艺术，又是技术。因此，它复杂并难以控制。所以说，体育课的问题需要我们付出更大的努力。本讲只是针对几个问题谈谈最近的研究进展，希望能够激发出更多的火花和更有质量的研究。

思考与活动

1. 想想体育课与其他文化的区别，确认体育课与其他课程的同一和差异之处。

2. 认真地观摩一节体育课，把其中的相关问题做一总结，检查一下体育课中都有哪些问题?

3. 从体育课程的目的和任务来分析体育课问题，看看是不是与目标有偏差?

4. 从体育教师的工作状态来分析体育课问题，看看是不是与教师的工作有偏差?

5. 从体育教学的技术和方法来分析体育课问题，看看是不是方法和手段有偏差?

6. 从学生的学习目的和学习情况来分析体育课问题，看看是不是学生方面有问题?

7. 找到上述问题的原因后，考虑一下解决问题的方法。

参考文献

1. 中国学校体育. 2005—2007 年各期

2. 体育教学. 2005—2007 年各期

[作者简介]

毛振明，男，北京师范大学体育与运动学院院长，教授，博士生导师，国家名师。曾出版《体育教学论》、《体育教学改革新视野》、《解读中国体育课程与教学改革》、《体育教学方法理论与研究案例》等著作和教材70余部，发表《关于完善〈体育（与健康）课程标准〉的建议》、《近阶段中国体育教学理论研究的若干的成果和建树》、《建立“地方体育课程指导方案”的必要性研究》等学术论文200余篇。曾参加《体育（与健康）课程标准》的修订等体育课程改革的许多工作。

第二讲
体育教师如何进行教学设计

北京教育学院体育系　陈雁飞

特级教师宁鸿彬曾说过："在进行课堂教学之前，精心设计教学方案极为重要。设计得巧妙与否，直接关系到课堂教学的简与繁、易与难、顺畅与阻塞、生动与枯燥。简而言之，就是关系到教学的成功与失败。"自2001年实施新课改以来，广大一线体育教师围绕着如何根据新的教育思想和课程标准的精神进行教学，进行了积极而有益的尝试。但是在教学实践中，教师们也遇到了诸多问题，直接影响了课程实施效果，特别是在体育课堂教学设计方面出现的不足和问题较为突出，而科学合理的教学设计对于广大体育教师更好地选择教学内容、发现教学中的问题、制定出最优化的教学方案、用来指导教学实践有着重要的意义。在新课程全面推广实施的背景下，体育课堂教学设计的重要性尤为突出。

本讲从教学设计研究的角度，从体育教学设计的意义和基本问题出发，结合体育教师在新课程要求和教学中进行教学设计的过程与步骤、内容与方法进行阐述，从而促进教师更好地掌握一定的教学设计策略，在理论和实际操作层面上给一线体育教师提供一些参考和借鉴。

一、体育教学设计的内涵

（一）教学设计的含义

教学设计是以获得优化的教学效果为目的，以学习理论、教学理论及传播理论为基础，运用系统方法分析教学问题，确定教学目标，建立解决教学问题的策略方案、试行解决方案、评价试行结果和修改方案的过程。简单地说，就是指教师为达成一定的教学目标，把课程设置计划、课程大纲、单元教学计划、课堂教学过程、媒体教学材料等看成是不同层次的教学系统，把教学系统作为研究对象，对教学活动进行的系统规划、安排与决策。

教学设计从关注学生需要"学什么"、"为什么学"、"怎么样去学"出发，来考虑教师“教什么”、“为什么教”、“怎么教”和最终学生“学得怎么样”。通过一套具体的操作程序，研究教学对象的特点、教学目标、教学内容、教学策略、教学方法、教学过程的活动安排、教学组织形式、教学媒体选择等。无论是何种教学设计观点，也无论是哪代教学设计理论，其基本要素是教学目标、学习者分析、如何进行教学（教学策略）、教学评价。

教学设计作为一个系统计划的过程，是应用系统方法研究、探索教学系统中各个要素（如教师、学生、教学内容、教学条件以及教学目标、教学方法、教学媒体、教学组织形式、教学活动等）之间的本质联系，并通过一套具体的操作程序来协调、配置，使各要素有机结合完成教学系统的功能。教学设计的结果（或称教学设计过程的产物）是经过验证能实现预期功能的教学系统。它们可以是直接用于教学过程，完成一定教学目标的教学资源，如印刷教材、音像教材、学习指导手册、测试题和教师用书等，也可以是一门课程的大纲与实施方案或对一个单元、一节课教学计划的详细说明。

（二）课堂教学设计的含义

所谓课堂教学设计是指课堂教学的设想和计划。即在课堂教学工作开始之前教学的预备和筹划。它有以下几个特点：

1. 规划性

课堂教学设计实际上是对整个教学过程的各项工作做一个规划，如教学目标编制、教学资源的开发和利用、教学重点难点的确定、教学方法与手段的筹划等。

2. 前瞻性

在进行总体的教学设计时，教师通过思考预测教材内容、学习环境、教师行为可能引发的效果，学生可能做出的反应，借助于想象拟出操作蓝图。

3. 创造性

教学设计者要根据教材和学生实际去设计独特的有个性的教学方案，使课堂教学常教常新，这也是一个创造的过程。特别是新课程的实施，对教师的教学设计提出了更高的要求。

（三）体育教学设计的含义

体育教学设计是根据教学目标和教学条件，对某个过程（如学段、学年、学期、单元和学时）的教学进行各方面的最优化研究工作和计划工作，体育教学设计是进行成功教学的关键。在体育教学中，从宏观方面来讲，教学设计是指解决各个水平阶段的教学目标分解、教学内容选择、教学单元安排等重要问题的过程；从微观方面来讲，教学设计是指对一节课或一个单元的教学构思和组织的过程。

一般情况下，体育教师的教学设计基本构思包括以下几部分：

第一，体育教学目标设计（方向）解决为什么教，明确具体教学任务，教学重点、难点。

第二，体育教学内容设计（教材处理组织）解决“教什么”、“选什么”、“教什么最好”、“教到什么程度”、“采取什么呈现方式”等。

第三，体育教学过程设计（教学方法与策略）解决“怎么教”、“怎么学”，教学方式、学习方式的设想安排。

第四，体育教学评价设计（强化）解决激励和鉴别问题。

第五，体育教学环境设计（场地器材的需求、布置，教具、学具的安排等）。

第六，身体练习的负荷设计。

二、进行体育教学设计需要考虑的几个基本问题

体育教学设计是进行成功教学的关键，其设计的全过程由一些因素构成。对于一个教学计划，实现一个教学目标需要多节课来完成，可以有一定的伸缩性。不同的教师、不同的学生、不同的教学条件，对同一个教学的设计与实施，难免会出现一定的差异。

（一）教学由谁来定

在多数体育教师心里，教什么、教哪些单元不是自己考虑的事情，自己没有时间也没有能力考虑这么多，大家普遍认为应该教材上有什么教什么、教材编写者设计好内容或者是教研组安排教什么就教什么，或者是自己想教什么就教什么，老师只要一节一节课地备课和上课就可以了。相对而言，过去体育教师的任务是被动执行体育教学大纲，严格按照体育教学大纲规定的教学内容进行教学，并且不敢随意破坏预先确定的教学顺序，在教学过程中体育教师欠缺一定的自主权。

新课程标准与原来的教学大纲最大的区别就是把教学内容的选择权下放给地方、学校以及教师。体育教师可以决定哪些学期上哪些教材、哪些教材构成一个单元，决定学年、学期、单元教学内容的设计和课时的安排。例如，有的教师根据自己的理解和学生的学习需要，将踢毽子、跳绳、投沙包、跳皮筋等体育活动糅合成民间体育活动项目单元；小学体育二年级教材中的原地投物单元，有的教师为了教材的衔接性，为了学生能对比学习，将跑动后投物和原地投物糅合成一个大的单元，将这个单元调整为六课时进行教学。所以在某种意义上说，教师是与学生一起决定学年、学期中教什么，一项运动中究竟教、学什么技术的。教师

根据学生的兴趣、经验、知识、认知和态度等各种因素最终设计和决定教学。

（二）教学设计的灵魂是什么

在体育教学实践中可以发现以下现象：体育教师在教案中实际上将教学过程及相应活动的设计作为教学设计的重点而忽略教学目标的设计；将课标中的相关要求照抄下来作为教案中的教学目标；知识和技能目标比较清晰，而方法和情感态度价值观目标的表述却往往非常抽象、不易落实；在单元教学设计中，直接将单元教学目标作为每一节课的教学目标；考试和评价与教学目标不相关。产生这些现象最根本的原因，是由于长期以来以大纲规定的目标为目标或者以考试为目标，导致体育教师骨子里教学目标意识不强，表现为表面上重视目标实际上却并不真正重视；对新课程三维目标尤其是方法和态度目标不够理解而不能设计出目标。

（三）确定教学设计的依据是什么

教学是由体育教师最终确定的，但这并不意味着体育教师可以随意确定教学内容和教学单元，确定教学内容是要有客观依据的。我们认为确定教学设计的核心是确定教学目标，确定教学目标的依据主要有四个：教材、课标、学生和考试评价。体育教师拿到教材后，要对教材的教学设计意图进行研究，然后与课标要求相对照判断教材安排的合理性。在教材与课标之间，体育教师要以课标为纲。根据课标确定了教材的合理性后，需要根据学生发展需要确定教学设计的合理性。在教材、课标与学生之间，要以学生需要为纲，因为课标中对学生的要求是针对一般的学生提出的，而我们在学校中、在教学中面对的学生是非常具体的，从学生发展需要出发是促进学生发展的必然的客观的出发点。在根据学生发展需要确定了教学内容后，还需要从考试评价的角度审视教学设计。不可否认，在实践教学中，体育教师往往根据考试（学生体质健康标准测试、体育中考、高中会考等）来调整设计自己的教学，不考虑考试评价进行教学设计是不现实的，但仅仅考虑考试评价，并不能很好地提高学生的身体素质，同时也说明体育教师缺乏专业自主性。

三、进行体育教学设计的过程与步骤

（一）进行体育教学设计的过程

1. 认真研究教材，分析教材可能实现三维目标的价值

研究教材中涉及的知识、技能、方法和态度等内容在整个基础教育阶段的目

标要求与在本学年、本学期的目标要求之间的关系。研究新教材与旧教材的不同，分析有关内容在教科书中的安排；研究教科书编写特色，分析新教材单元编排的意图；研究教材的内涵、特点与价值，分析教材内容的难度、重点与难点；研究借助教材可以实现的三维目标，分析教材与课标的关系。

2. 认真研究课标，初步确定三维目标

研究课标对教学内容的要求和定位，在研究课标的基础上，初步确定本学年、本学期、本单元、本课时的教学目标以及对教材进行初步的单元组合。从总体上看，三维目标指的是基本知识与技能、过程与方法、情感态度价值观。

3. 认真研究学生，确定三维目标

备课要备学生，这是所有教师都清楚的。不同的学生由于知识技能、方法和态度的不同，其知识技能、方法和态度的发展需要便不相同，也就是说，学生达到的知识技能、方法和态度的目标是不同的。课标或教材中目标的实现最终需要结合学生的实际需要。

备学生的目的是什么？备学生备什么？怎么备学生？我们认为，备学生不仅是为了确定教学的起点，也是为了确定学生发展的目标、方式；体育教师不仅要备学生已有的知识技能基础，还应备学生已有的经验、思维方法和态度基础；在备学生时，不仅要分析学生已经学过了什么，而且还需要真正走到学生中间，学会学生调研的基本方法，通过调查访谈、学生动作分析、课堂学习过程观察等方式加以了解。

4. 认真研究考试评价，进一步确定三维目标

考试评价是教育的指挥棒，根据考试评价设计教学是非常现实和必要的。研究考试评价的根本意义在于，在明确终结性评价之后，体育教师能够将其更加清晰地转化为形成性评价的内容，并进一步明确教学目标。如何根据考试评价设计教学？我们认为，要想学生在最后的终结性评价中获得好的成绩，必须在教学过程中进行形成性评价，否则，教师的教和学生的学都不能处于主动的地位。将终结性评价转化为形成性评价的基础是对学生已有经验、知识、思维方法和态度的了解。也就是说，不了解学生，不从学生实际出发，而仅仅要求学生跟着考试项目走，学生的成绩、学生的体质健康水平是提高不了的。将终结性评价转化为形成性评价的标志是，体育教师在教学过程之前基于评价设计教学目标。

5. 将教学目标分解为单元目标和课时目标

在设计课时目标时，教师往往容易照抄单元目标。而实际上单元目标与课时

目标之间是整体与部分、一般与具体的关系。单元目标的实现是通过每一课时的教学达到的，因此在制定好单元目标之后必须把单元目标分解和落实到课时，真正将单元目标转化为课时目标。课时目标的制定相对于单元目标要更具体，具体到可以采取措施，可以通过教学内容、活动和环境实现。

6. 教学过程的设计、实施与反思

进行教学设计，我们应该以一种坚持而又开放的态度对待自己的教学设计，需要做好在教学实施过程中生成教学目标、问题、活动和环境的准备。在教学设计后，教师就可以根据教学计划对自己的每一堂课做进一步的设计。每一次课后，根据单元教学和课堂实施情况，及时进行调整，并及时对教学设计进行过程中的反思与调整。教学结束后，对教学设计的每个环节和自己的变化进行反思，从而理解自己在专业上的“变化”。

（二）进行体育教学设计的步骤

步骤一：确定教学目标（明确期望让学生通过教学学到什么）。

包括本节课的主要教学任务是什么？本节课的教学重点、难点在哪里？三维目标如何体现和整合？这样的教学设计学生能否接受？不同层次的学生会怎样？本节课生生、师生互动可能生成哪些新问题？

步骤二：确定与教学目标有关的教学内容。

包括选择要学的主题或内容，并以恰当的顺序组织它们，确定每个主题或内容的比重。

步骤三：确定每一个主题或内容需花多少时间。

根据教材的编写思路和结构特点，充分考虑学生的认知水平和年龄特征，对所选内容或主题提出合理的课时安排。

步骤四：根据所选的目标和内容，确定教学所用的方法（包括基本策略、主要作业等）。

实现课程目标有多种方式，教学应根据活动主题的需要选择合适的方式。有时，一个活动主题中可能采用几种不同的形式和方法；考虑能充分体现本次课的教学思路，在课堂教学中所采取的具体做法；考虑如何实现学习目标或教学目标的途径，解决“怎么学”和“怎么教”的问题；考虑教学媒体的选择和应用，根据不同的情况选择不同的教学媒体或教学资源等。

步骤五：确定评价学生实现教学目标的程序。

对学和教的行为做出评价，在行为评价时，一方面要以目标为标准进行评价，另一方面评价提供了关于教学效果的反馈信息。

四、新课程理念下的体育教学设计分析

没有科学的、艺术的、精确的设计，就不会有优化的教学活动，不会有堪称精品的课堂教学。只有追求新颖与高质量的统一，才有学生轻松愉快的学习和高质量的教学效果。在新课程理念下，体育教学设计要根据教学目的与要求，对参与教学活动的诸多要素进行分析和策划，制定出“教什么”和“如何教”，乃至“如何指导学生学”、“如何引导学生探究和发展”的操作方案。

（一）学习需要分析

分析研究教学中学习者的需要和存在的问题是体育教学设计的起点，也是决定体育课堂教学设计项目能否成功的基本前提，学习者学习的现状与教学目标之间的差距，揭示了体育教学中存在的问题。分析学习需要就是要解决教师“为何教”以及学生“为何学”的问题。体育教师只有善于发现问题，分析产生问题的主要原因，才能确定解决该问题的最佳途径，并确定通过哪些具体的教学内容和教学目标才能达到教学目的。教师在设计课堂教学计划时，了解学生的实际需要与实际兴趣，客观、冷静地分析学生的实际反应与教学效果，确定实现具体的教学目标与满足学习者需要所采用的教学策略，才会使教学、教学计划立足于一个比较实事求是的基础上。因此，体育教师要从“为什么学”入手，确定学生的体育学习需要和教学的目的，即确定“学什么”。

（二）学生情况分析

教学只有建立在学生现实发展水平的基础上，教与学之间才能沟通。学情分析就是考虑“谁学”的问题。其目的是了解学习者从事新的学习时，原有的知识水平或原有心理发展水平对新的学习的适应性及其学习策略的最优方式，为教学内容的选择和组织、学习目标的编写、教学活动的设计、教学方法与媒体的选择和运用等提供依据。了解学生的现实发展水平，准确把握教学起点，是体育教学设计的一项重要内容。在学情分析时，一是要了解、分析学生对新的学习所具备的相关知识的掌握程度、学生在学习中所具备的认知加工和体育实践能力，分析学生学习中存在的问题和产生问题的主要原因，分析学生的知识背景和知识经验，判断学生对新的学习的关注和接受程度，以学生的知识、经验来设计教学，开发课程资源。二是要分析学生的差异状况，根据学生的学习基础、性格等进行差异性教学，以确定在教学活动中解决该问题的方法和途径，为可能采用的个性化教学指导提供策略。只有根据“学情”设计教学策

略、教学思路、教学方法，才能从根本上改变学生的学习方式，构建起充满活力的体育课堂教学。

（三）学习内容分析

学习内容分析就是解决教师“教什么”以及学生“学什么”的问题。教师对教学内容的分析不仅仅是对教科书既定的学习内容的动作要点、重点难点进行分析，更重要的是教师必须根据本校的实际情况以及学生的经验对学习内容进行重新建构，在学习内容分析的基础上根据对运动技能本身的价值判断，设计出更具生活意义和生命价值的体育学习主题。因此，教师要以学生已有的生活经历、学习经验、知识积累为基础，根据学生的认识规律，合理选择、组织教学内容，恰当地确立学习起点，确定学习内容的范围与深度，从学生体育知识的需要、健身的需要、健美的需要、娱乐的需要、终身体育的需要出发，做到继承性与发展性相结合，简易性、知识性、实效性、健身性相结合，既要考虑到教学内容的综合性，也要考虑到体育课程各个阶段的学习目标，学生的身心发展特点、教学内容的纵横联系、教学时数、教学条件等各方面的因素，选择学生必需的、基础的、后天生存和发展必备的、学科中最有价值的知识技能，精心设计好学习的各个活动环节，把学生获得知识和形成技能的过程变成学会学习、掌握学习方法、形成正确价值观的过程，关注学生的学习过程质量、效度、学习技能的生成、学习习惯的养成、学习兴趣的激发、学习注意力的保持与调控、学习的互动式参与程度，使学习成为有趣的活动，让学生在知识的学习中提高能力，从而为达到教学过程最优化而保证内容效度。

（四）教学目标设计

教学目标是课堂教学的灵魂，教学目标在教学活动中发挥着指向、评价和激励等多方面的作用，是学习者自我激励、自我评估、自我调控的重要手段。明确具体的教学目标有利于教学策略的制定和教学媒体的选择，同时也为教学评价提供依据。因此，体育教学目标的设计应在深刻理解《课程标准》的精神，吃透《体育与健康》新教材，理清本节课教学的知识点的认知层次、能力培养要求、情感教育要求等，熟悉本节课教学的认知内容及认知内容的发生过程，了解学生现有知识状况、学习本节课铺垫知识的掌握情况、学生认知结构特征的基础上，依据本节课教学内容在教材中的地位和作用，用简明扼要的语言提炼概括出本节课的知识点及每个知识点在本节课学习中要达到的认知层次，依据学生的认知规律分析每个知识点在认知过程中所采用的认知方法、思维方法、教学手段，确定出教学中所培养的能力目标，通过本节课所采用的认知过程中贯穿的教学思想与教学方法，制定出学生要学会的知识与方法及培养层次，通过挖掘教材中的情感教育的内容，制定出培养学生非智力因素的情感目标及形成层次，从而使教学目标明确可行、具体化，并根据所学内容的难易程度、学生的接受能力，将教学目标进行分级，呈阶梯式递升，使“教有所循、学有所依”。

五、体育教学工作计划设计的内容与方法

教学工作计划是依据课程标准各学段领域目标和水平目标规定的活动内容与要求，结合学生身心特点和学校场地设备等实际情况，合理地规划教学内容的教学文件，是教师教学的依据。教学工作计划有学年、学期、单元、课时计划四种，我们要以运动技能为载体制订教学计划。理论课的教学时数约占10%；发展体能要安排一定时数，但更多的是通过从事其他身体练习协同发展。

（一）学年教学工作计划

学年教学工作计划是以年级为单位，根据国家规定的课程标准，结合学校实际和学生年龄特点，对全年教学内容和考核项目的规划，它是制订学期教学工作计划和其他教学工作计划的依据。制定学年教学工作计划的方法与步骤大体为：

1. 确定年级教学目标

年级教学目标是从领域目标—水平目标—年级目标出发，然后列出每个年级五个领域的年级教学目标。

2. 根据年级教学目标选择教学内容

教学内容的基本要求是：符合儿童身心发展水平；形式活泼新颖；符合五个领域目标和水平目标提出的要求；具有科学性、知识性、健身性、趣味性、实效性；简单易行。

3. 确定教学时数比重

如每学期按18周计算，一学年为36周，每周3节课，一学年共108节课。

4. 绘制表格、分配教材、审核、调整

5. 制定学年教学工作计划注意事项

（1）选择教材要突出学生特点：趣味性、可接受性、新颖性、娱乐性。

（2）认真研究教材所属的维度。

（3）教材内容要体现创新性、要有创造，要突出实用性。

（4）教材内容的调整要注意五个领域的均衡发展。

表2—10为某小学2004—2005学年度一年级课时分配表。

表 2—10　　××小学 2004—2005 学年度一年级课时分配

领域	水平目标	教材内容	全学年		第一学期		第二学期		备注
			时数	次数	时数	次数	时数	次数	
运动参与	乐于参加各种游戏活动，认真上好体育课	各类游戏（走、跑、跳、投等类游戏）	32	64	16	32	16	32	见学期、课时计划安排
运动技能	能说出所做简单运动动作的术语	韵律活动	9	18	3.5	7	5.5	11	队列动作在教学中多课次出现
		表现运动	4	8	2	4	2	4	
		武术	9	18	4.5	9	4.5	9	
	初步掌握简单的技术动作	各种姿势的走	2	4	2	4			
		跑的练习	12	24	6.5	13	5.5	11	
		跳的练习	10	20	5.5	11	4.5	9	
		乒乓球练习	5	10	2.5	5	2.5	5	
	知道如何在运动中避免危险	投掷练习	8.5	17	4.5	9	4	8	
		对抗、合作类游戏	见学期、课时计划安排						
身体健康	注意正确的身体姿势	队列、队形	见课时计划安排						
		基本体操	4	8	2	4	2	4	
	发展协调、灵敏、柔韧能力	走、跑、跳、投等类游戏	见课时计划安排						
	知道自己身体各主要部位的名称和自己身体变化	体育与健康基础知识	5	10	2.5	5	2.5	5	
心理健康	体验体育活动的心理感受	技巧	7.5	15	3.5	7	4	8	
		攀爬	5	10	2	4	3	6	
		耐久跑（走、跑交替或慢跑）	见跑的课时计划						
	说出自己在体育活动中的情绪体验	合作、竞争类游戏	见学期、课时计划安排						
	在体育活动中适应陌生环境	爬越障碍物	见学期、课时计划安排						
社会适应	体验集体活动和个人活动的区别，在集体活动中学会尊重别人	各类游戏（走、跑、跳、投等类游戏）	见学期、课时计划安排						
测验项目	第一学期	30m、立定跳远、沙包掷远							
	第二学期	前滚翻、武术、跳绳							

（二）学期教学工作计划

学期教学工作计划（又称教学进度），是把学年教学工作计划规定的每学期的各项教学内容、教学时数，按课程标准的要求，合理地分配到每个课时中去。制定学期教学工作计划的方法与步骤大体为：

1. 确定学期教学总时数（在学年教学工作计划中已确定）

一学期仍按 18 周计算，每周 3 课时，共 54 课时。每课时安排两项教学内容，或者个别项目安排 1 项，或 1 项（如基础知识、测量等）用 1～2 课时。

2. 绘制草表

3. 将学年教学工作计划中的内容，按时数、课次、要求进行分配

4. 审查、调整

5. 填写正式表格

6. 制定学期教学工作计划注意事项

（1）要注意室内外有机结合，学练有机结合。

（2）注意季节变化，活动量较大的球类、游戏等项目尽量不安排在炎热的夏季。

（3）留出适当的机动课时（一般留 2～4 节），以弥补特殊原因的停课。

（4）计划可以集中排列，也可以间隔分散排列。

（5）审查要细致，一定不能发生冲突。

表 2—11 是喇叭沟门小学的学期教学进度。

表 2—11　　学期教学工作计划示例：喇叭沟门小学学期教学进度表

领域	教材内容	第一学期		一年级			二年级			三年级			四年级			五年级		
		时数	课次	1	2	3	4	5	6	7	8	9	10	11	12	13	14	15
运动参与	各种游戏	3.5	7	▲	▲													
	认真上好体育课	0.5	1	▲														
运动技能	小球类与游戏	5	10						▲			▲			▲			
	民族体育双飞舞	4.5	9															
	武术基本手形	2	4															
	投掷与游戏	5	10														▲	
	动物模仿操	1	2			▲												
	韵律与舞蹈	1	2				▲			▲								

续前表

领域	教材内容	第一学期		一年级			二年级			三年级			四年级			五年级		
		时数	课次	1	2	3	4	5	6	7	8	9	10	11	12	13	14	15
身体健康	走、跑与游戏	3.5	7											▲		▲		
	基本体操	2.5	5		▲			▲					▲					
	技巧 徒手操	1.5	3						▲				▲					▲
	跳跃游戏	2.5	5			▲					▲							
	认识身体各部位	0.5	1															
心理健康	拓展训练游戏	3.5	7									▲						▲
	民族体育游戏	4	8				▲	▲										
	体育与健康知识	0.5	1															
	民间体育游戏	5	10							▲	▲							
社会适应	民族体育赛威呼	4	8											▲	▲	▲	▲	
	小组合作游戏	4	8															
合计		54	108															

（三）单元教学工作计划

为实现一门课程总的教学目标，学习者必须学习哪些内容，换言之，必须完成哪些学习任务？对这个问题的考虑，首先从单元层次开始。单元是教师在设计教案时天天都在打交道的内容，是课程教学设计中最基本的一个层次。单元教学工作计划是水平教学工作计划和课时教学工作计划之间承上启下的桥梁，它是水平教学计划的分解与细化，是课时教学计划的主要依据。传统的体育教学是以学年为一个学段、学期为一个基本单位来设计，教师的教学往往是以一节课为基本单位。新课程标准对学习学段的划分是以学生身心发展特征为依据的，表现形式是水平学段，而在水平教学计划中，许多地方是以教学单元为基础来表述的。

单元作为一门课程内容的划分单位，一般包括一项相对完整的学习任务，随着学科特点的不同进行的划分也不同。在这些单元学习任务中，哪些应先学、哪些应后学？这涉及对各单元的顺序进行安排。通过选择与组织单元，可确定课程内容的基本框架。学校教师一般按单元组织教学。

以六年级小篮球为例，其单元教学设计如下：

<table>
<tr><td>教材名称</td><td>双手胸前传接球</td><td>选择内容</td><td>行进间运球；行进间投篮；双手头上传球；单手体侧传球；行进间传接球；教学比赛</td></tr>
<tr><td>目标</td><td colspan="3">1. 了解行进间投篮、传接球的动作要领，基本掌握动作方法，能按要求进行小篮球游戏和比赛
2. 发展学生的灵活、机敏、反应快捷等身体素质，促进身体的全面发展
3. 鼓励学生展示自我，调动学生的参与意识，体验在运动时的心理感受
4. 通过同伴和群体间的共同讨论、彼此勉励和互相激励，体验群体学习活动的乐趣；培养勇敢、果断、克服困难的品质，帮助学生树立安全意识，防止意外事故发生</td></tr>
<tr><td>课次</td><td>学习目标</td><td>重点与难点</td><td>教法与学法建议</td></tr>
<tr><td>1</td><td>复习原地运球和行进间运球的方法，熟悉球性；掌握正确的运球方法；发展手的小肌肉群与关节的协调、灵活性。感受拍运球的快乐，体验小篮球运动的乐趣</td><td>重点：运球方法
难点：手触球的部位</td><td>学法建议：
1. 各种球性练习（要球、运球）
2. 复习各种原地运球方法，双人运球练习
3. 复习行进间运球（直线、曲线、急停急起）
4. 运球接力比赛
教法建议：
1. 采用双人和小组形式练习
2. 鼓励学生交往合作，努力展示自我
3. 加强讲解示范对正确动作的引导性</td></tr>
<tr><td>2</td><td>学习行进间投篮动作方法，能够掌握正确的步法进行练习，提高学生的控球能力，感受投球中篮的成功感，体验小篮球运动的乐趣</td><td>重点：步伐节奏
难点：一大、二小、三向上</td><td>学法建议：
1. 复习行进间运球，单、双手投篮
2. 在教师指导下，练习行进间投篮步法
3. 分组练习，相互提示要领
教法建议：
1. 教师通过语言提示学生完成练习
2. 采用结伴和小组形式练习，加强交往合作
3. 强化重点环节的指导</td></tr>
<tr><td>3</td><td>学习双手头上传球；单手体侧传球。发展判断力和空间感知觉。感受传接球游戏的乐趣，体验小篮球比赛的乐趣</td><td>重点：体侧传球动作
难点：手腕外翻和内扣</td><td>学法建议：
1. 复习胸前传接球动作
2. 学习双手头上传球、单手体侧传球
3. 在各种游戏条件下进行练习
4. 分组进行三对三教学比赛
5. 投篮比赛</td></tr>
</table>

课次	学习目标	重点与难点	教法与学法建议
			教法建议： 1. 教师根据动作特点，演示动作方法和过程 2. 采用帮教小组形式练习，加强交往合作 3. 为学生设计各种适合传接球练习的游戏 4. 指导学生进行三对三比赛
4	复习双手胸前传接球的动作方法，学习行进间双手胸前传接球动作方法，发展判断力和空间感知觉。感受小组竞争的乐趣，体验进步和成功后的愉悦	重点：动作连贯，协调用力 难点：传球提前量	学法建议： 1. 复习胸前传接球动作 2. 学习行进间双手胸前传接球动作方法 3. 利用滑步进行双手胸前传接球练习 4. 行进间双手胸前传接球练习 5. 进行小型教学比赛 教法建议： 1. 采用同层次分组形式练习，保障练习质量 2. 巡视中教师随时强调动作要领 3. 教师积极引导，倡导展示自我 4. 指导学生进行小型教学比赛
5	复习本单元所学的技术动作，进行小型教学比赛；能够在实战中正确运用所学的技术动作；通过不同角色的分工，体验篮球运动的乐趣。培养学生的社会责任感和合作意识	重点：教学比赛 难点：灵活、合理地运用技术动作	学法建议： 1. 复习双手胸前传接球动作方法 2. 进行角色分工，每场比赛进行轮换 3. 进行小型教学比赛 教法建议： 1. 讲解比赛规则，协助学生进行分工 2. 引导学生比赛，巡视中随时强调学生合理运用动作 3. 进行小结，协助学生进行分析

（四）课时教学工作计划

课时教学工作计划又叫教案，它是根据学段水平目标的规定和学期教学进度、单元教学工作计划的安排制定的具体的教学方案，是教师组织课堂教与学的基本依据。

1. 制定课时教学工作计划的方法与步骤

（1）根据课堂教与学内容，确定相应教与学目标。

（2）根据教与学目标和教与学内容，安排课各部分的内容。

（3）根据各部分教与学内容的难易程度、繁简情况分配教与学时间。

（4）根据各部分教与学内容、教与学时间，确定教与学组织形式。

（5）根据各部分教与学内容、教与学时间、组织形式，确定教与学手段。

（6）根据各部分教与学内容、教与学时间、组织形式、教与学手段，安排生理负荷。

（7）根据各部分教与学内容、教与学时间、组织形式、教与学手段，安排场地器材。

（8）完成课时计划。

2. 制定课时教学工作计划注意事项

（1）要研究教材。使学生在玩中练、动中练、学中练、乐中练；用音乐、图片等进行导入，吸引学生的注意力，使其把精力集中到课堂上来。

（2）了解学生。设计新颖的组织形式，多采用非指令性的形式开创和谐、宽松、灵活的课堂氛围，为学生的自主学习、创造学习、探究学习提供发展的空间，充分展示学生的才能。

（3）采取有效的教与学方法。导—学—感知—解疑—精讲—练习等反复螺旋式的回环上升，提高学生的创造精神和实践能力。

（4）合理安排场地器材。

3. 体育课时计划课的顺序

（1）有的按照教学的先后顺序，如1、2、3、4、5、6等部分。

（2）有的按照主题式情景设计的顺序，如情景导入、情景展开、情景结束等部分。

（3）有的突出探究学习和主动学习，如创景设疑、互动探疑、互动解疑、创新拓展等部分。

（4）有的按照身心活动的一般规律进行设置，如调动情绪激发兴趣阶段、合作能力阶段、探究掌握技能阶段、激活思维拓展阶段、稳定情绪恢复身心阶段等。与此类似的有活跃情绪激发兴趣、保持活跃情绪发展运动能力、稳定情绪恢复身心等。

（5）有的按照人体生理机能活动的一般规律设置，如开始部分、准备部分、基本部分、结束部分等。

4. 体育课时计划形式示例

（1）主题式表示形式。

<table>
<tr><td rowspan="2">教材</td><td></td><td rowspan="2">课的类型</td><td rowspan="2" colspan="2"></td></tr>
<tr><td></td></tr>
<tr><td>教学目标</td><td colspan="4">1.
2.
3.
4.</td></tr>
<tr><td>教学重点
难　　点</td><td colspan="4"></td></tr>
<tr><td rowspan="2">课的顺序</td><td rowspan="2">教学内容</td><td rowspan="2">时间</td><td colspan="2">组织教法、学法与要求</td></tr>
<tr><td>教师指导</td><td>学生活动</td></tr>
<tr><td>一</td><td></td><td></td><td></td><td></td></tr>
<tr><td>二</td><td></td><td></td><td></td><td></td></tr>
<tr><td>三</td><td></td><td></td><td></td><td></td></tr>
<tr><td>四</td><td></td><td></td><td></td><td></td></tr>
<tr><td>五</td><td></td><td></td><td></td><td></td></tr>
<tr><td>六</td><td></td><td></td><td></td><td></td></tr>
<tr><td rowspan="2">教具准备</td><td colspan="2" rowspan="2"></td><td>预计心率</td><td></td></tr>
<tr><td>预计密度</td><td></td></tr>
<tr><td>课后记载</td><td colspan="4"></td></tr>
</table>

（2）主题式情景教学表示形式。

<table>
<tr><td>教学内容</td><td>课题
1.
2.
3.</td></tr>
<tr><td>教学目标</td><td>1.
2.
3.
4.</td></tr>
</table>

<table>
<tr><td rowspan="2">顺序
时间</td><td rowspan="2">课的内容</td><td rowspan="2" colspan="3">指导与练习方法</td><td colspan="2">运动负荷</td></tr>
<tr><td></td><td></td></tr>
<tr><td>一</td><td></td><td colspan="3"></td><td></td><td></td></tr>
<tr><td>二</td><td></td><td colspan="3"></td><td></td><td></td></tr>
<tr><td>三</td><td></td><td colspan="3"></td><td></td><td></td></tr>
<tr><td>四</td><td></td><td colspan="3"></td><td></td><td></td></tr>
<tr><td>五</td><td></td><td colspan="3"></td><td></td><td></td></tr>
<tr><td>场地与器材</td><td></td><td colspan="3"></td><td></td><td></td></tr>
<tr><td rowspan="2">课后小结</td><td rowspan="2"></td><td rowspan="2">预计运动负荷</td><td rowspan="2"></td><td rowspan="2">预计密度</td><td>全课密度</td><td>基本部分密度</td></tr>
<tr><td></td><td></td></tr>
</table>

（3）探究学习模式表示形式。

<table>
<tr><td>教材</td><td colspan="2"></td><td>器材</td><td>授课教师</td><td></td><td>班级</td></tr>
<tr><td>课的目标</td><td colspan="3"></td><td>课的重点难点</td><td colspan="2"></td></tr>
<tr><td>顺序</td><td>时间</td><td>课的内容</td><td>学生活动</td><td>教师活动</td><td>教学要求</td><td>活动图示</td></tr>
<tr><td>创设情景</td><td></td><td></td><td></td><td></td><td></td><td></td></tr>
<tr><td>互动探疑</td><td></td><td></td><td></td><td></td><td></td><td></td></tr>
<tr><td>互动解疑</td><td></td><td></td><td></td><td></td><td></td><td></td></tr>
<tr><td>创新拓展</td><td></td><td></td><td></td><td></td><td></td><td></td></tr>
<tr><td colspan="2">预计密度</td><td></td><td>预计心率</td><td></td><td>心理负荷</td><td></td></tr>
<tr><td colspan="2">课后小结</td><td colspan="5"></td></tr>
</table>

（4）课题式表示形式。

<table>
<tr><td>课型</td><td></td><td>课的内容</td><td></td><td>场地器材</td><td colspan="2"></td></tr>
<tr><td>课
的
目
标</td><td colspan="6">1.
2.
3.
4.</td></tr>
<tr><td rowspan="2">课的顺序</td><td colspan="2" rowspan="2">教学内容</td><td colspan="2">练习分量</td><td rowspan="2"></td><td rowspan="2">教育渗透（思想、健康、安全、知识等）</td></tr>
<tr><td>次数</td><td>时间</td></tr>
<tr><td>一</td><td colspan="2"></td><td></td><td></td><td></td><td></td></tr>
<tr><td>二</td><td colspan="2"></td><td></td><td></td><td></td><td></td></tr>
<tr><td>三</td><td colspan="2"></td><td></td><td></td><td></td><td></td></tr>
<tr><td>四</td><td colspan="2"></td><td></td><td></td><td></td><td></td></tr>
<tr><td>五</td><td colspan="2"></td><td></td><td></td><td></td><td></td></tr>
<tr><td>练习密度</td><td></td><td>运动负荷预计</td><td></td><td>课后小结</td><td colspan="2"></td></tr>
<tr><td>生活实践</td><td colspan="3"></td><td>学生反馈</td><td colspan="2"></td></tr>
</table>

（5）生理规律式表示形式。

<table>
<tr><td>课题</td><td colspan="5"></td><td>课型</td><td colspan="2"></td></tr>
<tr><td>课
的
目
标</td><td colspan="8">1.
2.
3.
4.</td></tr>
<tr><td>学习重点</td><td colspan="4"></td><td colspan="2">学习难点</td><td colspan="2"></td></tr>
<tr><td>顺序</td><td>时间</td><td>学习内容</td><td>练习时间</td><td>练习次数</td><td colspan="3">组织措施及要求</td><td>组织形式及图形</td></tr>
<tr><td>开始部分</td><td></td><td></td><td></td><td></td><td colspan="3"></td><td></td></tr>
<tr><td>准备部分</td><td></td><td></td><td></td><td></td><td colspan="3"></td><td></td></tr>
<tr><td>基本部分</td><td></td><td></td><td></td><td></td><td colspan="3"></td><td></td></tr>
<tr><td>结束部分</td><td></td><td></td><td></td><td></td><td colspan="3"></td><td></td></tr>
<tr><td colspan="2">场地器材</td><td></td><td>练习密度</td><td></td><td>运动负荷</td><td></td><td>课后记载</td><td></td></tr>
</table>

（6）双主式表示形式Ⅰ。

<table>
<tr><td>教学目的</td><td colspan="2">1.
2.
3.
4.</td><td>教学目标</td><td colspan="3">1.
2.
3.
4.</td></tr>
<tr><td>教学内容</td><td>次数</td><td>教师主导</td><td colspan="2">学生主体</td><td colspan="2">组织与要求</td></tr>
<tr><td></td><td></td><td></td><td colspan="2"></td><td colspan="2"></td></tr>
<tr><td></td><td></td><td></td><td colspan="2"></td><td colspan="2"></td></tr>
<tr><td></td><td></td><td></td><td colspan="2"></td><td colspan="2"></td></tr>
<tr><td></td><td></td><td></td><td colspan="2"></td><td colspan="2"></td></tr>
<tr><td colspan="2">场地器材</td><td></td><td>练习密度</td><td></td><td>运动负荷均值</td><td></td></tr>
<tr><td colspan="2">课后小结</td><td colspan="5"></td></tr>
</table>

（7）双主式表示形式Ⅱ。

<table>
<tr><td>教材</td><td colspan="10">1.
2.</td></tr>
<tr><td>课的目标</td><td colspan="10">1.
2.
3.</td></tr>
<tr><td rowspan="2">课的顺序</td><td rowspan="2">课的内容</td><td colspan="2">负荷</td><td colspan="2" rowspan="2">教学手段与方法</td><td rowspan="2">学生活动</td><td rowspan="2">组织与要求</td><td colspan="2" rowspan="2">队形平面图</td><td rowspan="2">教育渗透（思想、健康、安全等）</td></tr>
<tr><td>时间</td><td>次数</td></tr>
<tr><td>一</td><td></td><td></td><td></td><td colspan="2"></td><td></td><td></td><td colspan="2"></td><td></td></tr>
<tr><td>二</td><td></td><td></td><td></td><td colspan="2"></td><td></td><td></td><td colspan="2"></td><td></td></tr>
<tr><td>三</td><td></td><td></td><td></td><td colspan="2"></td><td></td><td></td><td colspan="2"></td><td></td></tr>
<tr><td>四</td><td></td><td></td><td></td><td colspan="2"></td><td></td><td></td><td colspan="2"></td><td></td></tr>
<tr><td rowspan="2">场地</td><td colspan="3" rowspan="2"></td><td colspan="2" rowspan="2">运动负荷预计</td><td rowspan="2"></td><td rowspan="2">密度预计</td><td colspan="2">全课密度</td><td>基本部分密度</td></tr>
<tr><td colspan="2"></td><td></td></tr>
<tr><td>生活实践</td><td colspan="4"></td><td>器械</td><td colspan="2"></td><td>课后小结</td><td colspan="2"></td></tr>
</table>

（8）情景教学表示形式Ⅰ。

<table>
<tr><td>学习目标</td><td colspan="3">1.
2.</td></tr>
<tr><td>学习内容</td><td colspan="3">1.
2.</td></tr>
<tr><td>程　　序</td><td>学习内容</td><td>教师活动</td><td>学生活动</td></tr>
<tr><td>调动情绪激发兴趣阶段</td><td></td><td></td><td></td></tr>
<tr><td>合作探究掌握技能阶段</td><td></td><td></td><td></td></tr>
<tr><td>激活思维拓展能力阶段</td><td></td><td></td><td></td></tr>
<tr><td>稳定情绪恢复身心阶段</td><td></td><td></td><td></td></tr>
<tr><td>设计思路</td><td colspan="3"></td></tr>
<tr><td>课后记载</td><td colspan="3"></td></tr>
</table>

（9）情景教学表示形式Ⅱ。

<table>
<tr><td>教学内容</td><td colspan="3">1.
2.</td><td>教学目标</td><td colspan="5">1.
2.</td></tr>
<tr><td>创新设计</td><td colspan="3">1.
2.</td><td>教学方法</td><td colspan="5">1.
2.</td></tr>
<tr><td rowspan="2">项目</td><td rowspan="2">教学内容</td><td rowspan="2">阶段目标</td><td rowspan="2">生活情景</td><td rowspan="2">教师主导</td><td rowspan="2">学生主体</td><td rowspan="2">组织形式</td><td colspan="3">运动负荷</td></tr>
<tr><td>时间</td><td>次数</td><td>强度</td></tr>
<tr><td>活跃情绪激发兴趣</td><td></td><td></td><td></td><td></td><td></td><td></td><td></td><td></td><td></td></tr>
<tr><td>保持活跃情绪发展运动能力</td><td></td><td></td><td></td><td></td><td></td><td></td><td></td><td></td><td></td></tr>
</table>

<table>
<tr><th rowspan="2">项目</th><th rowspan="2">教学内容</th><th rowspan="2">阶段目标</th><th rowspan="2">生活情景</th><th rowspan="2">教师主导</th><th rowspan="2">学生主体</th><th rowspan="2">组织形式</th><th colspan="3">运动负荷</th></tr>
<tr><th>时间</th><th>次数</th><th>强度</th></tr>
<tr><td>稳定情绪
恢复身心</td><td></td><td></td><td></td><td></td><td></td><td></td><td></td><td></td><td></td></tr>
<tr><td>场地器材</td><td colspan="9"></td></tr>
<tr><td>场地布置</td><td colspan="2"></td><td>运动负
荷预计</td><td colspan="2"></td><td>课后
小结</td><td colspan="3"></td></tr>
</table>

本讲小结

体育课堂教学设计是体现课程标准精神的主要渠道，体育课堂教学对于培养学生的运动学习兴趣，促进学生掌握运动知识、技能和方法，促进学生积极参与体育学习和锻炼，促进学生健康成长具有重要的作用。本讲从教学设计研究的角度，阐述体育教学设计的内涵与意义，分析进行教学设计前需考虑的几个基本问题、体育教师进行教学设计的过程与步骤以及进行教学设计的内容与方法。其目的是让体育教师进行教学时，具有教学设计的意识与计划的习惯，掌握教学设计的方法与策略，以帮助其在新课程实施中，寻找能够解决自身问题的合适的课程措施与教学策略，发展体育教师的专业知识和水平。

思考与活动

1. 体育教学设计的含义与意义是什么？
2. 体育教学设计包括几个方面的工作？体育教师如何设计体育教学？
3. 制定水平、学期、单元教学设计的步骤与方法有哪些？应注意什么？
4. 为什么说单元设计非常重要？体育的单元计划可以有什么样的类型？

参考文献

1. 加涅. 教学设计原理［M］. 上海：华东师范大学出版社，1999
2. 朱伟强. 体育教学设计［M］. 上海：上海科学普及出版社，2004
3. 赵立. 体育教学设计与教案编写［M］. 北京：北京体育大学出版社，2005
4. 徐世贵. 新课程怎样听课评课［M］. 天津：天津教育出版社，2006

第三讲
体育教学目标的制定与教学内容的选编

北京教育学院体育系　张庆新

在当前新一轮体育课程改革中，特别是在《课程标准》提出全新的目标体系以及取消对具体教学内容的规定和指导的背景下，体育教学目标和内容面临着更新和充实、开放和放开等问题，这是时代、教育改革和学生的实际需要，是历史的必然。但这也给体育教师带来了新的课题与挑战，即如何制定好的体育教学目标、如何选择合适的体育教学内容。本讲将以剖析体育教学目标的外部特征、制定体育教学目标的注意事项和步骤、体育教学内容选编的原则和方法等作为学习重点。

一、体育教学目标的制定

体育教学目标是依据体育教学目的而提出的预期成果。这个预期成果可分为阶段性成果和最终成果。阶段性成果是体育教学的阶段目标；阶段性成果的总和就是最终成果，即体育教学总目标。体育教学总目标是体育教学目的得以实现的标志。

（一）体育教学目标的结构

同任何事物一样，体育教学目标也有着自己的结构，具有目标的层次、定位、着眼点、载体四个外部特征。

1. 层次

首先，体育教学目标是由多个层次的目标组成，其中有体育教学总目标（即超学段体育教学目标）、学段体育教学目标、学年体育教学目标、学期体育教学目标、单元体育教学目标、课时体育教学目标，甚至还有下位的技术点或知识点教学目标。

2. 定位

定位是指各层体育教学目标都有其独特的“功能”与“特性”，就是“为什么要有这层目标"、"这层目标是干什么的"等层次目标的必要性和不可替代性。如果不明确各层目标的功能与特性，这层目标就会与其他层目标相混淆，那么该如何考虑、制定、表述这个目标也就不清晰了。例如，过去有些体育教师把"培养学生的社会责任感"、"培养学生的爱国主义精神"、"培养学生的集体主义精神"、"发展学生个性"、"陶冶美的情操"、"培养学生的创造性"、"培养学生的竞争精神"等目标写进课时体育教学目标，就是因为不了解课时体育教学目标具有不宜写进如此大的"目标定位"所致。

3. 着眼点

各层体育教学目标都有各自要解决的问题，因此各层的目标就有自己独有的着眼点，就是"围绕着什么来看目标和写目标"的视角。例如，学段体育教学目标就是围绕着"本学段学生的身心发展特点"；单元体育教学目标就是围绕着"运动技能学习"，两者在这里是不能互换和颠倒的。因此，学段体育教学目标面临着许多教材，不可能围绕着某个运动技能来写，其面临的最清晰的对象是"在这个发展阶段，学生最需要什么，能发展什么"；同理，单元体育教学目标是学段体育教学目标的下位目标，其面临的最清晰的对象是"在这个单元，利用这个教材能发展学生的什么"。

4. 载体

不同的体育教学目标所搭载的文件是不同的，如《课程标准》上不可能出现课时体育教学目标，也绝不能像写课时体育教学目标那样具体；同理，在教师的教案上也不可能出现超学段体育教学目标，也不能像超学段体育教学目标那样写教案的目标。

（二）各层体育教学目标的制定

1. 超学段体育教学目标

(1) 外部特征。

一般把超学段的体育教学目标称为学科目标或体育教学总目标，是超越各学段学生年龄特征、概括体育教学最本质功能的最上位教学目标。其外部特征如下：

其一，定位：与其他学科相对比的体育学科的定位目标。

其二，着眼点：学科的特性与功能。

其三，载体：国家教学文件，如教育部制定的《九年义务教育教学计划》、体育教学理论书籍等。

(2) 制定时的注意事项。

其一，整体观：要注意体育能与其他学科一起贯彻"健康第一"的指导思想，为实施素质教育服务。目标制定要全面，在体例上也应与其他学科的目标表述相一致。

其二，学科观：体现出体育学科的目标特点和独特作用，注意完成体育学科的职责，着眼写明特色的目标，不要制定体育学科不应该完成或无法完成的目标。

其三，系统观：由于是跨学段的目标，因此目标要有连续性、衔接性和系统性，要使各学段的目标都有体现。

（3）具体步骤。

其一，先列出目标的各个方面，如列出技能、知识、行为、锻炼、态度等。

其二，集中制定出各个方面的总目标，如运动技能学习的总目标有精学2～3项运动技能、粗略掌握10～15项较常见运动技能、掌握体育锻炼与保健的基本方法三项基本内容（此目标已经初步考虑了小学、初中、高中的连续性和系统性）。

2. 学段体育教学目标

（1）外部特征。

在以往，学段体育教学目标是以“小学体育教学目的”、“初中体育教学目的”等表述形式出现；而在现今的《课程标准》中，学段体育教学目标则是以各个“水平学习目标”的表述形式出现。其外部特征如下：

其一，定位：大中小学之间相对比、相衔接的体育教学策略性目标。

其二，着眼点：各学段学生的身心发展特点。

其三，载体：国家颁布的各学段体育教学文件，如《体育（1～6年级）体育与健康（7～12年级）课程标准》、《普通高中体育与健康课程标准》等。

（2）制定时的注意事项。

其一，系统观：虽然是一个学段的体育教学目标，但必须服从跨学段体育教学目标的整体要求，本学段的目标要与上下学段的目标相衔接，在体例上也应与上下学段的表述形式相一致。

其二，学段观：不同学段面临不同身心发展阶段的学生，因此学段体育教学目标要根据本学段学生的身心发展特点制定具有学段特色的教学目标，学段体育教学目标要在整体性和系统性上呈现出鲜明的阶段性特征。

其三，责任观：学段体育教学目标必须体现本学段应该完成的阶段性任务，因为如果各学段的体育教学目标不能实现，那么超学段的体育教学目标就不可能实现，也就谈不上目标的系统性和各学段的衔接性了。

（3）具体步骤。

其一，认真学习超学段体育教学目标中的各个方面，如技能、知识、行为、锻炼、态度等。例如，认真领会运动技能学习的超学段体育教学目标的含义。

其二，根据本学段学生的年龄特征，制定出各方面的学段目标，如运动技能学习的学段目标为：精学 1 项运动技能、粗略掌握 3～4 项较常见运动技能、学习体育锻炼的原则和制定运动处方的方法。

3. 学年体育教学目标

(1) 外部特征。

学年体育教学目标是各个学校制定的年度体育教学计划中的目标。其外部特征如下：

其一，定位：根据学生身心特点和需要，制定年度发展性目标。

其二，着眼点：各年龄学生的身心特点和学校的年度教育计划。

其三，载体：学校和体育教研组制定的体育教学计划。

(2) 制定时的注意事项。

其一，系统观：学年体育教学目标必须服从学段体育教学目标的整体要求。本学年的目标与上下学年的目标要有机衔接，在体例上也要与上下学年的表述形式相一致。

其二，阶段观：有些学年的学生有很特殊的身心发展课题，如青春发育期的某些年龄段，因此学年体育教学目标要在符合学段体育教学目标的整体性和系统性的同时，具有鲜明的年级特征。

其三，统筹观：由于各学校的工作计划都是以年度为主安排的，每个学年学校都会有一些与体育教学有关的工作安排，如军训、夏令营和各种全校体育活动等，体育教学目标也会在一定程度上受到学校年度工作安排的影响，因此要加以统筹考虑。

其四，责任观：学年体育教学目标必须有利于完成年度的教学任务，如果各学年的体育教学目标不能实现，那么学段体育教学目标就会落空。

(3) 具体步骤。

其一，认真研究学段体育教学目标中技能、知识、行为、锻炼、态度等目标内容。例如，领会运动技能学习的学段体育教学目标的含义。

其二，根据本学年学生的年龄特征和上个学年的体育学习情况，制定出各个方面的学年体育教学目标。例如，在运动技能学习方面制定的目标：重点学好篮球的主要进攻技术、粗略掌握羽毛球和轮滑运动技能、学习体育锻炼的知识和力量练习方法。

4. 学期体育教学目标

(1) 外部特征。

学期体育教学目标是根据学年体育教学目标分割而成的学期体育教学计划中

的目标。其外部特征如下：

其一，定位：反映季节与学期日程安排的、由学年体育教学目标分割而成的教学目标。

其二，着眼点：学期所在季节对教学的影响和学期的教学安排。

其三，载体：学校和体育教研组的某某年度第一（二）学期教学计划。

(2) 制定时的注意事项。

其一，季节观：学期体育教学目标首先要考虑季节的因素，其虽是将学年体育教学目标一分为二的目标，但内容却不能是简单地一分为二，分解时必须充分考虑到季节特征对体育教学的影响。

其二，统筹观：学校年度工作计划在两个学期中也是各有重点的，上下学期都会有一些与体育教学有关的特殊安排，如春天有运动会和中考体育等，会在一定程度上影响学期体育教学目标的制定，因此要统筹考虑。

其三，责任观：如果各学期的体育教学目标不能实现，那么学年体育教学目标就会落空，因此学期体育教学目标必须体现本学期应该完成的任务。

(3) 具体步骤。

其一，认真研究学年体育教学目标中的各个方面。例如，领会运动技能学习的学段体育教学目标的含义。

其二，根据本学期的气候、场地和上学期学生的学习情况，制定出各个方面的学期体育教学目标。例如，在运动技能学习方面制定重点学好篮球的“三打二”和“四打三”的进攻技术、粗略掌握羽毛球（因为在春夏交接的季节比较适合学习羽毛球）运动技能、学习春季体育锻炼的方法和上肢力量练习的方法三项学期体育教学目标。

5. 单元体育教学目标

(1) 外部特征。

单元体育教学目标是以某一个学习内容为中心制定的教学目标，其外部特征如下：

其一，定位：依托各个运动项目学习和依据各运动项目特性制定出的实质性的教学目标。

其二，着眼点：运动项目的特性及其学理。

其三，载体：各个教师制定的单元教学计划。

(2) 制定时的注意事项。

其一，教程观：单元体育教学目标本质上是一个“教学程序”的目标，是运动技能学习的基本单位，单元教学目标和教学过程都是由运动技能的“学理”所决定的。因此，单元体育教学目标要反映教学程序的科学性及学理。

其二，模式观：同样的教学内容可以有不同的教学目标，不同的教学目标可以形成不同的教学单元。不同的教学单元形式实际上就是不同的教学模式。因此，单元体育教学目标要有利于根据学生不同的发展需要，形成各种有特色的体育教学模式。

其三，全面观：单元是围绕运动教材设计的，是以运动技能教学为主线的，但是体育教学还具有其他的教育效益，因此，单元体育教学目标有利于把各方面的教学目标依托在运动技能学习上，单元教学目标要全面。

（3）具体步骤。

其一，认真研究有助于学好篮球的“三打二”和“四打三”的进攻技术和相关的技能和体能评价标准，制定出更为细致的教学目标。

其二，认真研究学习篮球的“三打二”和“四打三”进攻技能过程所具有的一切教育因素，制定出合适的道德教育和行为教育目标。

其三，认真研究学习篮球的“三打二”和“四打三”进攻技能过程所具有的体能锻炼因素，制定出合适的体能锻炼目标。

其四，认真研究学习篮球的“三打二”和“四打三”进攻技能过程所具有的认知因素和重要知识点，制定出合适的知识和认知目标。

6. 课时体育教学目标

（1）外部特征。

课时体育教学目标是根据单元体育教学目标分解到每堂课的体育教学目标。其外部特征如下：

其一，定位：根据单元计划的逻辑（学理）程序分割和排列的目标。

其二，着眼点：教学时空的情景和40～45分钟的条件。

其三，载体：体育教师制定的教案。

（2）制定时的注意事项。

其一，时间观：如果说上位的各层体育教学目标还有时间调整余地的话，那么课时体育教学目标要求在时间上有比较准确的计算，即制定的目标要能在40～45分钟的时间内完成。

其二，条件观：课时体育教学目标的实现直接受到教学条件的影响，如教学班的人数、器材数量和质量等都与课时体育教学目标的制定有直接的关系。

其三，全面观：课堂教学主要是围绕着技能教学和身体锻炼进行的，但也必须注意其他方面的教学目标，制定的课时体育教学目标要有全面性。

其四，明确观：课时体育教学目标要清晰地说明在什么条件下达成目标、用什么标准来评价、通过改变动作形式来改变目标的难度，使课时体育教学目标具体而清晰。

(3) 具体步骤。

其一，认真研究能代表学好篮球的“三打二”进攻的技术细节及其评价标准，制定出更为细致的目标。

其二，认真研究篮球的“三打二”教学过程中所具有的某些教育因素，制定出适量的符合该课时教学的道德教育或行为教育目标。

其三，认真研究篮球的“三打二”教学过程中所具有的某些锻炼因素，制定出适量的符合该课时教学的体能锻炼目标。

其四，认真研究篮球的“三打二”教学过程中所具有的某些认知因素，制定出适量的符合该课时教学的知识学习和认知目标。

二、体育教学内容的选编

体育教学内容是依据体育教学目标选择出来、根据学生发展需要和教学条件进行加工的、在体育教学环境下传授给学生的体育知识原理、运动技术和比赛方法等。

体育教学内容的选编除了要遵循一些《课程标准》中、《学校体育学》和《体育教学论》等专业教材中提及的选编原则和程序以外，还要考虑一些选编的方法与技巧等问题。此外，体育是一门既有很强的实践性，又有一定理论性的综合性科学，实践和理论教学内容又具有各自的特点，因此，体育实践和理论教学内容的选编原则、方法存在一定的异同点。

(一) 体育实践教学内容的选编

1. 选编的步骤与方法

使体育运动素材选编成为体育实践教学内容一共要完成七个步骤（见图2—1）。

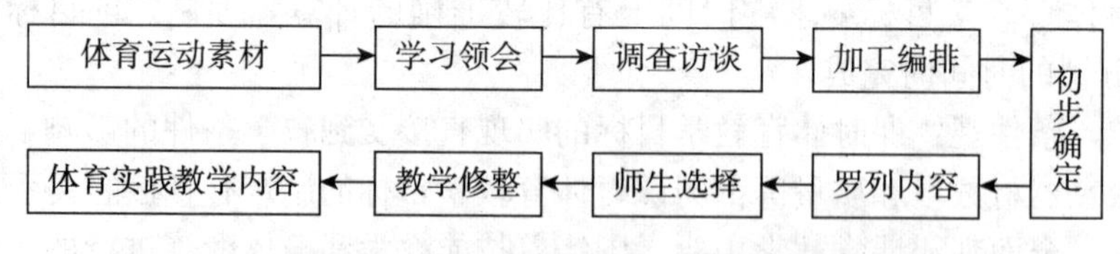

图 2—1 体育实践教学内容的选编步骤

(1) 学习领会。

首先要学习领会《课程标准》的各项要求与规定，以及选编体育教学内容的原则和程序；然后罗列出所有可能成为体育实践教学内容的体育运动素材，当然数量肯定会很多，因为体育教学内容具有多功能和多指向性的特性。

(2) 调查访谈。

调查访谈对象包括教师和学生。调查访谈主要内容包括教师的实际情况（如专项水平、技能面、教学经验等）、学生的实际情况（体育基础、身体基本活动能力、兴趣爱好、身体素质等）。把符合教师和学生实际情况的体育运动素材按照被选择的程度分别排列，一个学段排列的数量至少得有 20 项。但是，需要注意的是，每个学段排列的素材可能会有重复。

(3) 加工编排。

加工编排主要是指根据学生身心特点、学校传统项目、场地器材条件、地区差异、气候特点等对排列的体育运动素材进行分类，根据体育教学目标选择出"精中之精，重中之重"、"多项体验，基本掌握"、"大量了解，体味文化"、"全面锻炼，互相结合"，即精教、简教、介绍、锻炼四种体育实践教学内容。使得学生某一两项运动技能水平相当不错，见谁都敢较量一番；入门的运动项目很多，将来再碰上继续学习或者课余参与都没有问题；身体素质很好；了解大多数运动项目，虽说不一定都会，但是至少都知道。

(4) 初步确定。

初步确定主要是指根据学校场地器材、班级、学生、教师数量等进行综合考虑并做出调整，确定适合本校、教师、学生、教学实际情况的每种体育实践教学内容的数量和单项学时。在全面权衡教材容量的基础上，按照每学年有效学时为 60 学时计算，其数量和单项学时大概可控制在：精学 1～2 项，15～30 学时；简学 2～3 项，7～10 学时；介绍 3～4 项，1～2 学时；锻炼即全面锻炼和方法，5～10 分钟/学时。

(5) 罗列内容。

罗列的内容主要是单个体育实践教学内容的基础知识与基本技术等具体内容，如精学选了篮球，就可罗列篮球的各种技术（包括运球、传球、投篮等）、战术、规则、项目知识等内容；简学选了轮滑，就可罗列轮滑的基本技术（站立、滑行、转弯、停止等）、规则、项目知识等内容；介绍选了皮划艇，就可罗列皮划艇的各种技术、战术、规则、项目知识、我国及世界的竞技水平等内容；锻炼可罗列走、跑、跳、投等的练习方法，耐力、力量、速度、灵敏、柔韧素质等的锻炼方法。

(6) 师生选择。

教师根据自己的专项水平、技能面、教学经验、兴趣爱好等实际情况，学生根据自己的体育基础、兴趣爱好、身体基本活动能力、身体素质等实际情况对罗列出来的精学、简学、介绍、锻炼的单项具体内容进行选择。

（7）教学修整。

根据教学目标、教学条件、教学原理、教学时数等，对教师和学生选择出来的单项具体内容进行教学修整，最终确定每类体育实践教学内容的单项具体内容。

2. 选编的注意事项

（1）提倡校本课程。

在新课程实施的今天，校本课程的开发为体育实践教学内容的选编注入了新的生机与活力。我国是一个地域辽阔、多民族的大国，各地经济、社会、文化发展不均衡，以往单一的课程结构、整齐划一的教学内容，已不能适应学校体育的发展和学生的需要，我们应本着因地制宜和弘扬地方体育文化的精神，选编对学生身心发展有意义的、满足学生多样化需求的、有学校特色的校本课程。

（2）引进新兴项目。

在体育实践教学内容"开放"和"放开"的今天，引进新兴体育项目，使体育实践教学内容更新和充实，满足学生对新异事物的需要是很有必要的。因此，引进的新兴项目要贴近生活、回归生活，要考虑体育教学的需要，要符合全面锻炼学生身体的实际，要面对全体学生，把那些实用性、简易性、趣味性、娱乐性及锻炼身体价值高，符合学生身心发展规律，学生喜闻乐见的新兴项目选入体育实践教学内容。

（3）注重田径内容。

田径中的走、跑、跳、投是人体基本活动能力，是人们从事任何体育活动的基础，对锻炼身体、增强体能、增进健康具有非常重要的作用。因此，在选编体育实践教学内容时，田径内容一定要占有一席之地。

（4）进行队列练习。

队列练习具有其独特意义和作用，如团队精神的培养、优美体态的养成、集体技能的形成、教学效率的提高、意志品质的磨炼等。队列练习能使学生学习集体的行为规范和集体行动的技能；在自由被限制的条件下，学会忍耐，提高自律能力；在集体活动中，体验整齐划一集体行为的美感，这些都是十分有意义的。因此，我们要努力研究队列练习，使其在体育课程与教学中发挥应有的作用。

（5）兼顾游戏内容。

在体育实践教学内容选编时，要重视运动性较强的、与某些项目有内在联系的游戏内容。因为游戏是学生乐于参与的一种活动，是一种潜移默化的体验。学生在快乐的游戏中，可以较容易地体验到体育运动的乐趣。

（6）考虑内容置换。

体育实践教学内容的特性之一是"一项多能"和"多能一项"。"一项多能"

是指一个运动项目可以达到许多体育目的，如健美操可以锻炼身体，可以娱乐，也可以表演，有很多时候这几个功能都同时实现了；“多能一项”是指体育实践教学内容的相互替代性，想练习投掷，投手榴弹、垒球、实心球等都可以；想与同伴一起娱乐，足球、排球、羽毛球等也都行。一个人不一定非拘泥在某一个项目上，做什么都可以达到一种目的。这个特性使得体育实践教学内容中没有什么是非学不可和无法替代的，也就是说体育实践教学内容没有很强的规定性。因此，安排体育实践教学内容时要考虑内容之间的置换。

（二）体育理论教学内容的选编

体育理论是一个综合而有序的体系，内容丰富，多种学科相互交叉，深度也各不相同。因此，选择、加工好体育理论教学内容，并运用恰当的教学方法，是上好体育理论课的重要保证。体育理论教学内容的选编需要有一个从“素材”到“教材”以及“教学内容”的大小规模教材化的过程，除了要遵循一定的原则和程序以外，还有讲究一定的方法和技巧。

1. 体育理论教学内容的特性

体育理论教学内容是体育教材的重要组成部分，它不同于体育实践教学内容，其特性主要表现在：

其一，从功能的角度来看，这类教学内容能有效地帮助学生树立正确的体育观念和体育态度，培养学生的体育能力，提高学生对体育的认识，正确处理体育与德育、智育的关系；使学生了解体育的价值，掌握科学锻炼身体的方法，掌握一定的体育与健康知识，提高学生的体育文化素养水平；在丰富学生的体育知识的同时，还可以对学生进行集体主义、爱国主义等良好的思想品德教育。

其二，从分类的角度来看，根据体育理论教学内容的性质，这类教学内容一般可以分为三大类：一是提高学生对体育的认识的教学内容，如体育的起源与发展、概念、意义和功能，学校体育的目的任务以及实现途径，体育与全面发展的关系，体育与德育、智育、美育的关系，体育与健康、智力发展、个性形成、娱乐休闲等的关系等。二是有关人体发展和健康卫生方面的内容，如不同年龄阶段学生身心的发展特点，体育锻炼能够增强体质、增进健康的原理，体育保健常识、运动卫生知识与运动安全知识等。三是有关各项运动的知识和锻炼身体的方法的内容，如各项运动的特点、基本技术原理、练习方法、简单规则、安全要求，以及健身、运动处方、传统养生的简易方法等知识。

2. 体育理论素材的筛选原则

要使体育理论素材成为体育理论教学内容，首要的问题就是要对体育素材有所甄别和取舍，必须注重相关的问题。

（1）目的性明确原则。

主要是指对体育理论素材的筛选要以最有利于体育理论教学目标的实现为出发点和归宿。体育理论教学的根本目标是使学生了解维护他们的健康所必需的知识和道理，促进学生对人类体育文化现象的全面了解，获得科学锻炼的基本知识及方法，形成正确的运动价值观。因此，必须从有利于增强学生体质、促进学生身心全面发展的目标出发进行筛选。

（2）有利于健康原则。

主要是指筛选体育素材时应优先选择那些有利于完成体育教学目标、符合青少年生理心理特点、符合健身健心要求的知识内容。例如，可选有关学生身体生长发育方面的常识、科学健身的方法、体育运动对锻炼身体的意义和作用、体育卫生保健方面的基本知识等内容。体育理论素材还可选择有利于促进对以下诸多问题的理性化认识的内容，包括学生身体正常生长发育，有利于发展学生内脏器官系统功能，有利于学生养成坐、立、走的正确姿势，有利于发展学生身体素质和基本活动能力，增强学生适应自然环境和抵抗疾病能力的内容。

（3）多样性选择原则。

主要是指为了达到体育的目标和促进学生身体全面发展而尽可能多地选用各种各样的知识作为教材。其原因主要是影响人的体质发展的因素十分广泛，学生需要了解的体育卫生保健知识就必然很多，故筛选时要将视角放宽，围绕那些影响学生生长发育的因素，如人体遗传进化、营养、卫生、保健、自然因素、身体养护等多方位进行筛选。其次是学生的思想品德和个性发展牵涉面也很广，教材多样化有利于全面培养学生的思想道德情操和个性。

（4）切实且可行原则。

主要是指对体育理论素材进行筛选时要从学生和学校的实际情况出发，将那些符合学生身心发展特点、容易被学生接受、简便易行的内容选为教材。学生的身心特点是制约教学的重要因素，难度过大或难以改造的素材要避免选用。另外，筛选出的教材还要适合学校体育教学的实际条件。

3. 体育理论素材的加工与改造

经过筛选后确定将要作为教材的体育理论素材不可能立即投入使用，还必须对其中某些方面进行加工和改造，才能使其成为体育理论教学内容。

体育理论素材的加工是指对那些确定下来的素材按照教学的要求做一步的修正，一般是不改变其原有的理论原理和基本结构，降低其理论深度，使之通俗化，以增强其可授性。

体育理论素材的改造则是指将那些可以作为体育理论教材的素材，根据体育理论教学的要求进行重构和改变，使之成为符合体育教学规律、满足健康教育需要的、全新的教学内容。

一般从教育的基本观点审视体育理论素材，根据完成体育教学目标和不同年级学生的教育程度和实际需要，有目的有计划地去确定体育理论教学内容，对那些有关人的生命运动、体育锻炼与健身、体育锻炼与青少年生长发育、体育锻炼与健美、体育锻炼与娱乐、运动过程中的卫生和保健、身体检查与体质评价等方面的素材进行加工和改造，将深奥的理论知识改编为简单、通俗易懂的体育理论教学内容。

综上所述，学校的体育教研组或体育教师选编体育教学内容时要根据《课程标准》和教科书的要求与规定，从所面对学生的具体情况和教学条件的实际出发，把面对一般学生情况和一般教学条件的体育教学内容选编成适合本班学生身心特点和本校场地器材条件的体育教学内容，使体育教师能够在有限的教学时数里，最大限度地发挥各种体育教学内容的功能，从而提高教学效果和效率，为学生的终身体育更好地服务。

本讲小结

目标和内容是进行体育课堂教学的核心，是实现学校体育目标的载体，一直备受专家和一线教师的关注。本讲采用理论指导思想和实践操作方法相结合的形式阐述了体育教学目标的制定和体育教学内容的选编两部分内容，试图为广大一线体育教师进行体育教学目标制定和体育教学内容的创新研究提供一些新的视角，为其进行体育教学实践提供一点帮助。

思考与活动

1. 回顾一下各层体育教学目标的外部特征、制定时的注意事项和具体步骤。

2. 根据所学体育教学目标制定的内容，四至五人一组，采用小组学习的形式，以以往所写的一套学段、学年、学期、单元、课时体育教学目标为例进行讨论。

3. 回顾一下体育实践和理论教学内容的选编过程和方法。

4. 根据所学体育教学内容选编的内容，选编一套具有操作性的适合本校学生、师资、场地器材实际情况的校本教材。

参考文献

1. 霍小梅. 要重视小学体育基本知识理论的教学 [J]. 体育科技，1987 (5):

17～18

2. 中华人民共和国教育部. 体育（1～6 年级）体育与健康（7～12 年级）课程标准［M］. 北京：北京师范大学出版社，2001

3. 中华人民共和国教育部. 体育（与健康）课程标准［M］. 北京：人民教育出版社，2003

4. 毛振明. 体育教学论［M］. 北京：高等教育出版社，2005

5. 王振龙. 中等专业技术学校体育理论知识教学内容的素材及其筛选［J］. 南京体育学院学报，2001，15（4）：101～102

6. 张庆新. 浅谈体育实践教学内容的选编［J］. 体育教学，2008（4）：17～18

[作者简介]

张庆新，女，北京教育学院体育系教师，博士，曾担任《体育教学论》、《学校课外体育改革新视野》等近 20 部著作和教材的副主编及编委；发表《教法、教学法和教学方法的逻辑关系释义》、《浅谈体育实践教学内容的选编》等十余篇学术论文。

第四讲
体育课堂教学策略

北京教育学院体育系　潘建芬　韩　兵

美国教育心理学家沃尔伯格·韦克斯曼认为："改进教学往往要注重以心理学理论为基础的教学策略。"随着新课程教学理论和教学研究的深入发展，教学策略逐渐成为教学理论研究和教学实践所关注的重要课题。在目前体育新课程实施的背景下，如何理解体育教学策略的内涵与意义，如何进行体育教学策略的开发与设计，是我们需要澄清的理论问题，也是一线教师亟待解决的现实问题。

一、教学策略和体育教学策略的含义

策略是人的心理活动，是人对特定环境的一种整体概括性思考，既具有目标性、计划性，同时又具有一种类似艺术的、在其具体情景中显示直觉性特征的一系列解决问题的行为方式。由于对教学的理解有广义的教学观和狭义的教学观之分，因此有视教学策略为教和学的策略和视教学策略为教的策略之别。

目前，教育理论界对教学策略的理解是仁者见仁、智者见智，比较有代表性的有以下几种：

第一，教学策略属于策略的范畴，是教学实施中进行的系统决策活动的一个动态过程，是通过概括性思考对教学活动全过程进行的预先谋划，作为教学设计的有机组成部分，是在特定教学情境中为适应学生学习需要和完成教学目标而对多种教学方法的整合，并随情境变化而进行适时的调整。

第二，教学策略是指教学活动的顺序排列和师生间连续的有实质内容的交流。

第三，教学策略用来表示为达到某种预测的效果所采取的教学行动。

第四，教学策略是为了实现教学目标、完成教学任务所采用的方法、步骤和组织形式等教学措施构成的综合性方案。

第五，教学策略是为完成特定目标而设计的指示性的教学技术。

第六，教学策略是指以一定的教育思想为指导，在特定的教学情境中，为实现教学目标，在实施过程中不断调适、优化以使教学效果趋于最佳的系统决策与设计。

我们一般认为：教学策略是教师以一定的教育思想为指导，在课堂教学中为了实现教学目标，根据教学情境的特点，对教学实施过程不断调适、优化以使教学效果趋于最佳的系统决策与设计。这个含义可从以下几个方面理解。

第一，教学策略是一个总体概念，它涉及一系列具体的教学技能，但又不是教学技能的简单堆积和罗列。加纳认为，策略总含有某些意识成分，意识的参与含有选择的意味，策略就是对达到教学目标的各种途径的明智的选择。

第二，教学策略不同于一般的教学方法，是将教学方法的选择置于广阔的教学情境及教学方法选用的各种变量及变量之间的关系中，是将教学方法提高到一般策略性的新水平。

第三，教学策略的运用是一个动态的过程。教学策略的建构和使用，往往经历对教学方法的选择和使用过程以及对教学活动的调控过程。

第四，教学策略以学习策略为基础。教学是教师的教和学生的学的双边活动，教师教的策略与学生学的策略是紧密相关的。教学策略既包括教师对教学内容、教学手段和教学方法在教学活动中的调控，也包括对学生的学习活动与学习方法的调控。

从可操作的层面来说，教学策略包括对教学过程、内容的安排和对教学方法、步骤、组织形式的选择。教学目标、教学对象和教学者是影响和制约教学策略的重要因素。

综述国内外学者对体育教学策略内涵的多种见解，从整体性角度出发，我们认为体育教学策略是指：在体育教学实施中进行系统决策活动的动态过程，是通过概括地思考对体育教学活动全过程进行的整体性预先谋划，是根据体育教育规律，作为体育教学设计的有机组成部分，在体育教学情境中为适应学生体育学习、活动的需要和完成体育教学目标而对多种体育教学方法的整合，并随体育教学情境变化而进行适时的调整。

二、教学策略和体育教学策略的研究与分类

（一）教学策略的研究

1. 加涅提出的九种基本教学策略

1968年，加涅首先开始综合各种微观教学策略的共同特点，进而提出了对

有效开展教学至关重要的九种教学活动策略。

(1) 利用改变刺激的方法引起学生注意。

(2) 告诉学习者学习目标，以帮助他们认清教学的重要性和相关性。

(3) 刺激回忆前提性知识，使学习者能把它们同新的知识结合起来。

(4) 以适当的方式向学习者呈现刺激材料。

(5) 根据所学知识的复杂程度和难易水平，以及学习者具有的智慧水平，提供学习指导。

(6) 引出所期望的学习行为。

(7) 做出行为正确与否的反馈，对正确的行为加以强化，对不正确的行为加以抑制。

(8) 评价行为以便评价学习。

(9) 通过提供检索和检索策略来增强记忆，促进迁移。

2. 盖奇提出的七种基本教学策略

盖奇于1978年针对20世纪70年代初以来大量的有关教师行为与学习成绩的相关研究，按被试者年龄进行分类，从中发现了“教师七要”。

(1) 教师要制定一整套规则，使学生不需征求教师意见就知道做什么，以满足自己的需求。

(2) 教师要在教室中经常走动，在解答学生问题的同时检查其课堂作业，并注意学生的学习需求，让学生知道教师在注意他们的课堂表现。

(3) 让学生独立完成的作业有趣、有意义，难易程度掌握在学生都能完成作业的标准上。

(4) 教师要尽量减少把学生集中在一起进行教诲这样一类的做法，把每日课程表写在黑板上，使学生知道干什么等。

(5) 提问学生时，教师要先叫学生的名字，然后提出问题，要使所有学生回答问题的次数基本相同。

(6) 教师应该不断地启发学习落后的学生回答问题。

(7) 在小组活动中，教师要尽可能地提供大量简短的反馈，并使教学活动的节奏像操练一样快。

3. 库宁的教学管理策略

1970年，库宁提出成功的教学管理策略：

(1) 制定留有一定余地的学习计划。

(2) 安排进度，确定难度和使学习活动具有多样性。

(3) 顺利开展教学活动，并使其毫不松懈地发展下去。

(4) 在课堂上同时应付几件事情。

(5) 观察并对各种不同的事情做出反应。

(6) 把教学活动向适当的目标引导。

(7) 始终注意学生集体活动。

4. 顾泠沅对教学策略的研究

顾泠沅在1996年写了一篇文章，提出要重视学科教学策略的研究。文章从认知过程四个要素的角度探讨了教学策略的问题。

(1) 激起认知动因的策略。

真正的学习需要学生全部心理活动的参与；组织和指导学生的学习活动，使他们真正参与到教学过程中来；以实际行动关心全体学生的成长，使他们“亲其师，信其道”。

(2) 组织认知内容的策略。

学生头脑里的知识体系是由课程、教材、教学方案的结构和序列转化而来的；根据学生的年龄特征和不同发展阶段的特点，有步骤地提高所呈现的知识和经验的结构化程序；组织最佳的有序累计过程。

(3) 安排认知方法的策略。

最有效的学习方法应是让学生在体验和创造的过程中学习；实现最佳教学过程的关键是接受式与活动式互相补充、合理结合。

(4) 利用认知结果的策略。

教学目标达成的最佳控制须有赖于反馈策略；及时了解教学效果，随时调节教学；改善控制机制是高效学习的现实途径。

5. 施良方、崔允漷对课堂教学策略的研究

施良方、崔允漷根据课堂教学过程的展开，将课堂教学策略分为课堂教学准备策略、主要教学行为策略、辅助教学行为策略、课堂管理行为策略及课堂教学评价策略五个方面。

(1) 课堂教学准备策略。

课堂教学准备策略涵盖了课堂教学的基本要素，即教学的目标、内容、行为和组织形式。

(2) 主要教学行为策略。

这是指教师在课堂上为完成某一目标或内容定向的任务所表现出来的行为。包括呈现、对话和指导三种主要的教学行为策略。

(3) 辅助教学行为策略。

这是指教师在课堂上为完成那些以学生学习状况或教学情境问题为定向的任务所表现出来的行为。包括学习动机的培养与激发、有效的课堂交流、课堂强化技术和积极的教师期望。

(4) 课堂管理行为策略。

这是指教师为了保证课堂教学的秩序和效益，协调课堂中人与事、时间与空间等各种因素及其关系的过程。包括讨论课堂中的行为管理和时间管理。

(5) 课堂教学评价策略。

这是指教师或他人对教学过程做出价值判断的策略。包括学生学业成就的评定与教师教学工作业绩的考评、家庭作业的布置等。

6. 李康的教学策略分类

李康认为教学策略是以某个构成教学活动的主要因素为中心，形成其策略的框架。

(1) 方法型教学策略。

就是以教学方法这个因素为中心，构造其教学策略的框架，可分为讲授性策略和发现性策略。

(2) 内容型教学策略。

就是以教学内容这个要素为中心，在分析和处理教学内容的基础上，构成其策略的框架。一般可分为直线式、分支并行式、循环式和综合式。

(3) 方式型教学策略。

就是以教学中师生活动的方式为中心，展开其教学策略。即以教师/学校为中心的策略和以学生为中心的策略。

(4) 任务型教学策略。

就是以学习类型为中心，在分析任务、创设学习条件的基础上，展开教学策略。可分为讲解性策略、练习性策略、问题定向性策略、综合能动性策略等。

7. 申继亮、辛涛等对教学策略的研究与分类

申继亮、辛涛认为，教学策略是有关问题解决的知识，而且与问题情境相依存的倾向性十分突出。

(1) 监控策略。

主要成分是操作原则的知识，其功能是指示策略运用者“应该做什么”，主要体现在支配、控制、监控、调节四个方面。

(2) 应对策略。

由操作程序的指示组成，其功能是指示策略运用者“应该怎么做”。由判断策略、计划策略、执行策略、评价策略构成。

(3) 一般性教学策略。

它是一般情况下都要运用的，用以解决一般性教学问题。主要有教材呈现策略、课堂管理策略、教学评价策略、教学资源管理策略等。

(4) 特殊性教学策略。

它是指只有在特殊问题情境中运用或运用时具有个人特点的策略。

(二) 体育教学策略的研究

目前，与其他学科相比，国内外对体育教学策略的研究相对较少，还停留在较低的研究层次。可以看到的相关研究成果包括对体育教学策略的概念性研究；将教育学科和其他学科的相关研究成果与体育教学进行简单的关联；结合一些体育教学实践中的实际问题进行体育教学策略的微观性研究等。

1. 张建文等对体育教学策略的结构和类型的研究

张建文等认为体育教学是一个可控制的开放系统，这个系统中的可操作部分包括教学的方法、程序、组织形式、媒介等要素。体育教学策略的研究主要是对这些要素进行最优的配合和协调统一。成熟且有效的体育教学策略的结构一般应包含教学思想、教学目标、实施程序、操作技术等要素。据此体育教学策略可以大致分为三种类型：

(1) 课堂教学策略。

课堂教学策略一般由教师控制课堂教学，由体育教师选定教学内容、教学目标、方法和教材，确定每项活动延续的时间，制定评估标准，并评定每个学生的成果。

(2) 以教师控制任务为中心的教学策略。

该策略的实施要求体育教师在明确其最终目标后，做非常细致的准备并进行复杂的设计，在教学实践中检验结果。这种策略最典型的教学方法是程序教学法。教学的程序是根据学生所要达到的教学目标而设计的，一般包括描述一系列与目标相关的活动、成功的标准以及必要的入门技能等。

(3) 以项目为中心的个别或合作教学策略。

这种策略所体现的体育教学活动方式往往是教师与学生为达到预定的目标一道选取和分析与教学方法、任务及程序有关的各教学项目。此策略强调应用发现教学法，在体育教学活动中，体育课由教师与学生共同合作完成。先由学生意识到需要掌握某种运动技能，产生学习这种能力的愿望，教师再告知他们掌握这种技术的基本原理，让学生自己设计练习步骤。如果学生“学习”上有偏颇，教师就加以启发引导。

2. 钱钧等对建构体育教学策略的基础和取向的研究

钱钧等研究认为主体性教育是体育教学策略的教育学基础，学习方式则是体育教学策略的学习论基础。以学习方式为取向建构体育教学策略，其取向可以包括：

（1）实施自主学习的体育教学策略体系。

在体育教学活动中以学生为中心，充分尊重学生的自主性，使学生在积极主动的体育学习过程中，获得独立处理和运用体育信息、体育资源的能力，建构完整人格。具体方法采用以满足学生在学习内容、时间、地点、形式上的选择，赋予学生相应的权利，并使学生行使自己的权利为原则。给予自学的机会，留给学生一定的时间和空间，在学生积极主动的学习过程中，采用异步指导，做到"先学后教，先练后讲"。

（2）实施研究性学习的体育教学策略体系。

在体育教学中学生利用已有知识、技能、经验，去解决教材中或生活中的未知因素，通过问、思、学、练等方式，获得体育知识，增长体育能力，同时发展选择信息和探索问题的能力。具体方法采用以具体问题为依托，利用学生已有知识和技能，通过探究和发现的方式，习得知识和技能的原则。从体育运动或现实生活中选择和确定研究主题，创设情境，通过学生发现问题、搜集处理信息、身体实践练习、表达交流等探索活动，获得直接经验，发展知识、技能、情感与态度。

（3）实施合作学习的体育教学策略体系。

在体育教学中借助体育活动团队的形式，以小组为形式，通过学生分工合作，配合共同学习，发展个体的体育能力，同时培养学生的合作意识和能力。具体方法采用以小组或团队共同完成某一任务，有明确的责任分工，相互配合，重点培养协作和分享精神，为其在社会性群体中的适应和发展做准备为原则。以学生自愿组合为主，小组成员间进行合作性体育学习、活动，通过小组成员间的合作交流、互帮互助、取长补短来克服差异，共同进步。

三、体育教学策略的研究意义

（一）体育教学理论发展的客观需要与必然趋势

随着对体育教学认识的进一步深入和科学化以及多种新的教育理论的渗透，体育教学理论发展的趋势，在于系统探讨生物学、心理学和社会学的理论与体育教育目标、教学策略、课程设计、教材之间的交互影响，建构合理的体育教学体系。体育教学中如何同时运用生物学、心理学、社会学的知识以形成最佳教学策略，必将成为体育教学理论最重要的课题之一。

（二）促进体育教学理论与实践的结合

从理论上看，体育教学策略可以帮助我们从整体上综合地认识和探讨体育教学过程中各种要素之间的相互作用，以及多样化的表现形态，有利于从动态上把握体育教学的本质和规律；从实践上看，体育教学策略既是理论体系的具体化，又是综合了教学过程诸多要素后建立在实践经验基础上的抽象化，将系统完整性和简明可操作性有机统一，便于人们理解、掌握和运用。因此，体育教学策略的研究是联系体育教学理论和实践的桥梁与纽带，有助于改变体育教学理论与实践脱离的状况。

（三）有利于提高教学质量

随着教育研究的发展，如何提高教学质量的研究的内容、方向、目标等方面都发生了巨大变化。体育教学领域关注的范围已从运动技术特点、技术练习方法、人体生理特点，延伸到应用心理学、社会学的范围，因而以系统决策活动和动态过程为指导思想的容纳多学科理论的体育教学策略研究对于提高体育教学质量尤为重要。

（四）有利于教师素质的提高

教学策略具有一定的理论性，层次比较高，又具有实践性，易于被教师掌握。教学策略可以成为广大教师的研究课题，以改进教师的教学，提高其教学业务能力，同时，可以促进教师在课堂教学中以引导发现教学策略为主线去学习、反思、实践、创新，从中提高教师的各方面素质，进而有利于学校的可持续发展。

（五）贯彻《课程标准》的需要

教育部于2000年颁布了《课程标准》。新课标与旧大纲在很多方面存在着差异。在贯彻和落实新课标时，教师具有了相当大的选择权和决定权，这必然要求体育教师转变观念，以适应新课标的要求。体育教学策略可以帮助教师综合地认识和探讨新课标的教学理论与实践的关系以及实践过程中各种要素之间的关系和作用。

四、体育课堂教学的几种策略应用与案例分析

（一）体育教学计划策略

即在课堂教学之前，明确所教课程的目标、内容、方法与手段，了解学生的兴趣、需要、能力水平等，并预测教学中可能出现的问题。

案例 2—1 向前滚翻类教学设计的策略

【课标分析与教学构思】

《课程标准》在运动技能水平四学习领域中明确规定：达到该水平目标时，学生将能够完成一两套技巧项目动作或器械体操动作。技巧运动源于生活，与日常生活有密切关系，同时又是学生比较熟悉和喜欢的体育运动项目之一。根据《课程标准》的要求和目标，根据自我对《课程标准》的学习和理解，我认为进行新课程教学需要根据学校的实际体制和特色以及教学对象而制定策略，需要通过教师对教材的处理和精心的设计来完成，需要通过行之有效的教学手段和形式多样的教学模式来教学，需要不断开发和创编教材，而不仅是在原有的教材内容、教学经验的基础之上去实施。所以在进行初一年级技巧教材的选定和处理时，我选择了向前滚翻类的技巧教学。在制定本单元教学计划时考虑到体操教学中的美感培养和动作的协调性以及每个动作的连贯性，并在教案的设计中考虑教材之间的衔接、教材之间的连贯性以及前后的铺垫和呼应。总结与归纳自己在技巧教学过程中向前滚翻的技术教学，主要有手支撑前滚翻、手不支撑前滚翻和器械前滚翻三大类。所以我把各种教学过程中我们体验、尝试过的向前滚翻技术串连、联系起来，就可以从一个向前滚翻技术的教学转化到一系列向前滚翻类的单元教学（见图 2—2）。

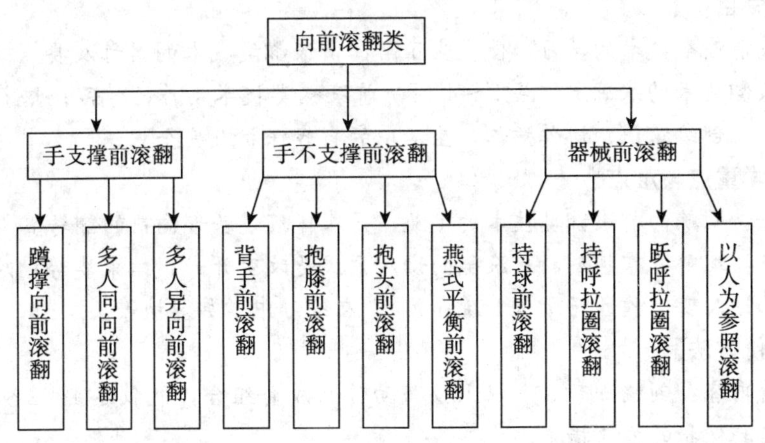

图 2—2 向前滚翻类单元教学示意图

【学生分析】

根据学校特色，针对女中学生普遍存在的韧带僵硬、肌肉软、身体动作不协调、前庭器官能力发展较差的现状，在教学实施前应了解学生过去有没有学过前滚翻、学的内容和老师如何教的等相关内容。

由于在学校发生过学生跑步摔倒后受伤的情况，所以我把滚翻放在本学期也有一定目的性，即培养学生的自我保护意识和让学生掌握一种生存能力。例如，观察在跑步中或是在路上让石头或别的东西绊倒以及被学生推倒等的突发事件中学生是如何保护自己的。同时考虑到学生的学习兴趣，根据初中女生好胜、爱表现，对平时没有见过、学过的技术动作会尝试和实践等现象，技巧运动既有着动作过程的柔和之美，同时也是协调四肢、平衡身心的好方法。通过学习，可以培养他们的灵活性、柔韧性、力量和协调能力，可以锻炼学生的身体运动能力以及战胜自我的勇气。

【设计思路】

以新奇的目标引发学生参与的兴趣，使目标内化；用讲解加示范的方法，帮助学生解决“什么动作是符合要求的”和“怎样开启创新思路”（即创新的切入点）的重难点；用激励性过程评价作为创新活动过程中的助推剂（即促进激励功能）；用展示交流的环节强化合作、创新的成就意识和运用技能发展体能的实效。在展示中培养文明行为习惯；用继续再创造和下节课将用同学自己的创新成果做集体游戏，作为保持其学习热情的期望目标结束本课。

【教学目标】

通过前滚翻技术的学习，使学生了解向前滚翻类技术的名称及要点；学生在掌握前滚翻技术的基础上拓展3～4项向前滚翻类技术动作的学习；培养学生的体操意识、创编意识、协作意识，生活中的自我保护及安全意识。

【教学重点与难点】

重点：明确向前滚翻类技术的定义，是人体经过头部向前的翻转。

难点：理解并掌握创新前滚翻的切入方式是改变开始、结束姿势；改变动作过程结构；改变动作的场所（如跳箱盖）；在练习中增加器械等。

【评价方法】

评价内容：创编一套3个以上技巧动作的成套组合，能叙述1～2例意外情况下的自我保护的方法措施。

评价方法：以体操比赛的形式进行考核，教师的技评分与学生裁判的技评分综合评定（参见表2—12）。

评价标准：10分制。

表 2—12　　向前滚翻类技术评价方法示例

级别	分值	要求
优	9 分以上	动作规范，有一定难度，编排合理，有创意
良	8.0～8.9 分	动作规范，舒展优美，编排合理，稳定性稍差
及格	6.0～7.9 分	基本上能完成一套动作，单个动作质量稍差
不及格	6 分以下	不能独立完成技巧动作

（二）动机策略

主要指体育教师在课堂上如何激发学生的学习兴趣以及对学生反应的敏感性和批判性。例如，耐久跑是《课程标准》要求的田径必修课内容之一，在以往的教学中往往被作为意志品质练习的好教材，但学生特别是特质生，听到耐久跑就害怕、就厌烦。学生一般会经历一个从害怕、不敢、不喜欢，到通过采取有效的教学策略，慢慢转变和接受，再到最后兴奋、激动和坚持到底的过程。

案例 2—2　耐久跑教学过程设计的策略

学习有用知识的欲望——激发学生对耐久跑项目学习的内在动机——主动查阅相关资料——理论做指导——认识上的改变——引起行为上的积极主动、以苦为乐——教学方法的创新、求异——教师言语鼓励——强化学生的认同心理——战胜自我、体验成功——实现教学目标。

——侧重于途中跑技术的教学。主要通过各种不同形式的练习，发展学生的一般耐力，改进学生跑的技术动作（步幅适宜、步频快、重心平稳、上体摆幅小），提高学生持续跑的能力。目的：良好的跑的技术动作对学生终生进行体育锻炼有着积极的意义。

——呼吸的节奏和跑的节奏相结合，在每个呼吸周期中，要求学生必须充分地呼气，这样才能保证所需的吸气量。跑时呼吸节奏和步伐一般都是自然的、协调的，不必有意地调整。

——借用普拉提的呼吸方法，使学生体验在深呼深吸时腹腔肌肉正确的用力顺序。具体的操作方法：学生站立，双手置于腹部，深吸气时腹部肌肉放松、拉长，肋骨向两侧滑动，胸腔打开；呼气时，腹肌尽量向脊柱靠近，呼吸深度根据学生掌握的程度逐渐增大。

——引导学生将所学的呼吸方法应用到耐久跑练习中，如在跑的途中通过深吸、深呼调整呼吸节奏，加快乳酸代谢，减缓肌肉的疲劳。

——身体素质的练习始终贯穿于该单元中，如连续的跳跃（发展力量耐力）、球类运动、不同形式的跳绳练习等。

——通过各种不同的练习方法和内容，在提高学生有氧代谢能力的同时教给了学生一定的健身方法。

——有氧运动是最好的健身方式，对高中女生而言有氧运动是她们乐于接受的一种练习。虽然她们在心理上已经能够接受，但在具体的操作过程中，由于练习时间相对较长，且单一、枯燥，易使学生产生厌烦和抵触情绪。具体的练习和她们的心理愿望产生了分歧，心理上的疲劳导致了躯体的惰性，她们在"坚持"还是"放弃"这两种对立情绪中徘徊着。在此过程中，人的意志品质起着决定性的作用。所以，在实际的教学中，在考虑教法的新颖性及趣味性的同时，要通过有效的策略培养学生吃苦耐劳、战胜自我的意志品质。

——考虑到该项目的特殊性，分别选择了两个实验班和两个普通班做比较，主要想了解人的智力因素及周围的学习环境对一个人的学习效果及非智力（意志品质）因素影响的程度。

——在实验前的准备阶段主要做以下的工作：首先是测试学生原始的成绩，主要是800m成绩，其次是了解学生对中长跑的认识（如健身、练习的态度是积极还是消极）。

——耐久跑理论部分的学习主要是学生自己通过主动查阅相关的资料来完成，且学习资料作为耐久跑成绩的评价因素之一。

（三）教学方法策略

教学方法即教师在讲课过程中具体使用的教学手段，教学方法是教学策略的具体体现。

我们先来看一个传统的篮球教学例子。例如，一个篮球教学单元，就是从篮球的运球、传球开始进行教学，随后是投篮、抢断球、基本战术等，最终目的是使学生学会一定的篮球技战术，诸如两人原地传接球、原地运球或行进间运球接力比赛等。那些学生渴望获得的东西（诸如刺激、对抗、激情等）却很少涉及，学生的兴趣被大大抹杀，从而造成"课上学生练习无精打采，课下生龙活虎的尴尬情景"。

案例2—3　篮球教学方法策略

从学生自身发展的需要和学生对技术理解的心理现状出发，采用"体验式"教学方式，给学生提供一个宽松、自由的学习环境，鼓励引导学生积极主动参与，通过亲身体验去思考，去发现、探索篮球运动的规律。让学生先"会打篮

球”，不是学好了技术再打球，而是边学边用，在打球中学习和运用技术与战术，提高学生自主锻炼的能力，为学生终身体育学习创造条件。

——改变过去以技术结构设计教学过程的方法，从运动特性、技术结构、学习动机三个维度去设计教学过程，将“学生乐于怎样学”作为篮球教学首先要解决的问题。

——遵循篮球自身的学习规律，重视学生“学法”的研究，通过“比赛—应用—技术教学”程序，让学生体验一种充满活力的篮球运动、一种真正感性的篮球运动。

——在教学中充分利用篮球运动集体性、竞争性、对抗性等特性，把培养学生团队的凝聚力和团结协作的团队精神贯穿于整个教学过程的始终，有意识地赋予每位学生团队的角色，培养学生的社会适应能力。通过技术的掌握和能力的提高，实现情感、态度和价值观领域的目标。

——从学校场地器材实际和学生的身心特点出发，不必拘泥于正规的竞技项目，可以通过修改规则、改造场地、使教学符合学生的实际情况，以保证所有的学生都能参加到学习活动中来，如篮球街舞、一对一单挑、三对三比赛等。

——由于篮球运动技战术多样复杂，有针对性地选取一些主要技术和关键技术，以此来带动其他技术的学习和掌握，掌握了这些主要技术和关键技术，就能促使学生参与到这项运动中来，能够参加游戏和比赛，享受篮球运动给他们带来的快乐。

（四）评估策略

评估策略主要指课后教师对于教与学质量的评价，并为其他策略提供信息。评估不仅是获得教学效果反馈信息的重要手段，也是激励教师和学生实现自我发展的重要策略。

例如，练习方法采用游戏比赛的方式分两次进行，学生分组以班为单位（本校为男女生分开上课，2 个班的男生或女生为 1 个体育教学班），练习内容为 5 圈（约 800m）变相体能分开让距追逐跑，练习要求每班可设本班人数的 20％个前哨点（1 圈的 80％处），其余同学则从起点开始一路纵队隔 1.6m 站 1 人，直至站完，听教师口令一起跑，所有同学跑到起点即为 1 圈，相应跑完后只有站起点的 1 位同学跑的距离为整 5 圈，前哨点同学只跑 4.2 圈就完成。在练习中教师只统计每班中跑回的第一名的成绩、人数居中间的 1 位同学和最后倒数 1、2、3 名同学的时间成绩之和即为本班时间成绩，哪班总时间少为胜。人员分配等比赛战术策略安排由各班体委小组长组织同学相互讨论完成。

本讲小结

本讲分四个部分展开对体育教学策略的探讨，通过对国内外教学策略的不同内涵与定义、前人对教学策略的研究、进行体育教学策略研究的意义和体育教学的几种策略，试图让教学策略理论与体育教学实际结合起来，提供给一线体育教师更多的理解理论的感性经验以及体育课堂教学策略的操作方法。

思考与活动

1. 结合体育教学实践，阐述你对教学策略概念的理解，并对其与教学目标、教学方法及教学技能等之间的关系进行简单说明。

2. 参照本讲内容中第四部分的体育教学策略的相关案例，自选目标，尝试设计和制定一项能够应用于教学实践中的体育教学策略。

参考文献

1. 周军. 教学策略［M］. 北京：教育科学出版社，2007

2. 陈心五. 中小学课堂教学策略［M］. 北京：人民教育出版社，1998

3. 黄埔全，王嘉毅. 课程与教学论［M］. 北京：高等教育出版社，2002

4. 施良方，崔允漷. 教学理论：课堂教学的原理、策略与研究［M］. 上海：华东师范大学出版社，1999

5. 毛振明. 体育教学论［M］. 北京：高等教育出版社，2005

6. 邵伟德，徐军. 论体育教学策略［J］. 首都体育学院学报，2001（2）

7. 刘健. 关于体育教学策略的研究［J］. 山西师范大学体育学院学报，2004（3）

[作者简介]

潘建芬，女，北京教育学院体育系讲师，曾担任《师之翘楚——全国体育特级教师教育智慧与艺术》、《成人本科体育教材（上、中、下册）》等书的编委；发表《青少年身体自我的研究》、《北京市百所中学体育与健康课程实施的调查研究》等学术论文。

韩兵，北京教育学院体育系讲师，曾担任《师之翘楚——全国体育特级教师教育智慧与艺术》、《成人本科体育教材（上、中、下册）》等书的编委；曾在核心期刊和其他专业期刊上发表过《体育信息传播对北京市城区中学生参加体育活动的影响》、《中国瑞典体育课程比较研究》等十余篇学术论文。

第三编

体育教学技能与案例分析

第一讲
田径类教学技能与案例分析

北京教育学院体育系 袁立新

随着基础教育课程改革的不断深入，尤其是田径必修课的推行，对体育教师的田径教学技能提出了更高的要求。传统的田径教学技能，已经不能适应新课程改革形势下学生发展和人才培养的需要。因此，体育教师必备的田径教学技能和新课程背景下的技能更新，成为当前从事体育教学与研究的工作者面临的挑战与迫切需要解决的问题；如何促进体育教师的专业发展、提高田径执教能力、改善田径教学效果、保证田径教学质量，成为体育教师关注的研究课题。本讲主要通过阐述七种不同的田径教学技能的定义及要求，结合自己的教学经验和所了解的情况介绍一些提高田径教学技能的训练方法，并以案例分析的形式加深学员对田径教学技能的理解。

一、田径教学技能的定义及要求

田径教学技能是指在田径教学中，根据田径运动的技术特性及要点，运用田径专业知识及教学经验，促进学生掌握田径基本知识、基本技术、基本技能的一系列教学行为方式。田径教学技能主要包括导入、讲解、动作示范、教学组织、人体语言、诊断纠正错误、结束等基本技能。

（一）导入技能

导入技能是指体育教师在田径教学时所采取的一种引导学生进入学习状态的教学策略和行为方式。其作用在于集中学生的注意力，激发学生的学习兴趣，明确学习目的、要求，让学生在学习的一开始就有一个良好的学习状态，为整个教学过程创造良好的开端。田径教学的导入没有固定的形式和方法，但多采用以下几种形式。

1. 开门见山导入

这是田径教学中常用的一种导入方式，即上课后教师开门见山地宣布课的教学内容、教学任务和基本要求，让学生直接进入学习状态。例如，本课学习蹲踞式起跑的技术动作。

2. 示范或直观演示导入

教师首先让学生观察教师做示范动作、使用技术动作挂图或通过多媒体教学观摩优秀运动员的技术动作，激发学生学习兴趣，从学生的观察中教师及时、恰如其分地提出问题，为教学内容做好铺垫。例如，通过多媒体观摩优秀跨栏运动员刘翔跨栏的技术动作。

3. 提问式导入

教师结合田径教学内容、根据学生已有的田径知识和掌握田径技术动作的情况，先向学生提出有关问题，通过提问和回答导入新的教学内容。例如，快速跑的技术环节有哪些？决定快速跑的因素是什么？跳高、跳远有几种姿势？

由此看出在田径教学中，导入是整个教学中的重要环节，直接影响学生的学习情绪、精神状态和教学效果。因此，田径教学中教师必须掌握导入的基本技能，并在设计和实施中注意以下问题：

第一，导入的目的性、针对性要强，要有助于学生初步明确学什么、怎么学、什么要求。

第二，导入要有启发性，尽量以生动具体的事例引入新课题、新知识、新观念。

第三，导入要具有趣味性，有一定的艺术魅力、感染力和技巧性，能引人入胜、颇有风趣、造成悬念。

总之，教师要根据授课对象的心理特点，结合教学内容，采用灵活多样的导入方式。

（二）讲解技能

讲解技能是指体育教师在田径教学中利用语言引导学生理解动作、形成概念、掌握要领的教学行为方式。讲解是用语言传授知识的一种教学方法，是人们用语言交流思想、情感和知识的一种表达方式，体育教学中教授基本知识、传授技术要领、纠正学生动作错误时都需要进行讲解。简明扼要、科学准确的讲解，能帮助学生理解动作、明确要领、形成动作概念；生动活泼的讲解，能使学生产生浓厚的学习兴趣；启发式讲解，能启发学生的思维、发展学生的思维能力。

在田径教学中体育教师要提高讲解技能，应注意以下几个问题：

第一，讲解准备要充分，要认真分析讲解的内容，明确技术动作的重点和难点、在关键点时要加以提示或强调。例如，铅球的最后用力包含哪些技术细节。

第二，讲解过程要条理清楚、逻辑严密、结构完整、层次分明，同时也要言简意赅，精讲多练。

第三，讲解针对性要强，要根据学生的年龄、性别、兴趣、认识能力进行讲解。

第四，注意语言技能的运用，如语速适当、语音清晰、语言精练、生动有趣、语调亲切、抑扬动听、音量适中并富有变化。

第五，注意讲解与示范合理配合。

第六，注意人体语言技能的运用，以引起学生注意，并提高记忆效果。

（三）动作示范技能

动作示范技能是指体育教师把田径技术动作直观地呈现出来，使学生观察与模仿教师动作进行练习的行为方式。动作示范是体育教学的重要方法，是贯彻直观性原则的重要途径。教师正确、优美的示范动作，不仅能有效地提高学生的学习兴趣，而且对学生建立正确的动作概念有着重要作用。在田径教学中，动作示范形式多样，有正确示范与正误对比示范；有完整动作示范、分解动作示范；有正面示范、侧面示范、镜面示范等。教师采用哪种示范形式要根据教学目标、学生情况、教学内容、教学过程而定。

教师要提高动作示范的质量，提高动作示范技巧与技能，使其起到积极的教学效果，就一定要注意以下问题：

第一，动作示范要正确、规范、优美，给人以美的享受，通过示范帮助学生建立正确的动作概念，同时，激发学习的兴趣与求知的欲望。

第二，示范动作的目的要明确、重点突出，要让学生明确示范的内容、如何观察、怎样观察。

第三，示范的时机要适当。教师要根据教材内容和学生学习情况选择适宜的示范时机、充分发挥动作示范的直观作用。

第四，示范的位置和距离要便于学生观察，教师要根据所授技术动作结构选择适当的示范位置和距离。

第五，教师要依据学生的实际水平和动作的难易程度，注意示范动作的速度和节奏。

第六，示范与讲解要统一，教师在示范的同时进行必要的讲解，能使学生视听结合地接受知识，对于提高他们的观察力和理解力有重要作用。

第七，充分发挥信息技术在田径教学中的作用，通过现代教育技术与体育学科的有效整合，发挥多媒体在直观性和交互性中的作用，从而达到事半功倍的效果。

（四）教学组织技能

教学组织技能是指体育教师根据学生情况、教材内容，按照教学常规，科学地安排场地器材，合理地组织学生进行学习和练习，建立和谐的教学环境，帮助学生达到预期教学目标的行为方式。田径教学的特点是多半在室外进行，由于操场大、环境干扰多，学生注意力易分散，加之教学是以学生掌握技术动作为主，因此，田径教学的组织工作难度大。组织教学水平不仅影响着教学活动顺利进行，而且还直接关系到教学质量。

在田径教学时必须注意以下问题：

第一，教师要建立行之有效的教学常规。教学常规是为了保证体育课正常进行，对师生提出的基本要求。制定教学常规，不仅有助于建立正常的教学秩序，组织严密的教学，而且对加强学生的思想教育，培养他们守纪律、讲文明、懂礼貌等优良品质都有重要的作用。

第二，做好一般准备活动和专项准备活动，让学生充分热身，防止伤害事故的发生。

第三，教师要根据教材内容、场地器材和学生的实际情况合理地分组教学。分组教学时，教师应把主要力量放在新授教材的小组，适当照顾复习旧教材小组，安排教材转换顺序时，应照顾体弱组和女子组。

第四，教师要选品质好、素质高、又有一定组织与管理能力的学生担任组长，发挥其骨干作用。

（五）人体语言技能

人体语言技能是指体育教师利用身体对学生不同刺激的变化来引起学生的注意，生动地传递知识和交流感情、促进学生学习的行为方式。

在田径教学中人体语言的作用常常是口头语言所不能代替的，如体育教师常用自身的人体语言（手势、腿势或躯干、头的动作，眼神等）提示注意，演示动作技术的某一环节，提示用力时间、运动方向、运动幅度、运动速度等。除此之外，教师的表情、举止还可以影响学生心理、调节学生情绪、调动其学习积极性；人格魅力与教学艺术更能吸引学生，打动学生，甚至影响学生的终身体育。田径教学中常用的人体语言类型有以下几种：

1. 身体的移动或位置的变化

在田径教学中教师要经常移动自己的身体或变换自己的位置、以便及时观察学生的练习情况。例如，反复的助跑、腾空步的示范等。

2. 肢体局部动作变化

教师要经常变换运用手、臂、头、腿等局部动作，引起学生注意，提示、评价动作，组织教学，演示动作等。例如，投掷项目中铅球的持球动作、标枪的持杆动作、铁饼与链球的握持动作方法等要做到精细与准确。

3. 面部表情

课堂上师生之间情感的交流是创造和谐的课堂气氛、良好智力环境的重要因素。在情感交流中眼神的交流很重要，只有注视对方的眼睛，彼此的沟通才能很好地建立起来。要与学生建立良好的默契，应有60%～70%的时间注视学生，这会使学生喜欢听你讲话。人体语言技能贯穿于教授每一项田径技能之中，因此，教师在运用人体语言技能时应注意以下问题：

第一，人体语言技能的运用必须明白、准确，只有使学生很好地理解才能发挥较大作用。

第二，人体语言技能的运用要繁简适度，过繁会弄得人眼花缭乱，过简则会显得呆板，两者都会影响效果。

第三，人体语言技能的运用要恰当地掌握分寸，不宜夸张，课堂教学不同于戏剧表演，动作要适度，否则会喧宾夺主、适得其反，影响教学效果。

（六）诊断纠正错误技能

诊断纠正错误技能是指体育教师根据学生掌握田径运动基本技术的情况，及时发现问题、指出不足、进行评价、提出纠正方法，使学生尽快掌握正确技术的行为方式。

田径教学中，由于各种原因，学生难免作出这样或那样的错误动作，如不及时纠正，就会形成错误的动力定型。因此，教师要及时地诊断学生存在的问题，并采用相应的纠正方法与手段，改正学生的错误。诊断与纠正错误不仅可以反映教师的业务能力，而且也是提高教学质量的重要内容。田径教学中学生作出错误动作的原因很多，但主要有以下几方面：

第一，学生学习目的不明确，积极性不高，因此练习不认真，或有畏难情绪，害怕心理，缺乏信心。例如，耐久跑的练习，学生常常表现出怕苦、怕累。如何挖掘教材中的教育因素，改进教学方法，调动学生学习的积极性，是摆在体育教师面前的课题。

第二，学生对所学动作概念不清，没掌握要领。

第三，学生身体素质差，达不到掌握基本技术的要求。

第四，教学方法欠妥，手段不当，组织不力。

体育教师要提高诊断纠正错误技能，就应注意以下问题：

第一，教师要有正确动作概念、正确动作标准，熟悉动作过程、动作结构，知道技术重点和难点。

第二，教师要诊断及时、确切，纠正手段得当，要综合分析学生作出错误动作的原因。

第三，要善于观察，注意观察的位置、观察的时机、观察的部位。

第四，要提高自己的表象再现能力和逻辑分析归纳能力。

（七）结束技能

结束技能是指体育教师完成田径教学任务时，使学生身体机能逐渐过渡为正常状态，并对授课内容进行归纳总结，使学生所学知识形成系统所采用的一系列行为方式。

结束是体育课教学的尾声，是课的重要环节之一，它不仅要使学生剧烈运动的机体恢复正常、疲劳的身体得以放松、兴奋的心情得以平静，而且还要通过教师的评价使学生知道不足、明确方向，通过教师的归纳提示，使学生对基本知识的领会得以升华。体育课如何结束，主要取决于教学内容、学生练习方式和运动负荷等，一般田径教学常采用以下结束方式：

1. 调整呼吸、恢复机能

如授课内容是发展学生速度素质或耐力素质，学生机体负荷量较大，课结束时一定要调整呼吸，使心肺功能尽快恢复正常。

2. 放松肢体、按摩肌肉

当授课内容是发展力量素质、学生肌肉容易产生疲劳时，课结束时要采用按摩等手段、缓解肌肉疲劳。

3. 通过游戏调节心身

当课的运动负荷较大时，教师可通过游戏来调节学生的疲劳状态，使学生紧张的心情逐渐放松恢复正常。

4. 简短回忆、提示重点

对整个教学内容进行简单回顾，同时指出内容重点、难点，进行巩固和强化。

教师在应用结束技能时应注意以下问题：

第一，课的结束类型要根据授课内容或学生练习内容来定。

第二，课的小结要紧扣教学内容的目的、重点，采用恰当的方式。

第三，归纳总结要简明扼要，便于记忆。

第四，结束的时间要安排紧凑。

第五，结束时课堂气氛逐渐由活跃转向平静。

二、提高田径教学技能的方法与途径

基于新课程的改革以及学生发展和人才培养的需要，提高体育教师教学技能显得尤为重要，因此，如何通过有效的办法与措施，提高体育教师的教学技能，保证体育课程标准改革的顺利进行就成为一个值得教育主管部门和教师教科研管理部门思考和解决的问题。

当务之急就是加强体育教师教学技能的教育与培训。俗话说："铁打的营盘流水的兵。"体育教师队伍也要新陈代谢，吐故纳新，不断增加新鲜血液。如何保持这支队伍具有较高的教学技能呢？这个问题可以从以下两个方面思考。

第一是抓好在岗体育教师的培训。在我国，大部分体育教师生活在中小城市和农村，他们的信息渠道相对不畅，这对他们与时俱进地改革自己的教学方法、适应时代地发展带来了很多不利的因素。因此，各地教育行政管理部门，特别是师资培训部门、教育学院、教师进修学校等做了大量的工作，它们设计培训方案、整合培训资源、采取各种培训形式，提高教师教学技能和综合素质。

第二是抓紧体育院系体育教育专业学生的体育教学技能的培养。这是从源头上提高我国体育教师教学技能的根本保证。近几年来，教育部举行的全国体育院系学生的基本功大赛可以说是一个非常有力的举措。无论对促进体育院系的教育教学改革，还是提高学生的基本素质与教学技能都起到了重要的推动作用。

（一）提高田径教学技能的方法

在当前众多的教学技能能力训练方法中，最适合于田径课堂教学改革，强化教学技能能力形成的方法主要有以下几种：

1. 课堂模拟训练法

这种方法主要是在课堂创设一定的田径教学情境，让学生模仿教学的实际情况，按照田径各个项目的教学要求及课堂教学一般程序和规范来上课，达到有目的、有针对性地进行各种课堂技能的综合与整体训练。在训练前，在教师的指导下学生认真备课，完成较规范的教案；在训练中，要求学生能较好地引导与组织开展练习，创造性地发挥自己的教学组织才能。教师要重视改变学生学习的行为和方式，启发学生学以致用，开动脑筋思考问题和回答问题并做出示范与实际"操作"，从而达到教学技能能力提高的目的；在训练结束后，教师要对学生的表现情况进行小结，指出其优缺点，为学生的进一步发展指明方向。

2. 实践活动训练法

它是让学生通过具体的见习、实习、代课、参观、参加各种教学比赛等直接从事的教学活动。体育院系应与各类体育中学、周围的普通中小学形成一种长期的合作关系，建立自己的教学工作实验和学习基地。一是便于教师了解中小学田径教学与训练的状况和问题。二是训练学生的教学技能，使其深入教学实践的第一线，能长时间地接受大学和中小学田径教学的双重教育，以保证学生毕业后能尽快适应田径教学的实际工作。

3. 多媒体教学训练法

其手段包括利用多种教学媒体，如电脑、电影、录像、幻灯、投影、挂图等进行课堂教学技能训练。由于多媒体教学训练法的广泛使用，一种微格教学训练法应运而生，它是以录放设备为辅助，采用自讲与自评为中心的一种课堂训练方法。即对一节课中的各个教学环节和各种技能分别进行相对独立与完整的训练，时间安排在5～15分钟。这种训练方式以小组为单位进行，要求每个学生进行试教，并录制下来，然后“现场直播”。其他学生可以“品头论足”，自己也可以在试教后重放录像带，找出其中的不足。教师要和学生共同探讨改进方法，然后还可以重新试教，重放和讨论。这样循环往复，直到教学基本满意为止。这种训练能让学生“正视”自己，了解自己的课堂教学状况，从而有效地训练教学的某些技能，改进课堂教学方法。这种“微”和“小”的模拟训练方法针对性强，易获得“立竿见影”的效果，也便于推广和普及。

（二）拓宽多种教学技能能力的训练途径

要拓宽多种田径教学技能能力的训练途径，就必须根据田径运动项目的学科特点有针对性地开展教学技能方面的训练。

首先，要有组织、有计划地专门开展课内和课外田径教学技能训练课，举行一些教学技能比赛评比活动。

其次，请进来。聘请一些具有丰富教学经验的优秀教师进行现身说法，让教师了解如何根据学生的身心发展特点运用现代科学文化知识进行田径教学方法的合理运用与创新，启发教师的创新意识和实践能力。

再次，走出去。开阔眼界，增长知识，通过参加听、评课活动，使教师在学习与交流中得到田径教学技能的训练，达到深刻理解田径教学技能能力内涵及掌握田径教学技能能力所需的知识结构的目的。

最后，是以科研带教研、以教研促科研，密切注意和收集整理最新基础教学动态、信息、方法等，提高研究与运用水平。

三、田径教学案例与分析

案例：蹲踞式跳远

1. 教学内容

教材版本：义务教育课程标准实验教科书《体育与健康》七至九年级全一册教师教学用书（人民教育出版社出版）

年　　级：初二年级

学习内容：学习蹲踞式跳远

学习阶段：水平四

课时安排：1课时

任课教师：陈敬红（石景山区实验中学）

2. 设计思想

本节课的设计思路遵循建构主义理论中提出的“教学应该通过设计，以支撑学习者积极的学习活动，帮助学习者成为学习活动的主体。用真实、复杂、具有挑战性的开放的学习环境与问题情境来诱发、驱动并支撑学习者探索、思考与问题解决的活动”的指导思想，让学生在师生共同创建的情境中，在已有知识的基础上学习、领会、应用新的知识。在“健康第一”指导思想的引领下，以初二年级教材为依据，创设多种情境激发学生运动兴趣，以学生的发展为本，重视学生的主体地位。从课的设计到评价的各个环节，始终把学生主动、全面的发展放在中心地位。给学生自主学习和发展的空间，使学生生动活泼、主动地、创造性地进行学习，以充分发挥学生的学习积极性和学习潜能，实行“自主探究”、“合作学习”和“讨论式”的教学方法，创设多种教学情境，发展学生的思维能力、交往能力，培养学生自学、自练、自评的实践能力和创新意识。同时，增强学生的组织纪律性和集体荣誉感，寓教于练，使学生在宽松、愉快、热烈的课堂气氛中学习知识、掌握技能，使身心得到健康的发展。充分注意到学生在身体条件、兴趣爱好和运动技能等方面的个体差异，根据这种差异性确定学习目标和评价方法，从而保证绝大多数学生能完成课程学习目标，使每个学生都能体验到学习和成功的乐趣，以满足自我发展的需要。

3. 学习目标

（1）认知目标。

知道跳跃动作的基础知识及蹲踞式跳远动作的四个动作环节，能说出落地动作的要领。会操作计算机使用多媒体课件。

（2）技能目标。

发展跳跃能力，75%的同学能明显地做出收腿落地动作，其余同学能较明显地做出收腿落地动作。学会从网上收集和查阅资料。

（3）情感目标。

练习中勇敢果断、积极进取，养成积极动脑、认真观察、大胆实践的好习惯；练习中能相互评价动作、相互交流学习体会。

4. 教学重、难点分析

教学重点：发展和提高跳跃能力，提高改进学生蹲踞式跳远收腿落地动作。

教学难点：前倒落地（即落地前，膝部伸直，两腿上举，低头向前屈体）。

5. 教学过程（见表3—1）

表3—1

教学内容	教师指导	学生活动	教学组织	媒体的使用
一、课的开始 • 课堂常规 • 明确课的目标 • 原地自我关节、韧带活动	• 执行课堂常规，明确课的目标与任务 • 指导学生做准备活动	• 明确课的目标与任务 • 原地自我活动的同时观察场地器材的摆放情况	直角队形： 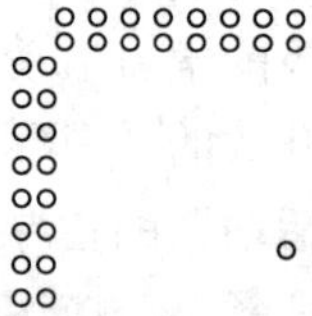 要求： 1. 集合快、静、齐 2. 会做自我准备活动	多媒体课件
二、运动体验 • 绕场慢跑 • 慢跑中跳跃器械 • 助跑跳跃手够悬挂的球	• 说明练习的方法 • 启发学生作出合理的跳跃动作 • 调整练习难度 • 提问：怎样跳跃才更合理？ • 小结：跳跃动作在生活中的实际意义	• 跑动中观察场地器材摆放位置（2次） • 穿、绕器械慢跑（2次） • 分两组交换练习，观察组分析评价练习组情况，建议、借鉴、启发（2次） • 在练习与观察中寻找答案（2次） • 动作展示 • 分六个难度组别，自选，体验成功练习	组织： 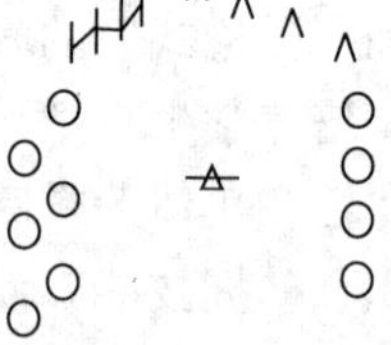 要求： 1. 注意安全，前后距离3m 2. 不限跳跃动作练习时，要保证能顺利越过器械 3. 练习相互观察，互相学习	录像 多媒体课件 网站

续前表

教学内容	教师指导	学生活动	教学组织	媒体的使用
• 助跑跳跃头触悬挂的球	• 讲解练习的方法 • 提问：如何才能触到更高的球？ • 适时调整球的高度，指导学生练习 • 小结、评价	• 助跑，在线上起跳手（头）摸（触）球练习（3次） • 练习中观察、思考、评价、讨论、体会动作 • 优秀动作展示 • 模仿体会练习	组织： 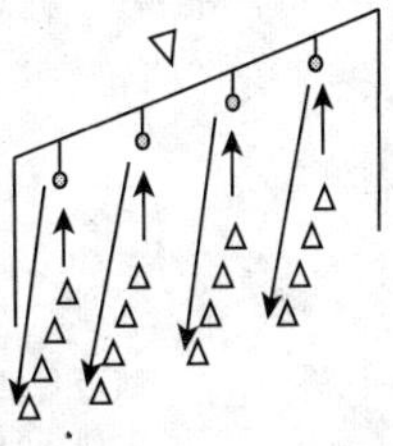 要求： 注意落地缓冲，自我保护 起跳后身体不能有旋转	多媒体课件 录像 网站
三、学习体验 蹲踞式跳远 • 跳圈（模仿腾空步） • 助跑起跳越过皮筋	• 说明练习方法 • 观察指导学生练习 • 及时调整练习的难度 • 提问：如何成功越过皮筋？ • 归纳动作方法	• 分四组同时练习 • 自由选择不同远近的圈练习（有能力的同学做较明显的腾空）（3次） • 助跑，在踏板上起跳，越过皮筋练习（皮筋的高度与起跳点距离不同，难度自选）（6～8次） • 练习中思考问题 • 优秀动作展示（各组自荐） • 成功体验（2～3次）	组织： 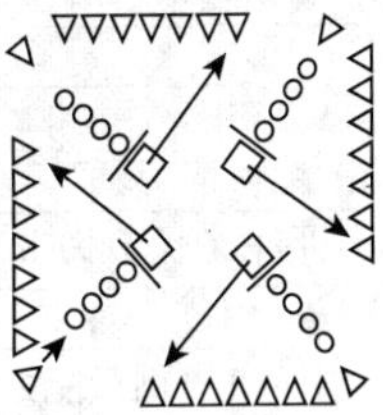 要求： 1. 注意安全 2. 前一人跳完离开垫子后，下一人再开始助跑 3. 相互观察动作，可以小范围探讨	多媒体课件(辅助练习) 录像
四、挑战体验 沙坑体会练习	• 提示学生体验成功，记住成功的动作体验	• 沙坑短程助跑跳远体会练习（1～2次）		
五、放松整理 抖动放松	说明练习方法，引导学生放松	• 两人一组相互搭肩抖动下肢放松（4×8拍）	组织：  ▽▽▽▽▽▽▽▽▽▽▽▽ ▽▽▽▽▽▽▽▽▽▽▽▽ △	多媒体课件

续前表

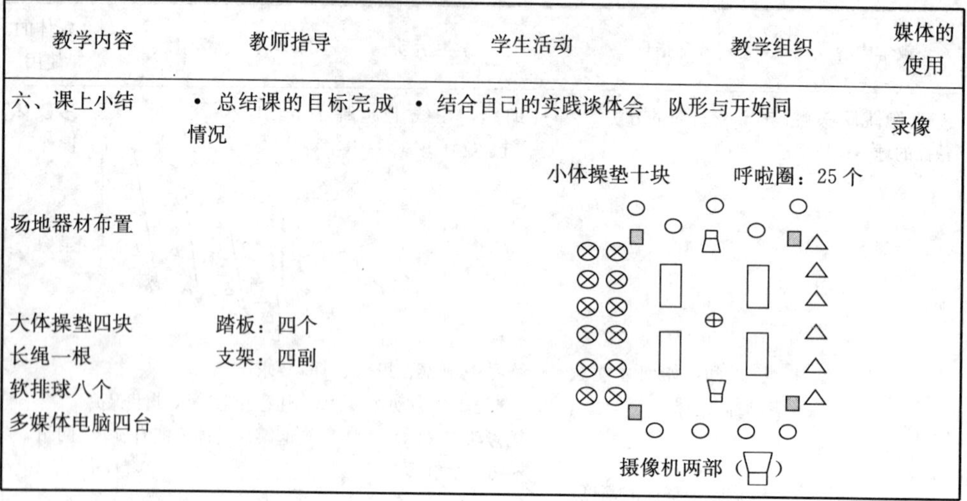

教学内容	教师指导	学生活动	教学组织	媒体的使用
六、课上小结	• 总结课的目标完成情况	• 结合自己的实践谈体会	队形与开始同	录像
场地器材布置 大体操垫四块 长绳一根 软排球八个 多媒体电脑四台	踏板：四个 支架：四副		小体操垫十块　呼啦圈：25 个 摄像机两部（ ）	

6. 教学流程图（见图 3—1）

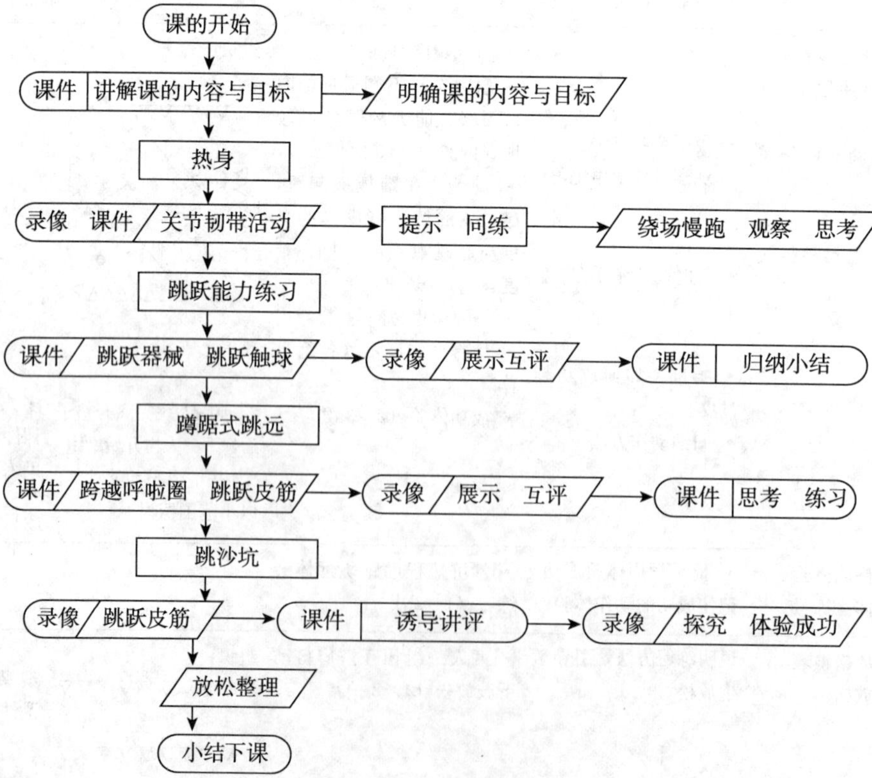

课的开始
课件 讲解课的内容与目标 → 明确课的内容与目标
热身
录像 课件 关节韧带活动 → 提示 同练 → 绕场慢跑 观察 思考
跳跃能力练习
课件 跳跃器械 跳跃触球 → 录像 展示互评 → 课件 归纳小结
蹲踞式跳远
课件 跨越呼啦圈 跳跃皮筋 → 录像 展示 互评 → 课件 思考 练习
跳沙坑
录像 跳跃皮筋 → 课件 诱导讲评 → 录像 探究 体验成功
放松整理
小结下课

图 3—1 教学流程图

7. 总体评价

“蹲踞式跳远”设计遵循体育教学的原则和动作技能形成的规律，凸显了在教师指导下，学生小组合作自主选择教学媒体资源，自我设计练习动作，自主评价、合作学习、主动探究的学习方式。通过“情境创设—置疑实验—探究体验—拓展激励—展示总结”的教学流程，使学生在已有知识及生活体验的基础上获得运动知识和技能，较好地贯彻了“健康第一”的指导思想。在教学过程中，注重教师主导作用发挥的同时，给予学生更多自主学习和发展的空间，充分发挥学生的主体作用，调动学生学习的积极性；注重传授、讨论、尝试、体验、探究、协作的运用和技术、技能的掌握；将教、学、练有机地结合，为学生营造一个宽松、生动活泼的教学氛围，满足学生自我发展的需要，促进学生身体、心理健康水平和社会适应能力的提高。

8. 具体分析

第一，教师使用现代信息技术的意识和能力比较强，把计算机网络技术作为自己备课的工具。

利用 Word 工具软件备课，制作电子教案；利用 Flash 软件自己制作教学课件，通过互联网查阅、搜集大量有关提高跳跃能力的练习方法与手段的图片、动画、录像资料和文字资料，以及跳远技术的起源与发展过程的文字资料与视频资料，并加工整理，利用 Front page 工具软件制作成网页，便于学生查阅学习。将互联网作为学生了解发展跳跃能力和跳远技术动作理论知识、锻炼价值、实用价值的手段。将互联网作为教学环境的延伸与扩展，与教师、学生、教材、课外资源的整合，实现体育理论基础知识与锻炼实践的有机结合。网络提供的学习内容的广泛性和呈现形式的多样性，提供了其他资源不可比拟的信息。

第二，教师把多媒体教学课件和计算机网络作为组织学生活动的工具，成为学生自主学习的认知工具。

课前鼓励学生根据自我身体素质特点和运动爱好与习惯从网上收集自己感兴趣的跳跃能力练习的相关知识资料。利用教师事先提供的网络平台和其他资源，收集蹲踞式跳远技术的相关知识，包括国内外优秀运动员的资料、跳跃起源与发展的经过，国内外重大赛事的成绩及纪录等，从理论上了解技术动作的要点，并能按照自我身体素质情况及锻炼习惯选择或制定自我锻炼计划，使学生真正从被动学习转变为主动学习，体验知识与技术的探究过程，形成教师传授与学生自我探究、合作体验相结合的教学方式。在教学过程中，教师作为引导者、指导者、合作者，始终围绕学生的主体参与活动服务。教师不仅熟练掌握技术手段，利用计算机网络技术给学生提供了大量的背景资料和有关信息，重要的是组织、协调小组探究体验活动，通过小组观察、评价、交流汇报身体练习的感受。整堂课同学们互相提示、互相鼓励，气氛活跃欢快，大大丰富了他们的学习经历，同时激发了他们热爱体育、体验和欣赏体育与健康美的美好情感。

教师自始至终利用多媒体技术紧紧围绕体育与健康课培养和发展学生体育能力、培养终身意识和牢固树立“健康第一”的理念来组织教学。多媒体技术与教学内容的有机结合，充分利用了多媒体技术的优势来提高体育实践课的教学效果，使学生身心愉悦地上了一堂运动实践课。

正是由于深刻领会了体育与健康课的本质，树立了“健康第一”的思想和终身体育的意识，教师才得以把教学重点放在培养学生学会利用信息资源进行探究学习，结合信息技术进行教学活动上，才能在整个教学过程中有的放矢，教师在田径教学中的技能与特长才得以充分施展与发挥，从而取得良好的教学效果。

在新田径课程体系中，教师既需要对传统田径教学技能进行更新，又要不断地实践，以获得新的适合新课程需要的田径教学技能。教师田径教学技能的不断提高，既是学校发展的需要，又是教师自身成长的需要；既是时代发展的需要，又是课程改革发展的需要。体育教师的田径教学技能是田径教学工作的基本技巧和方法，教师只有熟练地掌握和自如地运用这些基本技能，才能提高自身的田径教学能力，适应新课程改革的需要，适应学生发展和人才培养的需要，最终登上体育教学艺术的殿堂。

思考与活动

1. 面对新课程改革，体育教师应该如何提高自身的田径教学技能？
2. 结合田径教学技能的学习，如何有效地实施田径教学？

参考文献

1. 刘清黎等. 体育教育学［M］. 北京：高等教育出版社，1994
2. 学校体育学编写组. 学校体育学［M］. 北京：人民体育出版社，1985
3. 郭友等. 教师教学技能［M］. 北京：首都师范大学出版社，1993
4. 高等院校通用教材编委会. 教育学［M］. 北京：人民出版社，1991
5. 马丽. 论教师职业技能训练与改进课堂教学方法［J］. 广州师范学院学报，1998（8）
6. 体育学院专修教材编委会. 田径运动高级教程［M］. 北京：人民体育出版社，1994

7. 吴志超等. 现代教学论与体育教学 [M]. 北京：人民体育出版社，1993

[作者简介]

袁立新，男，北京教育学院体育系教师。曾担任《北京市中小学优秀教师教育思想与教学艺术评介丛书（体育分册)》、《成人体育本科教材体育（上、中、下册)》、《田径教学网络课程》的主编及编委；发表学术论文十余篇。

第二讲
武术类教学技能与案例分析

北京教育学院体育系　陈雁飞　周志勇

武术作为学校体育中独具中华民族特色的运动项目，历史悠久，内容丰富，原理深厚，形式独特，是我国民族文化的重要组成部分。武术在增强学生体质、锻炼学生意志、传承中国传统文化等方面，有着其独到的作用。武术教学技能是体育教师从事武术教学时所必须具备的，是教师在武术课堂教学中依据教学理论，运用武术专业知识及教学经验，促进学生掌握武术的基本知识、基本技术、基本技能的一系列教学行为方式。作为体育教师，要了解武术的专业知识，要掌握武术的基本技术，教法要生动，动作要规范，讲解要精练，攻防动作要明确，教学要灵活多变。但是在具体教学中存在着一些需要武术教师解决的难题，如学生动作的形体规范、身心协调、劲力顺达、手眼相随，一招一式体现武术的攻防意识和内涵等问题；解决在武术基本动作和套路动作教学中，学生头怎么摆、手怎么用、脚怎么动、眼怎么看、力怎么使等问题；解决“谁来教、教什么、怎么教”的问题；解决“学生喜欢武术而不喜欢武术课”等问题。本讲将以学校武术类教学技能为主线，讨论和研究中小学武术教学中的若干问题。

一、学校武术课程的教学技能

（一）正确把握和设置学校武术教学目标的技能及建议

教学目标是学生通过一堂课的体育学习和活动参与所达到的预期学习效果。学校武术教学目标，应从中华武术本身的概念和内涵来理解和把握，在教学中注重对武术技击、套路、格斗、攻法的传教和继承，注重武术的意识、韵味和精气神的培养，使学校的教育功能与武德、爱国的武术根基结合起来，让学生充分感受武术的魅力，领悟武术文化、运用武术攻防强身健体、防身自卫，达到爱国、修身、正义、助人的教育目的。学校武术教育目标一般包括以下几个方面：

第一，振兴中华武术，弘扬民族文化，促进学生提升热爱国家和民族的意识，提倡尚武精神，培养学生积极进取、主持正义、不怕邪恶、相互尊重、取长补短的正义感和责任感。

第二，了解和感受武术特有的技击内涵、防身价值，熟练武术技法，能持之以恒地运用武术方法和技术进行实战的练习。

第三，体验武术动作、武术套路所特有的特点和精气神、独有的韵味和美感，达到武术形神兼备、手眼相随、身法协调的要求。

第四，领悟武术修身养性、健身防身、全面发展的目的，为终身体育奠定良好的基础，展现正义、自信、挑战、超越自我的个性和精神。

案例 3—1　　水平四健身拳学习目标

通过健身拳的学习让学生获得武术技术动作的基本用法，理解套路中技术动作的攻防作用与用途，从作用与用途中发展自己的体能，使武术技术动作规范；在学练中让学生树立信心，克服困难，学会与同学合作学习，尊重爱护同学，注重武德，把学练过的技术、知识运用于社会实际生活中。

（二）合理选择学校武术教学内容的技能及建议

1. 学校武术的教学内容

由于不同地区、不同学校的武术教学水平各不相同，虽然学校武术教学的内容应该根据地区差异和学生的水平来选择，但是一般来说学校武术的教学内容基本包括以下方面：

（1）基本功和基本动作：压肩、压腿、翻腰、手倒立、抡臂等。

（2）手形：拳、掌、勾。

（3）手法：冲拳、推掌、亮掌。

（4）步形：马步、弓步、虚步、歇步、仆步。

（5）屈伸性腿法：弹腿、蹬腿、侧踹腿。

（6）自创武术组合动作和套路。

（7）校本教材内容的编制和开发。

2. 选择武术教学内容的依据与方法

（1）依据水平目标。

选择学习内容必须符合所设置的目标要求，要考虑用什么内容去达成目标和怎样才能达成目标。例如，水平四提出“通过多种练习提高肌肉力量和肌肉耐力”的目标，教师在设计教学内容时以及在教学过程中，不应仅仅定位于在操场的跑步和器械力量的练习，也可以通过武术套路的练习提高学生的耐力和力量。对一个学生来说，他能跑完 1 500 米或能做引体向上 15～20 次，但他不一定能完成 50 秒～1 分钟的长拳套路的演练。

(2) 依据学生的身心发展特征。

学习内容的选择与学生的兴趣爱好有很大的关系，学生的生长发育水平，学生生理、心理需求，学生的运动需求等在选择教材内容时都需要考虑。教材内容的选择要与学生身心发展特征相适应，学习内容要与学生生活经验和生活实际相结合。例如，在武术教学中，教师可以根据男女生理、心理特征以及体质等具体情况，选择一些女生喜爱的剑术、女子防身术，男生喜爱的散手、搏击与对练等。教学中还要特别注重把套路教学分解，使攻防体现在教学的实际运用中，这样将更有利于适应学生的兴趣、个性和身心特点。

(3) 依据学校的实际条件。

学习内容的选择应立足于学校的实际状况，如场地条件、师资力量、器材设备和办学规模等。如何根据自己现有的条件来选择最适合学生发展需求的学习内容是非常重要的。例如，教师可以利用学校的空地，根据学校的实际条件，选用木桩安置在空地上，让学生可以练习站桩，提高学生的平衡性和腿的功力。还可以在学校有限的条件下，自做一些沙袋，吊在走道或空地处，让学生可以踢打沙袋，增强学生的爆发力和自信心。

案例 3—2　“拳”和“马步”的教学

在教授拳这一动作时，首先要强调挺胸、收腹、直腰，出拳要快速用力，做好拧腰、顺肩、急旋前臂的动作。其次，让学生明确拳的用法：拳是人体的一个武器，可以用其防身自卫，完成各种动作。可打对方的任何部位，如头、胸部、下身、背部，可以采用冲拳、劈拳、砸拳、撩拳、横拳等各种方法来完成拳的学练和拳的用法。拳也可以作为防守，如格、架、挡、压等各种方法，在拳的学练中将拳作为攻防手段，交错地使用和练习。另外，在组织方面，应尽量安排两人一组进行冲拳和拳法的练习，一人防守，一人进攻，交替进行，以提高学生学练武术的兴趣和活力。

在教授马步这一动作时，首先要强调头正、挺胸、立腰、扣足。其次，让学生明确其用法：武术特别讲究功底，马步就是体现武术功底的一种方式，是学练武术的基础，可用于功底的展示。另外，在组织方面，可采用集体练习，也可采用分散练习，还可以采用自主小组练习或两人进行面对面的练习。练习马步时，第一，可采用原地马步学练，强调步要稳、身要正、双脚扒地要深；第二，可在地面上画两个圆，进行马步站立；第三，可在地面上放砖头进行马步的站立，随时可增加砖的块数；第四，可用站桩进行马步练习。

（三）科学选用学校武术教学方法的技能及建议

体育课教学效果的成败关键在教法的选择与运用上。体育教师能否发挥突出作用就在于是否能让学生快速、准确地掌握运动技术动作。运动技能的教学经常采用讲授法、直观法、分解法、完整法、预防与纠正错误法、游戏法与比赛法、创新法、学练法及发展体能的方法等。另有学导式教学法、发现式教学法、程序式教学法、掌握学习法、问题讨论教学法、自主学习法、尝试教学法等。在运用体育教学法时要发挥教学方法的整体功能，坚持启发式的教学思想，综合运用各种教法，灵活创新地使用教学方法，选用教学方法要切合实际。在学习体育教法时，要根据体育教学内容让学生亲身实践每一技术动作的教学步骤；要针对某一技术环节或错误动作，让学生实践相应的专门教法练习；在考核中要求学生讲述技术动作的教法。

武术教学应以拳术套路为基础，基本功贯穿于教学的始终。教学过程中应重视直观，可以演示、领做、看录像为主，注意强化攻防技击特点，突出动力。教学方法和手段要恰当合理，以提高学生学习和掌握武术动作技术的速度，使学生学会动作，记住动作。但教法的运用要根据教学任务、教材特点、学生的实际情况、作业条件等具体情况来确定。

1. 语言法

正确地运用语言，使学生明确学习任务，端正学习态度，启发学生积极思考，加深对教材的理解程度，对加速掌握武术基本技术、技能，有效地锻炼身体，增强体质，培养分析问题和解决问题的能力，完成教学任务等具有重要意义。语言法主要包括讲解和口令的运用。

2. 直观法

直观法是武术教学中通过一定的直观方式，作用于学生的视觉感官，引起其感知的一种教学方法。主要包括动作示范、教具与模型演示、电影与电视等手段。

3. 完整与分解教学法

在教授武术中结构简单、难度不大的动作，或教有一定基础的学生时，可以采用完整教学法。完整教学法的特点是保持了技术动作的完整性和它固有的结构，使动作连贯自然，富有节奏，便于学生较快地掌握。因而，它能使学生较好地了解动作的全貌。

分解教学法的特点是在动作比较复杂、难度较大的情况下，便于学生了解动作的细节，更准确、完整地掌握动作。结构与方向路线较复杂的动作，可以分解成上肢和下肢进行教学；攻防因素较多的动作也可采用分解教学法。

4. 练习法

练习法是通过身体和思维活动对动作进行反复练习，让学生掌握动作，形成正确的动作技能并从中领悟武术的内涵，进行身体锻炼的方法。

(1) 个人练习。

这是学生独立完成动作演练的形式。个人练习能消除学生对老师和同伴的依赖性，使动作与思维更好地结合。

(2) 分组练习。

这是集中指导后将全班学生分成若干小组进行复习巩固的形式。这种练习形式既能节省时间保证重复练习的数量和一定的运动负荷，又能发动学生互相观摩学习，提高学生分析动作的能力，培养其团结互助的精神。

(3) 集体练习。

这是对全班学生进行集体指导，共同练习的形式。集体练习容易维持课堂纪律；教师讲解示范节省时间，便于统一动作要求。

5. 武术程序化教学法

武术程序化教学法即将武术基本功、基本动作、套路动作，按照动作的性质、结构、特点重新排列组合成单独演练动作；然后，根据套路结构顺序穿针引线，连贯成完整的套路动作；依照上述程序合理安排教学内容和教学时数，实施教学步骤。

具体操作程序如下：

(1) 分解套路动作，将同类动作重新排列组合：首先明确所要传授的武术基本功、基本动作、套路动作，然后根据动作的性质、结构、特点重新排列组合成以下四大类。

其一，步形组合类动作：根据武术中长拳的五种基本步形（弓、马、仆、虚、歇），重新提炼出五种步形组合动作，即同一种步形的不同手法动作归为一类。在学习同一种步形时，把套路中出现的同一种步形、不同手法的各种动作，全部单独提炼出来进行分类练习。例如，马步类动作：马步双劈拳、马步前冲拳、马步横打；弓步类：弓步冲拳、弓步推掌、弓步双摆掌等。

其二，腿法组合类动作：将武术基本功、基本动作中的腿法练习和套路中出现的各种腿法和手法配合，归为一类组合动作。在学习同一种腿法时，把套路中出现的同一种腿法的不同手法配合动作，单独提炼出来进行分类练习。例如，弹腿类动作：弹腿冲拳、弹腿推掌；蹬腿类：蹬腿冲拳、蹬腿推掌等。

其三，跳跃组合类动作：将武术基本功、基本动作中的几种主要跳跃动作和套路中出现的跳跃动作归为一类组合动作。在学习时重点学习套路中出现的跳跃动作，结合不同的步法进行分类练习。例如，腾空飞脚类动作：原地腾空飞脚、上步腾空飞脚、击步腾空飞脚等。

其四，平衡组合类动作：将武术基本功、基本动作中的几种主要平衡动作和套路中出现的平衡动作归为一类组合动作。重点学习套路中出现的平衡动作，结合不同手法进行分类练习。例如，提膝平衡类动作：提膝亮掌、提膝上穿掌、提膝上冲拳等；望月平衡类动作：低姿的望月平衡、高姿的望月平衡等。

(2) 在单独练习的基础上，把单个动作串连成简单的套路组合动作。

第一，把重新排列组合的动作单独分类练习。这一阶段的教学重点主要是打牢基础，形成正确的动力定型。

第二，要根据套路动作的结构、顺序，把前后两个动作串连起来反复练习。这一阶段的教学重点是解决动作与动作之间衔接时手脚的运行路线与身体转变的方向、位置，逐步使单一动作转化为简单的套路组合动作。

(3) 将简单套路组合动作串连组合成段落动作。

在完成简单的套路组合动作的基础上，按照套路的结构、顺序分段进行串连，把组合动作串连成段落动作。这个阶段的教学重点是记忆动作的顺序与名称。首先，应记住全套动作共分几段；然后，应记住每段共有多少个动作。

(4) 把段落动作串连成完整的套路动作。

这一阶段的教学重点是记住整个套路动作的顺序与名称。这样才能熟练地掌握全套动作。

(5) 进一步提高，体现拳种的独特风格。

在熟练掌握套路动作的基础上，要尽快地形成完美的套路演练风格。这个阶段是提高技术水平的关键阶段，也是难度比较大的悟性阶段。教学重点是掌握动作节奏和手、眼、身法、步的协调配合，充分体现武术运动的特点和拳种的风格。

6. 单式攻防组合练习法

在练习过程中，根据每个动作的攻防含义和基本要求，采用相应的攻防组合动作，一对一地进行原地或行进间的重复性练习，称为单式攻防组合练习法。在不同的教学阶段、课上课下，均可采用此练习方法，它既能提高学生的学习积极性，又能使学生更好地掌握动作要领。例如，学习弓步冲拳和弓步格挡：可采取单式攻防组合练习法，一人进攻做弓步冲拳动作，另一人防守做弓步格挡动作，先原地反复进行练习，然后再行进间练习，最后交换重复练习。学习弹踢动作：可采取单式攻防组合练习法，一人进攻做左、右弹踢腿动作，另一人防守做左、右砸拳或左、右勾手动作。先原地进行练习，然后再行进间练习，最后交换重复练习。

（四）武术教学的组织与管理技能及教学建议

学校武术教学本身与竞技武术训练是不同的，教师首先应思考这节课“怎么教”的问题。首先通过多种方式，利用武术的技法和攻防，采用自主学练、合作学练，让学生在了解和掌握武术技术的同时，与生活上的用途结合起来，进行实战练习。

1. 学生干部角色的应用与培养

（1）教师指定。

在教学中，教师可以指定某几个学生担任学生干部，让他们承担一定的职责或任务，如在分组教学时任小组长。

（2）角色轮换。

在教学中，还可以采用所有学生轮流担任干部的组织形式，让每一个学生均有机会担任小组长或其他某种职务。教师在课堂上不仅应传授运动技术，而且应培养学生的管理能力和社会适应能力。

（3）竞选。

教师组织学生竞选学生干部，参加竞选的学生充分展现自己的管理能力，表达其对武术的兴趣爱好，然后通过所有学生的评价选举出学生干部，学生干部宣誓就职。

2. 如何组织与实施

现在大多数教师在教学时采用的队形是体操练习队形，这种队形对学习武术动作不利：第一是班上人数多，如果是四横排，两侧的同学看不到教师的示范；第二是后面三排重叠，视线距离小。应采用“梯形”队形，而且要在队伍的四周安排学生骨干。

（五）创设良好课堂教学氛围的技能及教学建议

由于课堂教学氛围的优劣直接作用于学生，因此，它与教学效果有着密切联系。良好的课堂氛围是一种催人奋发的力量，能使学生处于积极的、主动的学习状态，能使学生在活动中感受到潜移默化的教育。因此，建立良好的师生关系，创造既严肃认真又宽容和谐的客观环境，是提高课堂教学质量、获得体育教学成功的关键，也是体育教学追求的目标。

武术课堂中教师应该倡导营造师生民主平等、学生获得愉快体验的课堂教学氛围，而不应提倡传统的严肃有余、活泼不够、机械教条、沉闷乏味的课堂教学氛围。在创设良好的课堂教学氛围的同时，我们应注意：

1. 用发展的眼光看待常规教学问题

体育课堂常规教学的实施，能使教师责任明确，教学秩序稳定，使教学规范化、制度化，是完成教学任务、提高教学质量的重要手段。在武术教学中，教师应该对常规教学如抱拳礼、单式练习、功法练习等进行适当调整与改革，既可以达到常规教学的一般目的，又可以增加练习时间、提高练习密度、强化动作规范性。

2. 用发展的眼光看待课堂纪律问题

课堂纪律管理是体育教师为了维持正常的教学活动，鼓励学生积极配合教师参与体育学习活动，阻止和处理违纪行为的手段与行为。课堂纪律管理的目的在于为学生专心致志学习、积极主动参加锻炼活动创造良好的条件。但是，不能理解成课堂纪律就是要求所有学生的体育学习在整个的课堂教学时间内都要整齐划一、所有的学生在整个的课堂教学时间内都必须按照教师的意图不折不扣地执行和完成，更不能将课堂气氛活跃说成是课堂纪律不好。

（六）武术教学评价技能及教学建议

新课程教学中教师们要正确理解新的评价体系，转变体育学习的评价观念，真正理解“评价是为了什么”或“为什么要评价”的问题。新评价体系强调评价内容多元、评价方法多样、评价主体多元。在武术教学中教师要根据学生的实际情况，选择评价内容、方法和标准，调动学生体育学习的积极性，提高学生体育学习的效果。体育课堂教学评价要注意以下几点：

1. 重视武术教学评价的可操作性

要突出重点，避免面面俱到和流于形式；要在体现新的学习评价理念的基础上简化评价的方法。

2. 树立评价是为了学生更好地发展的观念

武术教学评价虽然增加了教师的一些工作量，但应从促进学生更好发展的角度，在课堂教学中进一步推进新体育学习评价的落实。

3. 要重视评价激励法的正确运用

在运用评价激励法时，对学生特别是对体育基础差的学生应该多鼓励、多表扬，但运用评价激励法并不意味着课堂教学过程中仅仅采用鼓励和表扬的方法，恰当地指出学生学习过程中的不足，对不遵守课堂纪律、不积极参与武术学习的行为给予批评和教育都是非常必要且重要的。

二、体育教师开展武术教学的基本教学技能

（一）武术教学语言表达技能

体育教师语言表达是体育教师进行教学最直接、最常用的教学表达方式，教学是师生的双边活动，讲解是指引双边活动的重要手段。借助圆满的口语形式进行讲解、交流和传递信息，是充分发挥教师在课上主导作用的重要途径。

武术教学语言表达技能是通过口头语言激发和调动学生的学习积极性和主动性，启发学生思维，简明扼要地讲清楚动作要领、技术关键和练习方法。作为教师必须吃透教材，深入了解学生的学习特点，做到语言生动、简练、有趣，并恰当地利用好语气、语调、语速等语言方式。

1. 讲解

讲解是教师通过语言系统连贯地讲授武术的基本知识、技术和技能的有效方法。

讲解要有明确的目的，要有教育意义，讲解要通俗易懂，精简扼要，富有启发性，并且要注意层次和时机。

(1) 讲解的内容。

武术教学时，一般需要讲解的内容有：

其一，基本技法：是指武术动作中经常出现的带有一般规律性的技巧和方法。如抱拳时拳心总是向上，冲拳、推掌总是走直线。

其二，动作规格：是指学生掌握规范技术动作的关键，通过讲解使学生明确具体动作的质量标准和正确的规格要求，有助于技术的掌握和提高。

其三，攻防含义：是武术动作的实质，了解攻防含义有助于准确理解和掌握技术动作，把握动作的实质。

其四，易犯错误：对常见的错误动作预先进行讲解，能够防患于未然，提示学生防止这类错误的发生。

(2) 讲解的方法。

讲解的方法一般有以下几种：

其一，直陈法：即直接陈述，用简明扼要的语言进行讲述。多用于简单动作的讲解以及宣布课的任务、内容和要求等。

其二，概要法：即按完成动作技术的要领或归纳出的要点，逐一进行讲解。如将正踢腿的动作要领先归纳为“三直一勾”（上体和两腿的膝关节要直，踢腿

的踝关节要呈钩形)。

其三，侧重法：即要突出重点、关键、难点和存在的主要问题。如把击步二起脚的技术要领归纳为“一大、二小、三上跳”。

其四，对比法：即把相对应的两个方面加以对比，指出其差异、正误、优劣等的区别。如平拳冲拳和立拳冲拳发力点的对比。

其五，提问法：即学生提出问题后进行讲解。如让学生先对问题做出回答后再讲解。

其六，术语法：即根据动作名称和武术术语进行讲解。如“弓步冲拳”、“马步架打”等。

其七，形象法：即用常用的自然现象比喻动作形象，便于理解和记忆动作。如讲“提膝亮掌”犹如金鸡独立，将“仆步穿掌”比喻为燕子抄水一般。

其八，单字法：指把动作过程归纳为简明、扼要的几个字进行讲解。如“腾空飞脚”可以归纳为“蹬、摆、提、拍”四个字。

其九，口诀法：是指把动作要领和动作顺序编成顺口溜。如讲弓步，口诀可为“前腿弓，后腿绷，挺胸立腰莫晃动”。如讲拳的规格要求，口诀可为“拳如卷饼紧又牢，中指食指拇指靠”等。

2. 口令

(1) 口令的要求。

长拳的口令短促、洪亮、有力；太极拳的口令则柔和、缓慢、轻灵。

(2) 口令的运用。

常用口令：即一动一呼号，这种口令适用于基本功和基本动作练习。

提示性口令：指在动令之前，应用动作名称或简明术语作为预令进行启发提示，如“搂手冲拳——做”。

单字口令：将动作名称中最能突出攻防特点的一个字或两个字作为口令，如“搂手弓步冲拳”可呼号为“搂——冲”。

(二) 武术教学身体姿势表达技能

体育教学中最独特和最普通的身体姿势表达方式就是动作示范。动作示范是体育教师把教材内容直观形象地展示给学生的一种教学手段。

武术教学中，学生通过观察教师的示范动作，形成动作表象，并在模仿的基础上反复练习，直至掌握教学内容。教师示范分为动作的完整示范、分解示范、慢速示范和重点示范。动作示范既是一种表演艺术，也是动作、姿态的特殊视角语言的交流。体育教师除了运用动作示范之外，还可以通过击掌、眼神、面部表情等非语言方式进行体育教学表达。同时也要掌握指导学生如何观看示范动作的技能，提高其示范效果。示范技能的评价标准是：示范目的明确，应围绕体育课教学内容进行；示范动作必须正确、熟练、规范、优美、轻快、富有节奏感；示范的位置、方向、时机要合理；示范与讲解要相结合。动作示范应注意动作示范要有明确的目的；示范要正确熟练；示范要有利于学生的观察；示范、讲解与启发学生的思维相结合。

（三）武术教学媒体演示技能

武术教学媒体演示技能是教师在教学和训练中运用操作示范、实物、模仿、影视等直观教学手段，充分调动学生的视觉、听觉，形成表象及联系，指导学生进行观察、思维和练习的一类教学行为。根据演示的目的、内容和采用媒体的不同，除动作示范之外，将演示分为：图解、图片、图表的演示，投影的演示，电视的演示，声响效果的演示，实物的演示，标志物的演示。武术教学中对演示技能的要求是：教师演示要有明确的目的性；合理运用图解、图片、图表的演示；标志物演示要有的放矢；要掌握一些电化设备的知识和使用方法，学会操作和演示技能并注意与其他教学技能相结合，注意讲解与演示相结合，灵活运用武术教学媒体演示技能。

三、民族传统体育课程资源的开发与教学技能

为了让学生真实感受到武术实战的魅力，解决武术课堂实战教学中容易受伤的难题，可以利用废纸、旧布、海绵、皮条和木棍制作精灵球、软棍、拂尘等课堂教学辅助器械，广泛开展武术攻防套路练习和非套路武术攻防练习，学生在一劈一架、一扫一格、一撩一按的招式中培养拼搏的意识；在亦输亦赢中培养严肃认真的习武态度；在真实的拼打中学会自觉规范武术动作的规格。

（一）精灵球

精灵球由武术兵器中的飞镖和流星锤演变而来。为增加学生在练习时的安全系数，球头内包裹的是软纸或软布，球尾有一条20～30cm长的尾巴（也可以在精灵球上系一条长皮筋）。精灵球舞动起来，犹如一把飞行的拳头，但不会对被击打者造成严重的挫伤。学生练习起来，既可以发展灵敏、协调、快速反应的能力，又可以培养勇敢善战、不怕挫折的好品质。精灵球练习有很强的游戏性，所以很受学生欢迎。

（二）拂尘

拂尘由神话传说中神仙手中的拂尘演变而来。拂尘分杆和穗两部分，选用富有弹性和伸缩性的材料制成，避免在练习时打伤学生。拂尘在用法上，既有软鞭缠、丝、裹、绕的使用特性；又有刀法中砍、劈、撩的特点；还有棍法中盖、挂、扫、墩的功能。

拂尘综合了多种武术器械的优势，两人用此种武器对练起来，既能达到接近武术实战的目的，又使学生不易受到击伤。长期练习可以使学生培养面对挑战不慌乱、面对敌人不畏惧、敢于战斗、敢于胜利的精神品质，很受学生欢迎。

（三）沙袋

沙袋是实现接触性武术、发展实战技击的重要途径和有效方法。它可以有效地提高学生练习武术的兴趣。活泼好动的学生，在这里可以尽情施展自己的拳脚。在释放力量、释放情感、打出痛快、打出信心的同时，完成武术基本拳法、基本腿法和基本身法的练习，使枯燥乏味的练习，变得兴趣盎然。

通过打沙袋这种实物练习，不但可以发展学生的肌肉力量和骨骼的坚硬度，还可以训练学生的距离感和时空感，提高学生出手的准确性和有效性，为实战技击做了强有力的铺垫。

（四）软棍

软棍最里面是一条塑料软管，包上富有弹性的海绵材料，最外部紧紧地缠绕一层银色的电光纸，外形酷似哨棒。这种软棍既满足了学生接触性攻防练习的需要，又避免了危险和伤害。软棍同时还具备刀、剑和棍的使用特点，具有多功能的作用，是学生们非常喜爱的武术自制器械。

（五）蹬“露露罐”简易小高跷（见图 3—2、图 3—3）

针对初中学生的年龄特点，可采用废旧的“露露罐”制作简易的小高跷。通过蹬“露露罐”练习发展中学生的协调素质、平衡能力及灵敏性，既可以激发和调动学生上课的兴趣，又可以培养学生顽强拼搏、勇于挑战、坚忍不拔的个性。

取废旧“露露罐”两个（高 12cm、直径 6.5cm），线绳两根（每根长 40cm），用电钻在距离“露露罐”上沿口 1cm 处打两个对称的孔，把线绳穿过去，制成简易的小高跷。

图 3—2

图 3—3

（六）“手扶跷”器材制作（见图 3—4、图 3—5）

“手扶跷”运动是山区孩子喜闻乐见的一种娱乐方式，具有鲜明的民族特色。在运动中学生的上肢、下肢以及全身的小肌肉群力量都会得到有效的提高和发展；而且能更有效地促进中枢神经系统和各个器官的发展，增强学生们的平衡能力、灵敏性和协调配合能力。

手扶跷的价格成本不高，一副跷的成本在 20 元左右。主体部分一般都选用山杨木（因其具有质地硬——耐用、材质轻——易用的特点），也可以用比较合适的树杈当作跷。

手扶跷是由两根主料和四个辅料构成，两根主料长 130～140cm，直径 6～8cm。四块辅料分别是两块长 10cm、宽 8cm、厚 3cm 的脚踏板和两块厚 1cm 的三角支撑板。制作时先把两根主料做成两端略细、中下部略粗的形状，在距下方 30cm 处凿孔，并把脚踏板做榫插入，后面用木棍别好，下面用三角支撑固定。

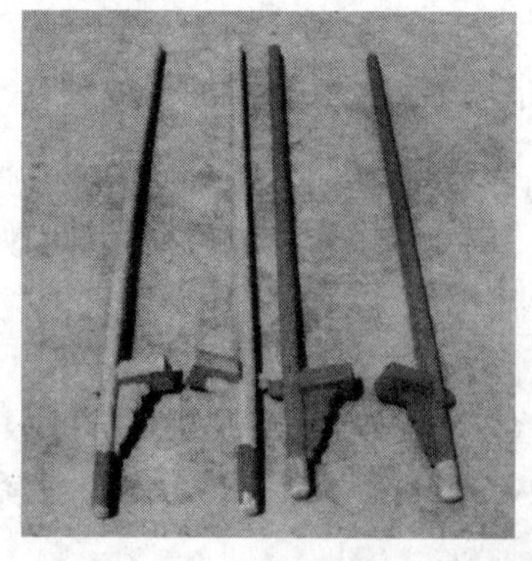
图 3—4

图 3—5

四、运用武术运动如何提高学生的身体素质与体能

武术运动是增强体质、磨炼意志的最好砥石。学习武术运动技能可以加深学生对武术运动的理解，激发学生对武术运动的兴趣，并为学生终生坚持体育锻炼打下良好的基础。通过学校武术教学，不仅可以使学生深入了解中华民族传统体育的精神实质，初步掌握一些锻炼身体的方法和手段，而且还能够使学生在协调性、灵敏性等身体素质方面得到提高，增强体质，健康身心，培养学生顽强进取、拼搏奋斗的精神品质。

武术运动包括屈伸、平衡、跳跃、翻腾、跌仆等，人体各部位几乎都要参与其中。进行系统的武术运动可以提高中学生的速度、力量、灵巧性、耐力等身体素质，使身体各部位都参与活动，使学生的身心都得到全面的发展。

武术运动讲究调息行气和意念活动，对调节内环境的平衡、调节气息、改善人体机能、健身强体十分有益。

（一）武术基本功

武术基本功是初学入门的基础功夫，是保证武术运动体能和技能不断提高的基础，也是防止损伤、延长寿命的有效措施。武术基本功包括柔韧性、桩功、跳跃等练习，通过系统地练习武术基本功，特别是步形步法和桩功，如马步桩和三体式等，可以练好腿法；经常进行武术基本功锻炼可强身益智、陶冶情操，还可以促进身体素质的全面发展。

（二）增强肌肉力量

武术教学中必须强调两部分内容：体能和运动技术。在通过武术运动发展方面，可以有各种静力和动力性的肌肉力量的练习以及功力练习；在发展武术运动技术方面，可以考虑增加实用性和趣味性较强的武术动作的练习以提高练习效果。

“静练”是通过逐步延长静站时间，锻炼提高腿部力量和平衡稳定能力，形成一定步形的正确的动力定型。练习时要求调匀呼吸，静心体会各部分肌肉的感觉，加速动力定型。在传统练习中，还采用在木桩上静练步形，或通过头顶盛水器皿、肩腿负重、裆下置锥等方法，加大练习难度。

（三）武术运动中的柔韧性练习

全面发展全身各关节韧带的柔韧性练习，可增大腿法的运动幅度和速度，提

高动作的协调性和技术质量，预防伤害事故，延长运动寿命。

武术运动中训练柔韧性的方法很多，通常用竖叉、横叉、压腿、踢腿、搬腿、撕腿、控腿、耗腿、摆腿（一手扶住肋木或其他物体）、下腰、涮腰、上体向左右旋转等练习来达到训练柔韧性的目的。

（四）武术腿法中的稳固性练习

腿法，有正踢、侧踢、外摆、里合、弹腿、扫腿等。如果没有坚实沉稳的根基，不要说用于技击，就是一抬足、一伸腿，也会感到力不从心、飘飘欲坠。

可以通过做负重深蹲或半蹲、负重换跳步等动作以及踢足球等项目，加强腿部灵活性与稳固性。这样专项与一般相结合的练习，将会有效地促进坚实沉稳的根基的形成。

（五）全身的劲力练习

许多腿法的单个动作以及组合动作，如后撩、连环翻转的腿法，都需要腰部和腹部的力量来协调配合运动。所以，全身的劲力是相互促进、相互联系的统一整体，应该进行全面的训练。

劲力可以通过踢蹬沙袋、脚靶、木桩、速度球、负重踢腿（小腿绑沙袋）和深蹲或半蹲杠铃、负重跑、跳以及腰背腹肌的练习等方法来进行训练。

（六）爆发力和弹跳力练习

有许多武术技术动作都要求在空中完成，如果爆发力和弹跳力不好，就难以实现腾空腿法“高”、“飘”、“稳”的要求。只有具备强有力的爆发力和弹跳力，才能使腾空动作达到理想的高度。如果爆发力和弹跳力差，就会腾不起来，也就发挥不了其应有的作用。

练习爆发力和弹跳力的方法，有深蹲或半蹲杠铃跳、负重换跳步、负重纵跳、原地纵跳、跳台阶、跳绳、跳栏等。

（七）武术套路中的练习

武术运动中的套路练习，多数采用负荷较轻或中等负荷的练习，它可以提高神经系统对肌肉运动单位的动员能力，改善肌肉协调工作的能力，促进骨骼生长。

在教学和练习中，要使技术和体能都得到发展。同一个练习方法，要注意兼有二者效益。如采用扔沙袋锻炼力量、增强体能时，如果结合拳术的撩、掼、摔等手法，运用寸劲、抖弹劲等劲法，就能较好地收到技能锻炼的效果。

五、武术教学案例与分析

优秀的教学设计是上好武术课的重要前提和保证。面对当前学校武术教学中教师水平低、学生不爱学的困惑和矛盾，解决问题的关键除了提高体育教师的武术教学水平和责任心外，还需要教师有良好的教学设计和创造能力。根据教学设计及其内涵，我们认为武术教学设计就是系统研究规划武术教学系统、教学过程和制订教学计划的过程及其方法。

从宏观方面来讲，教学设计可以解决整个水平阶段的教学目标分解、教学内容选择、教学单元安排等重要问题；从具体方面来讲，它主要包括武术课程设计、武术教学单元计划、一节课的教学构思与组织以及武术教学媒体材料设计等。

案例 3—3 **初一年级健身拳课时计划** 

人数：48 人　　第 13 周 2 次课　　任课教师：××老师

教学内容	健身拳 1～4 节基本动作（教科书 126～127 页）					
教学目标	1. 培养学生学习武术的兴趣，自学、自练、主动参与的态度以及学习看图学健身拳的方法 2. 学习健身拳 1～4 节基本动作，使 85%以上的学生能完成动作造型。提高学生灵敏性、柔韧性及协调能力 3. 体验合作交流，增强武术练习的自信心					
课的顺序	教学内容	时间分配	练习时间	教法	学法	组织、形式和要求
一	上课常规 1. 整队 2. 问好 3. 宣布本课内容	1′	30″	1. 教师检查常规 2. 师生问好 3. 宣布本课内容与目标	1. 体育委员整队，检查人数，向教师报告 2. 向教师行抱拳礼	组织与队形： 四列横队 要求： 精神集中，认真听讲，明确目标，做好安全检查
二	畅想活动	3′	1′30″	1. 教师设问，启发学生 2. 提供背景音乐，营造活动气氛 3. 教师参与表演	1. 学生思考，自由选择看过的、学过的或自创的武术动作 2. 配合音乐自由发挥，敢于表现	组织与队形： 自由结伴成散点式 要求： 积极思考，大胆尝试，注意安全

课的顺序	教学内容	时间分配	练习时间	教法	学法	组织、形式和要求
三	武术基本功 1. 基本步法：弓步、马步、仆步 2. 基本手形：拳、掌、勾	6′	3′～4′	教师根据学生的自由表现情况，引出基本功进行分析，结合挂图，正误对比，启发学生加强基本功练习	1. 学生思考学过哪些武术基本功动作 2. 观察并识别基本功动作名称 3. 自选3～5种基本的练习方法 4. 随教师口令进行武术基本功练习	组织与队形： 从自由分组（6～8人）到集体跟教师一起练习 要求： 积极练习，动作正确，学会观察与思考
四	健身拳1～4节静止动作的模仿练习	11′～12′	6′	1. 教师提供图片采用直观教法 2. 引导学生进行模仿 3. 用“拍照”对比的形式，启发、引导鼓励学生模仿正确的静止动作	1. 学生认真观察，思考，讨论图解 2. 学生大胆模仿静止动作的姿势 3. 学生相互“拍照”对比分析，纠正动作姿势 4. 学生自荐、自选，展示动作 5. 学生自评、互评，相互激励	组织与队形： 从自由分组（6～8人）到分组练习并展示 要求： 认真观察，积极思考，学会模仿，动作到位
五	健身拳1～4节动作的串联	12′～13′	8′	1. 教师简述图解中实线、虚线和箭头的意义，引导启发学生进行动作串联 2. 教师授予学生“红腰带”，激励学生积极进取 3. 教师参与展示	1. 学生观察动作造型图，分析图解，思考各动作之间的前后关系，尝试动作的串联 2. 学生相互观摩、学习、帮助、纠错 3. 学生自选、自荐“小教官”，在“小教官”带领下练习 4. 学生分组展示表演	组织与队形： 集中观察，分组演练、展示或集体表演 要求： 动作准确，串联正确，团结合作，大胆尝试
六	拍肩游戏	2′	1′	教师讲解规则与方法并进行示范，强调安全地进行游戏	学生自寻对手，自选猜拳或攻防方法进行拍肩游戏	组织与队形： 自由结队成散点式 要求： 反应快，积极参与
七	拍手放松操和武术动作造型	2′	1′	教师讲解并与学生一起练习	随音乐节奏做拍手放松操，自选武术动作造型亮相	组织与队形： 散点式 要求： 动作柔和放松

课的顺序	教学内容	时间分配	练习时间	教法	学法	组织、形式和要求
八	小结并布置作业	2′		指导学生小结，答疑。希望学生课外复习已学动作，自学课本中健身拳 5～8 节动作	学生代表小结，也可向教师提出课堂学习时遇到的问题	组织与队形： 自由靠拢 要求： 学生踊跃发言或推荐代表小结
场地器材	篮球场、图片六套、红腰带八根、录音机等			预计运动负荷		中
				基本密度		40%左右

【分析与评价】

《课程标准》和新教材给我们带来了体育教学的新理念，同样也给体育课堂教学的改革与发展带来了新的思考。体育教学中如何以学生为本，如何培养学生学习和活动的兴趣，发挥学生在学习中的主动性、积极性，如何为学生创造合作学习的氛围，提高学生自学自练的能力，如何加强对学生的学法指导，让学生学会思考，学会学习，是设计本课的指导思想。

根据这一指导思想，本课选择了武术教材中的“健身拳”为学习内容，采用合作学习的形式，让学生在教师的引导下，积极主动地学习，获得自主发展。

武术是中国传统项目之一，但多数学生却爱看不爱练，教师在武术教学中，往往运用示范—讲解—练习这种传统的再现式教学方法，学生学得消极，练得被动，虽然在短期内也能学会一些简单的动作，但仍不能独立学练。因此，本课力图从激发学生兴趣和逐步培养学生学会武术学习的两大问题入手。教师将角色重新定位，变教师是课堂的控制者为学生学练的促进者、启发者和参与者。改变学生以往单一的接受性学习方式，让学生主动参与学习，学会学习，不仅要让学生“学会”，更要引导学生“会学”。

课一开始，教师用“抱拳礼”引出武术教材，让学生了解武术的基本礼节，激发学习的兴趣。紧接着又让学生用自己看到的、学过的或自编自创的动作进行武术自由表现，让学生先动起来，激发学生学习的欲望。

在“健身拳”的学习活动设计中，引导学生观看教科书中健身拳 1～4 节动作图解的放大图片，分组进行观察与思考，采用“拍照”形式模仿动作造型，探索动作路线，让学生互学互评，培养他们发现问题和解决问题的能力。教师通过学生的动作造型和图解比较，引导学生学会健身拳 1～4 节动作，培养学生自学自练的能力。

从教学设计的流程看，学生学会动作的时间可能会长一些，但通过这种形式的学习，对今后学习和掌握武术动作是十分有利的。因为通过这些学习活动，学生可以学会观察与思考，学会学习与运用，学会合作与尊重。

本讲结合中小学武术课程的构建、教师教学技能的分析，在学校武术实践内容的选择上，在武术教学内容、形式和手段的运用上，将武术运动技术、教学设计、教法学法和教学案例统筹于一体，用武术的基础知识和技能指导实践，从武术文化内涵的深层面启发教育学生，让中小学生通过武术学练“一看就喜欢，一学就上手”，体现基础教育课程改革的新理念，满足一线体育教师武术教学的实际需要，为教师提供一些武术教学的参考素材。

思考与活动

1. 什么是学校武术？学校武术教育抓什么？
2. 请思考学校武术教学内容选什么？学校武术教学方法用什么？
3. 体育教师如何开展武术教学？学校武术教学中需注意的问题有哪些？
4. 你是如何理解民族传统体育的？民族传统体育的继承和发展对促进学生身心健康的价值和意义有哪些？中小学体育教师应怎样传教民族传统体育项目？

参考文献

1. 陈雁飞. 中国学校武术的改革与发展 [M]. 北京：中国人事出版社，2005
2. 康戈武. 中国武术实用大全 [M]. 北京：今日中国出版社，1995
3. 王建华，陈雁飞. 武术（体育与健康学生自读课本）[M]. 北京：人民教育出版社，2004
4. 邱丕相等，全国体育院校教材委员会. 中国武术教程 [M]. 北京：人民体育出版社，2004
5. 陈雁飞. 成人体育本科教材（上、中、下册）[M]. 北京：中国人事出版社，2004

[作者简介]

周志勇，男，北京教育学院体育系教师。曾参与编写《师之翘楚——全国体育特级教师教育智慧与艺术》、《体育文化教程》等著作和教材。

第三讲
篮球教学技能与案例分析

北京市第十四中学分校　李江泰
北京教育学院体育系　杨　帆

目前，中小学篮球教学普遍面临着一些困境。例如，现代篮球运动的技战术及规则都发展到了极高的水平，对参与者的身体、心理、技战术素养以及场地器材等方面提出了越来越高的要求。又如，中学生的身体素质、体能状况、技术技能水平及参与时间，都很难适应现代篮球运动的学习要求。再者，正在全国范围内如火如荼开展的体育课程改革对教师选择教学内容和方法也提出了更高的要求。因此，中小学体育教师在进行篮球教学之际，应该对篮球运动的本源和发展历程进行再认识，对篮球运动的游戏本质、娱乐属性、健身功能、竞赛品质进行再思考，对在新课程理念下的篮球教学技能进行深入剖析，并对学习主体——学生的年龄特性、身心特点、体能状况和技能水平进行针对性分析，在此基础上确定篮球教学内容和教学方法等的选择策略和教学技能。

一、篮球教学技能的内容及要求

篮球教学技能是指在教师在篮球课堂教学中，依据教学理论，运用专业知识和教学经验，使学生掌握篮球基础知识、基本技术、基本技能，并受到思想教育等所采用的一系列教学行为。作为中学体育教学内容的篮球项目，其教学技能主要包括篮球教材的分析和处理、篮球教学文件的制订、教学组织和教法的运用、教学评价等基本技能。

（一）篮球教学目标制定技能

《课程标准》中的篮球教学目标是：了解篮球运动的锻炼价值，培养学生参与篮球运动的兴趣和爱好；能在篮球的游戏和比赛中运用所学的篮球基本技术和简单战术；通过篮球活动，发展学生的灵活性、机敏性、反应迅速性，以及速度、力量和耐力等身体素质，促进学生身体的全面发展；在从事的篮球运动和比赛中，培养学生的自尊、自信，与同伴合作及友好相处的精神，提高其社会适应能力。

1. 目标分析（以初中篮球为例）

初中球类教学目标的设置与制定是以《课程标准》的精神和基本理念为依据的，在教学目标的完成上应注意以下几点：

（1）要充分发挥球类运动的特性，采用多种形式的游戏和教学比赛，多给学生提供参加运动实践的机会，增加教学的趣味性和实效性。

（2）球类教学内容繁多，活动形式多样，组织教学难度较大，教师应充分发挥学生的主体性，使教学组织活而不乱、生动有序。

（3）每节课都要有一定的运动负荷，配合发展学生的体能练习，以发展奔跑能力、速度、耐力、力量等身体素质。

（4）在球类游戏和比赛中，培养学生的合作意识，勇敢、顽强的精神品质以及良好的心理素质和社会适应能力。

案例 3—4　　初一年级篮球单元教学目标 

第一，让学生明白篮球运动的本质规律，知道篮球运动的意义和锻炼价值。

第二，学习和掌握单手肩上投篮动作技术，并以其为关键技术，在游戏和比赛中灵活运用。

第三，懂得防守的正确含义，掌握防守的基本方法以及有关防守的简单规则。

第四，知道和篮球相关的身体素质。15m 折返跑；连续向上跳跃；腰腹肌肉力量；上肢肌肉力量；速度耐力等。

2. 选择内容

（1）各学段教材内容的选择符合本学段学生的身体情况和接受程度。

例如，初一年级，很多学生在小学几乎没有接触过球类项目，对球类运动的认识多来自电视转播的球类比赛，因此，我们在教学内容选择上，应尽可能接近学生的认知水平，不要过度强调技术的准确性，应简化比赛规则、改造场地器材，以提高学生所学技术的运用能力水平，增强学生的篮球意识。初二年级，学生已学习和掌握一定的技术，受表现欲的影响，他们在比赛中比较“独”，几乎不传球给同伴，因此，在这个阶段我们应安排相应的传接球技术，通过限制性的游戏和比赛，采用一些特定规则，贯彻“比竞争但更比合作”的篮球理念，同时培养学生的集体意识和团队精神。

（2）学段之间教材选择有递进性。

例如，大家都知道投篮、传接球、运球是篮球最主要的基本技术，学生要想进行比赛离不开这三个技术的运用，然而在实际教学中，我们发现从初一到初三，甚至高中、大学，都是从这三个技术动作的基本学起，无防守的模仿练习，脱离规则的运用，最后导致很多学生学了三年依然不会打篮球，只会单一的脱离比赛的运球、投篮。因此，我们在各个学段教材的选择、教法的运用上要有层次性、递进性，初一侧重于投篮和运球技术的学习和掌握，提高个人进攻能力，初二加强传接球技术的运用，侧重于同伴之间的配合，同时合理运用防守技术，减少不必要或常识性的犯规。

（3）各学段教材内容的选择始终能使学生保持学习的欲望。

每个学段学生的身体状况、心理水平不同，初一学生力量较弱，好奇，还没有完全脱离小学游戏化的活动方式，我们可把技术学习融入游戏中，不为规则所局限；初二学生自我表现欲强，喜欢追求一些难度大的动作，例如后仰跳投、胯下运球等技术，我们在学习中不应强加干涉，而应因势利导，通过比赛中统计的数据，让学生明白只有掌握扎实的基本功，才能在困难情况下做出高难度的动作。

（二）篮球教学内容选择技能

新的课程改革，不像原先的教学大纲规定教师在哪个年级教授哪些内容，只给教师提供理论依据和配套教材，如果我们按照现代竞技篮球运动的水平，将其技战术等内容直接分解到初中水平阶段进行教学，无论是对学生的“学”还是教师的“教”都会带来相当大的难度。因而，中学球类教学内容的选择与改编，是中学体育教师实施球类教学前的一个重要任务。教师在选编球类教学内容时要将竞技球类技战术进行教材化和游戏化处理；在对中学生进行球类教学时，应该找准初中阶段的学习水平的“最近发展区”，设立“跳一跳、摘得到”的学习目标，设置适合初中阶段学生学情和学习水平的学习内容。初中篮球教学内容的选编应该侧重于运动中（或静止）保护、控制和支配球的练习形式，在游戏中进行选择时机和抢占空间的基本技能的练习，在竞赛情境或教学比赛中扮演同角色的配合练习，以突出其游戏活动中的基本技能、竞技活动规范等内涵。一般选编一些篮球基本知识、运传投等基本技能练习、游戏化的基本配合与对抗练习、弱化规则的教学比赛活动作为教学内容。

根据篮球运动的特点、学生的情况和教学的条件，我们可以从以下几个方面进行改造：

1. 深化运动文化

在进行篮球运动的教学时，将篮球运动中蕴涵的人文精神渗透到教学、比赛中去，使学生在提高技战术水平的同时，受到运动精神的熏陶，体验到这是一项个人英雄主义与团队精神高度统一的运动。

2. 淡化竞赛规则

在进行篮球教学时，让学生充分体验到这项运动的欢乐，感受到篮球运动的文化是不断提高学生运动技能的有效途径。进行比赛是最能激发学生学习热情的方法，在比赛过程中他们会发现自己在技战术水平方面存在的问题，进而对技战术的学习更加积极。但是在开始学习阶段，如果学生用标准的规则进行比赛，则成功率很低，因此，在教学的过程中应对标准的规则进行改造，使其适应我们的学生，而不是让学生去适应竞技篮球运动的规则。规则的改造在学习之初可以大刀阔斧，随着教学进程的深入这样的改造应越来越小，最终当学生的技能与意识基本达标时，就可以用标准的球类规则去体验这项运动的乐趣了。

3. 简化运动器材

在篮球较少、场地不富裕的条件下提高学生的配合意识和攻防意识，可采用"活动球筐"练习形式，将学生分成人数相等的两组，每组出三名学生手拉手围成一个圆作为"篮筐"，可以在规定范围内自由移动，双方队员只能运用传接球技术动作，将球投到自己队的"篮筐"。在规定时间内，投进球数量多者为胜。这样既练习了传接球技术，同时又提高了学生的集体配合意识和对抗能力。

（三）篮球教法运用技能

1. 多球学练法

教学中最好能确保每位学生一个篮球，让学生多接触球，增进学生控制球、支配球的能力。也可采用每位学生两个篮球，利用篮球游戏提高学生驾驭球的能力。

2. 竞赛学练法

把基本动作技能技巧的学练，把人与人之间、组与组之间的单个动作或串联动作的比赛结合起来，在协同与对抗环境中激发学生的学练兴趣和探究欲望。通过泛化规则的篮球教学比赛，让学生尝试运用基本动作，扮演竞赛中的攻防角色，以满足其竞争欲望和需求。

3. "串联组合"教法在篮球教学中的运用

教师在传统的篮球教学中会发现，学生的积极性不高，教学效果不好，总结其原因有两方面：一是传统教学一直沿用竞技篮球运动教学的教材和组织练习方法，其特点是把技术动作最大限度地分解，分别进行教学，力求动作的规范性，致使教学对象感到教学内容枯燥无味。二是学时较短，教学对象基础水平普遍较低，按传统教学法，学生只能勉强学会原地运传投等单一的技术动作，而不能在实际中灵活运用。针对这两点，在篮球教学中应注意“串联组合”教法的应用。

(1) 在组合练习中，掌握运控球技术。

针对教学对象基础水平较低的状况，在教学初期首先使其熟悉球性，同时建立跑动、对抗的动作是十分重要的。因为熟悉球性和运控球技术是初学篮球技术的关键，只有在解决此矛盾的基础上，才能很好地掌握和提高其他技术，这不仅符合从易到难、循序渐进的教学原则，而且还能提高学生的学习兴趣，增强学生的学习信心。

(2)“串联组合”发现式教法的运用。

球类技术种类繁多，要在有限的学时内完成所有技术内容是不可能的。只有寻找技术中的联系，抓住其关键部分，合理组合，才能收到良好的教学效果。

所谓“串联”就是把传统教学中的单一技术动作纵向有机地串联起来，即教学中以运球为线索，进行串联式教学。例如，篮球运球技术中运用最普遍的行进间直线运球，在学生初步掌握运球手法和要领后，接着进行行进间运球的各种运用，如体前换手变向运球、后转身运球、急停急起运球等。这样一来学生易理解、易掌握、易运用，能够做到举一反三，对基本技术的掌握有很大帮助，所学技术动作连贯实用。

“组合”是指把技术横向组合练习。例如，把运、传、投等传统教学中的单一动作组合起来练习，练习要求由易到难，从有障碍到有对抗，逐步提高要求。教学方法有从单人、两人到多人的对抗，从简单的运、传、投到运、过、投，在不同的要求和规格下进行练习，在练习中及时纠正错误，养成正确的动力定型，使之能够灵活运用。

(3) 在教学比赛中运用技术，培养良好的篮球意识。

此阶段的任务是巩固提高技术的熟练程度，努力在教学比赛中运用所学技术、战术，培养篮球意识，提高教学效果。教学方法可采用由单人技术组合到多人技术组合，讲解简单战术，多用激励性语言，增加学生学习信心，大胆运用所学技术，及时纠正教学比赛中出现的技战术错误。

4. 游戏法在篮球教学中的运用

在球类教学中增加活动性游戏练习，可以不断地激发学生学习的兴趣和爱好，调动学生学习的积极性，有利于提高教学效果和教学质量。

(1) 活动性游戏遵循的原则。

其一，教学的针对性。按照教学大纲的基本要求，选择游戏的内容和方法，要与学生实际水平和技能水平相配套，与整个教学过程相结合。

其二，学生的适应性。应适应学生身体发育的技能特征和心理特征，根据学生的不同层次，确定合理的组织形式和运动负荷。

其三，锻炼的价值性。选择有助于发展身体素质的动作，作为活动性游戏的基础。选择的价值标准不仅仅是为了某种“达标”，而应是增强体质，提高技术，又便于形成爱好的综合标准。

其四，活动的趣味性。组织形式和动作的设计应使学生在情趣盎然中身体得到锻炼，能力得到提高，技术得到掌握，智力得到发展，心理更加健康。

其五，机会的均等性。游戏的设计应使参加游戏的学生在活动的内容、时间、次数、接受教育及争取胜利的可能性上，具有基本均等的机会，同时要适当顾及学生间体能的差别。

(2) 活动性游戏的内容设计（见图 3—6）。

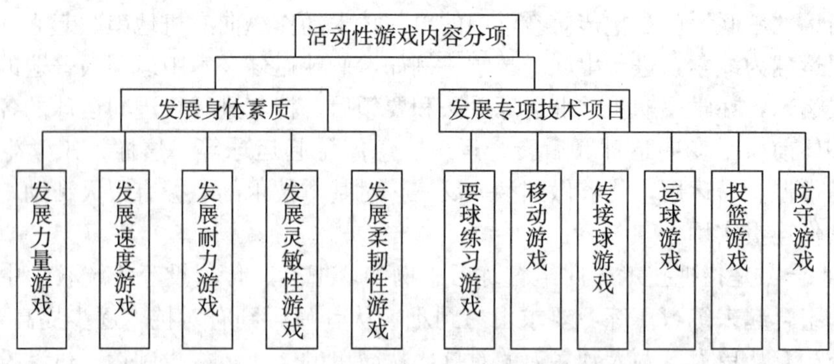

图 3—6　活动性游戏内容的分项结构图

(3) 活动性游戏的过程设计。

在整个篮球教学过程中活动性游戏练习，应根据《课程标准》所要求的内容分布与教学过程，选择与教学内容相应的分项与之配套，采取从初始阶段到中期阶段再到终结阶段，由浅入深、由简到繁的递进式加强的做法，形成一整套活动性游戏的练习体系。例如，在准备阶段可以安排两类游戏，一类是加强柔韧性、关节灵活性、动作协调性和提高速度等分项的活动性游戏；另一类是耍球练习游戏，用做学习和熟悉篮球技术的诱导练习手段，以提高学生对球的感应、控制和支配能力。在主要教学内容展开阶段，可根据教学内容采用分项目进行游戏的方法组织教学，反复练习，这样有助于有效地掌握技术技能，加快技术动作的节奏，提高技术水平，而且学生有兴趣、情绪高涨，注意力集中，精神愉快，完成练习不易疲劳。在结束阶段，采用放松性的游戏，使学生的肌肉紧张状态得到缓解，使大脑皮层兴奋性得到调节。

案例 3—5　　游戏在课的准备部分的运用 

课的准备部分，介于人多器械较少，以游戏为主，以锻炼学生的身体素质为出发点，突出学生的身心参与，可利用球选择奔跑和快速反应能力的内容，用不断变化的游戏吸引学生的注意力，从易到难，层层推进。

例如，头上传球接力，胯下传球接力，头上、胯下交替传球接力，头上、胯下、左右传球接力，胯下滚动传球，高高抛，快快跑，砸龙尾，打移动靶等。

5. 尝试教学法在篮球教学中的运用

由于学生已有一定的篮球经验，在篮球技术教学中采用尝试教学法效果会比较好。教学程序为：教师提问—学生尝试、理论诱导、讲示—能动练习。

例如，学习原地单手肩上投篮动作技术。学习前教师向学生提出三个问题，让大家在练习中探讨："投球最后时，球由哪个手指出手?""投空心篮时瞄准点在哪儿?""投出的球旋转不旋转？如旋转是向前还是向后？为什么?"

这样，学生在练习中目标就比较明确，而这些要领细节，又往往被忽略，也没想过什么原因，恰恰又影响到投篮的准确性。学生带着问题进行尝试练习，通过反复的体验和验证，在教师的指导下得出正确动作要领，这样，在教学中经过教师的指导—学生的尝试—教师的讲解—学生的再尝试—解决问题，即实践—认识—再实践—再认识的过程，充分体现了"三为主"（即以学生为主、以自学为主、以练习为主），"五个有利"（即有利于调动学生学习的积极性、有利于学生生动活泼地学、有利于激发学生的学习兴趣、有利于培养学生独立思考和刻苦钻研的精神、有利于学生参加整个教学活动），教学效果十分明显。

6. 相似技术教学法在篮球教学中的运用

相似技术教学法是指运用动作技能的迁移规律在教学的过程中把一些动作结构和用力环节基本相同或相似的技术进行归纳总结，从中找出共同的规律并加以科学引导和合理安排教学的方法。例如，篮球双手胸前传接球同排球上手传球动作技术：不同点在于篮球是持球，排球不持球，篮球在胸前，排球在额头前上方一球距离；相同点在于用力顺序、手指手腕的动作以及出球后基本相同。

（四）篮球教学评价技能

教学评价是体育课教学的重要环节，是检查学生成果、提高教学质量的重要手段。一直以来，篮球教学评价仅仅重视学生技术动作是否规范、正确，而忽视技战术在比赛中的实战运用能力，以及学生在活动中的“学习态度、情意表现和合作精神”等方面的评价。评价方法基本上是教师一人说了算，忽视学习的主体——学生的亲身感受和体验。评价形式上主要以终结性评价为主，忽视学生的发展和个体差异。导致的结果是评价只是为了甄别和选拔，丧失了激励、发展和育人功能，严重影响了学生学习的积极性。在篮球教学中应包括哪些评价内容、采用哪种评价方法、制定什么评价标准一直以来是篮球教学环节中的一个重要问题，《课程标准》并没有给出具体的方法措施，只提出了建议，因此需要我们体育教师在平时的教学中不断尝试、不断完善，抓住评价的本质，为体育教学服务、为学生的发展服务。下面介绍一个篮球教学评价范例。

案例3—6　初一年级篮球单元教学评价

【评价内容】 专项体能、基本技术或组合技术、运用能力

【评价方法】 采用定量评价和定性评价相结合

【评价形式】 教师评价、学生自评和互评相结合

【成绩】 体能占30%；运动技能占50%；综合运用能力占20%

（一）专项能力

1. 快速移动能力

评价方法：十字跑。学生在十字中心点原地碎步跑动，听到哨声，迅速跑到距离中心点5m的标志筒处，手触标志筒后再返回中心点，按照左—中心点—右—中心点—前—中心点—后—中心点的顺序完成跑动，按时间长短进行评分。

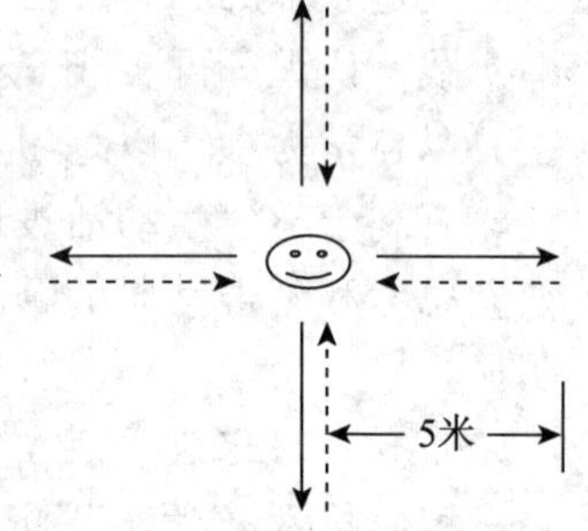

评价形式：教师评价。

2. 助跑摸高

评价方法：用手指涂粉笔末，助跑起跳摸篮板或摸高器，丈量手指触摸点距离地面垂直距离。

评价形式：教师评价。

（二）基本技术：原地单手肩上投篮

方法：站在罚球线后（根据学生实际情况可以移动），进行单手肩上投篮，每人投十次，计命中率。

评价形式：教师评价（60%）与学生小组评价（40%）结合。

评价标准如下：

类别	优秀	良好	及格	还需努力
达标	投中6个球	投中4～5个球	投中2～3个球	投中0～1个球
技评	持球手形正确，投篮用力动作协调连贯，最后出手压腕、手指拨球动作明显，无多余小动作	持球手形正确，投篮用力动作比较协调，最后出手压腕、手指拨球不明显，有多余小动作	持球手形基本正确，投篮用力动作不太协调，最后出手无压腕、手指拨球动作	知道投篮的方法，投篮用力动作不完整，用力顺序不清楚

（三）篮球综合运用能力评价标准

评价方法：以小组为单位，学生自愿组合，三人一组，按照三对三比赛规则进行教学比赛，时间五分钟，小组进行互评。

评价形式：自评（40%）与小组互评（60%）结合。

评价标准如下：

成绩	参与兴趣	技术运用能力	配合意识	规则知识
优秀	比赛中跑动积极，攻守主动，有强烈的求胜欲望	能够在比赛中合理运用行进间投篮技术，具有较稳定的投篮命中率	能够主动与同伴进行简单配合	篮球规则知识丰富，能够清楚判断违例和犯规
良好	比赛中进攻与防守较积极，敢于身体接触和对抗	能够运用行进间投篮技术，有一定命中率	有一定配合意识，知道合理选择进攻机会	了解一定的篮球规则，对明显的违例和犯规能够分辨
合格	比赛中能够主动进攻，有一定的求胜欲望	行进间投篮动作基本正确，命中率较低	知道配合的重要性，机会的选择还需努力	知道简单的篮球规则，遵守裁判判罚
还需努力	比赛中基本不跑动，只充当“篮球场上的传递者”，不敢对抗和身体接触	行进间投篮动作不清楚，有明显错误	只是无意识地传接球和移动，没有配合意识	对篮球规则不清楚，违例和犯规现象频繁

以上只是篮球教学中的一个范例，在评价内容分数的权重、学生自评、互评的科学性等方面不一定十分合理，根据《课程标准》提出的评价建议，教师在制定球类评价时应注意以下几个方面：首先，评价内容应全面，具有针对性；其

次，评价标准符合授课对象的实际情况，能够真实地反映出学生学习的水平；再次，评价方法简便易行，有可操作性；最后，评价形式符合篮球运动规律和学生习得规律。

（五）篮球单元计划的制定技能

1. 单元教学内容分析

篮球技战术体系复杂多样，本单元教学以单手肩上投篮为技术主线，采用“应用—技术—比赛”教学模式，在练中学，在学中练，发展学生的运动能力，培养其竞争意识和团队精神。

“单手肩上投篮”是第一层次的关键技术，对刚接触篮球的学生来说，在篮球场上能给自己带来最大的精神享受的，就是将球投进篮筐的一瞬间，（如果有篮网，恰巧投进的是空心球）篮网与球摩擦发出的“刷”的声音。也就是说，你掌握了投篮动作技术，那么你就可以（或者有资格）进行篮球活动，即只要有一个篮球，一个篮筐（即使没有篮网），不管场地是否画线，篮板质量如何，你就可以享受篮球所带来的快乐，就可以在篮球活动中增强体能，感受与同伴之间的交流和感情的宣泄。

2. 确定单元教学目标

遵循球类运动教学规律，多年来，我们一般按照从简单到复杂、从易到难、从局部到全体、从分解到完整的规律来设计运动技能教学过程，但是在落实到具体运动项目的教学时，我们一定要根据这个项目的特点来确定其应该遵循的规律，否则，教学的质量和学生掌握运动技能的效果就会大大下降。

例如，体操中的技巧教学，一般按侧滚翻—前滚翻—后滚翻—鱼跃前滚翻—头手翻的顺序，由易到难进行教学，学生学习和掌握技能的效果非常好；但是在球类教学中这一教学顺序就不是非常适宜的。例如，在篮球教学中，如果从简单的传球开始，按滑步—持球—运球—投篮—比赛的顺序循序渐进地进行，则学生学习和掌握运动技能的效果并不佳。在实际教学研究中可以发现：学生自发地做体操时会从简单的动作而不是从复杂的动作开始；而他们打篮球、踢足球会从比赛开始而不是从练习单个动作开始。由此看来，运动技能的教学是有规律可遵循的。

3. 单元教学建议

（1）让学生了解篮球游戏的方法和规则：（可以从学生的身心特点和学校场地器材实际情况出发，不必拘泥于正规的竞技项目，可以通过修改规则、改造场地，使教学符合学生的实际情况，以保证所有的学生都能参加到学习活动中来）

采用一对一、二对二、三对三、四对四、五对五的形式分成两方，在半块或整块篮球场，在规定时间内，用篮球为工具，按照一定的规则，以篮球投进篮筐次数的多少判定胜负。

（2）以投篮技术动作为核心，按照学生学习的程度，进行其他有球技术的学习，如体前变向运球技术、行进间传接球技术等。

（3）在降低难度的条件下，进行有关技术的学习，提高学习的效果。例如，“移动篮球筐”：对投篮要求较低，侧重于提高学生运球、传接球和攻守配合的发展。

（4）在练习过程中有针对性地渗透篮球规则。由于篮球运动的特点，对篮球规则理解得好坏直接影响技术、战术水平的发展。

案例 3—7　**初二年级篮球单元教学计划**

单元目标	通过游戏和比赛的活动形式，调动学生参与的积极性；初步了解篮球运动的动作特点、表现形式及活动规律；掌握变向运球、行进间投篮等关键技能，并能在比赛中合理地应用；理解和知道正确的防守技术，为提高比赛的质量打下基础；学习和运用“掩护配合”，提高学生良好的人际交往能力；发展灵活性、机敏性、反应快捷性以及速度、力量、耐力等身体素质，促进身体的全面发展。			
课次	教学目标	学习内容		过程与方法
		知识	技能	
第一课	认知目标：认识和理解行进间投篮动作技术在篮球攻守体系中的重要性（作用和意义） 技能目标：初步尝试行进间投篮动作，能够与已学过的行进间运球、传球等技术组合 情感目标：激发学生的求知欲，能积极主动地参与学习	1. 为什么要运用行进间投篮 2. 行进间投篮的动作要点（尝试性学习）	一、街舞篮球 二、个人模仿练习： （1）运球接行进间单手肩上投篮 （2）运球接行进间单手低手投篮 （3）运球接行进间勾手投篮 （4）……… 三、集体练习行进间单手低手投篮	体验式学习： 1. 观看媒体有关行进间投篮资料 2. 个人模仿练习 3. 友伴型组合，共同探究行进间投篮的一般规律 4. 帮教型组合，学习行进间投篮动作

课次	教学目标	学习内容		过程与方法
		知识	技能	
第二课	认知目标：明白和清楚行进间投篮的动作原理以及在实战中的运用时机 技能目标： (1) 80%的学生能够完成运球接行进间低手投篮动作技术 (2) 在快攻攻守对抗情景下尝试行进间投篮技术的实战运用 情感目标：通过观察、尝试、比较，探究行进间投篮动作的一般规律，提高学生探究的能力	1. 行进间投篮与原地投篮动作技术的区别 2. 行进间投篮由哪两个环节组成？哪个环节是技术重点 3. 低手投篮手腕、手指动作以及球的旋转	一、街舞篮球 二、半场运球接行进间低手投篮比赛 三、抢防守篮板球后快攻练习	探究式学习： 1. 观看行进间投篮与原地投篮在篮球比赛中的录像动作，进行比较和探索，找出行进间投篮的一般规律 2. 在快攻对抗练习中体会和实践行进间投篮动作技术 3. 在合作学习中运用行进间投篮技术
第三课	认知目标：能够评价动作技术掌握的水平，提高自我评价意识 技能目标：通过篮球“斗秀”拓展学生想象力，提高学生行进间投篮动作水平 情感目标：通过设立宽松、自由的情景模式，激发学生的想象力，提高学生的创新能力和个性发展	1. 通过比赛中的对抗重新认识行进间投篮动作技术 2. 提高学生动作技术的评价意识和能力	一、街舞篮球 二、行进间投篮个人表演 三、半场三对三比赛	1. 每块篮球场，将学生分成三组，进行单循环比赛，比赛时间三分钟 2. 采取自愿参加的方法，按顺序进行行进间投篮个人表演 3. 教师与每个小组选出的评委，对参赛学生进行评分
第四课	认知目标：懂得行进间投篮动作技术在篮球攻守转换中的运用方法 技能目标：改进行进间投篮动作技术，提高其在攻守快速转换情况下的运用能力 情感目标：重视学生差异，使每个学生尽可能得到成功的体验	1. 假设，应用 2. 产生问题，改进 3. 合作练习	一、街舞篮球 二、双人行进间传接球推进接行进间投篮 三、全场二攻一	分层式学习： 1. 分组进行传接球接行进间投篮练习 2. 小组探讨练习中出现的问题，并尝试解决问题 3. 分层学习：学生根据自己的问题自主选择适合自己的练习方法

课次	教学目标	学习内容		过程与方法
		知识	技能	
第五课	认知目标：通过 NBA 比赛录像分析，使学生建立“攻守平衡”的概念，懂得防守技战术在篮球体系中的重要性 技能目标： 1. 学习和掌握个人防守基本技术 2. 在一对一攻守练习中体会和运用行进间投篮动作 情感目标：通过攻守练习培养学生克服困难、勇于挑战的精神	1. 在篮球比赛中，“防守”与“进攻”同样重要 2. 防守技术的基本方法和要领	一、街舞篮球 二、个人防守技术 1. 防守移动步伐 （1）侧滑步 （2）后撤步 （3）组合步伐 2. 防守站位 三、一对一“单挑”	1. 观看录像 2. 小组交流、讨论 3. 教师进行防守技术的示范和讲解 4. 采用无球、有球防守技术的练习 5. 一对一“单挑”
第六课	认知目标：行进间投篮在战术配合中的运用方法和要领 技能目标：学会在同伴配合下合理、有效地运用行进间投篮技术 情感目标：通过传切配合的学习，培养学生的竞争意识和合作意识	1. 认识和理解传切配合的作用：通过同伴合作在局部造成多打少的情况 2. 战术配合的质量取决于基本技术掌握得好坏	一、街舞篮球 二、传切配合方法和运用时机 1. 传切球队员的站位 2. 传切球动作技术	合作式学习： 1. 教师介绍组织形式和方法 2. 友伴型组合进行练习 3. 教师提出问题，学生小组讨论 4. 各小组按照讨论方法进行练习
第七课	认知目标：行进间投篮在比赛环境下的运用方法和要领 技能目标：学会在比赛环境下适时、有效地运用行进间投篮技术 情感目标：通过教学比赛，培养学生的竞争意识和合作意识	1. 是否真正掌握技术，需要通过比赛检验，并随时改进 2. 个人技术通过集体配合会产生更大的效果	一、街舞篮球 二、三人八字行进间传接球推进接行进间投篮 三、传切配合在比赛中的运用时机和动作要领	自主式学习： 1. 教师介绍三人八字推进的组织形式和方法 2. 学生根据图示和说明进行练习 3. 全场三对三比赛

课次	教学目标	学习内容		过程与方法
		知识	技能	
第八课	认知目标：通过教师和学生共同评价，提高对行进间投篮技术的全面认识 技能目标：掌握运球、传接球技术和行进间投篮技术的组合，提高进攻能力 情感目标：培养学生良好的心理素质和个人表现能力，提高自信心	1. 评价的意识 2. 评价的方法和标准	一、街舞篮球技评 二、运球接行进间投篮——拿篮板球后传球——接长传球行进间单手低手投篮	1. 教师介绍技评组织形式和方法 2. 学生按照规定的方法进行考评 3. 各组学生在考评表填写分数 4. 教师小结单元完成情况

二、篮球教学基础知识与基本技战术的教学技能案例分析

教学方法是实现教学目标的重要手段。多年来，我们一直按照从简单到复杂、从易到难、从局部到整体、从分解到完整的规律来设计运动技能教学过程，但是落实到一个具体运动项目的技能教学时，我们一定要根据这个项目的特点来确定其应该遵循的规律，否则，运动技能教学的质量和学生掌握运动技能的效果就会大大下降。因此在球类教学中，我们应该遵循客观规律，在每个学习阶段设计合适的教学策略。

（一）基础知识

在球类教学课中，当教师向学生介绍篮球运动时，学生脑海中的第一反应是球星迈克·乔丹、科比·布兰恩特、勒布朗·詹姆斯等，他们精湛超群的球技、唯我独尊的球星风范、永不放弃的拼搏精神令无数喜爱球类运动的青少年崇拜，甚至他们的穿戴、言行举止和比赛中的动作也被青少年模仿。而很少有人知道该项运动是如何发明的，具有哪些特性，以及篮球活动对自身身体和心理发展有什么重要意义等。因此，在篮球运动基础知识的教学中，我们体育教师首先要积累丰富的相关知识，从学生感兴趣的话题出发，逐步灌输球类运动的人文精神和锻炼价值，从而为以后的运动技能学习奠定良好的基础。

案例 3—8 **篮球与终身体育** 

【授课形式】 视频播放，教师讲解，学生讨论

【教学场地器材】 教室，多媒体设备

【教学设计】

第一个环节：教师从美国 NBA 篮球比赛中精彩的比赛片段，引出篮球运动，采用提问的形式，激发学生学习的欲望。

第二个环节：教师利用学生已有的篮球知识，引出篮球相关的技战术内容，使学生对篮球运动有全面的了解。

第三个环节：通过著名球星高超的球艺，告诉学生身体素质在篮球运动中的重要性。

第四个环节：采用小组讨论的形式，发挥学生主体作用，在教师的帮助和指导下，懂得篮球运动与终身体育的关系。

第五个环节：确立篮球学习的目标，明确篮球活动的价值和锻炼意义。

（二）基本技术

球类项目技战术繁多复杂，且各个技术之间相互依存、相互制约，综合运用又较强，加之中学教学课时有限，很难找到切入点。在众多技术中教哪些技术、怎么教，是我们球类教学的重要环节。

1. 球性练习的教学方法

球性练习的教学方法可根据不同的标准进行分类。例如：按照持球形式，分为抛接球、交接球、挥摆球、推滚球、环绕球、推拨球、运球等；根据活动形式，分为原地、行进间球性练习；根据参加的人数，分为单人、多人参加的球性练习。

近年来，一种新兴的篮球文化——“花式篮球”，迅速在中学生中普及，甚至许多学生把它推崇为“篮球宝典”。原因在于：对于喜爱篮球的中学生而言，他们几乎不可能拥有乔丹的惊人弹跳，在篮筐上飞着打球；也不可能有像奥尼尔那样庞大的身躯、姚明超常人的身高独霸篮下，而“花式篮球”只需要有一个篮球和很小的一块场地，就能够享受篮球在手指及身体各个部位的转动配合带来的乐趣与满足。“花式篮球”是把球性与街舞有机结合起来，在音乐的伴奏下，进行的一种简便、实用、娱乐性强的体育运动。“花式篮球”给学生提供了展示自我、张扬个性的舞台。

在开展球性练习教学时可参考以下教法建议。

第一，可作为每节课的专项准备活动。

第二，初学时，重点应放在动作持续的次数上，不要过分要求动作的准确性和规范性，随着动作的熟练，逐步增大幅度，加快速度。

第三，可结合游戏和竞赛的形式，提高学生学习的积极性和趣味性。

第四，学生掌握基本动作后，可自行进行组合练习，提高动作的观赏性和表演性。

2. 脚步移动的教学方法

篮球场上的跑与田径上的跑有很大不同，它有着自己的特点，在篮球场上有时要突然加速快跑；有时要放松慢跑；有时要在跑动中突然停止做假动作或接球跨步、转身；接着又要突然起动，加速快跑超越对手；而且边跑边观察、判断篮球场上队员的位置及情况。因此学会篮球场上的跑，才能提高篮球技术水平。

篮球运动中主要的脚步移动形式包括：

其一，变速跑。

变速跑是篮球队员在跑动中利用速度的变化来完成攻守任务的方法。

场上应用：利用速度上的变化来摆脱防守、超越对手，或追击防守、防止对手摆脱。

动作要点：加速时，上体快速前倾，蹬地短促有力；减速时，上体直立，步幅放大。

其二，变向跑。

变向跑是篮球队员在跑动中突然改变方向，继续加速跑动。

场上应用：用以摆脱防守或堵截进攻的一种方法。

动作要点：蹬地移重心，转肩转腰，迅速跨步。

其三，侧身跑。

这是篮球队员在向前跑动中，为了观察场上情况和便于接球而采取的一种跑动方法。

场上应用：观察场上情况和便于接侧向或侧后方向传的球，如打快攻，前锋沿边线跑采取的跑动方法即侧身跑。还有侧身切入动作也采用侧身跑。

在开展脚步移动的教学时，可参考采用以下几种游戏方式来进行：

(1) 脚步移动的游戏：巧入营门。

目的：提高灵活的变向能力。

场地器材：一块篮球场，四个篮球。

游戏方法：将练习者分成人数相等的两对。以中线为线各以半场为营。在中圈中线上放四个篮球，每球相隔两米左右成为双方的营门。游戏开始双方各出一人，一攻一守，攻方利用虚晃、变向跑、假动作摆脱守方的防守，从营门进入对方营地得一分；如被守方拍击到，守方得一分，然后换人再战并交换攻守。在规定时间内或人次内得分多者为胜。

规则：

攻方必须从任一营门中间进入对方营地，否则无效。

守方只能在自己的营地一边用手拍击对方，不能越过营门去拍击对方，否则击中无效。

攻方队员已明显进入对方营地后，守方队员就不得再追拍，应判对方得分。

（2）脚步移动的游戏：贴右跑（贴膏药）。

目的：发展学习的反应、躲闪、奔跑、急停、转身能力。

场地：篮球场一块或平整的空地一块。

方法：学生两两并立成一组，每组间隔两臂左右，围成一圈站立，先由A、B两人开始，A为追人者，B为被追者，被追者B可利用圆圈上的“人墙”作障碍与追逐者奔跑周旋，当将被追到时或不想“奔逃”时，可跑到圆圈上某一组的左侧（前面），紧贴站立，此时三人站在一起，另外一侧的人应立即替代B成为新的被追者。A则继续追，若A在B未贴到人之前被拍击到，两面派人角色互换，被追者反追原追人者。如此反复进行。

规则：

被追者和追人者均可在圆圈内外任意跑动，但不可跑出规定的球场范围内。

被追者只有在其肩部紧靠某组左侧（或右侧）人的肩部后才为安全，否则算被追到。

被追者不得在某组的身后停留超过五秒钟，而追人者则不得在某组的两人之间强行触及位于该组后面的被追者。

建议：此游戏可变化为其他形式进行。动动脑筋看看能变化成多少种玩法。

（3）脚步移动的游戏：网鱼。

在热身练习中，安排“网鱼”游戏，利用游戏的方法，培养学生正确观察、判断的能力，突然、快速的躲闪等移动技术和“意识”，既可以提高移动技术的实战运用能力，又能激发学生学习的兴趣。

3. 运球急停、急起、变方向运球的教学方法

（1）教师示范讲解其技术在篮球比赛中的作用、运用时机。

（2）徒步练习跨步急停、变向跑，主要解决熟练问题。

（3）原地单手前推后拉运球，原地体前换手变向运球，体会按拍球的部位，提高手控制球的能力。

（4）看信号急停急起练习，培养学生的抬头观察和反应能力。

（5）两人一组，一人徒手做急停急起，另一人运球追逐对方相应做急停急起。

（6）设标志筒体前变向运球练习，重点体会与对手距离的控制和运用时机。

(7)“之”字形路线连续做体前换手变向运球，体会手脚配合。

(8) 一对一对抗体前换手变向运球练习，初学时防守人双手背后，只用身体堵截对方，熟练后换成正常防守。

4. 原地单手肩上投篮的教学方法

(1) 两人面对面相距五米，进行对投练习，中间可拉一根约三米高的绳，相互检查、相互纠正。

(2) 距篮架一米处进行投空心篮练习，重点解决投篮弧度问题。

(3) 分组规定时间投准比赛，解决心理问题。

(4) 降低高度，进行增大篮圈内径的投篮游戏，提高学生的自信心。

5. 运球接行进间单手肩上投篮的教学方法

(1) 初次学习运球接行进间单手肩上投篮时，应先进行距离篮筐 1.5m 左右的单手肩上擦板投篮技术动作，学生要求掌握持球动作、用力动作和瞄准点，重点是用力动作（即抬肘—伸臂—压腕—手指拨球）；在基本掌握原地近距离投篮的基础上，学习原地跳起投篮技术（可采用双脚或单脚起跳），同样也是近距离，体会在空中用力动作的控制。

(2) 在基本掌握篮下近距离跳起投篮技术动作的基础上，进行徒手的脚步动作练习，可采用距离篮筐 8m，斜 45°位置，小步幅慢跑倒数第二步做跨步，紧接着上步单脚起跳摸高练习，体会脚步动作的完整性，以及起跳的位置和空中身体平衡的控制。为提高练习密度可拉一根约 2.5m 高的绳，学生成一列横队距离绳 8m 左右进行徒手脚步模仿练习。

(3) 练习位置同上，原地向前运一次球，当球弹起约至腹部高度时，跨步拿球，跳起举球投篮练习。要求：跨步不要腾空过高，前脚落地后，后脚迅速上步，动作衔接连贯，不要脱节。

(4) 距离篮筐 8m 左右运球接行进间单手肩上投篮练习。此练习注意两点：一是运球时注意抬头，判断跨步拿球适宜位置；二是运球尽量向前，距离身体侧前方稍远。

(5) 待运球接行进间单手肩上投篮动作基本掌握后，可结合各种游戏进行练习。例如，1 分钟往返三分线与篮下运球接行进间单手肩上投篮游戏，计算命中率；全场绕场三圈运球接行进间单手肩上投篮，往返一次投中两球游戏；中线两人抢抛出球后，运球接行进间单手肩上投篮游戏。

6. 行进间传接球的教学方法

(1) 双手传接球技术能充分体现传接球手形和用力动作，缺点是隐蔽性差，在半场进攻中运用较少，但易掌握，重点是接球动作的学习和掌握。

(2) 在了解和掌握正确的传球要点（落地准确）和接球要点（手形、接球动作）的基础上，进行击地和单手体侧传球；移动接球（包括接球后的急停技术）。

（3）学习行进间传接球技术，练习者距离3m左右，直线侧身跑，依次将球传给侧前方的固定接应者。可采用双手传接球技术动作。

（4）四角传接球练习。学生分成四组分别站成正方形，刚开始传一个球，计算传接球成功的次数；动作掌握熟练后可增加为两个球。

（5）两人一球传接球接行进间投篮。

（三）简单战术

1. 二攻一的教学方法

（1）教师讲解练习方法后，可让学生进行尝试性练习。

（2）针对练习中出现的问题，教师引导学生进行分析、讨论和归纳。

（3）模拟练习中出现的情况，进行限制防守的强化性练习。当两人传接球推进至前场接近三分线时，一般有两种情况：一是如防守人迅速上前防守持球人，这时进攻另一人迅速在异侧插到篮下，持球人迅速将球传给插到篮下的队友；二是防守队员未贴身防守持球人，这时持球人要果断运球上篮，同伴在异侧篮下准备接球投篮。

（4）不限制防守情况下，进行二攻一练习，在练习过程中附带介绍防守规则。

2. 教学比赛的教学方法

（1）教学方法。

第一，半场三对三教学比赛。

第二，半场五对五教学比赛。

第三，全场五对五教学比赛。

（2）教学建议。

第一，可采用适当降低难度、简化规则的形式，例如，角篮球、移动篮筐、增大篮筐内径等方法，提高投篮的成功率。

第二，有针对性地选择比赛形式，每次比赛解决一两个重点问题，例如，每人触球法、投篮分值不等法。

第三，教师对比赛中出现的问题及时讲解。

本讲小结

新课程标准更加注重学生的能力培养，强调学习的参与意识。因此在学习篮球运动教学技能时，我们应该重新审视运动技能和教学技能的定位，不要单纯地把它理解为运动技术的传授，而要把篮球技战术与能力的培养合二为一，对于原有的技术三基要求重新衡定。在教学过程中，以“篮球运动技能”为载体，通过课堂教学技能的传授，以丰富多彩的活动形式，发展学生的身体素质，激发学生学习的兴趣，提高学生的参与程度、运动能力和心理水平。在新课程改革的环境下开展篮球运动教学，一线教师只有不断探索、不断创新、不断总结，才能提高体育教育教学质量，提高学生的体质健康水平。

思考与活动

1. 请自行设计一个年级篮球教学单元计划。

2. 根据本地区的自然资源和学生的实际情况，开发一项球类运动，可适当进行改造和加工。

参考文献

1. 毛振明. 体育与教学方法理论与研究案例 [M]. 北京：人民体育出版社，2006

2. 毛振明. 体育与健康教材与教法 [M]. 沈阳：辽宁大学出版社，2002

3. 郭永波. 篮球运动教程 [M]. 北京：北京体育大学出版社，2005

4. 谢泽新. 青少年篮球意识训练 [M]. 北京：人民体育出版社，2005

[作者简介]

李江泰，男，北京市第十四中学分校体育教研组组长，宣武区兼职教研员，中教一级。所讲课程 2002 年获得“北京市体育教学评优课”一等奖；论文《对体育新课程标准的认识和思考》获北京市基础教育课程教材实验优秀论文一等奖，《篮球掩护战术配合》获“2006 年北京市中小学信息技术与学科教学整合”教学设计一等奖。2008 年受聘于教育部师范司，承担西北 12 省、市、自治区的“国家级西部中学体育教师培训”的授课任务。

第四讲
软式排球教学技能与案例分析

北京教育学院体育系　马敬衣

软式排球于20世纪80年代初诞生于日本的山犁县，开始只作为家庭成员和中老年健身、娱乐的体育活动项目，随后流传到日本其他地方。90年代，软式排球项目传入我国并开始推广传播。2000年11月，教育部颁布新修订的中小学《体育与健康教学大纲》，首次将软式排球纳入教学大纲内容，使得更多的学生加入到软式排球运动中来。在《奥运争光计划》和《全民健身计划》的倡导下，在第29届奥运会中各国运动健儿在排球场上奋力拼搏积极进取的精神鼓舞下，软式排球在中小学体育教学中也开始扮演重要的角色并发挥积极的作用，越来越受到中小学生的喜爱。本讲以提高中小学体育教师排球教学技能技巧为根本宗旨，以培养创新精神和实践能力为重点，通过分析技能教学案例，详细列举了教学技巧、趣味游戏方法和简化规则的竞赛常识及软式排球教学中应注意的问题等，以便学生更好地学习和掌握各项技能。

一、软式排球教学技巧与趣味游戏案例

软式排球技术是指学生在比赛规则允许的条件下采用的各种合理的击球动作和配合的总称，它是软式排球运动的基础和重要组成部分。软式排球本身的独特魅力、简单易学的技术和快乐的运动方式成为吸引广大学生的根本。其基本技术与硬式排球的基本技术有相似之处，包括准备姿势和移动、传球、垫球、发球、扣球、拦网，可单人、双人、多人进行运动和比赛，娱乐性较强，因此被越来越多的学生喜欢。但是，与硬式排球相比，软式排球在弹性和硬度、速度和冲击力等方面有很大的差异，在技能教学和比赛中也具有其独特的方式和技巧。

软式排球教学方法要与游戏紧密结合，软式排球游戏的创编必须遵循目的性原则、趣味性原则、新颖性原则和安全性原则等。根据软式排球运动的特点，本讲将软式排球游戏分为启蒙型游戏、诱导型游戏、入门型游戏三个层次，列举一

些简便易行、趣味性强的方法，供与使用软式排球娱乐、健身、教学者共享，以举一反三、拓展思路为目的，最终达到培养学生“终身体育”的目标。

（一）启蒙型游戏

通过启蒙型游戏，培养软式排球初学者的兴趣，进行软式排球球感、空间感、时间感、节奏感及基本技能的启蒙教学。

1. 抛接不同高度的球比赛

目的：培养学生球感、空间感、时间感和目测能力。

方法：将学生分成人数相等且成偶数的若干组，面对教师站立，保持适当间隔，每个学生手持一个软式排球，教师发令后学生在规定的时间内抛不同高度或不同方位的球。然后教师统一发令规定每个学生高抛球后记录自己的体前或体后击掌次数，击掌多者为胜。另外还可记录全组击掌次数。

规则：必须按规定的方法抛球，抛球失误时，必须把球拾起来继续进行。

2. 地滚球比赛

目的：提高学生低姿势移动能力和手控制球能力及团队意识。

方法：在排球场地的两端用标志物设置两个球门，将学生分为两队，在场地中线争球后，其中一队学生将一个软式排球单手推拨地滚球前进，适当时机拨给同伴，全队依次进行，某队攻进端线的进球区为胜得一分，进球多者为胜。

规则：只允许在规定的排球球场地内单手地上拨球前进或传给同伴，不允许双手拨球或持球跑。上场人数可根据班级人数而定。

3. 半“米”字形移动

目的：提高学生变换各种步伐的灵活性。

方法：学生听到信号后，由起点出发，脚踏及轴心点后移动触及远端的软式排球，依次进行。五个球距轴心的距离可根据学生的具体情况而定。

规则：移动时脚必须踏及轴心，手必须触及远端的球方可返回。

4. 坚守一方

目的：发展学生的灵活性和反应能力。

方法：四名学生分别站在边长三米的正方形的四条边外做防守，其余学生在外围用一个软式排球做进攻，尽量将球滚入正方形，防守者则尽量阻止球从自己防守的一边线滚入。球滚入正方形后攻防交换。

规则：进攻者可以相互传球，捕捉战机，进攻时必须用地滚球。

5. 自抛转身接反弹球

目的：帮助学生熟悉球性。

方法：两臂前平举持软式排球于胸前，放手使球自由下落后反弹，在此期间，练习者迅速转身360°，然后接球。在规定时间里计成功接球次数，次数多者名次列前。

规则：转体后接第一次反弹球为成功。

6. 向后向前抛接球

目的：熟悉球性和提高学生对球落点的判断力。

方法：双手向头上抛球，用双手在背后将球接住，然后把球由背后向上甩出，再将球接住为一个回合。在规定时间里，完成回合多者为胜。

规则：必须前抛后接，后抛前接。球落地不记数。

7. 传球比快

目的：培养学生的球感和空间感。

方法：将学生分成人数相等的两队，互相交错在排球场地围站成一圈，每队选一人持球站在圈中央，两人背靠背站立。游戏开始，圈中人按同一方向依次将球传给本队的每一个人，每一个人接球后立即将球传回给本队的圈中人，连续进行，两队互相赶超，超越对方的队获胜。

规则：圈中人只能在圈中小范围移动，球必须依次传给本队的每一个人，不得间隔。任何人不得干扰对方传球。如果传球失误，从失误处继续传球。

（二）诱导型游戏

通过诱导型软式排球游戏，使学生在愉快、欢乐的情景中学习、掌握软式排球的基本技术，在学中玩，边学边玩，进一步提高学生打软式排球的兴趣。

1. 宝莲灯

目的：使学生在移动中保持正确上手传球手形。

方法：一人一球，将球自抛2～3米高，待球反弹后，抛球人以正确的移动步伐钻在球下，用正确的准备姿势和手形在额前将球接住。在规定时间内完成接球次数多、手形正确、接球稳为胜。

规则：只允许在球第一次反弹时钻到球下。

2. 步步高

目的：发展学生控制球和目测的能力。

方法：学生每人一球，进行一次高一次低的自传或自垫；或三四次低一次高自传或自垫球，高时加体前击掌、体后击掌，自定次数。高低传球要有明显差别。

规则：运用正确的手形保持好击球点做自传。计在规定时间内完成的次数。也可以在移动中自传；围圆圈边移动边自传后自垫球，增加练习难度。

3. 众星捧月

目的：提高学生传球的准确性和控制球能力。

方法：学生围成一个圆圈，其中一人持球做向上传球后迅速离开，下一人迅速钻到球下再做向上传球，一个接一个地进行，使球上下不停地运动而不落地。

规则：每人只能传球一次。

4. 自垫绕标接力赛

目的：提高学生的垫球技术和控制球能力。

方法：将学生分成人数相等的若干个组，每队前隔三米立一标杆，当听到信号后，排头做自垫移动前进，并且绕过每个标杆，回来后将球交给下一人，全队依次进行，速度快者为胜。

规则：必须绕过每个标杆，如球落地应在落地处拣回球后继续，不许持球跑。

5. 踩点扣吊球

目的：为学生学习扣球打基础，发展协调能力。

方法：用杆拴一个吊球在四号位，并在地上标出扣球上步的脚印，以便学生按照脚印做两步助跑起跳。四人一组，一人持杆，另外三人循环做助跑起跳上步扣吊球动作。要求第一步必须踩点，第二步根据个人能力步幅可大可小，但脚步要正确，挥臂也必须要正确，评价在规定次数内完成的质量，质量好的名次在前。

规则：扣球上步和挥臂动作要正确。

6. 发球上楼梯

目的：提高学生发球的准确性。

方法：在一块平整的场地上画一标志线作发球线，距该线10～12米、12～14米、14～16米、16～18米处分别划分为A、B、C、D区，要求发第一个球落在A区，第二个球落在B区，第三个球落在C区，第四个球落在D区，依次往前。

规则：完成四个区域的发球，发球数最少者为胜。

7. 三球不归一

目的：发展学生的判断、反应能力，培养学生初步的软式排球比赛的场地概念及协同配合的精神。

方法：将学生分成人数相等的两个队，各在场地的一边，其中一队持一个球，另一队持两个球，鸣哨开始后，双方把球从网上抛向对场内，如有一队场上同时有三个球存在则判失一分。

规则：球必须从网上抛向对方场内，界外判罚一分。不得持球三秒钟以上，违者判失一分。

（三）入门型游戏

入门型游戏主要是让学生运用已学过的软式排球的各种技术更好地玩，在玩的过程中巩固提高，进一步激发学生对软式排球的兴趣，逐步培养学生对软式排球的兴趣，养成用软式排球健身的习惯。

1. 传接篮板球

目的：提高学生传球的控制能力及准确性。

方法：将学生分成人数相等的若干队，每队在篮板下一米处站好，排头将球传向篮板，当球反弹时下一人接传，依此类推。每传一次要喊出传球的次数，次数多者获胜；或在规定时间内传球次数多者获胜。

规则：每人传一次后要换下一人。

2. 球绕杆接力赛

目的：提高学生的传球控制球能力，扩大视野范围。

方法：将学生分成人数相等的若干个组，每队前设标杆若干根，标杆之间间隔两米，当听到信号后，排头做自传球向前移动，并且绕过每个标杆，回来后将球交给下一人，全队依次进行，速度最快者为胜。

规则：必须绕过每个标杆，如球落地应在落地处拣回球后继续，不许持球跑。

3. 垫接反弹球

目的：巩固学生的垫球技术，提高球性。

方法：两人一组，一人持球，一人往地下抛球，球反弹后另一人迅速移动将球垫起，在规定时间内完成次数多者获胜。

规则：抛反弹球必须高于人，必须用正确的移动和垫球技术将球垫起。

4. 单手垫球比赛

目的：提高学生单手垫球的准确性和控制球的能力。

方法：学生分散站开，计在规定时间内用单手、单臂垫球次数。

规则：只能用单手、单臂垫球。

5. 发球比准

目的：提高学生发球的准确性和培养发球战术意识。

方法：将学生分成人数相等的两个组，各自在发球区向规定的区域发球，发中区域得一分。以规定时间计或以规定球数计，中标多者获胜。

规则：用发球动作，以球的落点为准计成绩。

6. 扣球入筐

目的：提高学生扣球的准确性。

方法：在场地五号位摆放一个球筐，将学生分成人数相等的两个组，每人持一个球，在四号位自抛自扣，将球扣入筐中得一分，分数高者获胜。

规则：必须扣球入筐才得一分。

7. 一发一接比赛

目的：提高学生接发球技术。

方法：两人一组，一发一接比赛，发直（斜）线球，十个球一组，然后发接交换，分别统计发球和接发好球或失误的情况。

规则：接发球必须到位才算好球。接发好球数多者为胜。

8. 拦固定球接力赛

目的：提高学生拦网技术和拦网能力。

方法：在网前上方挂三个固定球，将学生分成人数相等的两个组，列队在进攻线后，排头从四号位开始做拦网动作触摸固定球后，顺网移动触摸三号、二号位的固定球，退出进攻线后下一人继续，全队依次进行，速度快者为胜。

规则：拦网必须手触到球，退出进攻线后下一人方可开始。

9. 软式排球比赛

目的：巩固和提高学生软式排球的基本技术以及基本技术在比赛中的运用，增加学生对软式排球的兴趣。

方法：

（1）小场地二对二、三对三的比赛。

（2）四对四比赛。场地大小、球网高低、击球次数根据学生情况定。

（3）六对六的比赛。场地大小、球网高低、击球次数根据学生情况定。逐步接近正式比赛规则。

（4）定时计数赛：计参加者击球累计总数或最多击球次数，数量最多者为胜。

（5）传、垫球投篮赛：计参加者传球得分：计参加者在规定时间和距离内将球用双手传排球的方法传入篮圈内，传入篮圈内得三分；碰篮圈得两分，碰篮板得一分，得分多者名次列前；分组面对篮筐边移动边垫球移动十米，在规定的次数和距离内将球垫进篮圈内得三分；碰篮圈得两分，碰篮板得一分，得分多者名次列前。

（6）移动传垫球赛：计参加者用传垫方法在规定区域内的移动速度，快者名次列前。

比赛办法和规则还可根据各个学校的具体情况自定。

二、软式排球不同层次教材使用的教学技巧

贯彻新课标要用现代教育思想指导软式排球教学，要坚持以人为本的原则，从学生的能力出发，遵循螺旋式上升、波浪式前进的规律学习。从低点开始，发挥学生已具有的体育能力，一步一步诱导学生提高能力。对软式排球教材进行组合，划分为启蒙、诱导、入门三个教学阶段。从每个教学阶段的内容上看，一个比一个多；从能力上看，一个比一个高。通过三个阶段的教学使学生体会掌握排球运动的空间感、节奏感，使学生尽快掌握打排球的本领，提高其技能和参与比赛的能力。

（一）启蒙教学阶段

1. 教学目的与任务

对初学排球的学生，通过以玩为主的启蒙教学阶段，培养学生学打排球的兴趣。利用软排柔软、安全的性能，进行排球空间感、节奏感的启蒙教学。发展协调、灵敏、弹跳、力量等身体素质。培养群体意识以及思维的灵活性和创造性。

2. 教学内容

（1）各种抛接球。

教学要求：注重学生对球在空中飞行弧度、速度、高度、不同方位的目测能力的锻炼和培训。具体方法：

第一，双手、单手抛接不同高度的球。

第二，变换方向抛接不同弧度的球。

第三，移动中抛接不同速度的球。

第四，各种不同起始姿势抛接不同方位的球。

第五，原地、跳起抛接不同高度、弧度的球。

第六，两人互抛接不同弧度的球。

第七，多人抛接不同方位的球。

（2）耍球。

教学要求：一方面注重熟悉球性，另一方面结合发展身体素质进行组合的练习。

第一，地滚球：由单个动作练习过渡到小组合的练习，再逐步增加练习难度。特别要注意因人施教。

第二，环绕球：由单个动作练习过渡到小组合的练习，再逐步增加练习难

度。特别要注意因人施教。

第三，地滚球和环绕球也可以结合双人、多人进行组合练习。练习形式可采用竞赛、游戏的方法。

(3) 游戏。

教学要求：游戏深受广大学生的欢迎，软排游戏更受学生的欢迎。采用时要根据学生水平、教学进度以及学校场地器材条件，有针对性地选用，要注重实效性。

第一，先选用无球的排球游戏。

第二，结合各种击球手法的排球游戏。

第三，简化规则的教学比赛。

(4) 启蒙型教学比赛。

教学要求：竞赛深受学生欢迎，也是容易调动学生积极性的有效手段。教学时利用教学比赛，应始终注重培养学生打排球的兴趣，同时还要教给学生有关规则、裁判方法以及如何组织比赛等方面的知识。在比赛中应加强育人的工作和心理健康的教育。

（二）诱导教学阶段

1. 教学目的

诱导教学阶段，主要是让学生边学边玩，促使学生打排球的技术和能力得到提高。教学重点是：通过掌握软式排球技术手法，提高打排球的能力和兴趣。

2. 教学要求

(1) 先启发学生用本能、自然的动作去击球，然后再诱导他们去学习软式排球的各种击球手法。让学生在学中能玩，在学中会玩，在注重培养学生兴趣中逐步提高他们打排球的能力。

(2) 选用排球游戏应加大结合球的游戏比重，逐步提高学生的基本技术水平。

(3) 诱导型教学比赛。这是接近正式比赛规则的游戏，使学生打排球的兴趣更加浓厚。

（三）入门教学阶段

1. 教学目的

入门教学主要是让学生运用已学的各种排球技术动作更好地玩，边学边用，学用结合。在玩中再学、再提高。培养兴趣，逐步发展爱好，养成习惯。教学时应先学会传球、垫球、发球三个基本技术，让学生先能打起比赛来，有条件的可再学习扣球和拦网技术动作，进一步提高兴趣。鼓励学生发展爱好，养成锻炼身体的习惯。

2. 教学内容

(1) 传球。

在学生初步体会传球的用力和正确的击球点时，在拍传球中学习正确的传球手形，尽快掌握正面双手上手传球技术。一般用1～2次课即可。以后采用游戏和结合比赛巩固传球技术。

(2) 垫球。

在学生初步体会垫球的用力和正确击球点时，在捧垫球中学习正确垫球手形，掌握双手下手垫球技术。一般用一次课即可。以后采用游戏和结合比赛巩固垫球技术。

(3) 发球。

用磕发球动作熟悉发球“三固定”动作要领，逐步学习掌握侧面下手发球技术动作要领。由近处发，逐步加大距离发球，最后在发球区发球。以后采用游戏和结合比赛巩固发球技术。

(4) 简单战术。

其一，基本进攻战术。

其二，基本防守战术。

(5) 教学比赛。

一般在学习了抛接球和要球后，就可以采用启蒙型教学比赛。在初步学习传、垫、发球技术时，就可使用诱导型的教学比赛。待学生技术水平有了一定的提高，就可以使用正式软式排球竞赛规则。重在参与，提倡让学生多进行比赛，在比赛中增长打排球的知识和提高能力，培养兴趣，发展爱好，鼓励学生养成用软式排球健身的习惯。组织教学比赛一定要根据学生实际能力和水平，选用不同的比赛规则，原则是让学生们在掌握技能的同时能快乐起来。表3—2是简化软式排球教学比赛的规则与方法。

表3—2　　简化软式排球教学比赛的规则与方法

启蒙型教学比赛规则	诱导型教学比赛规则
1. 发球可在场内发，可用扔、抛、传、垫的方法发球。 2. 当对方来球落地一次后仍可再打。 3. 无三次击球过网限制。 4. 无持球；无连击，允许一人两次击球。 5. 场上无位置限制。 6. 比赛时可自由换人。	1. 发球地点、方法可任选，提倡端线外发球。 2. 三次击球过网（拦网除外）。 3. 连击、持球尺度适当放宽。 4. 进攻线内不可扣球，但可拦网。 5. 场上无位置限制。 6. 比赛时可自由换人。

三、软式排球在教学时应注意的问题

（一）体验参与软式排球运动的乐趣

要使学生在整个软式排球学习活动中保持新鲜感、浓厚的兴趣，并能不断获得快乐的运动体验与技能提高的成功感，这应是软式排球教学中首先要注意的问题。以兴趣引发学习热情，利用软式排球具有的球速慢、难度小、伤害少、趣味性高、娱乐性强等特点，让学生学得欢乐，学得有趣味。软式排球教学中要将育心、娱乐、学习、健体很好地结合起来，使学生从软式排球教学中获得教育实效和体验乐趣的双重效果。

（二）从整体教学入手

排球教学一直面临的困惑是学生学了很长时间基本技术还是不会比赛。软式排球教学从整体教学入手。从教学尝试效果看，从整体教学开始不但是可行的，而且效果是比较好的。中小学软式排球教学时数少，更应该采用“整体—分解—整体”的教学过程，尽早开始降低难度的教学比赛，发现问题再到基本技术学习，然后再加到教学比赛中。

（三）采用生动活泼的多样化教法

软式排球的教学方法要提倡统一性和灵活性相结合、规定性和自主性相结合、生动活泼的多样化教法。在教师的正确引导下，形成由学生主动参与进行设计、实践相结合的师生共同活动的教学模式。在软式排球教学中，要合理组织和尽量多运用游戏法及多种形式的比赛法，在游戏中获得身心的愉悦和运动的快乐，在比赛中锻炼和提高技战术的运用能力和应变能力。让学生边学边玩，轻松愉快地将软式排球击来打去，始终处在不枯燥、不厌烦的心境中，逐渐提高运动技能。

（四）抓住技术特点的共性与特性

软式排球作为排球大家庭的一员，具有与硬式排球技术相同的特点：即完成各种技术动作的时间短促；各种技术动作都是球在空中飞行时完成；大多技术具有攻防的两重性，如拦网、传球、垫球；身体各部位都能触球。软式排球技术同样有无球技术、有球技术之分，技术动作主要由步法和手法组成，视觉反应为主导，身体活动和大脑活动相融合为一体等。而软式排球因球飞行速度较慢、容易找到空间感觉，对技术要求不像硬式排球那么高，但软式排球技术也有它自己的特性。对于这些特性需要我们在教学中加以区别。

四、软式排球教学比赛中应注意的问题

（一）设计切合实际的软式排球比赛规则

软式排球比赛的场地大小、网高、参赛人数、计分方法、尺度等可根据本学校、本地区的具体情况自定。根据中小学新课程标准软式排球不同层次的要求，可以让软式排球比赛规则适当区别于硬式排球，如第一层次的启蒙型教学比赛，降低发球难度，允许四五次击球过网，或允许落地一次后击球等。通过设计不同层次、形式多样、简单易行、公平合理的竞赛方法，克服硬式排球比赛间断多、攻防不平衡等缺点，既要让软式排球比赛适当区别于硬式排球，又要让软式排球比赛能利用现有的排球场地，与硬式排球有机衔接。通过设计切合实际的软式排球比赛规则，使软式排球比赛呈现出的集体性、对抗性、娱乐性、健身性超过硬式排球。

（二）培养学生团结协作的集体主义精神

软式排球比赛可以是三对三、四对四、五对五、六对六、九对九，也可男女混合。对于目前绝大多数都是独生子女的中、小学生来说，通过参加软式排球比赛，可以把自己融入集体之中，使自己成为集体的一员，学会与他人合作尤为重要。在比赛中要提倡相互鼓励，对比赛中出现埋怨的现象不能迁就，要及时教育，培养学生团结协作的集体主义精神和勇敢顽强的优良品质。

（三）注重战术意识的培养

战术意识不会自然形成，需要精心培养，认真磨炼。随着软式排球技战术水平的提高，比赛经验的丰富，学生的战术意识也会不断增强，但有意识地注重培养与放任自流，其效果是迥然不同的。因此，在软式排球教学比赛中，不但要求学生的技战术水平的提高和发展，还应根据临场情况，启发学生开动脑筋，分析和预见场上可能出现的各种动态变化，以便采取正确的技战术行动。

（四）学会组织比赛、看比赛和赛后总结

通过教师引导让学生了解软式排球比赛的相关情况。教师放手使用班干部

和小组长，教会他们组织班级比赛和进行裁判工作，使学生尽快熟知比赛方法和教师的意图，以提高他们的责任感和服务意识。结合软式排球的专项知识，引导学生观察、分析、判断双方球队的技战术优点与不足以及个人技战术特点等。观看比赛往往会有意想不到的体会和收获。同时，每次比赛后，找出胜或败的原因，这对于改进和提高技战术水平、积累比赛的经验和提高竞争能力具有重要的意义。

五、教学案例分析

案例 3—9　充满创意、创新、创造的新课堂

——有趣的软式排球教学：正面双手垫球

北京市丰台区左安门中学　李宏义

在体育教学中，软式排球是一种新兴的运动项目，球柔软，球速慢，既不伤手指、又不会一打球就跑，学生普遍对此感到新颖好奇。但真正学习软式排球有一定的难度，如果动作技能掌握不好，也会感觉比较枯燥乏味。特别是对初学者来说，需要付出很多精力和体力才能掌握运动技能，达到运用自如的境界。

我所教授的班级为初二年级，学生来自天南海北，身体状况存在一些差异，运动技能也各有差异，在一年半的软式排球校本课程实验中，我一直努力在“健康第一”、“健身育人”的思想指导下，以学生发展为本，以激发学生参与体育的兴趣、培养学生的实践能力及创新精神为主要目标，降低学生学习的目标，简化比赛规则，减轻学生的心理压力。我尝试用“启蒙—诱导—入门”三个阶段的教学层次、采用一些有趣的游戏方法进行教学，旨在提高学生的学习兴趣，发展学生的身体和心理素质，发挥球类在促进相互协作及个人在集体中所体现的价值等方面的作用。下面是我关于软式排球教学——正面双手垫球一节课的教学构思与设计。

【指导思想与理论依据】

本课在“健康第一”、“健身育人”的思想指导下，以学生发展为本，以激发学生参与体育的兴趣、培养学生的实践能力及创新精神为主要目标，让学生在学练中，充分发挥自己的主观能动性，学会学习，学会合作，学会创新。学练中为每位学生提供表现自己、展示自己的空间，让每位学生在学练中获得成功的喜悦。在育人方面重视培养学生的公平竞争、参与意识、团结协作、信任与责任意识。在发展学生身体健康的同时，也要提高学生的心理承受能力，克服学生的学

习心理障碍，提高学生参与度，促进学生身心健康发展。

【教学背景分析】

1. 学习内容分析

本节课的教学内容是学习软式排球的正面双手垫球和简化规则的教学比赛。软式排球是初中体育教学大纲中所确立的选修内容，本节课是第一层次教材内容的起始课。此前学生基本掌握了自垫球技术，自垫球是学习正面双手垫球的基础，它可以使学生掌握准确的垫球部位和手形。通过本节课的学习使学生掌握正面双手垫球技术，同时将所学的技术运用到比赛当中，培养学生学习的兴趣，为进一步学好软式排球各项技术做好铺垫。通过比赛可以培养学生团结协作的意识和顽强拼搏的精神。

2. 学情分析

本节课授课的年级为初二年级，学生来自天南海北，身体状况存在一些差异，运动技能也各有差异，但初中生已经具备了一定的思考和判断能力，在教学中教师着重培养学生的观察、分析和模仿能力，让学生把动脑和动体有机地结合起来，培养学生的学习兴趣，提高学生的运动技能。

【教学目标】

认知目标：通过学习使学生了解软式排球正面双手垫球的动作方法与要领。

技能目标：初步掌握正面双手垫球动作，使70%～80%的学生能够掌握正面双手垫球技术。

情感目标：培养学生观察、模仿的能力，分析问题的能力以及小组合作的团队意识。

【教材的重点、难点】

分析正面双手垫球的动作结构，可以把它分为手形、击球点和用力顺序三个环节，要想将球垫好、垫准确，关键就在于击球点和垫球的用力顺序，即“送”。

教学重点：正确的击球点和击球部位。

教学难点：全身协调用力击球的动作。

【教学设计】

1. 开始部分

课堂常规要求，让学生明确学习目标。

2. 准备部分

采用慢跑和球操进行热身活动。利用地滚球、环绕球、抛接球和自选练习的方法，进行熟悉球性练习。让学生了解软式排球具有球体轻、质地软、飞行速度慢、易掌握等特点。练习中鼓励学生充分地展示自我，培养学生的学习兴趣，引导学生在快乐的心理中学习。

3. 基本部分

首先复习上次课练习内容自垫球，重点让学生体会正确的击球点，正面双手垫球的击球部位与自垫球的击球部位基本相同，同时击球手形也是相同的，学生自垫球练习能够起到很好的帮助作用，为学习正面双手垫球打下很好的基础，自垫球练习也能够帮助学生体会对球的空间感，使学生能够更好地控制球。在学习正面双手垫球时，教师先进行完整的动作示范，然后教师将正面双手垫球技术分为几个小目标，降低学生学习的目标，减小学生的心理压力。使学生能够很好地完成练习内容，逐渐提高练习要求，增加练习难度，最终达到预期的教学目标，完成正面双手垫球的学习。最后将所学内容运用到比赛中，激发学生练习的兴趣，增强学生的自信心以及增强学生对困难和挫折的心理承受力，培养学生不怕困难挫折、积极进取的品质，培养团队意识和合作精神。

4. 结束部分

教师采用模仿同伴动作的练习方法，进行放松练习，让学生体验到心理的愉悦。

【解析】

本节课从设计到上课的各个环节，我始终把学生主动掌握技能放到中心位置。从明确学习目标到学生积极参与排球技能的学习，使学生始终能够精神饱满地参与到学习过程中。主要安排了如下几个内容：

1. 启蒙阶段熟悉球性的抛接球练习

(1) 组织与练习方法。

地滚球练习；环绕球练习；抛、接球练习 1～2 分钟；学生自选用拍、传、垫、打等方法，使球尽量不落地的耍球练习 1～2 分钟。

(2) 要求。

眼不离球，球不离手；脚步移动要快；自选方法要有创新；采用启蒙方式的目的是使学生对球的飞行轨迹及球感、时间感、空间感有所体验。

2. 诱导阶段复习自垫球练习

(1) 组织与练习方法。

复习自垫低球练习；自垫高、低球练习。

(2) 要求。

击球点要准确，减少球的失误；自垫低球的高度为一球高，高球为两个球高或再高的球。有能力的可三低一高，然后体前击掌数次、体后击掌数次。

经过练习，身体状况、技能、技巧、协调性显现出来，各存在一些差异。这时要求学生击球点要准确，减少击球的失误。有些身体素质较差的学生通过积极参与进步很快，从而获得了心理上的满足感。

3. 学习正面双手垫球

(1) 组织与练习方法。

教师讲解、示范正面双手垫球的完整动作；徒手模仿垫球练习，体会正确用力的顺序；两人一组垫固定球练习，体会正确击球点和手形；两人一组一抛一垫练习；两人一组互抛自垫练习；两人一组一抛一垫练习；两人对垫球练习。

(2) 要求。

认真观察、积极思考、分析教师和同学的正确动作；努力体会“插、夹、提、压、蹬、跟、送”动作要领；两人一组对垫练习；让学生体会到要想取得成功，就必须依靠两人的默契配合。

两人之间的密切配合，是学会排球的基础。抛球的学生也要充当小教员的角色，二人学习之初距离要近些，将球抛到同伴的体前，不要过高或过低，只有抛好球才能学得好。只有最和谐的配合，才能获得成功。在这一活动中，无论成功或失败，同学们都会体验到相互合作和团队精神的重要性。教师的指导和发现问题也很重要，即刻发现问题，在本课中就能纠正，否则，形成错误定型就难以改正了。

【案例评析】

以上这个案例中，我们试图首先通过球操、各种抛接球游戏，激发学生参加正面双手垫球练习的兴趣，提高他们的积极性。一般来说学生喜好积极思考并参与体育运动，但不喜欢那种枯燥乏味自始至终两个人垫球的练习方式。通过上述几种尝试，较好地解决从低起点开始到逐渐增加难度的问题，引导学生积极主动地投入到垫球四对四的练习和比赛之中。在教师的指导下，学生在欢快的学习气氛中，通过多种趣味游戏，既锻炼了身体，发展了垫球的技术和能力，又学会了身心调节，提高了正确对待胜利与挫折的能力，从而更好地通过团结合作和默契配合完成学习任务中的目标。

从每个教学步骤来看，本案例在学习软式排球的垫球教学中，进行了各种有益的尝试。这些尝试紧紧围绕一个“趣”字，在练习形式的安排和学习方式的选用两方面下工夫，取得了较好的效果，体现了当前体育教学改革的主题思想和宗旨。

本讲小结

本讲力求体现以“学生为本”、突出“健康第一”加强素质教育的指导思想，用改革创新的新理念，从学生“如何学”的视角出发，结合体验着重介绍如何培养如何软式排球运动的空间感、时间感、节奏感，并辅以教学趣味游戏的教学案例介绍，使学生参与宽松的学习和教学比赛，对软式排球产生浓厚的兴趣，以引导体育教师在教学改革中提高教法，尝试“启蒙、诱导、入门”三个阶段的教学形式，以使体育教师在实施新课标教学中拓宽思路，创编出内容新颖、具有时代意义且行之有效的方法来，从而提高教师的排球教学技能水平。

思考与活动

1. 通过教学实践，你认为初学者容易出现的错误动作有哪些？思考其纠正方法。

2. 在软式排球教学中，如何处理好软式排球教学中娱乐与学、练的关系？

3. 分别制定一个年级排球的单元计划并完成一份教学设计。

4. 在教学实践中如何运用和创新软式排球游戏？

5. 制定一套适合你校学生软式排球简化比赛的规则与方法（包括比赛场地大小、球网高度、参赛人数、记分方法、击球次数等）。

参考文献

1. 肖德生，马敬衣等. 软式排球游戏100例 [M]. 北京：北京体育大学出版社，2000

2. 肖德生. 软式排球教学与改革 [M]. 潍坊：潍坊市新闻出版局，2001

3. 连道明. 软式排球运动 [M]. 北京：人民体育出版社，2002

4. 连道明，陈铁成. 软式排球、沙滩排球、气排球理论与方法 [M]. 厦门：厦门大学出版社，2007

[作者简介]

马敬衣，女，北京教育学院体育系副教授。出版《软式排球游戏100例》、《成人本科教材（排球）》等学术著作，发表《对排球教材技术分类实验的研究》、《影响农村体育教师参与体育教学改革的要素分析》等学术论文数篇。

第五讲
体操和韵律体操教学技能与教学案例分析

北京教育学院体育系 李 健 卫 星

体操是我国学校体育教育的重要组成部分之一，在各级各类学校体育教学内容中占有重要地位。体操是一项内容丰富、练习方法多样、普及性强、简单易学，适合不同人群进行身体锻炼、娱乐健身，并深受中小学生喜爱的体育运动项目。新课程背景下体操教学作为中小学“体育与健康”课程的必修内容，在课程理念、课程目标（包括领域目标、水平目标）的指导下，其内容有了更丰富、更深刻的内涵，体操在锻炼价值和教育意义以及对促进学生身心健康全面发展方面也显示出了独特的作用。根据中小学体操教学现状、教学要求、体育教师自身发展和学生身心发展的需求，根据成人性、在职性、师范性、培训性的特点，本讲内容主要介绍体操教学技能与教学设计、体操教学案例分析、体操教学的安全保障三部分内容。通过本讲内容的学习，使中小学体育教师在体操教学理念、体操教学技能等方面获得提高，使中小学体育教师逐步胜任中小学体操教学，并逐步形成自己在体操方面的教学特色。

一、体操教学技能与教学设计

（一）体操教学技能

技能是指掌握和运用专门技术的能力。体操教学技能是指掌握和运用体操技术进行教学的能力。

教学设计是指有组织、有计划地教与学的活动，它是通过信息传播促进学生达到预期特定学习目标的活动。

教学设计是教师运用现代学习与教学心理学、传播学、教学媒体等相关的理论与技术，来分析教学中的问题和需要、设计解决方法、试行解决方法、评价试行结果，并在评价的基础上改进设计的一个系统过程，教学设计必须遵循教学的基本规律。

体育教师在体操教学中首先要根据环境、学校条件、教学规律、学生身心发展规律与特点、教师的特点及体操运动技能形成的特点等方面的要求有效地进行教学设计，然后根据精密的教学设计具体实施，师生共同完成体操教学目标。

（二）体操教学设计规律

1. 体育教学设计的原则

教学是一门科学，要遵循一定的科学规律。由于体育教学与其他学科相比有其独特性（尤其是体操项目），因此，在教学设计时应遵循其规律。体操教学设计要遵循以下原则：

（1）以“健康第一”的思想为原则，设计体操教学课，促进学习者全面发展。

（2）以系统的身体练习为基本的活动内容；在系统的基本体操技术、技能的基础上，发展完成体操动作具备的素质。

（3）要科学地安排活动负荷，使练习者承受一定量的身体负荷；体操动作技术、技能的掌握需要一定次数的重复练习，同时它是一个复杂的技能形成过程，因此，科学地安排负荷量非常重要。

（4）消除学生体操动作学习的心理压力，尤其是器械体操有一定的危险性，如有些动作需要克服自身的重力完成，因此，在体操教学设计时要考虑消除或减轻学生的恐惧心理或学习压力，以便更好地掌握动作，达到学习的目的。

（5）根据国家课程标准的要求促进学生社会适应能力的发展。

（6）结合体操教材内容，培养学生的意志品质。

2. 体操教学设计需考虑的要素

由于体操教学是一个有计划、有目的的学习过程，因此，体操教学设计要考虑教学系统内各个要素，主要包括：

（1）国家体育与健康课程标准。

（2）学校发展的目标。

（3）学生身体、心理的发展特点以及学校的教学条件、教学实际和体育教师的自身条件、素质、能力等。

同时，还要考虑体操课系统设计的各个要素及要素间的关系：制定明确的教学目标（教学目的、教学目标、具体学习目标等）；认真分析体操教学任务；根据具体的体操动作学习条件，合理地选择体操学习的教学手段；科学、系统地编写教案；课后总结、反思、评价与反馈等。

3. 体操教学应达到的目标

“体育与健康”课程要求，在小学阶段体操教学应达到的目标是：

第一，培养学生正确的身体姿势，矫正不良姿态，促进身体各器官正常发育和身体全面发展，增进学生健康。

第二，掌握和运用体操知识和运动技能，增强体能和肌肉力量，改善内脏器官的功能，培养学生自我保护意识和能力，为终身体育奠定基础。

第三，培养学生组织纪律性、集体协作能力，发展身体灵敏性、协调性、节奏感等，培养美感，提高审美能力，陶冶学生情操。

第四，通过体操教学的保护帮助培养学生的责任感，促进学生社会性发展。

第五，树立自尊、自信的品质，克服胆怯的心理障碍，培养勇敢、果断、克服困难的良好意志品质和心理素质。

为便于体育教师更好地理解新课程、新理念，促进学生身心健康发展和教师自身的发展，根据小学“体育与健康”课程标准教学目标要求，以运动技能、身体健康、心理健康领域学生达到的水平目标为例做一说明（见表 3—3）。

表 3—3　“体育与健康”课程标准教学目标要求

	体操教学项目	领域	该水平达到要求的理解
1～2 年级（水平一）	队列队形练习（基本体操滚动、滚翻、跳跃等基本活动内容）	运动技能	能做基本体操动作、单一动作如滚翻、劈叉等
		身体健康	形成坐、立、行正确的身体姿势；集体完成队列练习、广播体操；发展柔韧性等身体素质
		心理健康	能体验成功、失败的情感；与同伴参加体育活动及游戏等
3～4 年级（水平二）	基本体操技巧与器械体操（跳上跳下、悬垂、支撑等实用性攀爬等）	运动技能	能做滚动、滚翻动作，并能运用术语；了解简单的体操动作组合；知道规则的重要性，具有自我保护意识和安全意识，并知道避免危险的方法等
		身体健康	在生活、学习中形成正确的身体姿势；明确徒手操、队列练习中正确的身体姿势；发展跳跃和平衡能力等
		心理健康	体操学习过程中观察同伴的各种情绪表现，并体验各种情绪：如紧张、兴奋、热情等，能通过体操动作练习克服困难，勇于练习并敢于展示自我等

续前表

	体操教学项目	领域	该水平达到要求的理解
5～6 年级（水平三）	基本体操技巧与器械练习（支撑跳跃低单杠实用性攀爬等）	运动技能	知道、掌握体操动作术语，能欣赏体操比赛；掌握 1～2 套徒手和轻器械体操动作，了解体操运动的安全措施，能用正确的方法进行自我保护、能进行安全自救等
		身体健康	在学习、生活中保持正确的身体姿势；掌握正确体操动作的方法；发展平衡能力、培养节奏感等
		心理健康	体验体操课学习过程中情绪的变化，能消除不良情绪，并在教师指导下完成有一定难度的体操动作等

二、体操教学设计与案例分析

案例是在教育实践活动中总结出来的教学实例，在被描述的具体情境中包含一个或多个具体的问题，同时，也包含着解决问题的方法和手段。体操教学案例能够揭示隐含在教学实践中的问题和解决问题的方法，提高体育教师教学的应变能力，通过教学案例能解决教师教学中的难点；教学案例能够提高体育教师的教学能力，教师通过对案例的解读、分析、讨论，剖析自己，不断积累反思，自觉改进自己的教学；通过教学案例分析，可以调动体育教师的学习积极性、主动性；教学案例能为教学理论补充新的内容、新的思想，是教育教学理论与实践的桥梁。因此，结合体操教学案例教学和培训对体育教师教育有着积极的作用。

（一）前滚翻动作的教学设计与案例分析

案例 3—10　　鱼跃前滚翻技术（男）　远撑前滚翻技术（女）

（水平五）

门头沟区西辛房中学　陈建徽

课的构思与设计

【指导思想】

通过对鱼跃前滚翻技术、远撑前滚翻技术的进一步练习，不断提高动作技术的协调性、连贯性，提高学生的平衡能力和控制能力。鱼跃前滚翻动作是人类日常生活中必不可少的保护性实用技能，能避免偶发事件所引起的伤害，如滑倒、摔倒时，可采用滚动或滚翻动作，保护自己，减少损伤。教学中充分重视学生的主体地位，根据学生的生理、心理特点制定教学目标。通过教学，培养学生勇敢顽强的意志品质，不断克服恐惧心理，树立自信心，不断向困难挑战，使每一个学生都能获得成功的喜悦。

【教材选择及任务确定】

技巧运动源于生活，与日常生活有着密切的联系，又是学生比较熟悉和喜欢的项目。通过技巧练习，既可以促进学生多方面身体素质的发展，又可以培养学生勇敢果断、团结友爱的优秀品质；教学中通过鼓励学生，使他们树立自信心，战胜自我恐惧心理，并勇于挑战困难，体验成功的乐趣，促进学生身心健康发展。

本节课是单元计划中的第四次课。通过前几节课的学习与练习，结合学生运动技术的掌握情况，确定本节课的重点：女生进一步改进、提高远撑前滚翻技术；男生巩固鱼跃前滚翻技术。练习中，培养学生合作学习的团队精神。

【学习目标】

认知目标：让学生更加了解鱼跃前滚翻技术（男）以及远撑前滚翻技术（女）。

技能目标：掌握鱼跃前滚翻技术（男）以及远撑前滚翻技术（女），能独立完成动作，并越过不同难度的障碍物，部分学生具有明显的高腾空过程。

情感目标：培养学生积极参与运动的意识，激发学生的练习兴趣，让每位学生都能体验成功的喜悦。

教育目标：消除学生的恐惧心理，树立自信心，培养学生相互关爱、团队协作、勇敢果断、勇于创新的精神。

【学生分析与活动】

本班少数学生在小学阶段没有接触过技巧课，基础薄弱；多数学生在小学学习过技巧内容，但能力参差不齐。根据学生掌握情况的不同以及学生的身心特点，在本节课教学中，采取分层教学，按能力分组，让学生自我选择不同难度的练习，独立完成跃过不同难度障碍物的练习。例如，跃过一定高度的体操棒、跃过一定高度的实心球、跃过一定高度的小垫子、跃过不同大小的呼啦圈。这种教学方式给予学生充分选择的空间，既满足了大多数学生的要求，同时也满足了能力较高学生更高的需求，真正做到以学生为主体。

【课的结构与教法选择】

1. 开始部分

集合整队，报告人数，安排见习生。

2. 准备部分

通过三面转法、跑步走—立定的队列练习，培养学生集体主义荣誉感以及高度集中注意力。在慢跑的过程中，做出规定的动作，加强学生快速反应的能力，并集中注意力。准备活动由学生带做，培养学生带操的能力以及组织的能力。

3. 基本部分

(1) 改进提高远撑前滚翻技术（女）。

重点：双脚蹬地充分，蹬、摆协调用力，及时屈臂低头。

难点：双脚充分蹬地，两臂尽量远撑。

为改进远撑技术，在体操垫上有两条不同距离的标志线。让学生先远撑第一条标志线进行练习，动作能够熟练掌握后向第二条标志线远撑练习。由易到难、由近到远逐步提高动作难度。另外，采取让学生跃过一定高度的体操棍、一定高度的实心球、钻跃不同大小的呼啦圈的形式进行练习。学生根据个人能力自主选择练习内容，勇敢地向困难挑战，跃过不同难度的障碍物，让每位学生都能体会到成功的喜悦，让学生相互间团结友爱，给学生展示的空间。

(2) 巩固鱼跃前滚翻技术（男）。

重点：蹬、跃、屈臂缓冲。

难点：蹬、摆、撑。

男生的身体素质整体稍好，他们有强烈的求胜好强心理，善于在大家面前展示自己的风采。因此，根据男生的生理、心理特点制定出以下教学方法，逐步提高鱼跃的高度，向不同难度的障碍物进行挑战，根据个人掌握动作情况，让学生选择适合自己能力的练习。

跃过不同难度的障碍物：

第一，跃过一定高度的体操棍（高度自己定）。

第二，跃过一定高度的实心球（高度自己定）。

第三，跃过一定高度的小垫子（高度自己定）。

第四，跃过不同大小的呼啦圈（呼啦圈分为大号、中号、小号）。

(3) 游戏：障碍接力跑。

培养学生积极向上、团结协作、为集体争光的精神。学生体验一次竞赛后，让学生小组讨论，利用所有器材，给竞争对手制定一套比较难的障碍接力跑的练习方法。经过讨论后，小组共同摆放器材，培养他们勤思考及合作的能力，提高他们之间的竞争意识，促进学生练习的积极性，使学生的身体素质在欢乐的气氛中得到锻炼。竞赛后以小组进行探讨、总结（如实施的方法是否合理等），培养他们分析问题、解决问题的能力。

4. 结束部分

(1) 在轻松的音乐下，跳一段放松操，让学生们身心得到放松。

(2) 学生讨论体验与收获，教师总结。

教案

<table>
<tr><td>单位</td><td>门头沟区西辛房中学</td><td>年级</td><td>初一</td><td>学生人数</td><td>35 人</td><td>任课教师</td><td>陈建徽</td><td>课次</td><td>4 次</td></tr>
<tr><td>教材</td><td colspan="9">鱼跃前滚翻技术（男） 远撑前滚翻技术（女）</td></tr>
<tr><td>教学目标</td><td colspan="9">1. 认知目标：进一步了解鱼跃前滚翻技术（男）以及远撑前滚翻技术（女）
2. 技能目标：掌握鱼跃前滚翻技术（男）以及远撑前滚翻技术（女），能独立完成动作技术并跃过不同难度的障碍物，部分学生有明显的腾空过程
3. 情感目标：培养学生积极参与的运动意识，激发学生的练习兴趣，让每位学生都能体验成功的喜悦
4. 教育目标：消除学生的恐惧心理，树立其自信心，培养学生相互关爱、团队协作、勇敢果断、勇于创新的精神</td></tr>
</table>

部分	课的内容	次数	时间	组织教法	思想教育
开始部分	一、体委整队 报告人数 二、师生问好 三、宣布本课内容和要求 1. 远撑前滚翻技术（女） 鱼跃前滚翻技术（男） 2. 游戏：障碍接力跑 四、检查服装 安排见习生		2′	组织队形： ●●●●●●●● ●●●●●●●● ○○○○○○○○ ○○○○○○○○ ▲ 要求： 1. 集合做到快、静、齐，精神饱满，注意力集中 2. 安排见习生，协助教师上好课	培养学生的组织纪律性和集体意识
准备部分	一、队列练习 1. 原地三面转法 2. 跑步走—立定 二、慢跑——反应练习 要点：跑动中根据教师喊出的数字快速地做出规定动作 1. 手触地一次 2. 转体一周	2～3 2	10′	篮球场 要求： 注意力集中，步伐整齐，精神饱满	注意力集中及培养学生集体荣誉感

准备部分	3. 后踢腿跑 4. 恢复慢跑 三、一般性准备活动 1. 头部运动 2. 肩绕环 3. 腹背运动 4. 腰部运动 5. 正压腿 6. 膝绕环 7. 活动手指、手腕、踝关节 四、专项准备活动 1. 原地模仿团身动作 2. 团身跳练习	4～8 3 5	16′～18′	组织队形： ●●●●●● ●● ●●●●●● ●● ○○○○○○ ○○ ○○○○○○ ○○ 教法： 1. 教师讲解要点 2. 学生在教师指导下进行练习 要求： 集中注意力，快速做出规定动作	培养学生养成良好的锻炼习惯。做好准备活动，以免运动损伤
基本部分	改进提高远撑前滚翻技术（女） 1. 动作方法 深蹲，上体前倾，两腿蹬地，两臂尽量远撑，提臀屈臂，含胸低头，使头的后部、肩、背、腰、臀依次着垫。当背部着垫时，屈膝团身，两手抱小腿，上体紧跟大腿，向前滚动成蹲立 2. 重难点 （1）重点： 蹬、摆协调用力；屈臂、低头及时、果断 （2）难点： 双脚充分蹬地，两臂尽量远撑 3. 保护与帮助 跪立于学生的侧前方，当向前滚动时，一手托大腿前部，帮助翻转。	2 1 4 3 1		组织队形： ●●●●●●●● ●●●●●●●● ○○○○○○○○ ○○○○○○○○ ▲ 教法： 1. 一般性准备活动由学生带操 2. 专项准备活动由教师示范、口令 要求： 1. 充分体会团身紧、低头、抱腿 2. 大腿尽量靠近胸部，体会蹬摆	培养学生小组团结协作、守纪律的优良品质

基本部分	一手扶颈帮助低头。臂部着垫时，两手扶腰或托背帮助完成 远撑前滚翻易犯错误： 1. 撑手过近 2. 屈腿前滚 3. 滚动不圆滑 巩固鱼跃前滚翻技术（男） 1. 动作要领 蹬、跃、撑依次滚动 蹬：两脚蹬地 跃：跃起腾空，含胸屈髋 撑：两臂前伸，双手撑垫，屈臂缓冲 滚：低头团身，向前滚动 2. 重点 蹬、跃、屈臂缓冲 3. 难点 蹬、摆、撑 4. 保护与帮助 保护者站在练习者侧前方，一手托腹，一手托大腿，帮助缓冲前滚 鱼跃前滚翻易犯错误： 1. 腾空不够或没有腾空 2. 收腿过早 二、游戏：障碍接力跑 方法：1. 教师发令后，第一个同学连续跳过立着的小垫子，闯过第一关，第二关将实心球抱起跑至B点，返回时还	1 3	12′～14′	组织队形： 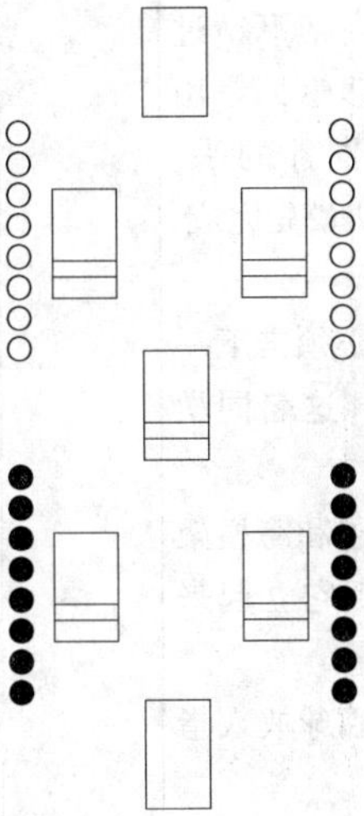 教法： 1. 复习前滚翻，并纠正错误 2. 示范讲解远撑前滚翻技术，讲解保护帮助的方法 3. 辅助练习：双手逐渐远撑（在垫子上有两条标志线，由易到难、由近到远） 4. 跃过障碍：体操棍（高度由学生自己定） 5. 教师示范钻跃呼啦圈 6. 学生根据个人能力选择练习（越过不同难度的障碍物：实心球、体操棍、呼啦圈） 7. 纠正练习中出现的错误动作 8. 学生主动示范、师生互评	培养学生勇敢、果断、克服困难、互相协作的优良品质

基本部分	要将实心球抱回A点，第三关从跳高架下钻过或爬过，迅速返回，用手击第二名同伴的手，继续，看哪队最先完成 游戏规则： 1. 跑回同学必须击下一名同学手掌，这名同学才能跑出 2. 立着的垫子和跨栏架被碰倒必须把它立起来再跑 3. 必须将实心球放入指定的地方			9. 教师示范鱼跃前滚翻技术，并让学生看挂图。讲解保护与帮助的方法 10. 学生练习，教师纠正错误动作 11. 学生根据个人能力选择练习（越过不同难度的障碍物：体操棍、实心球、小垫子、呼啦圈） 12. 教师个别指导 13. 学生进行拓展展示 要求： 1. 各小组保持队形，认真练习 2. 教师吹哨后停止练习，立刻站好队 3. 练习积极、主动、刻苦 纠正方法： 1. 逐步向前手撑垫前滚翻 2. 稍屈髋前滚 3. 多练习前滚翻 纠正方法： 1. 放置标志物或画标志线做远撑前滚翻练习 2. 强调蹬摆用力，大胆跃出 组织队形： ○○ ∧ ∧ ∧ A←→B ○○ ∧ ∧ ∧ A←→B ●● ∧∧∧∧ A←→B ●● ∧∧∧∧ A←→B 教法： 1. 教师讲解游戏方法、规则及相关要求 2. 教师发令学生练习	培养学生积极向上、团结协作、为集体争光的精神。

结束部分	一、集合 二、放松（听音乐） 三、小结 四、收器材 五、下课			3′	3. 让学生小组讨论，给竞赛对手研究制定出一套比较难的接力跑方法，快速摆放 4. 再次游戏 5. 教师参与游戏 要求： 遵守规则、注意安全 组织队形： ●●●●●●●● ●●●●●●●● ○○○○○○○○ ○○○○○○○○ ▲ 要求：充分放松，小组长组织本组同学收器材	培养学生善始善终的好习惯，收器材注意安全，互相协作，摆放整齐
器材	大体操垫：7 块 小体操垫：20 块 跨栏架：4 套 实心球：10 个 体操棍：4 根 呼啦圈：7 个 图解：1 个 录音机：一台 黑板：一块	练习密度	30%～35%	运动负荷	（次/分） 180 160 140 120 100 80 10　20　30　40　50　（分钟）	
课后小结	通过这次课，学生主动参与到教育教学中去，培养学生勇敢果断、团结协作的优秀品质。学生在练习中，充分体验挑战各种困难的激情，获得成功的喜悦，每个学生都增强了自信心，体验参与的乐趣。教学中充分体验了同学间的相互合作、相互关爱，增进了同学间的友谊，培养了集体荣誉感。在教学方法上，采用分层教学，按能力分组，让学生根据自己的实际掌握能力自主选择练习内容，体现出学生的主体地位；同时采用由易到难、由浅入深的教学方法，使不同层次的学生都能获得成功的更大体验，满足学生喜欢展示自我的愿望。学生课堂参与非常积极，在新颖的教学手段下、欢乐的练习气氛中，学生克服了胆怯的心理，同学间相互鼓舞，树立坚定的自信心，面对不同难度的障碍物，学生没有退缩，都能跃过不同难度的障碍物，多数同学有明显的腾空技术。在练习中，少数学生没有给自己选择好练习场地，有些同学还没熟练掌握动作技术，却选择了比较难的障碍组练习，而个别学生过于低估自己的实力。针对这种情况，在今后的体育课上，教师要多给学生一些引导、启发、指导学生正确认识、评价自我。					

[分析与评价]

本节课主题明确、特点突出，注意对学生体育课上的“三基”教学，特别是注重对低年级学生的常规培养。本节课教学步骤连贯，是一节传统的体育教学课。在此基础上根据新课标理念，在教法选择上，根据学生的实际情况，采用分层次教学，由浅入深、由易到难的原则，为学生学习研讨、交流创造了空间，使学生根据个人能力进行选择性练习，让每个学生都能体会到成功的喜悦。本节课确实使学生在体育课上学到了知识，掌握了一定的技能，并达到了锻炼身体的目的，效果较好。教师基本功扎实和对新课标的充分理解，是这节传统体育课在继承发展上完成较好的关键。

在体操教学设计和实施过程中，结合教学实际，制定明确的教学目标是实现课程理念、达到教育教学目的的基本要求。根据课程标准的要求，对学生的身心特点进行了认真分析，制定了认知、技能、情感等具体的、可操作的目标是完成教育任务的保障。在体操课堂教学过程中，教师通过规范教学组织、合理的教学要求、科学的教学安排，以及根据体操动作技能形成符合学生认知发展规律（考虑学生年龄特点和身体心理发展特点及规律）的教学手段，采用合理的（保护措施到位、安全）保护与帮助措施以消除畏惧情绪和恐惧心理，同时，教师在教学过程中，采用多种手段、方法以及分层教学的方式，激发学生的学习兴趣，都是完成教学目标的条件。

本节课充分理解了体育与健康课程标准的精髓，针对学生的条件和体操教学实际，制定了明确、具体的教学和学生学习的目标；通过认真分析本单元、本次课的教学任务分层次、按学生能力确定教与学的方法和教学组织手段，并根据教学内容采用针对性的教育教学措施，培养学生勇敢、自信、团结友爱的品格；通过认真的课后总结、反思、评价以及与学生和同行的相互反馈，不断提高自己的教学设计能力和教学艺术水平。

（二）舞蹈和韵律体操部分

一堂体育课的教学内容主要分为准备部分、基本部分及结束部分。同样，一堂韵律体操与舞蹈课的框架也可以此步骤来构架。本部分带着教学中总结出的一些问题及案例，思考分析在中小学体育教学中韵律体操与舞蹈部分的教学所存在的问题，探究合理的教学设计和有效的教学方法。以下是对一堂完整韵律体操与舞蹈课的教学设计所做的相关思考。

1. 准备部分

准备部分要为整堂课教学的开始做准备，因此常会以一些准备活动的练习为主要内容，或是以能对整堂课起到导入作用的练习为内容。以韵律体操与舞蹈课为例，我们选择以舞蹈的基本功训练或韵律体操的基本素质练习作为准备部分的活动，以达到热身与活动的目的，为教学环节中学生接下来第二部分的学习做一个好的铺垫。可配合音乐做一系列的基本活动练习，如勾绷脚、吸伸腿、拉肩、抻腰等以及一些简单的原地蹲、直立及半脚掌、压脚跟等活动练习，对身体的各个关节、韧带起到一个活动抻拉的作用。同时在活动开之后，也可做一些原地或移动的简单抬腿跑或跳跃类动作，对学生的肌肉做一个兴奋状态的调动。在音乐中边活动边找一下舞蹈和韵律的状态，能更好更快地进入下面的学习。

在舞蹈基本功训练时同样要注意培养学生的美感意识。在基本功训练过程中应贯穿美的教育，强化学生传达美的表现意识，使学生意识到课堂即是舞台，不单是学习、练习基本功，同时也是在学习舞蹈表演。在用肢体甚至是更具体更局部的动作来传达美、传达一种精神。通过手、头、眼、身体、腿、脚，让学生想象在空间运动时所能表现的美感。

2. 基本部分（即主要部分）

主要部分一般为整堂课的教学重点内容。在本课程中低年级可选用简单的律动活动组合和游戏舞蹈组合；中高年级可逐渐过渡到比较复杂的韵律活动和有一定情节、表现更为丰富的韵律舞蹈和民族舞蹈等内容。同时，可进行自我创编，形成一些新的有特色的成品舞蹈组合内容。教材内容的多样性可引起学生的学习兴趣，使得教学更加丰富多彩。因此，注重搜集掌握丰富的素材，进行创编的时候才会更加从容。

韵律体操是小学生非常喜爱的体育活动，也是体育课标要求学习的内容其一。为了帮助教师们了解和丰富课堂教学内容，提高韵律体操的教学效果，本部分选取了北京市丰台五小银地分校的师生所展示的韵律舞蹈作为案例素材，供大家学习、分析。

案例 3—11 韵律舞蹈——向前冲

《向前冲》这个韵律舞蹈采用了学生非常喜欢的流行音乐作为伴奏。在动作的创编上，教师主要从小学生热情活泼的年龄特点出发，将韵律操与舞蹈的动作进行了很好的融合。采取了“边舞边说”的新颖形式，舞蹈的同时适时地加以充满活力的积极口号，使得学生的练习与表演彰显出浓浓的激情和健康活力。再加上融入了大家非常熟悉的游泳、乒乓球等运动项目当中的一些具有代表性的动作，形成了此段充满热情、活力的韵律舞蹈。此舞蹈符合边唱边做动作的表现舞蹈的特点，吸引了学生的参与，提高了学生的兴趣，锻炼了学生的身体素质及灵活性，深化、提高了学生的模仿能力，培养学生从小关注体育、热爱运动的意识，充分展现了小学生开朗自信、积极向上的风貌特征。

在教学过程中我们可按照由分解动作的教与学到最终完整舞蹈的学习这样一

个由易到难的步骤去教学。具体如下：八组短句动作可分解学练；然后组成完整舞段学习；反复练习动作，熟练掌握；再进行节奏的丰富变化；最终可进行加队形变化的完整练习。

中高年级的舞蹈内容，以学习本国的民族、民间舞蹈为重点。主要介绍节奏鲜明、易教易学、愉快活泼的几大民族的舞蹈组合和带有一定情节的创编舞。因此主要部分也可选此类内容进行教学。本部分选取了在教学中探索编排试用的民族舞蹈作为案例素材，供大家学习、分析。

案例 3—12　藏族舞蹈——金色的太阳

《金色的太阳》以小学韵律活动和舞蹈教材部分当中所常用的民族舞蹈——藏族舞，作为基本素材，选用了一首欢快的具有藏族音乐节奏特点的音乐，以退踏步、第一基本步、第二基本步、嘀嗒步等藏族舞蹈的典型基本舞步及基本动作为基础，在编排过程中通过教师对基本动作的变化拓展，丰富了整个舞蹈的内容。此舞蹈重在培养学生身体的正确姿态和节奏感、协调性，充分发展了学生的表现力、观察力、模仿力及审美情趣，并且通过了解一些藏族的基本文化背景，使学生对我国的民族舞蹈（藏族舞）的基本特点和基本动作有一定的认知和掌握。

在教学过程中我们可按照由分解动作的教与学到最终完整舞蹈的学习这样一个由易到难的步骤去教学。特别需要提到的是，民族舞蹈的教学，可先进行一些简单的文化背景知识介绍，使学生更容易理解及接受具体动作实践学习中的一些问题。不同于上一案例的是，民族舞要先明确进行该民族的基本体态及基本动律的教授，再进行动作由简到难的学习。这样学生才会对风格特征把握得更加明确、充分。具体如下：简要了解藏族文化背景知识；讲解示范该民族基本体态，进行教授；学习基本动作；练习连接短句；组成完整舞段学习；反复练习动作，熟练掌握；可进行分组动作变化和交叉配合，丰富队形变化等。教学的最终目标是体现出更高的艺术效果。

舞蹈、韵律体操最关键的是要把握其不同内容各自特有的风格，把握其特定节奏和特有规范舞蹈动作。尤其是民族舞，更为强调突出此点。风格的把握是决定训练效果的核心，如藏族舞中的欢快与松弛自如、蒙古族舞蹈中的豪迈沉稳、傣族舞的灵动如水、维吾尔族舞蹈中的高贵华美……舞蹈风格皆要贯穿整个动作教学之中。把握好舞蹈节奏和动作节奏，规范练习基本的手、脚动作位置。

3. 结束部分

结束部分一般以做放松练习的内容为主。使学生从激烈的运动过程逐渐过渡到平缓放松的状态。在整堂课结束之时，能够达到调整气息、放松身心的效果。教学中在结束部分放松练习环节，教师可选用悠扬舒缓的音乐，根据教学实情去创编自己的放松练习舞。以北京市丰台五小银地分校的师生所展示的放松舞蹈《小白船》为例来进行分析。

案例 3—13　放松舞蹈——小白船

放松舞蹈组合《小白船》选用了一首学生非常熟悉的少儿歌曲，在 4/3 拍节奏舒缓氛围的映衬下，使学生从激烈的运动过程逐渐过渡到平缓放松的状态。主要采用三拍基本舞步进行各种舞姿的变化，采取了双人配合形式，包括用到了一些集体舞中队形的处理变化等形式，丰富了整个舞蹈。在整堂课结束之时，达到调整气息、放松肢体、愉悦身心的效果。此舞蹈培养学生对音乐的感受力，使之学会调整气息，掌握身体有松有弛的规律。伴随悠扬的音乐，达到使学生陶冶情操、放松身心的效果。

在教学过程中此舞蹈按照由分解动作的教学到最终完整舞蹈的学练这样一个由易到难的步骤去教学。这个舞蹈教与学的特点是，先从 4/3 拍节奏的认知着手，然后学习基本调节气吸放松的方法，找到节奏规律后再开始学习基本舞步，再进行动作由简到难的学习。单人舞步熟练掌握之后再进行双人配合等变化。具体如下：介绍 4/3 拍节奏，分析本舞蹈音乐当中的节奏，使学生熟悉；听音乐找到呼吸、调节气吸的放松方法；学习几组三拍基本舞步；练习连接动作；练习双人动作配合；组成完整舞段学习；反复练习动作，在音乐中体会呼吸气吸和愉悦放松的心情；也可进行队形变化的练习，大家共同体会轻松愉悦的放松心情。

在单一动作训练中，学生容易出现一些问题。比如不会收紧与松弛的合理运用、动作路线不清晰、手眼与腿脚的协调性不够、表情不自然等。舞蹈节奏分配不明确，动作的力度及幅度大小把握不够好。如以上提到的《小白船》中三拍舞步的明确节奏，包括各种三拍舞步与手眼的协调配合也极为重要，加之自然松弛的表情情绪，呈现出的效果是绝对不同的。舞蹈美感教学贯穿始终，充分启发学生的想象力及空间意识，如：在“小白船”学习中，可以启发学生想象自己身临其境，在“蓝蓝的天空银河里……有只小白船……”那幅悠扬起伏的画面，有了这样勾勒出的美丽画面，学生能更好地体会那种舒缓平和的美，身心得以放松。

上面分析了韵律体操与舞蹈教学设计的思路，针对各部分内容框架顺序做了解析，自然形成了一条教学设计的完整脉络。说到各部分具体内容，韵律体操与舞蹈教学的组合或小的成品舞蹈，一般以动作活泼欢快、舒展大方的特点为多。

既可掌握一些特点鲜明的基本动作，又能进一步提高节奏感和表现力，能够达到增强体质、塑造健美体型的目的。韵律体操与舞蹈教学，应从“育教寓乐”的目标出发，将“美育”的内容寓于整个教学之中。培养学生一种持之以恒的精神及感受美的能力。

本部分运用的教学内容及素材案例可供大家分析、借鉴，仅以此作为韵律体操与舞蹈教学的一个模式参考，启发大家去思考与研究。

三、体操教学的安全保障

保护与帮助是体操教学的显著特点之一，也是体操教学与训练的一种手段与方法，同时又是预防运动创伤的安全措施，中小学体育教师必须掌握这一基本体操教学技能。

（一）体操教学中保护与帮助的作用

保护与帮助是体操教学与训练的一种手段与方法，也是预防运动创伤的安全措施和有效方法。由于体操器械类型不同、动作类型多样，有动力性和静力性动作、滚动和翻腾类动作等，还需要在运动中克服自身的重力完成动作，本身有很好的锻炼价值，但也存在一定的危险性。因此，在体操教学中，运用正确的保护帮助方法，有助于减轻学生身体和心理负担，增强学生学习的自信心，同时能帮助学生尽快地建立动作概念，掌握技术要点，也是防止伤害事故的重要手段和有效方法。通过运用正确保护帮助方法，能培养学生的责任感和集体主义精神，培养互爱互助的良好作风，增进同学间和师生间的关系和感情。

（二）体操教学中保护与帮助的分类

体操教学中的保护与帮助内容、形式和方法多种多样（见图 3—7），保护中有帮助，帮助中有保护，两者相辅相成，在体操教学时，要根据练习者的具体情况有效、合理地加以运用。

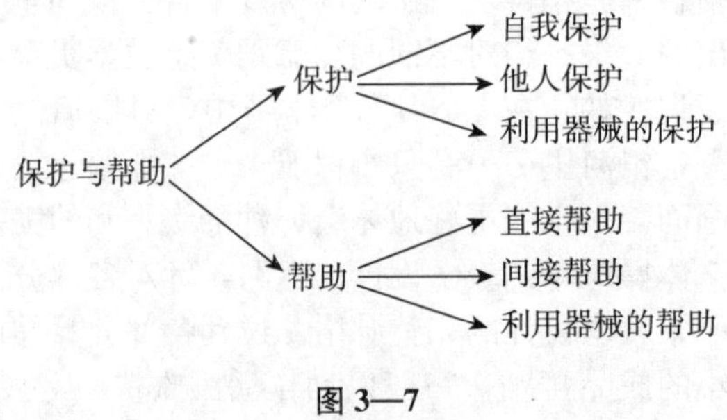

图 3—7

（三）体操教学中保护与帮助方法的运用

体育教师运用保护与帮助方法时应注意以下几个方面的内容：

1. 保护与帮助者站位要得当，选择正确、有利的位置才能更好地发挥保护与帮助的作用。

2. 保护与帮助的部位要正确。保护与帮助的部位是指保护与帮助者给予练习者助力的作用点。

3. 保护与帮助者要采用正确的手法进行保护与帮助，常用的手法有：托、顶、送、挡、拨、搓、拉、扶等。

4. 保护与帮助者给予助力的时机和用力的大小要适当。

5. 保护与帮助的重点要明确。保护与帮助的重点是身体最容易受伤害的部位，如头部，一般依据以下顺序：头颈部、上肢、腰、膝踝等部位，同时要尽量避免掉下器械。

6. 保护与帮助者要迅速跟随练习者的运动前、后、左、右地移动，使自己始终处于最佳的位置。

7. 不同的教学阶段采用适当的保护与帮助方法。

8. 保护与帮助者要掌握正确的脱保时机，保证练习者独立完成动作。

在体操教学中，脱保的时机很重要，教师在运用脱保时机时应注意以下问题：

1. 观察学生平时对所学技术动作掌握的情况。

2. 观察学生平时完成动作的成功率。

3. 了解练习者的意志品质。

4. 了解练习者的身体素质、心理素质，情绪是否稳定。

5. 清楚练习者的自我保护能力。动作技能的形成是有一定规律的，教师们要根据运动技能形成规律不同阶段的动作特点及保护帮助方法的运用，并根据不同的教学阶段，选择适当的保护帮助方法，及时脱保是体育教师必须掌握的技能。

本讲小结

本讲作为体育教师教学参考资料，突出教师体操教学技能的培养，并根据国家《课程标准》、体育教师发展需求、体操教学的特点、学生发展的需求等方面的要求，设计了体操教学技能与教学设计、体操教学案例分析、体操教学的安全保障三部分内容。从体操教学技能的概念、体操教学设计规律，新课程对体操教学的要求，到体操教学案例在体操教学中的意义、作用，通过具体实例分析，解决教师教学中的难点，以提高体育教师的教学能力与技能，并通过案例的解读、分析、讨论，不断改进体操教学，同时，为体操教学理论补充新的内容、新的思想。最后，针对体操教学的显著特点“保护与帮助”这一体育教师必须掌握的体操教学基本技能进行归纳与总结，使体育教师在体操教学中能科学地加以运用，预防运动创伤，实现“终身体育”的目标，促进体育教师的专业化发展。

思考与活动

1. 体操教学设计是体育教师的基本技能之一，体操教学设计有哪些基本要素？在体操教学设计时要注意哪些方面的问题？

2. 根据体操教学内容，设计某一体操动作单元教学计划和课时教学计划。

3. 在体操教学实践中，你的困惑是什么？

参考文献

1. 黄燊主编. 体操［M］. 北京：高等教育出版社，2000

2. 杨铁黎主编. 体育教学设计与教案编写［M］. 北京：北京体育大学出版社，2004

[作者简介]

李健，女，北京教育学院体育系副教授，发展与教育心理学硕士。自1987年至今一直从事体育教师教育及培训工作，曾在国家核心期刊发表《中学体育教师对教学自主性认识的研究》、《中学体育教师课堂教学行为的理论构建》、《体育课堂教学观察》、《中学体育教师对“体育与健康课程”教学观的研究》等多篇学术论文，出版《李健——健美操系列》个人专集，并参与多部教材和著作的编写。

卫星，女，北京教育学院体育系舞蹈教师，助教。一直从事舞蹈及韵律体操教学以及相关培训工作。曾参加《师之翘楚——全国体育特级教师教育智慧与艺术》等著作和教材的编写工作。

第四编

体育教学评价与体质测试

第一讲
体育教学评价若干问题的思考

北京教育学院体育系　韩金妍

20世纪30年代，国外兴起了对教育评价的研究，许多教育评价模式相继出现，教育评价研究已经成为当代教育科学研究三大领域之一。而体育教学评价研究则是教育评价研究内容的重要组成部分。体育教学评价是学校实现科学管理的重要环节，也是推动体育教学改革、提高教学质量的有效措施，在体育教学改革中起着导向与质量监控的作用。随着体育教学改革的不断深入和发展，特别是由应试教育向素质教育转轨的教育思想的提出，要求改变体育教学评价过分强调甄别和选拔的功能，发挥评价促进学生发展、教师素质提高和改进教学的功能，建立评价内容多元化、评价方式多样化、着眼于学生发展和教师素质提高，并有效改进教学实践的评价体系。教学评价多元化必然逐渐取代单一的评价，成为当今体育教学评价的一大趋势。本讲从体育教学评价的本质、作用以及当前存在的主要问题和对策探讨等视角入手，试图为一线体育教师进行正确的体育教学评价提供一些参考。

一、体育教学评价的本质

体育教学评价是教育评价的一个组成部分，是一般评价活动在体育领域的具体表现。它是以既定体育教育目标为依据，运用有效的评价技术和手段，对体育教学活动的过程和结果进行测量、分析、比较，并给予价值判断的过程。

在评价过程中，评价的主体是各级教育行政管理部门、学校领导、社会组织以及学校、教师，甚至是学生；评价的客体是体育教学的实践对象，包括体育教学过程中的各要素，如教学质量、教学过程和结果，学生在知识、技能、智力和能力等认知方面的发展，以及情感、意志、个性、人格等非认知因素的发展等诸多方面。这些方面体现了体育教学评价主体与客体之间的价值关系。因此，在进行体育教学评价时，首先应搞清主体的需要是什么，即在体育教学中培养什么样的人，达到怎样的终极目标。而且还要分析客体即体育教学的属性和功能，体育教学具有向学生传授体育知识、培养学生体育能力、完善学生个性品德等方面的价值和让学生掌握科学锻炼方法的价值等。

二、体育教学评价的作用

（一）教学评价的信息反馈作用

无论对教学哪一方面的评价，都必然要提供一定的信息，如量的大小、质的优劣、效果的好坏、效率的高低等，都会在评价上反映出来，差别就是信息。这些信息反馈给评价的对象，就可以作为调整或改进的依据。在教学活动中，外部评价人员、教师或学生对教或学的活动主体（评价对象）作出某种反应，这都是评价。活动的主体——教师或学生将这种评价所提供的信息与自己的实际活动进行对照、比较，从而扬长避短，使自己的活动有效地指向预期的目标。

例如，有一次某教师给女生上形体训练课，课前学生情绪很高，但在教学实际中，学生却扭扭捏捏，教学效果不太好。课后有学生在课的评议中写道："艺术体操是我们喜欢的项目，但是对我们来说又是一个新项目，还需要一个适应过程，您要我们在操场上，在大庭广众之下，当着那么多男同学的面做这些动作，我们确实有顾虑。"根据学生提供的这一信息，这位教师就把另一班的课放在室内进行，气氛就比较活跃，教学效果大不一样。学生在课后评议中能如实地反映课后生理上的感觉。例如，"今天的疲劳感觉到下午才有所好转"，"因为腹部肌肉反应大，大部分同学整整一天都不敢笑"，"今天的运动量太小，活动时间短，总是看，真无聊"等学生提供的这些信息使教师能及时了解学生课后的身体反应，便于调整课的运动负荷。

（二）体育教学评价的考察、鉴定功能

教学评价除了对教师的教和学生的学产生促进作用之外，还具有对教学质量和水平、优点、缺点等相关问题的考察鉴定作用，对学生的学习能力、学业状况和发展水平的判定鉴别作用。此外教学评价还可以为管理者提供有关决策的依据。教师职务的评审和聘任，也与教学评价有着直接的关系，都需要通过教学评价对其做出客观的判定。

（三）体育教学评价的激励功能

评价的激励功能是指由于教学评价而激发被评价者积极、自觉地改进教学的活动。评价本身不是目的，提高和改进才是评价的根本目的。从教学评价的实际

来看，只有针对被评价者的个别差异进行个别评价，才会激发被评价者的积极情感和向上的功效与能力，才会更好地促进体育教学质量的提高。

评价激励法是在教学过程中由教师采取各种表扬、鼓励等手段，激发学生进取的动机，促使学生主动、积极地完成教学目标的一种方法。教学中合理地运用评价激励，将促使学生更积极、更主动、更有信心地进行学习。对学生当时的表现进行评价，对课堂表现、学习态度等以鼓励表扬等积极性评价为主，尽量从正面引导，对学生的反面表现要婉转地传递给他，这样有利于学生及时获得对自己行为的相关信息，及时发扬优点，改正缺点。爱听表扬和夸赞是人的天性。根据这一特点，教学中不管发现学生哪一方面的优点，都要适时适度地给予表扬，如在做前滚翻练习时，老师说一句很简单的“做得不错”，学生心里就会美滋滋的，还想下次做得更好，再得到老师的表扬。这会极大地激发学生学习的积极性和主动性，使课堂气氛生动活泼。学生不可能不犯错误，当学生违反纪律或者不认真时，老师严厉批评是一种行之有效的方法，但是有时老师说句保护学生自尊的悄悄话，往往比批评更有效。包含爱心的话语可以加强师生之间的情感交流，而更重要的是让学生懂得自尊、自爱、自律，从而使他们在成长的旅途中变得快乐而自信。

某校三年级有一位学生，在体育课上经常扰乱课堂秩序，有时甚至逃学、旷课，是个让人十分头疼的学生。后来体育教师偶尔发现这个学生是一个很细心、很有组织能力的学生，体育课中做游戏或小组活动时，总是别具一格，不论是性格怎样孤僻的学生在他的组织下都能积极地参与。针对这一情况，体育教师对他及时给予了欣赏、赞美性的评价，并跟班主任商量后决定让他当体育委员。从此以后这个学生在体育课上表现得特别好，对班集体的事越来越关心，还踊跃参加班级、学校组织的各项活动，逃学、旷课的现象日趋减少。到了第二学期，他已经没有了逃课、旷课的现象，而且各项体育活动都取得了好成绩，脸上也有了少有的自信和微笑。这位学生的变化，正是赏识、激励性评价的结果。

在教学中，体育教师还会遇到不少这样的事例。从上体育课的第一天，教师就发现有个学生胆子特别小，上课总是沉默寡言，参与体育活动的积极性不高。根据他的这一特点，在每堂体育课上，教师都鼓励他大胆尝试，使之坚信自己并不比别人差，要求学生给他帮助，发现进步总会对他给予由衷的称赞。经过两个月的教学后，教师发现这个学生进步很大，在体育课上不再是那么胆怯，还经常跟同学进行体育项目的竞赛活动。他的这些进步和转变，正是教师对他的赞美、鼓励所起的作用。

教学时的基本要求是：对于不同水平学生的评价也应不同，对于体育基础好的学生要少表扬，以防他们产生满足情绪；对于体育基础差的学生要少批评、少责怪，多鼓励、多表扬。当学生取得成功、进步时及时给予肯定和赞许，当学生完成动作失败或遇到困难时恰当地给予鼓励，同时向学生提出改进的方法。

易出现的问题：教学评价只说优点，不说缺点，只表扬、不批评，教师成了学生活动的“捧场人”，谓之曰“激励性评价”成“无劣评价”等。评价较片面，注意对技能的评价，如“真棒”、“太漂亮了”、“动作真优美”等。组织比赛只强调获得第一名的同学，忽视了对全体同学的积极参与、团结合作、公平竞争、尊重他人、增强责任感等情意方面的评价，应多设参与奖、公平竞争奖、努力拼搏奖。

三、当前体育教学评价存在的主要问题

目前，尽管体育教学评价的改革已经取得了一些进展，但是在深化教育改革、全面推进素质教育和健康教育的过程中，以“健康第一”的指导思想来审视现行的体育教学评价，仍能发现一些值得商榷的问题。

（一）体育教学评价目的认识不当

体育教学评价是体育教学过程中的一个重要环节，它的目的主要有两个：一是检查教师的教学情况，帮助教师发现问题，找出不足，从而有的放矢地改进教学工作；二是让学生了解自己在某一阶段的学习情况和需要改进的地方，在此基础上进一步提高学习效果。但是，在实际工作中，体育教学评价却存在着为评价而评价的做法，把评价作为体育教学的目标对待。体育教学仿佛就是为了考核而进行的，考什么就教什么。对评价目的认识不当，不仅不能促进教师教学能力的提高，不能促进学生的全面发展，而且长期如此更会造成严重的教学质量低下。

（二）体育教学评价内容不全面

长期以来，由于我国过分强调体育教学评价鉴定和选拔功能，因而在评价内容上也往往呈现出内容单一的现象：偏重于身体素质、运动能力和技能的考评，以一个人跑得快慢、跳得高低、投得远近来评价学生体育成绩的好坏、评价教师教学质量的高低。教师对学生学期体育成绩的评定也采用简单的“一考定成绩”的做法，即每到学期末，进行四五个运动项目考核，然后给出一个学期成绩，其结果未能很好地体现培养学生多方面素质的要求，忽视了体育评价的全面性。在倡导“健康第一”的指导思想下，用竞技体育的评价内容来评价全体学生是不全面的也是不合理的。

体育学习的目标一般包括认知、技能、情感和社会性发展以及身体发展等几

个方面，而这几个维度的目标在具体建立其评价指标体系时应再进行细分。对教学目标中的其他目标，尤其是对体育态度、体育意识、合作精神等情感和社会性发展等非智力因素方面的目标很少兼顾，而这些内容不仅是体育教学目标的重要组成部分，并从学习的深层动机上影响着体育学习的过程及其结果，而且还对学生终身体育意识和运动习惯的养成等方面的发展产生很大的影响。因此，只有将主观评价和客观评价有机地结合起来，才能使体育教学评价更加全面，并对“为终身体育奠定基础”的目标实现和教学目标达成的整体优化起到积极的作用。

误区 1　依据教师主观意识评价学生

教师认为体育教学评价就是教师评价，课堂上，教师凭主观意识评价某些学生的表现：“很好”或“太差了，这都不会”，忽视学生的努力，否定学生的进步，又不说明好在哪里，差在哪里，导致学生未能及时掌握学习信息，压抑学生学习的兴趣与积极性，长此以往造成学生的厌学情绪。

误区 2　依据教师传统眼光评价学生

教师以传统的眼光看待学生，往往表扬那些运动成绩好、守纪律的学生，对那些上课好动、经常给自己带来麻烦的学生予以批评打击，忽视学生的想象力、创造力及表现力。同时评价形式单一（表扬或批评、肯定或否定），从而影响学生个性与能力的培养，不利于学生对学习方法的掌握。

（三）体育教学评价方法及标准缺乏科学性

1. 重视结果性评价和定量评价，忽视过程性评价和定性评价

目前，体育教学评价在方法方式上往往存在着相同的弊病，即过分注重终结性评价和定量评价，而忽视了过程性评价和定性评价的重要价值。终结性评价只注重了学生在体育运动方面达到的水平，忽视了学生在学习和锻炼过程中身体素质、技能及情感等多方面的发展和提高，不能体现体育教学的本质功能。而恰恰是过程性评价在发挥评价对教学的反馈、修正作用方面具有终结性评价难以替代的作用。只有重视运用体育学习过程的评价，才能有效地帮助学生及时发现和解决学习中出现的问题，从而不断改进教学过程、提高学生学习的自觉性和有效性。由于体育教学过程的复杂性，并非所有因素都是能够量化的。但目前在教学实际中仍普遍存在以运动成绩考试为核心的定量评价为最主要甚至是唯一评价方法的现象。

2. 重视绝对评价，忽视自我评价

一是片面强调绝对性评价标准，如身体素质测验、达标等成绩的评定，不重视乃至完全放弃以被评价对象的进步为参照标准进行评价。二是过多地强调共性和一般趋势，忽略了个性的发展和个体间的差异性。三是评价关注重心过分集中

在结果，忽视被评价者在各个时期的进步状况和努力程度，没有形成真正意义上的形成性评价，不能很好地发挥评价促进发展的功能。

采用统一标准要求全体学生的做法值得重新审视。这种方法主要是从社会需要的角度考虑教育评价的，而没有考虑学生在身心方面存在的客观差异。按照统一的标准，有些学生虽然取得了很大进步，但由于先天原因，却达不到标准要求，被视为“不合格者”，积极性受到打击；有些学生虽然不好好上体育课，但因先天优势，却能取得优异成绩，积极性也无法得以充分发挥。由于学生个体之间在身心发育上存在差异，依据个体的进步程度对学生进行评价更能反映教学和学习的真实效果。

四、改革体育教学评价的对策探讨

改革体育教学评价的对策，应当与体育教学评价的发展趋势相结合，才能对准改革方向。结合当前体育课程改革的发展趋势，我们不难发现一些体现时代精神的体育教学评价无论从价值取向和功能上，还是从发展方向上，都正在发生着深刻的变化，这些新的变化也正引领体育教学评价朝着“以人为本、关注过程、关注全面发展”方向迈进。因此，我们改革体育教学评价的对策可以从以下几个方面入手。

（一）强调体育教学评价功能的发展性

发展是体育教学评价的最终目的所在。体育教学评价的一个重要的目的，就是在体育教学过程中，激励学生的学习热情，增强学生的成功体验，帮助学生树立信心，变被动学习为主动学习，让学生体会到学习的快乐，变“苦学”为“乐学”，从而促进学生全面、持续、和谐的发展，切实体现“健康第一”的指导思想。也就是说体育教学评价在评价理念上应当注重评价的发展性功能，不仅要关注学生的现实表现，更要重视全体学生的未来发展；不仅要关注学生的知识、技能掌握情况，而且要发现和发展学生多方面的潜能，了解学生发展中的需求，帮助学生认识自我，建立自信，发挥评价的教育功能，促进学生在原有水平上得以进步和发展，重视每个学生在各个方面的发展。

因而在构建体育教学评价的指标体系时，应注重多元与权重相结合。评价指标是一种具体的、可测量的、行为化的评价准则，是根据可测行为观察的要求而确定的评价内容。因此，注重多元与权重相结合，要突出以体育教学活动的主要因素和体现教学活动质量优劣的因素作为主要评价内容，同时兼顾其内在联系的各种要素，根据它们在教学活动中的不同地位和作用，确立不同的权重，充分反映教学活动，使评价指标趋于合理、准确。

（二）强调体育教学评价主体的互动化

强调评价过程中主体间的双向选择、沟通和协商，关注评价结果的认同问题；加强自评、互评，使评价成为管理者、教师、学生和家长共同积极参与的交互活动。在教学评价中，应该将使用评价信息的各方面人员邀请到评价中来，请他们提出对评价的要求和建议，以使评价结果能够很好地满足使用者的需求。评价者与被评价者应该处于一种平等地位。但在传统体育教学评价中，学生仍然只是被评价的对象，处于消极和被动的状态。这往往造成学生对教师的对立、排斥心理，不利于教学评价结果的反馈、认同，不利于评价的改进和发展功能的发挥。因而体育教学评价应强调参与与互动、自评与他评相结合，实现评价主体的多元化，以多渠道的反馈信息来促进被评价者的发展。评价主体的多元化，尤其是注重教师评价和学生评价相结合，能够充分调动学生的积极性，高质量地完成教学目标。学生参与评价，使评价成为一种双向甚至多向的活动，并通过学生的“自评、互评”实现教学互动和全体学生的发展，开拓师生彼此的潜力，以促进教与学的共同发展提高。

（三）强调体育教学评价内容的多元化

评价更加注重考查学生的综合素质，不仅关注学生的认知、技术技能，而且更加注重学生的身心健康、适应社会能力、创新精神和体育能力，以及积极的情绪情感体验和良好心理素质的培养；注重对个体发展独特性的认可，帮助学生树立自信；以质性评价的方法为基础，不仅要考查“技术”或“知识”等认知层面的内容，而且重视考查“表现”等行为层面的内容，并且对情感态度要尤为重视。传统的体育教学评价由于过分追求量化评价，因此势必要抛弃许多暂时无法定量而又极为重要的评价信息，如重视学生外在的行为目标，忽视内在情感目标和态度的培养，这样的评价结果的信度和效度当然值得怀疑。为了保证评价结果的信度和效度，更为了降低评价的消极影响，尽可能地发挥其积极作用，评价对象必须多元化，把学生的情意、能力作为重要的评价内容。传统的教学评价由于学生的情意、能力等因素难以量化，所以往往忽视这些极为关键的评价信息。这种评价带来的后果就是使社会、教育界只重视学生的知识掌握程度，而忽视学生情感、心理、能力等方面的发展。

（四）强调体育教学评价方式的多样化

1. 诊断性评价、过程性评价和终结性评价相结合

诊断性评价是教师对学生的经验、能力、兴趣、动机和情感的了解，这种了

解可以给学生提出现实的学习目标，并在学习过程中去帮助学生达到既定的目标。过程性评价是对学生在学习过程中的努力程度、态度行为及课后学习提高等方面进行评价。这种评价注重行为和效果、现状与发展趋势的统一。终结性评价是对教师和学生已经取得的成绩和达到的水平进行价值评判。由于终结性评价是在单元或阶段学习结束时进行，因而失去了评价的有效反馈功能，对激励学生学习、提高学习效果以及帮助教师改进教学意义不大。基于上述情况，我们应该改变单纯采用终结性评价的方式，而是采取诊断性、形成性和终结性评价相结合的评价方法，这样三种评价相互渗透，使整个评价活动始终处于不断上升的动态之中。

2. 定性评价与定量评价相结合

评价指标一般都含有质和量两个因素，因此，在选择指标时应尽量量化和具体化，采用定量的评价方法，增加评价的科学性，也便于操作，对那些难以量化的指标可以采用定性评语，在定性表述的基础上进行数据转化，进一步为定性评价服务。但是在素质教育中如培养健全的人格、良好的心理、体育学习态度、思想品德等是难以量化的，在教育评价中不对这些指标进行评价也是不科学的。因此，在教学评价中必须坚持定量评价与定性评价相结合。

3. 自评与他评相结合

自我评价的理论基础是教学论和学习论。传统的教育评价注重他人评价，忽视教师和学生的自我评价。在对教师的评价中，任课教师长期工作在教学第一线，对教学活动的情况最为了解，对教学质量的优劣也较为清楚，所以对课堂教学质量的评价离不开任课教师的自我评价。但由于评价的心理压力以及主观因素影响，任课教师往往过高估计自己的教学工作，使评价的客观性不够，还需要他评，如同行教师评价。同行教师熟悉业务，可以结合任课教师提供的信息，按评价标准进行评价，能较全面而客观地反映任课教师的教学水平。因此，既要同行教师参与评价，也要任课教师参与评价，把他评与自评结合起来，这样才能使评价顺利地进行，得出正确的评价结论。对于学生来说，只有真正了解自己，驾驭自己，才能提高自己。学生是教学目标的实践者，只有亲身体验的内容才能正确地评价它，特别是那些无法定量表现的内容，包括情感、意志、态度、兴趣等，都是外在不易显露的心理倾向，只有通过自我评价才能获得真实的材料。一个善于运用自我评价的学生，可以依据教学目标随时评价自己，使自己始终保持在教学目标指引下的定向学习状态。为使学生更好地实现自我评价，要求他们结合教师的教学目标制定自己的学习目标，以此作为自我评价目标。同时，这也有利于学生养成正确自我评价的能力，有利于学校贯彻终身体育思想。所以评价指标的设计应考虑到自评与他评紧密的结合，使二者协调统一。

4. 标准化评价与个体化评价相结合

目前，在中小学体育中普遍存在着厌倦上体育课的现象。运动是人的天性，青少年应该喜欢从事体育运动，为什么随着年龄的增长，厌倦情绪却与日俱增呢？这有很多方面的原因，如教法不当、教材内容安排不科学等。其中最重要的一个原因在于我们在教学中错误地运用了统一教育评价标准。例如，有的速度素质好，不练也跑得快；有的怎样练也跑不快，致使学生在学习中看不到自己的成效和锻炼效果，大大挫伤了他们的学习主动性。因此，我们应针对上述问题实施个体化评价，改变评价内容和方式，充分运用评价结果来激励学生，使学生看到自己的进步。

由于体育目标的多元化，体育教学评价要面对众多的内容、因素、层面等做出全面、客观、公正、有积极意义的综合评价，不进行改革是不行的，也是难以适应素质教育要求的。加强体育教学评价是提高教学质量、贯彻素质教育思想和“健康第一”思想的有效措施。在目前的体育教学实践中，仍然存在对评价目标认识有偏差、评价内容不全面和评价方法不科学等问题。体育教学评价采用多种评价方式综合运用的方法，是今后体育教学改革的关键。在素质教育的影响下，只有坚持体育教学评价标准的科学性和可靠性，才能使体育教学评价成功、有效地开展。在素质教育的影响下，体育教学评价将呈现出评价理念不断更新、评价内容不断扩展、多种评价方法综合运用的趋势。

思考与活动

1. 要发挥评价的激励功能，是否只能用表扬的方式？为什么？

2. 在体育教学中由于不正当的评价伤害了学生的自尊（如“胖子”、“胆小鬼”等说法），那么，这个学生很难具有对体育的积极性以及对体育教学的好感。请根据新课程教学评价理念分析这一现象。

3. 在体育教学中，一个学生的动作做得如何，同学们都是看在眼中、挂在嘴上的，这与其他学科的评价很不相同，因为其他学科的教学成果主要是头脑中的认知和理解，不具有很强的外显性和即时性。因此这个特点容易使那些技能很差的学生在体育教学中感到难堪，对体育课不感兴趣。请根据新课程教学评价理念分析这一现象。

4. 在体育教学中经常出现有学生无论怎么努力运动成绩也不能及格或“达标”，而有的学生即使不练也可以达到较好成绩的现象。请根据新课程教学评价理念分析这一现象。

参考文献

1. 龚正伟. 学校体育改革与发展论［M］. 北京：北京体育大学出版社，2002
2. 毛振明. 体育教学改革新视野［M］. 北京：北京体育大学出版社，2003
3. 谭华，李勤. 我国体育课程改革的基本理念［J］. 体育学刊，2003（10）：8～11
4. 谭兆风. 体育教学评价现状的不足及改善措施［J］. 体育学刊，2001（3）：70～72
5. 王振兴. 关于体育教学评价的思考［J］. 现代教育科学，2004（5）：80～82
6. 周登嵩. 学校体育学［M］. 北京：人民体育出版社，2004
7. 张建华，杨铁黎，殷恒婵. 从美日两国体育教学评价的发展看我国体育教学评价改革［J］. 中国体育科技，2001（11）：25～28

[作者简介]

韩金妍，女，北京教育学院体育系讲师。曾发表《骨龄及其应用》、《男子举重运动员不同训练负荷后身体机能状态的研究》、《北京市五种职业女性体育消费调查与研究》、《体育教师对奥林匹克教育理念的认知》等学术论文。

第二讲
学生体质健康测试若干问题的思考

北京师范大学体育与运动学院　唐东辉

广大学生身心健康、体魄强健、意志坚强、充满活力，是一个民族旺盛生命力的体现，是社会文明进步的标志，是衡量国家综合实力的重要指标。学生健康成长是亿万个家庭美满幸福的前提。让孩子身体健康、人格健全、一生幸福是每个家长的愿望，是素质教育所追求的目标，也是我们全面建设小康社会、构建社会主义和谐社会的重要内容。

自1985年以来，中国学生体质健康状况连续20年呈下降趋势，尤其是2000年以来，6～18岁的学生中，肥胖生比例高达15%，一些学校的肥胖生比例甚至突破了30%。同时农村肥胖学生的比例也在上升。更令人担忧的是，一些原本在中老年人身上才出现的如高血压、高血脂、冠心病、糖尿病等这些与肥胖相关的病症，近年来在青少年身上也时有发生，患病年龄提前了10～20年。学生体质的连年下降在社会上引起很大反响，大家纷纷追究其原因，提出增强学生体质的对策和建议。

2002年教育部、国家体育总局为积极贯彻落实《中共中央、国务院关于深化教育改革全面推进素质教育的决定》和国务院《关于基础教育改革与发展的决定》，出台了以“健康第一”为宗旨的学生体质健康状况干预措施。而此干预措施具体表现为在全国范围内实行新的《学生体质健康标准（试行方案）》，对青少年的体质健康问题进行全面系统地干预。学校体育教学对提升学生体质健康水平有着义不容辞的责任。与青少年接触最多、最贴近的仍然是体育教学。因此，如何进一步切实加强学校体育工作、深化体育教学改革、促进学生体质健康发展、激励学生积极进行身体锻炼、推行推广好新修订的《国家学生体质健康标准》（简称《标准》）是当前急需解决的重要问题。

一、学生体质健康测试的历史

建国近60年来，党和国家一直非常关心和重视广大学生的身体健康，原国家教委、原国家体委等有关部门从鼓励和推动学生积极参加体育锻炼、增强学生体质的目的出发，在不同时期先后制定了《国家体育锻炼标准》、《大学生体育合格标准》、《中学生体育合格标准实施办法》、《小学生体育合格标准实施办法》及《初中毕业生升学体育考试办法》等一系列制度，并于2002年开始在全国试行教育部与国家体育总局联合颁布的《学生体质健康标准（试行方案）》。这些制度的制定和实施，对于增强学生体质、促进我国学校体育工作具有积极作用。

进入21世纪以来，我国的综合国力有了极大的提高，人民的生活水平发生了翻天覆地的变化，越来越多的中国人开始享受科学技术和现代文明所带来的便捷、舒适的现代生活。现代文明在带给人们充分的物质享受的同时，也给人类的健康带来了新的威胁。由于精神紧张、营养过盛、运动不足、环境污染等因素所引发的非传染性疾病在全球的不断蔓延，处于"亚健康状态"的人群不断地扩大。对于学生来说，升学压力大、睡眠不足正成为影响他们身心健康的重要因素；生活水平的普遍改善，热量、脂肪等摄入过多及食物结构的不尽合理，加之营养科学知识的宣传普及滞后，特别是沉重的课业压力使得学生余暇锻炼时间减少，导致了肥胖发生率的不断增加。2002年学生体质健康监测结果显示，学生形态发育水平继续提高、营养状况继续改善、握力水平有所提高、几种常见疾病（如低血红蛋白、龋齿等）的患病率继续下降；反映肺脏功能的肺活量测试结果继续呈现下降趋势；超重及肥胖学生明显增多，已成为危及当今学生健康的重要问题。

为了解决这些问题，适应社会发展以及人们对健康的迫切需要和对生活质量的不断追求，必须从青少年儿童的健康抓起。《学生体质健康标准（试行方案）》作为《国家体育锻炼标准》在学校的具体实施，在第一条指出了它的目的和意义："贯彻《中共中央、国务院关于深化教育改革全面推进素质教育的决定》提出的'学校教育要树立健康第一的指导思想，切实加强体育工作'的精神，促进学生积极参加体育锻炼，养成经常锻炼身体的习惯，提高自我保健能力和体质健康水平。"

"健康体魄是青少年为祖国和人民服务的基本前提，是中华民族旺盛生命力的体现。"这是中共中央、国务院在当前的历史条件下，从我国人才培养和可持续发展战略的高度出发对青少年学生提出的基本希望和要求，也为研制《学生体质健康标准（试行方案）》确定了明确方向，同时，青少年学生的全面发展以及增进健康的问题已成为全世界所关注的热门话题。《学生体质健康标准（试行方案）》根据学生的生长发育规律，将测试对象按照年级分组，从身体形态、身体机能、身体素质等方面综合评定学生的体质健康状况，在测试内容中，选择了与学生身体的发展及身体健康素质关系最为密切的一些要素作为测试的内容。例如，新增加了“身高标准体重”这一指标对学生身体的匀称性进行评价，间接反映学生的营养状况，以引导学生及家长和全社会来关注少年儿童的身体形态和肥胖（或营养不良）状况。

《学生体质健康标准（试行方案）》的试行，对于引导学生正确认识和了解自己的健康状况，有针对性地进行身体锻炼起到了非常积极的作用。但是随着时代的发展，人们对自身健康的要求越来越高，标准也需要不断发展完善，同时这些标准在实施过程中也难免出现一些这样或那样的问题。例如，由于《学生体质健康标准（试行方案）》中部分项目的评分标准较低，原本是想激发学生锻炼的兴趣和积极性，但有的学生却因为不需要过多努力就能及格，锻炼的积极性反而下降；此外，为了较准确地对学生进行测试并减轻教师负担，《学生体质健康标准（试行方案）》没有过多选用可用于锻炼的项目和内容，而是提出通过体育课中丰富多彩的教学内容来促进学生积极锻炼，从而提高测试成绩，但同时由于部分学校对体育教学内容缺乏明确的要求，在一定程度上也影响了学生的体质健康水平。为扭转这种不利局面，切实加强学校体育工作，改善学生体质健康水平，教育部和国家体育总局组织专家在广泛深入调查研究的基础上对《学生体质健康标准（试行方案）》进行了完善和修改。

由教育部、国家体育总局和共青团中央共同组织开展的“全国学生体质健康标准推广活动”，已于2003年11月正式启动。这个推广活动的主要任务是进一步提高对贯彻实施《学生体质健康标准（试行方案）》重要性的认识，明确“全国学生体质健康标准推广活动”的指导思想、活动内容和工作要求，部署落实组织推广活动的各项工作，促进“全国学生体质健康标准推广活动”健康、有效、持久地开展。

《学生体质健康标准（试行方案）》经五年试行后做了相关修订，定名为《国家学生体质健康标准》，正式在全国大中小学校全面实施。配套的实施办法还规定，每年全国学校要将测试结果报送到教育部备案。2006年教育部与中体同方签约共建全国学生体质健康标准数据库管理系统。

二、学生体质健康测试的内容、意义及运用

（一）进行《国家学生体质健康标准》测试的意义

第一，为贯彻落实“健康第一”的指导思想，切实加强学校体育工作，促进学生积极参加体育锻炼，养成良好的锻炼习惯，提高体质健康水平，特制定本标准。

第二，本标准是《国家体育锻炼标准》的有机组成部分，是《国家体育锻炼标准》在学校的具体实施，是国家对学生体质健康方面的基本要求，适用于全日制小学、初中、普通高中、中等职业学校和普通高等学校的在校学生。

第三，本标准从身体形态、身体机能、身体素质和运动能力等方面综合评定学生的体质健康水平，是促进学生体质健康发展、激励学生积极进行身体锻炼的教育手段，是学生体质健康的个体评价标准。

通过《国家学生体质健康标准》的测试，学生可以清楚地了解自己体质与健康的状况，还可以监测自己的体质与健康状况的变化程度。这些都有助于学生在新的一年里有的放矢地设定自己的锻炼目标，有针对性地选择锻炼策略，制定切实可行的锻炼计划。

（二）各年级的测试项目及评价要求

1. 测试对象

本标准将测试对象划分为以下组别：小学一、二年级为一组，三、四年级为一组，五、六年级为一组，初、高中每年级各为一组，大学为一组。

2. 测试项目

小学一、二年级组和三、四年级组测试项目分为三类，身高体重为必测项目，其他二类测试项目各选测一项。小学五、六年级组，初、高中各组，大学组测试项目均为五类，身高体重、肺活量为必测项目，其他三类测试项目各选测一项。选测项目每年由地（市）级教育行政部门、高等学校在测试前两个月确定并公布。选测项目原则上每年不得重复。

3. 测试方法

学校每学年对学生进行一次本标准的测试，本标准的测试方法按《国家学生体质健康标准解读》（人民教育出版社出版）中的有关要求进行。

4. 测试指标

本标准各评价指标的得分之和为本标准的最后得分，满分为100分。根据最后得分评定等级：90分及以上为优秀，75～89分为良好，60～74分为及格，59分及以下为不及格。学生体质健康标准成绩每学年评定一次，按评定等级记入《国家学生体质健康标准登记卡》。学生毕业时体质健康标准的成绩和等级，按毕业当年得分和其他学年平均得分各占50%之和进行评定。因病或残疾免予执行本标准的学生，填写《免予执行〈国家学生体质健康标准〉申请表》。

5. 其他

本标准由教育部负责解释。

（三）各年级的测评指标与权重系数（见表4—1）

表4—1　　各年级的测评指标与权重系数

<table>
<tr><th>测试对象</th><th>评价指标</th><th>权重</th></tr>
<tr><td rowspan="3">小学一、二年级</td><td>身高标准体重</td><td>0.2</td></tr>
<tr><td>坐位体前屈、投沙包（选测一项）</td><td>0.4</td></tr>
<tr><td>50m跑（25m×2往返跑）、立定跳远、跳绳、踢毽子</td><td>0.4</td></tr>
<tr><td rowspan="3">小学三、四年级</td><td>身高标准体重</td><td>0.2</td></tr>
<tr><td>坐位体前屈、掷实心球、仰卧起坐（选测一项）</td><td>0.4</td></tr>
<tr><td>50m跑（25m×2往返跑）、立定跳远、跳绳（选测一项）</td><td>0.4</td></tr>
<tr><td rowspan="5">小学五、六年级</td><td>身高标准体重</td><td>0.1</td></tr>
<tr><td>肺活量体重指数</td><td>0.2</td></tr>
<tr><td>400m跑（50m×8往返跑）、台阶试验（选测一项）</td><td>0.3</td></tr>
<tr><td>坐位体前屈、掷实心球、仰卧起坐、握力体重指数</td><td>0.2</td></tr>
<tr><td>50m跑（25m×2往返跑）、立定跳远、跳绳、篮球运球、足球颠球、排球垫球（选测一项）</td><td>0.2</td></tr>
<tr><td rowspan="5">初中、高中、大学各年级</td><td>身高标准体重</td><td>0.1</td></tr>
<tr><td>肺活量体重指数</td><td>0.2</td></tr>
<tr><td>1 000m跑（男）、800m跑（女）、台阶试验（选测一项）</td><td>0.3</td></tr>
<tr><td>坐位体前屈、掷实心球、仰卧起坐（女）、引体向上（男）、握力体重指数（选测一项）</td><td>0.2</td></tr>
<tr><td>50m跑、立定跳远、跳绳、篮球运球、足球运球、排球垫球（选测一项）</td><td>0.2</td></tr>
</table>

（四）评分表的使用方法

使用评分表对学生的测试结果进行评价可分为两个部分，首先是对各项测试结果分别评分，得出相应评价指标的得分和等级；其次是对每一个学生给出一个总的得分和等级。下面就分别予以介绍。

1. 先按年级、性别，找到对应的评分表，使用该表查出相应指标所处的档次及其得分

例如，测得某小学三年级一位男生的身高为141.3cm，体重为37.5kg，50m跑成绩为9s，坐位体前屈为12cm。先找到小学三、四年级男生身高标准体重表，在表左侧的身高段里找到该男生 141.3cm 所处的段，在 141.0～141.9cm 之间，再向右查与此对应的体重范围，37.5kg 在 33.0～38.9kg 的范围内，体重属于正常，则该生身高标准体重得 100 分；再找小学三、四年级男生评分标准，查 50m 跑的得分，9s 为优秀，得 92 分；坐位体前屈为 12cm 属于优秀，得 94 分。

通过进一步对受试者每一项指标进行评价，就可以了解该生在体质健康各个方面的具体情况和等级，教师可以根据每个学生的个体差异，对于不够理想的指标，进行有针对性的锻炼，鼓励学生进步与发展，从而不断提高每个学生的体质健康水平。

如果想要对它进行总体评价，就需要对查出的分数进行下一步计算。

2. 等级评价

上例的某小学三年级一位男生身高标准体重为 100 分，50m 跑 92 分，坐位体前屈 94 分，根据小学三、四年级测评指标与权重标准计算，该男生总分为 100×0.2＋92×0.4＋94×0.4＝94.4（分），依据等级评价标准，该男生的体质健康评分等级为优秀。

（五）身高标准体重查表补充说明

如果个别学生的身高（太高或太低）在表中查不到时，可按下列方法折算后再查表。

当学生身高低于表中所列出的最低身高段的下限值时，实测身高需要加上与下限值之差，并且身高每低 1cm，其实测体重需加上 0.5kg，再查表确定分值。

当学生身高高于表中所列出的最高身高段的上限值时，实测身高减去与上限值的差值，身高每高 1cm，其实测体重需减去 0.9kg，再查表确定分值。

例如，小学五年级的某位女生的身高为 113.3cm，体重为 22.5kg。由于小学五年级女生身高标准体重表的最低身高段为 115.0～115.9cm。该生查表的身高为 113.3cm＋2cm＝115.3cm，其体重为 22.5kg＋0.5kg×2＝23.5kg，查相应身高标准体重表，在身高段 115.0～115.9cm 的正常体重的 19.5～24.1kg 的范围内，则该生得 100 分。

又如，某小学五年级的一位女生的身高为 171.0cm，体重为 61.0kg。由于小学五年级女生身高标准体重表的最高身高段为 168.0～168.9cm。该生查表的身高为 171.0cm－3cm＝168.0cm，其体重为 61.0kg－0.9kg×3＝58.3kg，查相应身高标准体重表，在身高段 168.0～168.9cm 的正常体重的 49.2～58.9kg 的范围内，则该生得 100 分。

三、《国家学生体质健康标准》的特点

（一）标准灵活

《国家学生体质健康标准》从身体形态、身体机能和身体素质等方面综合评定学生的体质健康状况，以百分制记分，不同年级有不同的测试项目，同一年级还会根据个人的不同身体条件有不同的标准。而以往的体育达标标准限制得比较死，一个年龄段用同一个标准，这样身体条件比较好的人成绩自然也比较好，而身体条件相对较差的学生即使体质健康，也无从反映。现在的这个标准通过对一个人的形态——也就是身高和体重等，来决定素质项目的标准。这样，每个人都会得出一个适合于自己的体质健康标准，从而可以更好地引导学生进行适合于自己的体育锻炼。

（二）更科学的评估体系

科学研究发现，身体形态对人体健康具有很重要的意义。在新标准中，身体形态成为整体评价的一个方面，并在低年龄组评价体系中占有很大的比重。另一方面，人体心血管系统和呼吸系统功能强弱也是反映一个人健康的重要标志，是决定人生命长短和最长工作年限的重要因素。在新标准中，机能的评价也被列为一个重要指标。

（三）教测分离、便于学校因地制宜开展体育教学

《国家学生体质健康标准》实行的是目标管理，即不管你怎么开展体育运动，只要达到标准就合格。例如，长跑是提高耐力的有效方法，但由于它枯燥乏味许多人不愿意跑，这种情况下有条件的学校同样可以通过游泳、踢足球等活动来达到提高耐力的目的。对学校而言，新标准提供了一个评价体系，至于学校体育课该上什么，怎么上，则完全由学校根据本地区气候、场地条件以及学校自身教学特点来自由安排，便于学校因地制宜地开展体育教学，从而真正实现“教测分离”，避免学校将测试项目作为主要课程来实施。

《国家学生体质健康标准》对学校体育工作者提出了更高的要求。学校体育工作者一定要理解新标准的精神实质，在学校体育教育中切实注重提高学生的全面身体素质，坚决摒弃考什么练什么、测什么教什么的“应试教育”弊端。

《国家学生体质健康标准》是促进学生体质健康发展、激励学生积极进行身体锻炼的教育手段，是学生体质健康的个体评价标准，也是学生毕业的基本条件

之一。新标准实行的是目标管理，即不管学校怎样开展体育运动，只要达到标准就合格。

四、国家学生体质健康标准数据上报工作及其数据库建设

国家学生体质健康标准数据上报工作是全面实施《国家体育锻炼标准》的重要手段。全国学生体质健康标准数据库（China National Student Health & Fitness Database，CNSHFD）是教育部为配合推广《国家学生体质健康标准》的需要，于2004年10月开始建设的大型全国性学生体质健康测试数据的信息系统。2006年教育部与中体同方签约建成了全国学生体质健康标准数据库管理系统，开通了中国学生体质健康网，为实施全国学生体质健康标准数据的上报和管理，创造了物质条件，提供了的先进的信息化平台和窗口。数据来源于每年各级各类学校向教育部上报的学生体质健康标准测试结果。

全国学生体质健康标准数据管理系统包括数据上报系统、统计分析软件、数据库及全国数据中心。具体可分为数据采集系统、数据分析与统计系统、数据查询系统、数据发布系统、数据备份系统、网络基础设施等多个子系统。该系统包含中心数据库，即“全国学生体质健康标准数据库”和中国学生体质健康网网站。该系统建成后，实现了我国学生体质健康标准数据管理与利用的信息化和科学化。

国家学生体质健康标准数据上报工作是学校体育改革的重要举措，意义重大，做好这项工作要注意以下几方面：

1. 要进一步提高对数据上报工作的认识

全国学生体质健康标准数据上报工作，是贯彻落实“健康第一”教育思想，全面实施《国家学生体质健康标准》的重要手段。对全国学生体质健康标准数据库的数据进行全面统计和科学分析，对于掌握我国青少年健康状况，衡量体育教学成果，科学制定相关政策具有重大意义。数据上报制度的实施将使我国学生体质健康标准步入量化管理的新阶段。

2. 建立健全数据上报工作制度

各地教育行政部门要把《国家学生体质健康标准》测试数据上报工作列入工作日程，结合实际制订本地区数据上报工作的规划和实施办法，从软硬件配备、技术培训、监督检查、工作考评等各方面，采取切实可行的措施，积极落实数据上报工作。要继续组织进行相关工作的培训，明确本地区各级教育行政部门和学校数据上报工作的责任，把工作落实到人，做到层层有人管，层层抓落实。

各学校要认真组织落实《国家学生体质健康标准》测试数据上报工作，确保

上报数据的真实性和准确性。各级教育行政部门要加强对数据上报工作的指导和监督，定期组织对学校上报数据的复核和抽查。

3. 继续做好每年的数据上报工作

各地要继续执行 2005 年《教育部办公厅关于报送 2005 年〈学生体质健康标准〉测试数据的通知》（教体艺厅函［2005］13 号）文件精神，做好每年的数据上报工作。教育部从 2005 年开始，有不低于 10%的学校上报了数据，逐步覆盖全部大中小学。2005 年，全国共有 15 073 所学校的 1 360 万学生上报了数据，其中进入国家数据库的有 1 230 万人的数据，而且这个比例会逐年提高。教育部希望能在五年内达到 50%的学校上报数据。

4. 利用国家数据库平台，提高管理工作水平

各地教育行政部门和学校要通过国家数据库和中国学生体质健康网这个窗口，利用现代化的信息手段，交流和监督管理学生的体质健康状况。要逐步掌握运用中国学生体质健康网查询国家数据库，应用国家数据库进行本地区、本学校的学生体质健康状况研究，及时了解和掌握本地区、本校学生体质健康状况，对测试数据进行分析和研究，不断改进学校体育工作，提高管理和决策水平。

五、落实《国家学生体质健康标准》的措施

（一）指导思想

体育活动是学校体育和素质教育接轨的突破口，是学生进行身体锻炼的重要途径和体育课堂教学的延伸。为全面贯彻党的教育方针，认真树立“健康第一”的指导思想，在全校学生中掀起群众性体育锻炼的高潮，切实提高学生体质的健康水平，丰富学生的课余生活，充分发挥课外活动育德、促智、健体、审美的整体功能，挖掘和整合体育资源，促进学生全面发展，落实“保证学生每天在校一小时的体育锻炼时间”的规定，学校将通过开展学生阳光体育运动工程，让学生积极参加阳光体育运动，让每个学生在义务教育阶段能够掌握多项体育技能和特长，为学生的全面发展奠定良好的基础。

（二）实施原则

1. 以人为本、全面发展和终身体育的原则

实施体育育人功能，以促进学生全面发展，树立终身体育的原则，根据学生的发展需求，有效地设置和开展各项活动。

2. 深化教育改革、与课堂教学相结合的原则

实施体育活动工程，学生是主体，按照新课程标准的要求，创设学生有兴趣的、便于开展的活动。

3. 发展特长、发挥学生特色教育的原则

张扬学生个性，发展学生特长，以学校的体育特色为龙头，使学校的体育教育工作更加适合学生的发展。

4. 创设条件、保障顺利实施的原则

根据年级创设的项目合理地调配体育老师的课程，向外单位聘请有经验的教练对学生进行训练，调整学校的部分课时和结合体育活动开展年级统一性活动，力争每一项活动的经费和师资投入到位，保证阳光工程的顺利实施。

（三）具体措施

1. 加大学校体育工作的宣传力度，营造有利于学校实施素质教育、加强体育工作的氛围

鼓励学生走向操场、走进大自然、走到阳光下，形成青少年体育锻炼的热潮，全面开展“全国亿万学生阳光体育运动”。

组织有关领导、部门、班主任、学生学习宣传《中共中央、国务院关于加强青少年体育增强青少年体质的意见》（中央 7 号文件），提高对阳光体育工程的认识；主动争取家长的支持和配合，通过家长会、家长信、家长学校等多种形式宣传中央 7 号文件精神，与家长定期沟通学生体质健康状况，引导和促进家长转变教育观念和教育方式，使他们积极支持和鼓励学生参加体育锻炼，支持学校为加强体育工作采取的各项措施，形成共同促进学校体育工作的合力。

2. 认真贯彻《学校体育工作条例》，建立和完善学校体育工作规章制度

把《标准》工作落实于实施素质教育的长远规划之中，每学期（学年）都要做好计划的公布、检查和总结。开学初制定切实可行的体育课时、大课间体育活动、课外体育活动计划及全年体育竞赛活动计划。体育工作要做到有目的、有内容、有过程、有考核、有评价。

3. 提高教师专业化水平，减轻学生的学习负担

推进基础教育课程改革，鼓励教师进行教科研立项，提高课堂教学的质量和效率，切实减轻学生过重的课业负担，使学生有更多的时间参加体育锻炼。

4. 认真执行课程标准，保证体育课时和质量

认真执行国家课程标准，开齐开足体育课，保质保量上好体育课，其中小学 1～2 年级每周 4 课时，小学 3～6 年级和初中每周 3 课时，高中每周 2 课时。

5. 确保学生每天锻炼一小时，将体育活动内容列入教学计划

(1) 全面实行大课间体育活动制度，每天上午统一安排 20～30 分钟的体育活动，认真组织学生做好广播体操、开展集体性体育活动。

(2) 当天没有体育课的班级可自行（课间或文化课后）安排 30～40 分钟的时段组织学生进行集体课外活动，可采用体育选修等形式，并在课表中明确体现。

(3) 制订切实可行的学生体育锻炼规划，设计活动计划、确定活动科目、落实活动器材、明确组织形式。

(4) 大课间的活动情况与学生体育成绩挂钩、与《国家学生体质健康标准》达标挂钩。

6. 定期举办春秋两季学生体育节，将此纳入学校工作计划

以春、秋季运动会为龙头（春季运动会可安排在四月末、秋季运动会可安排在九月末），因地制宜地确定学校体育节的活动形式和内容。学生体育活动的开展，既要考虑到体育的竞技性，也要注重活动参与的广泛性和趣味性，注重发展学生体育运动兴趣和特长培养，将“2＋1”工程落到实处。

7. 加强对学生课外体育锻炼情况的管理，尤其是对达标困难学生的专项培训工作

体育教师对学生课外体育锻炼情况实行记账式管理，对学生的锻炼时间、锻炼内容、训练效果要登记造册。尤其是针对达标困难生要实行跟踪管理，有内容、有重点地进行专项培训，确保达标通过率。

8. 坚持实施眼保健操制度，做好学生视力检测工作

坚持每天上下午组织学生做眼保健操的制度，帮助青少年掌握科学用眼知识和方法，降低青少年近视率。校医务室每学期要对学生视力状况进行两次检测。

9. 开展青少年健康教育，形成科学严格的相关制度

开展和提供科普大讲堂，积极开展疾病预防、科学营养、卫生安全、禁毒控烟等青少年健康教育，对学生进行卫生、保健、营养等方面的指导，并形成科学严格的相关制度，如制定并落实学生作息制度，完善学生健康体检制度，建立和完善青少年营养干预机制，建立青少年营养状况监测机制，加强青少年食品卫生专项监督检查，有针对性地加强心理健康教育等。

本讲小结

建国几十年来，党和国家一直非常关心和重视广大学生的体质和健康状况，教育行政部门制定了一系列的体育锻炼标准和达标标准，特别于 2002 年开始在

全国试行教育部与国家体育总局联合颁布的《学生体质健康标准（试行方案）》。学校体育担负着健身、育人的功能，教学中通过体育活动和竞赛发展学生体能、增强学生体质、调节心理健康状态、提高适应社会的能力以及维持身心平衡。

本讲从介绍学生体质健康测试的历史开始，探讨了学生体质健康测试的内容、意义，介绍了学生体质健康测试的具体应用及评价要求、学生体质健康标准的特点、国家学生体质健康标准数据上报工作以及落实《国家学生体质健康标准》的措施。

通过本讲的学习，希望体育教师能更好地了解《国家学生体质健康标准》，顺利完成学生的体质健康测试及上报工作。

思考与活动

1. 学生体质健康测试的意义和内容?
2. 国家学生体质健康测试各年级的测试项目及评价要求是什么?
3. 《国家学生体质健康标准》的特点是什么?
4. 如何做好学生体质健康标准数据上报工作?

参考文献

1. 教育部，国家体育总局，学生体质健康标准研究课题组. 国家学生体质健康标准解读［M］. 北京：人民教育出版社，2007

2. 中国学生体质与健康研究组. 2005 年中国学生体质与健康调研报告［M］. 北京：高等教育出版社，2007

[作者简介]

唐东辉，女，北京师范大学体育与运动学院副教授，曾发表《基于机能、素质的身体形态评价与身高标准体重的确定》、《北京市中小学生体质下降原因的调查分析》以及《学生体质健康标准智能服务系统指导书》等 30 余篇学术论文。

第三讲
学生体能锻炼的方法与评价

北京教育学院体育系　韩　兵

近年来的历次国民体质监测报告显示，近20年来，我国学生体能素质持续下降，肥胖率呈现上升的趋势。特别是在身高、体重、胸围等形态发育指标持续增长的同时，出现了体能素质和某些形态、机能指标如肺活量、速度、耐力及部分力量素质等持续下降的现象。这种现象已得到从中央领导、科学院院士到教育主管部门、学校领导及广大教育工作者的普遍关注。2007年中共中央、国务院颁发了中央7号文件后，教育部和国家体育总局相继颁发了一系列文件，要求切实加强学校体育工作，丰富城乡青少年儿童的课余文体生活，进一步提高青少年儿童的身心健康水平和审美情趣，同时提出要大力开展“阳光体育活动”、落实“每天锻炼一小时”的具体指导意见，对学校体育教学和课外体育活动的开展提出了更高的要求。

因此，如何更好地利用体育课和课外体育活动等各种途径，为学生提供更多简便易行而又行之有效的锻炼方法和手段，使他们通过体育锻炼全面提升体质健康水平，已成为体育教育工作者必须思考的迫切问题。本讲重点介绍了一些常见的适合青少年发展体能和提高身体素质的锻炼方法，结合对实际案例的分析，力图丰富和拓宽教师开发和创设体能锻炼方法和手段的思路，增强他们实施、组织和指导学生开展体能锻炼的实际能力。

一、学生体能和体能锻炼方法的概念范畴

20世纪80年代以来，“体能”一词频繁出现在人们的生活和各类报纸杂志中，但至今仍没有一个明确和统一的定义。正因如此，人们对于一些近似概念，如体质、体力以及身体素质等区别不清，在认识上出现误区。例如，在一些文章中，有人把“体质”解释为“体能素质”，也有人把“体能”解释为“身体开展体育运动的能力”等。实际上，这都是对体能概念范畴过于宽泛或者狭隘的认识。

目前相对公认的说法认为，体能的概念来自于国外的“体适能”（physical fitness），具体又包括健康相关体适能（health-related physical fitness）和竞技运动相关体适能（sport-related physical fitness）。良好的健康相关体适能可让身体更好地应付日常工作、余暇活动以及突发事情。竞技运动相关体适能可以确保运动员运动表现和成绩的能力，如爆发力、速度、耐力、柔韧性、敏捷度等，其目的在于取胜及创造纪录。

我国在竞技体育领域的体能相关研究要比学校体育、群众体育开展得更早和更加深入，所以体能概念最初引进国内指的就是身体素质，而且主要指应用于竞技运动中的运动素质。但随着时代的发展，体能应用范围的不断扩大，体能概念的外延也逐渐扩大。人们逐渐认识到体能的变化必然以身体形态和机能的变化为基础，体能与体质、健康等之间的关系也越发紧密起来。之后，又有人提出了“学校体能”的概念，认为“学校体能是学校学生体质与健康水平的具体体现，是由学生的身体形态、身体机能、运动素质和心理品质构成的。它是学生适应学习与生活的身体机能能力、体育运动能力和抵抗疾病的生活适应能力的客观反映”① 等。

2001年颁布的《课程标准》将体能描述为：体能指人体各器官系统的机能在身体活动中表现出来的能力。体能包括与健康有关的体能和与运动技能有关的体能。前者包括心肺耐力、柔韧性、肌肉力量、肌肉耐力、身体成分等，后者包括从事运动所需要的速度、力量、灵敏性、协调性、平衡、反应等。其中一些体能成分既是与健康相关的体能，又是提高运动技能所需要的体能。②

综上所述，体能的概念相对宽泛，与体质、身体素质的关系极为紧密，具体可描述为：体能是体质的重要组成部分，个体的体能状况在很大程度上反映其体质健康状况；身体形态和机能是体能的物质基础，而运动素质是体能的外在表现，身体素质是体能的核心，表现为力量、速度、耐力、柔韧和灵敏等各项素质。据此，我们可以认为，学生体能是学生体质健康状况的重要组成部分，它以个体的身体素质基础为基础，外在表现则是个体在学习、生活和体育活动中表现出的能力。

此外，《课程标准》指出：“运动参与是学生发展体能、获得运动技能、提高健康水平、形成乐观开朗的生活态度的重要途径。”因此，体能的提升主要应该依靠体育锻炼的手段。学生体能锻炼方法是指学生在体育课、课外活动及家庭锻

① 李鸿江：《学校体能教程》，11～13页，北京，北京体育大学出版社，2003。

② 参见中华人民共和国教育部：《体育（1～6年级）体育与健康（7～12年级）课程标准》，北京，北京师范大学出版社，2001。

炼中，通过针对性的发展力量、速度、耐力、柔韧和灵敏等身体素质的方法，来促进身体形态和机能的发展，进而实现发展体能目的的各种方法和手段。

二、选择学生体能锻炼方法的注意事项

体能锻炼方法的内容和形式十分广泛，但选择适合中小学生开展的体育锻炼方法要遵循一定的原则。例如，体能的提升需要通过体育锻炼的手段，在开展体能锻炼时要遵循运动训练的基本规律，包括循序渐进、全面发展等。同时，学生的体能锻炼与竞技体育的体能训练目标不同，后者发展体能及身体素质的最终目的是为了发展运动能力，继而提升运动成绩，而学生体能锻炼的目的是希望通过身体素质的发展来推动体质的增强和形成强壮的体魄，以健康的身体状况来满足学习、生活、娱乐等多方面的需求。一般来说，为学生选择体能锻炼方法和指导学生开展体能锻炼时应该注意以下几个方面：

（一）要遵循青少年身体素质发展的规律选择锻炼方法

在人的整个生长发育过程中，身体机能、形态的发展表现出明显的波浪形和阶段性的特点，由此决定各类身体素质的自然增长也呈现出相应的不均衡性和不同步性，快速发展的时间有早有晚，增长速度有快有慢。例如，由于神经系统是各器官系统中发育最早的系统，因而与之相关的速度、灵敏和协调素质也相应发展得较早较快，一般在儿童期即能得到较快的发展。相比而言，由于青少年体内血红蛋白和肌红蛋白的含量相比成人要少，而心肌收缩能力和肺活量接近成人的时间较晚，导致与之相关的耐力素质的发展也要相应地较晚一些。

同时，即便同样是力量素质，由于身体不同部位肌群的生长发育时间也有先后，如大块肌群的发育先于小块肌群，躯干肌群早于四肢肌群等，使得不同部位力量素质的自然增长也有早有晚。图 4—1 及图 4—2 分别反映了青少年耐力素质和速度素质的发育情况。

因此，根据青少年不同身体素质自然增长顺序的先后和发育速度的快慢，找到不同身体素质的快速增长期（敏感期），合理安排体育锻炼的内容和方法，既要注意保证全面发展，又在某段时期有侧重地发展某种素质，可以在有效地增强中小学生体质的同时发展他们的体能，达到事半功倍的效果。

此外，在安排各种素质的身体练习时，体育教师要指导学生遵循运动训练的基本规律来开展练习。例如，发展力量素质和耐力素质时要遵循循序渐进的原则；进行速度素质和力量素质练习后要注意放松；开展柔韧素质的锻炼时，应做好充分的准备活动，同时要与力量素质练习相适应等。

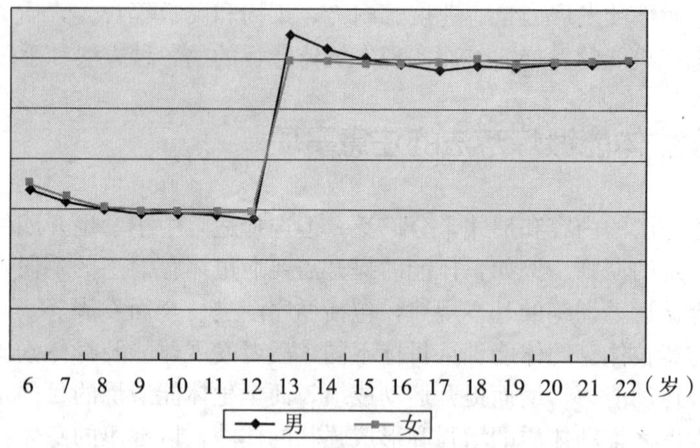

图 4—1 青少年耐力素质发展示意图

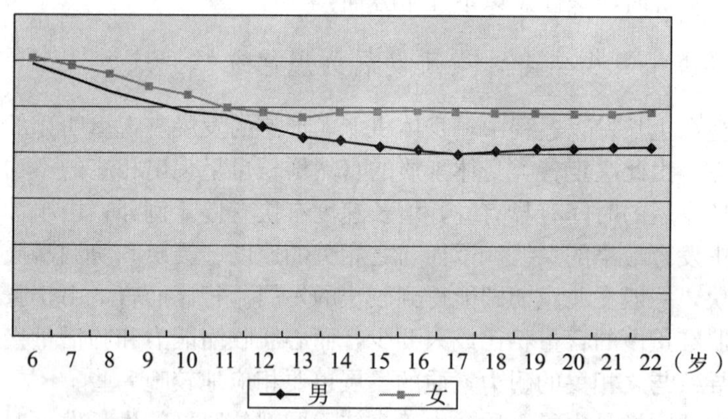

图 4—2 青少年速度素质（50m 跑）发展示意图

（二）要根据不同年龄阶段青少年身心特征选择锻炼方法

中小学生处于生长发育的快速时期，在不同的年龄阶段，其身体形态、机能、大脑的高级神经活动特征以及心理活动的发展都呈现出不同的特点。以循环系统的工作能力为例，小学低年级学生的心血管系统尚处于发育过程中，表现出心脏工作能力差，往往靠增加心率才能适应机体活动的需要；发展到小学高年级阶段，心脏可以适应短时间的紧张运动，但抗疲劳的能力仍然较差；到初中阶段，心脏功能开始迅速发育，可以承受一定强度和时间的活动，但又有部分学生由于心脏发育快于血管发育，出现青春期高血压的现象，值得引起重视；到高中阶段，循环系统的发育逐渐接近成人，血压趋于稳定，此时可以采用适当增加运动强度以及延长运动时间的方式来促进他们的心肺功能的发展。

因此，在为不同年龄阶段的中小学生选择锻炼方法时，要充分掌握和考虑这一年龄阶段学生的身心发育特点。这不仅是“以人为本”教育思想的体现，也是对学生身心健康发展负责的一种表现。因为适应青少年的身心特点而选择的体能锻炼方法也更会受到学生的喜爱和欢迎，从而提升学生的参与热情和运动兴趣。

例如，小学低年级的学生由于大脑皮层兴奋和抑制过程发展不均衡，兴奋过程占优势，表现为活泼好动、注意力不易长期集中、喜欢多样化和趣味化的活动内容等，在为他们选择锻炼方法时，体育游戏类活动就是一个很好的选择——教师可以新奇、直观的方式把各种不同的活动和简单的技能变成各种小型多样的游戏，使学生在玩中求乐，同时达到锻炼的目的。

又如，高中阶段的学生，特别是发育期后期的男女学生会出现较大的生理和心理上的区别，男生喜欢一些竞技性和对抗性的、有一定强度的活动，女生则喜欢一些韵律性强、节奏明快、动作优美、非对抗性的、娱乐性较强的活动。了解和掌握这些心理特点，对体育教师在为他们选择不同的锻炼方式时会有所帮助。

另外，即便是同一年龄阶段的中小学生，由于自身体质等的差异，其身体素质和运动能力也会表现出一定的差距。教师在实际操作过程中也应该根据学生个体的具体情况区别对待。

（三）要充分考虑体能锻炼方法的可操作性、趣味性和有效性

1. 可操作性

学校体育不具备竞技体育所特有的包括优良的运动场地和完善的器材设备在内的优越的运动条件。因此，在为学生选择体能锻炼方法时，要充分考虑该锻炼方法的可操作性，最好选择低成本甚至零成本，对运动场地要求不高、简便易行的活动内容和方法。对于运动器材而言，可以选择一些不用器材或者使用简易自制器材及比较便宜的器材的活动作为锻炼内容。例如，与游泳相比，跑步是一种非常好的全身性的体能练习手段，只要能够持之以恒，对于耐力素质的发展以及心肺功能的发育同样可以起到非常好的促进作用。

另外，校内活动只是学生参加体育活动的一部分内容，校外活动特别是家庭锻炼也是体育锻炼的重要组成部分。在选择锻炼方法时，还要考虑它的可移植性，即在学校能参加的锻炼内容可以拿到校外、拿到家庭中继续练习，甚至将来离开学校到一个新的环境中还可以继续坚持，这样的锻炼形式也有助于终身体育的培养。

2. 趣味性

趣味性应该是教师在选择体能锻炼方法时另外一个应该考虑的因素。如果教师设计的锻炼动作与方法，既有锻炼身体的效果，又具备较高的趣味性和多样性，能使学生在轻松、欢快、有趣的氛围中达到强身健体的效果，应该是每一名体育教师和学生都愿意看到的最佳的练习方式。同时，趣味性也是学生能够将该锻炼方法坚持下来长期练习的一个重要原因。无论是对于活泼好动的小学生还是思想活跃的中学生来说，过于单调枯燥的锻炼方式都很难让他们主动参与和坚持下来。在对北京市中小学生做的与体育课内容有关的一项调查中发现，许多中小学生对于体育课中身体素质练习部分的内容表现出明显的厌烦甚至是抵触情绪，这从一个侧面说明了部分体育教师在进行学生体能练习时，形式单一、沉闷，缺乏创新精神和对锻炼方法趣味性的关注。事实上，有时候对于传统的锻炼方法做一些简单的变通处理，就可以在一定程度上提升它的趣味性，从而大大提高学生的主动参与程度。例如，对于中学生比较发憷的耐力跑练习，可以采用两人带球跑动中传球的形式来完成一定距离和次数的练习，相信大部分中学生尤其是男生的参与积极性会有所提高。

3. 有效性

在为学生讲解体能锻炼方法的动作步骤时，教师应该同时告诉学生这种锻炼方法主要针对和发展的身体素质是什么，以及锻炼后的效果会怎样。这样可以提高学生参加的积极性并增强其坚持下去的信念。当学生锻炼一段时间后，教师可以针对该练习方式所发展的身体素质进行专项的体能测试，使学生能够看到锻炼的实施效果并体验到自身体能的有效提升，从而进一步巩固其坚持练习的信心和决心。例如，在要求学生坚持一段时间的“8 字绕球”和“立卧撑直腿起”等辅助练习后，可以对学生的坐位体前屈进行测试，使学生了解该锻炼方法对于发展柔韧素质的实际效果和意义。

三、学生体能锻炼的方法及拓宽途径

（一）学生体能锻炼的方法

适合学生体能锻炼的内容和形式多种多样，这其中包括游泳、跑步、跳绳等全身性练习，也包括各种发展专项身体素质的练习。大多数身体素质练习都有一定的针对性，即主要发展某一两项或者几项身体素质。体育教师应该在了解身体素质发展和增长基本规律的基础上，掌握一些常用的发展身体素质的方法，并根据学生个体水平差异和不同的需求，在保证全面发展的前提下，指导学生进行科学性和针对性的训练，以更好地获得各项身体素质的均衡发展，实现发展体能、增强体质和提高健康水平的目标。此外，还要注意引导学生逐渐养成体育锻炼的习惯，使其做到坚持、有计划地锻炼身体，以增强和巩固体能锻炼增长的效果，延缓身体素质的自然减退。

1. 发展力量素质的方法

力量素质是指人的机体或者机体的某一部分肌肉工作（收缩和舒张）时克服内外阻力的能力。这里的内部阻力包括肌肉的黏滞性、各肌肉之间的对抗力等，外部阻力则包括物体的重量、支撑反作用力、摩擦力以及空气和水的阻力等。一般来说，克服外部阻力是发展力量素质的手段，人体在克服这些阻力中会提高和发展自身的力量素质。

力量素质是人体最基本的身体素质，是进行一切体育活动和体力劳动的基础，它影响并促进着其他身体素质的发展。常见的发展力量素质的方法包括：

（1）俯卧撑。

效果：发展上肢肌肉力量。

操作方法：从蹲撑开始，直臂支撑与肩同宽。两腿后伸，全身挺直。然后两臂肘弯曲，使肘部高于背，两臂同时用力推起，成直臂直撑。练习时应特别注意屈臂要充分，不能塌腰弓身或伸臂不直以影响锻炼效果。此外，该练习可以通过不同的变化来提高难度和效果。例如，调整两臂支撑的宽度来增加难度。

（2）双杠臂屈伸。

效果：发展上肢肌肉力量。

操作方法：两臂伸直支撑于双杠上，身体垂直在杠内，屈臂至两臂完全弯曲，接着用力撑起，使两臂伸直成原来姿势。该练习较适合高年级学生使用，练习时要求身体要直，下肢自然下垂，腿不要屈伸摆动。

（3）仰卧起坐。

效果：发展腰腹部肌肉力量。

操作方法：全身仰卧于垫上，两腿稍分开，屈膝成90°角左右，两手手指交叉贴于脑后。以腰腹部用力带动上体前倾，直到成起坐状态。在练习时，要求上体向下成仰卧状态时动作速度应慢，两肩胛必须触及垫面，起坐时要求两肘触及或超过双膝，该练习同样可采用不同变化来增加难度，提高练习效果。例如，仰卧起坐加转体（起坐时加转体动作，用转体的异侧臂的肘关节触膝）或者在斜面器械上做仰卧起坐等。

（4）深蹲起。

效果：发展下肢肌肉力量。

操作方法：两脚左右开立与肩同宽，下蹲至大小腿夹角小于90°，接着还原成原来姿势。要求下蹲速度要慢，下蹲时脚跟不应离地，起立时速度要快。另外该练习也可采用两人蹲起练习的方式（两人背靠背，相互挽臂，左右分腿站立，屈膝至全蹲，再恢复原来姿势）来增加趣味性。

发展力量素质的练习方法较多，除上述介绍的几种方法外，还有一些借助哑铃、单杠等简单器械练习的方法，如握哑铃前臂屈伸练习、单双杠上的支撑移行练习、横梯上的悬垂移行练习等都可以有效地发展上肢力量。类似收腹举腿、俯卧两头翘、一头翘等是发展腰腹背部肌肉力量的较好方式。连续跳跃练习可以有效提高下肢力量等。体育教师在安排力量素质练习时，可经常性地变换练习的方法，以增加练习者的参与兴趣，避免出现厌烦或者抵触情绪。

案例4—1　发展腰腹背肌群和仰卧起坐能力的锻炼方法

仰卧起坐能力是反映腰腹力量的典型指标，也是《国家学生体质健康标准》中规定的测试方法之一。一些辅助性的锻炼方法可以用于促进腰腹背肌群的发展，提高学生仰卧起坐的成绩。

【仰卧举腿】

练习者身体仰卧在垫子或床上，两手扶住垫子或床两侧，两腿并拢伸直，脚面绷直，两腿上举时用力收腹，两腿下放重新成预备姿势，反复练习10～20次/组，每次做4组。注意举腿时腿上举速度要快，同时上体保持不动。同时和呼吸配合，举时吸气，放时呼气。

【仰卧两头起（元宝收腹）】

练习者在床上或垫子上仰卧直体成预备姿势，两臂上举，两腿并拢伸直，脚面绷直。练习时快速收腹发力，上体和腿同时举起，以臀部支撑，两手和两脚相触及。根据个体情况反复练习5～15次/组，每次做4组。要求和呼吸方法同仰卧举腿。

在此方法基础上可以开展"仰卧举腿击掌"、"手脚拥抱"等练习。

【悬垂举腿】

练习者双手正握单杠直体悬垂，收腹向前举腿。建议5～8个为一组，每次完成4～6组，组间可间歇2～3分钟。该练习适合有一定腰腹力量基础的学生。

2. 发展速度素质的方法

速度素质是指人体或人体某部位快速运动的能力。速度素质包括反应速度（对各种信号刺激的快速反应能力）、动作速度（快速完成动作的能力）和位移速度（快速移动的能力）等。7～13岁是人一生中速度素质的快速增长期（敏感期），抓住这一时期开展速度练习，有助于提高青少年的动作频率、单个动作速度及反应速度的快速发展。常见的发展速度素质的方法有：

（1）小步跑、高抬腿跑接加速跑。

效果：提高反应速度。

操作方法：做原地或行进间的小步跑、高抬腿跑，听到信号后突然加速快跑10～20m，根据情况进行多组练习。

该练习方法可以通过改变信号前的身体状态变通为其他的练习方式，如俯撑起跑（从俯撑开始，听信号后迅速收腿起跑）、转身起跑（背对跑的方向站立，听信号后迅速转体180°，加速跑20m）。也可以结合球类练习来开展类似练习，例如突变反应练习（练习者听信号做各种滑步、上步、转身、急停、接球、上步垫球等练习）和接不同方向的传球练习等。

（2）快速小步跑。

效果：提高动作速度。

操作方法：小步跑15～30m，两腿频率越快越好。要求大腿发力，小腿放松，膝踝关节放松，脚落地后有扒地动作。类似的练习方法包括原地快速高抬腿练习或快速小步跑接高抬腿跑练习、快速小步跑接加速跑等。

发展上肢动作速度（如摆臂动作速度）则可借助口令、击掌或者节拍器等的帮助，根据节奏做由慢到快或快慢结合的原地练习等。

（3）50m跑。

短跑练习是提高位移速度的有效的锻炼方法。可以根据学生的年龄和训练水平来适当安排跑的距离、练习的密度和量。

3. 发展耐力素质的方法

耐力素质是指机体维持长时间进行工作或者运动而不疲劳的能力。耐力素质是反映人体健康水平或体能强弱的一个重要标志。相对于其他素质的训练，发展耐力素质的训练往往比较枯燥和艰苦，但同时它对于促进青少年心肺功能的发展，提升心输出量和肺活量有着重要的意义和作用，此外也有助于中小学生意志品质的培养。因此，发展耐力素质是青少年健康成长的重要保障之一，发展耐力素质的锻炼内容是中小学生体能锻炼中的重要且不可或缺的组成部分。

对于中小学生来说，发展耐力素质的练习重点发展的是肌肉耐力和全身耐力。所谓肌肉耐力，是指某一肌群持续一段时间或次数，并保持一定强度进行运动的能力。全身耐力则是指身体能够长时间持续一定强度的全身运动的能力。发展全身耐力就是在提高肌肉做功能力的同时，改善循环系统和呼吸系统的能力。在国民体质监测报告中多次指出，在我国青少年平均肺活量逐年下降的形势下，耐力素质的锻炼显得尤为重要。常见的发展耐力素质的方法包括：

（1）一分钟立卧撑。

操作方法：由直立姿势开始，下蹲两手撑地，伸直腿成俯撑，然后收腿成蹲撑，再还原成直立，每次连续做一分钟。要求动作规范，必须站起来才算完成一次练习。该练习能够兼顾发展练习者的肌肉耐力和全身耐力，而且对于场地的要求较低，如果能够坚持练习，能够取得很好的体能增强效果。

（2）重复上坡跑。

在15°的斜坡道或15°～20°的上坡上进行上坡跑，跑动距离为250m或更长一些，重复5次以上，间歇5分钟左右，强度为60%～70%最大心率的强度。该练习对于全身耐力的发展帮助较大，在实际操作过程中应该根据练习者的个体身体状况对强度和量做适当调整。

（3）连续半蹲跑。

身体成半蹲姿势（大小腿夹角约为100°左右），向前跑50～70m，重复5～7次，每次间歇3～5分钟，强度为60%～65%最大心率的强度。练习者可自行调整速度，走回来时应尽量放松。

（4）跳绳。

原地摆臂正摇跳绳3分钟或在跑道上做跳绳跑2分钟，强度为45%～60%最大心率的强度。要求每次结束时，心率在140～150次/分钟，恢复至120次/分钟以下后开始下一次练习。

（5）5分钟带球跑。

在篮球场内，以单手或双手交替运球跑动5分钟，练习3～5次，每次间歇2分钟，强度为45%～60%最大心率的强度。要求不间断进行，并禁止原地运球。该练习也可以移植到足球场中进行10分钟带球跑练习，但随着每次运动时间的增长，强度可适当降低。

（6）韵律体操及舞蹈。

跳健美操、迪斯科舞蹈等，不间断地跳5分钟以上，强度为40%～60%最大心率的强度。将心率控制在160次/分钟以下。

在指导学生进行发展耐力素质的练习方法时，体育教师应该有意识地为学生讲解耐力练习的锻炼价值，使学生充分认识发展耐力素质对于健康身体的重要性，从而增强他们继续锻炼的积极性和坚持性。

案例 4—2　在家庭中进行耐力素质训练的方法

耐力素质的发展，不能仅仅依靠体育课上的锻炼，教会学生掌握一些课外及家庭中的耐力素质练习也非常重要。下面介绍两种发展耐力素质的家庭锻炼方法：

【跳短绳】

以向前摇绳并脚连续跳或者单脚交换跳的形式开展练习，可采用定时计数或定数计时来进行。定时以 3 分钟为限，定数在 300 个以上，每次练习重复 2～3 组。也可根据个人具体情况循序渐进增加时间和个数。

【跑楼梯】

利用楼房的上下楼梯进行跑步练习，向上快速跑，下来时放松慢跑或走下来。跑楼层的多少及重复次数可根据个体情况决定并逐渐增多。

4. 发展柔韧素质的方法

柔韧素质是指人体关节活动的大小以及跨过关节的韧带、肌腱、肌肉、皮肤及其他组织的弹性和伸展能力。发展柔韧素质可以有效地减少运动、生活和工作中损伤的发生，同时对于身体协调性和其他运动素质的发展都有一定的促进作用。发展柔韧素质的最佳时间是在十岁以前。之后随着年龄的增长，柔韧素质会有所下降，但 10～13 岁期间仍然可以通过有针对性的锻炼继续提高和发展柔韧素质。发展柔韧素质的练习方法根据动作形式的不同可分为静力性拉伸和动力性拉伸方法，建议中小学生采用以静力性练习为主、动力性练习为辅的方法。常见的发展柔韧素质的方法有：

(1) 在器械上的练习。

利用肋木、把杆、单杠等体操器械或者家中稳固的桌椅器械开展练习，如肋木摆腿练习（侧向、正向、背向肋木抓握，做一腿的摆动练习）。

(2) 利用轻器械的练习。

利用木棍、绳、橡皮筋、皮球等进行练习，如踢悬挂物练习（根据自己的身高，从胸部高度以上，悬挂几个不同高度的球或物，用脚踢的方式去踢悬球或悬物）。

(3) 利用外力的助力练习。

利用同伴的助力、负重等开展练习，如“背背驮”练习（两人背对背手臂互挽，相互体前屈背起另一同伴）。

(4) 利用自身所给的助力或自身体重的练习。

如压腿时双手用力压同时上体前压振，以及在单杠上做悬垂等。

（5）发展各关节柔韧性的练习。

采用的动作有压、踢、摆、搬、劈、绕环、前屈、后仰、吊转等。例如，发展肩关节柔韧性的压肩、转肩等练习；发展腿部柔韧性的压腿、踢腿等练习以及发展踝关节柔韧性的绕环练习等。

相比其他素质练习，发展柔韧素质的练习需要毅力和时间来保证，在练习中还要克服练习产生的肌肉酸痛感。教师更要指导学生树立循序渐进的思想，任何急于求成的想法只能欲速则不达，甚至引起损伤；在进行发展柔韧性练习时要加强相关关节周围的肌肉、韧带的力量练习，以保证关节灵活性的稳固；此外，在练习前后一定要进行充分的准备活动和放松练习。

案例 4—3　利用简易器材提高坐位体前屈成绩的练习方法

对于很多孩子来说，做坐位体前屈动作比较吃力，其成绩的提高比较缓慢；同时发展柔韧素质的练习由于肌肉和韧带的痛感需要一定的毅力和时间来坚持。下面介绍一些用常见的物体作为辅助器材来发展柔韧性和提高坐位体前屈成绩的练习方法。

【椅子功】

练习者坐在较低的小椅子上伸直双腿，双手于体侧同时前后拨滚球，将球尽量拨滚到身体前后的最远端。要求练习者每天练习一次，每次坚持 20 分钟左右。

【小书法家】

练习者站立以直腿前屈的姿势，要求膝盖不能弯曲，用小木棍或石子，左右手同时（或依次）在地面上写字或绘画。要求练习者每天练习一次，每次坚持 25 分钟左右。在练习初期可选择较长的木棍写字，之后随着柔韧素质的提升逐渐缩短木棍的长度或用石子写字。

【拍“西瓜”】

练习者两脚开立（或并立），直腿体前屈，单（双）手将球从原地拍起做原地拍运球，然后逐渐下按压球至原位。要求练习者每天练习两次，每次坚持15～20 分钟左右。在练习初期可拍大球，之后逐渐过渡到拍小球。

5．发展灵敏素质的方法

灵敏素质是指人体在各种突然变化的条件下，快速、协调、敏捷、准确地完成动作的能力。灵敏素质是人的运动技能、神经反应和各种身体素质的综合表现。灵敏素质的高低反映了个体对于肌肉力量、动作和位移速度等多项素质的控制能力，因此，它也是决定运动能力的一个非常重要的方面。一般来说，提高力量、速度、耐力和柔韧素质是发展灵敏素质的基础，体操、武术、球类等运动项目是发展灵敏素质的有效项目。除此之外，其他一些常见的发展灵敏素质的途径包括徒手练习、器械练习、组合练习和游戏等。

（1）在跑、跳中做迅速改变方向的各种跑、躲闪以及各种快速急停和迅速转身的练习。

（2）以非常规方式完成的各种练习。如侧向或倒退跳远、倒退快走等。

（3）各种变换方向的追逐性游戏和对不同信号做应答反应的游戏等。

值得注意的是，进入青春发育期后，随着身高的快速增长，孩子的灵敏素质会相对有所下降，这一点在部分处于青春发育后期的女生身上表现得更为明显，具体表现为身体协调性和动作稳定性下降。体育教师应该认识到这是身体生长发育过程中的正常现象，有针对性进行指导和帮助，而不是一味地批评和指责。

（二）拓宽学生体能锻炼方法的其他途径

由于体能锻炼在增强中小学生体质，促进其全面健康发展过程中的重要作用，引导广大中小学生中开展各种形式的体能锻炼应该成为学校体育担负的任务之一。这一点在《课程标准》的课程性质部分也做出了明确的说明，它将“坚持锻炼，增强体能，促进身体健康”作为课程价值的重要内容之一。因此，体育教师应该把体能锻炼作为中小学体育教学中的重要组成部分，在体育课和课外活动中开展。同时，应该开动脑筋、拓宽思路，不断开发、创新和丰富体能锻炼的形式和方法。除了上述常见的各种发展身体素质的练习方法外，还可以收集、挖掘、创造和开发一些新的锻炼方法和手段，以满足广大中小学生个性化和多样化的需求。可以从以下几条途径来进行思考：

1. 体育游戏

体育游戏是学校体育教育的重要手段，体育游戏教学是在教师的指导下，采用游戏的手段，使学生掌握体育知识、技术、技能，增强体质，发展能力，培养良好的思想品德和意志品质并从中获得自娱的教育过程。

体育游戏的趣味性较强，并具有一定的竞争性和协作性，尤其对于低年级的孩子来说，更符合少年儿童身心发展的特点，因而更容易被学生接受而主动参与。体育游戏的内容包括集中注意力类游戏、准备活动游戏、结合技战术教学开展的游戏等，发展体能类游戏也是其中的重要组成部分。

以力量素质游戏为例，它可以采用分队接力或个人赛的形式，一般可安排在课的基本部分的后半部分开展。具体游戏形式包括发展腿部力量的“立定跳比远”、“蛙跳接力”、“双人蹲跳”等，发展上肢力量的“推小车”、“平衡角力”、“推人出圈”、“俯卧撑比赛”等。此外，发展灵敏素质的游戏包括“打龙尾”、

"掷沙包"、"打活靶"等，发展柔韧素质的游戏有"划小船"、"不倒翁"、"背背驮"等。

教师可以选择不同的游戏用于各种素质练习，也可以根据发展某项身体素质的目标自创自编新游戏。在游戏教学中，体育教师应遵循体育游戏的教学原则，熟悉体育游戏的教学特点与少年儿童身心发展的特点，熟练地掌握与运用适合体育游戏的教学方法。另外要注意运动量的控制，防止负荷过大，同时要加强安全措施，防止伤害事故的出现。

2. 民族民间传统体育项目

源远流长的民族民间体育活动是民族智慧的结晶，是由劳动人民自发创编、在民间广泛流传的喜闻乐见的活动。它具有形式简单、取材方便、灵活多变、娱乐性与竞争性强等特点，能激发学生的浓厚兴趣，满足学生好说、好动、好模仿、好游戏等心理特点。并且活动大都为游戏形式，内容丰富，从综合类到奔跑类，从投掷类到跳跃类，从体能类到平衡类，应有尽有。

教师可以从中挖掘一些具有鲜明的民族特点和地方特色的项目作为发展学生体能的锻炼方法，使之作为体育课堂教学的有益补充，使学生在易学喜玩的同时锻炼身体、发展体能。当前类似跳绳、踢毽子等常见的来自于民间的锻炼方法已经在学校体育中被广泛应用，其在发展体能、增强体质中具有的重要价值已经得到公认。与之相比，其他一些在民间长期流传并受青少年喜欢的滚铁环、跳皮筋、踢毽子、拔河、抽陀螺、跳竹竿舞等项目同样可以作为中小学生体能锻炼方法的选择。

同时，民族民间体育活动具有因陋就简、就地取材、易于普及的特点，很多家长都可以对孩子进行指导，有广泛的社会基础，利于锻炼的持久开展；它的组织形式灵活多样，可以放手让学生自由结伴开展，不受时间、空间、地点、人数的限制，因此值得广大体育教师重视、收集、整理、开发并尝试应用。

案例 4—4　来自于民间的体能锻炼方法——"打雪仗"

"打雪仗"是我国北方少年儿童的民间体育活动。打雪仗是在雪地里用捏成团的雪球，互相扔打。为了打中对方或避开追打，需做奔跑、跳跃、投掷、躲闪等动作。根据人数分成相等的若干队，以雪球击中对方的次数多少定胜负。该活动通过促进学生灵敏、速度、耐力和力量等身体素质的提升，实现增强体能、培养意志和抗寒能力的目的。

这个游戏也可以移植到南方开展。因南方没有下雪，在进行此类活动时，体育教师可以把"雪球"改造成轻便、不伤人的小球，如纸团球、毛线球、海绵球等，并引导学生自己动手自制教具，这样通过活动不仅提高了学生投掷技能技巧，又培养了学生动手、动脑的能力。

3. 竞技体育中的辅助练习手段

虽然竞技体育的训练目标是为了提升运动员的运动成绩，与学校体育的培养目标相去甚远，但竞技体育中的一些发展运动员体能的训练内容和手段乃至某些简单的器材也可以被引进到学校体育中，作为学生进行体能锻炼的练习方法。

例如，体育舞蹈项目是目前国家比较流行的新兴运动项目，它融体育与舞蹈为一体，是体育与舞蹈的叠加，是舞蹈的运动化，也是运动的舞蹈化，被国际上称为国际标准舞。把它引入到学校体育中，并根据学生身心发展的实际需求重新对动作进行设计，做到简单、大方，可以起到与健身、健美操类似的锻炼效果，对学生的耐力素质和灵敏素质的培养有很好的帮助。另外，对职业垒球运动进行简化规则和降低场地要求等“改造”后发展出来的“沙包打垒”游戏，通过在北京市部分中小学校的推广，已被证明对于学生的全身素质和体能发展具有良好的促进作用。

此外，一些相对简易但行之有效的用于提升运动员体能的辅助性练习器材和手段也已被体育教师借鉴。例如，爆发力训练球、变向球、灵敏性步伐软梯、侧步带等。这些器材大多价格比较便宜、制作简单，但可有效地提升体能训练和身体素质发展的专向性，体育教师也可以通过仿制获得类似的锻炼器材。

四、学生体能和体能锻炼方法的评价方法

（一）学生体能的评价方法

教育部和国家体育总局共同颁布的《国家学生体质健康标准》已于2007年开始在全国各级各类学校中推广实施。作为一种促进学生体质健康发展、激励学生积极进行身体锻炼的教育手段，《国家学生体质健康标准》选取了一些典型的测试指标或方法，对学生体质健康状况的发展水平进行全面评估，受到了广大体育教育工作者的普遍欢迎。

《国家学生体质健康标准》是在借鉴国内外相关研究成果及类似测试标准的基础上，根据我国学生的实际情况，制定的一整套符合我国国情和青少年身体生长发育特点的评价体系。它对于学生的基本体质健康、身体素质、运动能力及营养状况等进行综合评定，其中的一些评价方法和指标能够直接或间接地反映个体的体能状况，如反映速度素质的“50m跑”，反映下肢力量素质的“立定跳远”、

反映腰腹力量素质的“仰卧起坐”以及反映柔韧素质的“坐位体前屈”等。因此可以认为，在目前的情况下，使用《国家学生体质健康标准》来对学生的体质健康状况进行综合评定是恰当和合时宜的，使用《国家学生体质健康标准》中的指标来评价学生的体能状况是科学和可行的。

（二）学生体能锻炼方法的评价方法

在前面讨论“选择学生体能锻炼方法的注意事项”部分的内容时，曾经指出体育教师在为学生选择合适的锻炼方法时，要“充分考虑体能锻炼方法的可操行性、趣味性和有效性”。结合这条建议，我们对“学生体能锻炼方法”的评价方法和指标进行简单的讨论。

1. 科学性

一种体能锻炼方法是否科学合理，主要看它是否遵循运动训练的基本规律，是否遵循青少年身体素质发展的规律，是否适合青少年群体和个体的身体特点和发展的需要。

2. 可行性

体能锻炼方法的可行性包括该锻炼方法在运动场地、器材、设备、规则以及对练习者的身体基础等方面的要求是否合理可行。一般来说，对场地设备要求简便易行，练习者可灵活掌控运动强度及运动量的锻炼方法的可行性最高，也最易得到推广和普及。

3. 趣味性

体能锻炼方法的趣味性决定练习者的主动参与积极性，并在一定程度上影响练习者是否能够长期坚持的效果。

4. 实效性

一种体能锻炼方法是否得到练习者的认可和欢迎，最终取决于使用该方法进行锻炼的实际效果。是否能够有效提升学生的体能、发展学生的身体素质、促进他们的身体形态发育是评价任何一种学生体能锻炼方法的最重要的标准。

本讲小结

近年来学生体能状况逐渐下降的问题已成为社会各界关注的热点问题之一。学校体育担负着发展学生体能、增强学生体质健康状况的任务，体能锻炼和身体素质练习是体育教学和课外体育活动的重要内容。

本讲从介绍学生体能和体能锻炼方法的基本概念开始，探讨了教师为学生选择体能锻炼方法时应该考虑和遵守的基本规律；重点讲解了发展身体素质的常用锻炼方法和手段，结合一些具体实施方法、实际案例和开发思路的介绍，力争拓宽体育教师创造和开发体能锻炼的内容、方法和手段的思路；最后对学生体能和体能锻炼方法的评价标准进行了讨论。希望通过本讲的学习，能够对体育教师提高在体育教学和课外体育活动中实施、组织和指导学生进行体能锻炼的实际能力有所帮助。

思考与活动

1. 思考并讨论体育锻炼对于身体素质自然增长的意义和作用。

2. 根据本讲介绍的内容，设计一套适合小学高年级学生发展悬垂力量的锻炼方法。

参考文献

1. 教育部，国家体育总局，学生体质健康标准研究课题组. 国家学生体质健康标准解读 [M]. 北京：人民教育出版社，2007

2. 李鸿江. 学校体能教程 [M]. 北京：北京体育大学出版社，2003

3. 教育部体育卫生与艺术教育司编. 中国学生体质健康监测网络 2002 年监测报告. 北京：高等教育出版社，2005

4. 顾渊彦. 体育课程与身体发展 [J]. 中国学校体育，2006（10）

第五编

学校体育课程资源的开发与利用

第一讲
学校体育课程资源的开发

北京教育学院体育系　韩　兵　胡峰光

随着新一轮基础教育课程改革的逐渐推进，课程资源成为一个新的研究热点。教育部2001年颁布的《基础教育课程改革纲要（试行）》和《普通高中课程方案（实验）》中指出："为保证新课程的顺利实施，促进学生的全面发展，学校要积极开发并合理利用校内外各种课程资源。"对于广大学校体育教育工作者而言，课程资源的开发与利用是体育课程改革的一个重要内容。2001年颁布的《体育（与健康）课程标准》明确提出："积极利用和开发课程资源是顺利实施课程的重要组成部分，因地制宜地开发利用各种课程资源，可以发挥课程资源应有的教育优势，体现课程的弹性和地方特色。"为此，众多学校体育领域的专家、学者和一线体育教师都对学校体育课程资源的开发和利用进行了大量有益的理论研究和实践探索。

本讲从分析课程资源和体育课程资源的概念、内涵和分类出发，重点讲解了开发和利用体育课程资源的原则和操作步骤，在此基础上，结合体育设施资源的开发利用案例，为一线教师体育课程资源的开发提供参考。

一、课程资源和体育课程资源的概念范畴

（一）课程资源的概念

体育课程是学校教育的有机组成部分，因此研究体育课程资源应该从课程资源的概念出发。自20世纪中叶以来，国内外教育学者围绕课程来源的核心问题对课程资源进行了大量的研究，从不同角度对课程资源进行了定义。尽管其内涵广泛，概念也多种多样，但从总体来说，可分为广义和狭义两大类。广义的课程资源是指有利于实现课程目标的各种因素。狭义的课程资源则是指形成教学内容的直接来源。综合两者观点，可以将课程资源视为课程设计、实施和评价等正规课程教学过程中可资利用的一切人力、物力及自然资源的总和。它包括教材、教

师、学生、家长以及学校、家庭和社区中所有利于实现课程目标、促进教师专业成长和学生个性发展的各种资源。例如：知识、技能、情感、态度、价值观、人力、物力、财力、时间、场地、设备、设施、媒介和各种环境等。

（二）体育课程资源的概念

在对课程资源的概念、内涵分析的基础上，我们来分析体育课程资源的概念。近年来，许多学者和体育教师对体育课程资源的概念进行了有益的探索，这在当前体育课程资源相对匮乏和不平衡的情况下，尤其显得意义重大。施小菊认为："体育与健康课程资源是指形成体育与健康课程的要素来源以及实施体育与健康课程的必要而直接的条件。"刘贺根据资源信息学的观点提出："体育课程资源是体育课程设计、编排、实施、评价等整个体育课程发展过程中可以利用的一切人力、物力及其他资源的总和。"吴健、常生将体育课程资源定义为："有利于体育课程实施与生成的各种因素和条件。它既包括形成体育课程的要素来源，如体育学科方面的知识、技能、经验、身体练习、活动方式与方法、情感态度和价值观以及体育培养目标等方面的要素，又包括决定体育课程实施范围和水平的人力、物力、财力等要素，如体育场地、器材、体育师资等。"李正龙认为体育课程资源是"能够转化为体育课程或服务于体育课程的一切可资利用的物质和非物质的总和"。

这些概念或言简意赅，或层次分明，分别从不同角度阐述了对于体育课程资源的理解。在此，我们根据课程资源的广义和狭义概念，可以这样定义体育（体育与健康课程）课程资源：广义的体育课程资源是指有利于实现体育课程目标的各种因素；狭义的体育课程资源是指形成体育课程教学内容的直接来源。其外延相当广泛，既是形成体育课程的知识、技能和经验的载体，又是体育课程实施的媒介和基础；既包括体育运动学科方面的知识、技能、经验、身体练习、活动方式与方法、情感态度和价值观以及体育培养目标等方面的要素，又包括决定体育课程实施范围和水平的人力、物力、财力等要素，如体育场地、器材、设施、经费、体育师资等。

二、体育课程资源的分类

根据体育课程资源的概念界定，按照一定的标准、原则、特点把众多的体育课程资源区分开来进行分类，其目的在于建立体育课程资源次序与系统，以便人们更好地认识和掌握它。同时，明确课程资源的分类，也有利于学校和教师建立起科学、合理的课程资源观念，有助于课程资源得到有效的拓展和整合，从而对体育与健康课程的实施产生实效。

体育课程资源可因不同的分类标准分成不同的种类，这些种类相互交叉、相互渗透。耿培新等对目前课程资源分类中采用的主要标准进行总结后提出：课程资源类型划分的方式主要有三种。一是按存在的方式，将课程资源分为有形资源（如教材、教具、器材设施等）和无形资源（如知识和经验、态度、能力等）；二是按功能特点，将课程资源划分为素材性资源和条件性资源两大类，前者如知识、技能、活动方式与方法、情感态度价值观等，后者有人力、物力、财力、场地设施等；三是按时间、空间分布的不同，将课程资源划分为课内外资源或校内资源（如教师、学生、教学挂图、教材、场地器材设施等），校外资源（如公共图书馆、家长、其他学校的设施、社区场地设施、活动中心等社会和自然资源），网络化资源（如多媒体、网络化的以网络技术为载体开发的资源）。

《体育（与健康）课程标准》将体育课程资源划分为人力资源、体育设施资源、课程内容资源、课外和校外体育资源、自然地理课程资源以及体育信息资源六大类。目前看来，尽管这种分类方式并非尽善尽美，也存在一定的问题，例如分类标准不一造成不同分类内容有重复和界定模糊的现象，但它较全面地包含了目前可以用于学校体育与健康课程开展的各种课程资源，对于广大一线体育教师把握课程资源的内涵、了解课程资源的内容发挥了一定的帮助作用。

三、开发和利用体育课程资源的原则和步骤

（一）开发和利用体育课程资源的原则

体育课程资源的种类多种多样，这为学校和教师因地制宜地开发和利用提供了广阔的空间。从一定意义来讲，一切有利于实现体育课程目标的资源都应加以开发与利用。但在具体的操作过程中，必须明确：并不是所有的资源都是体育课程资源，只有那些真正与体育学科的特点相一致，能够贯彻和实现体育与健康课程目标的、与学生体育与健康教学活动相联系的资源，才是真实的体育课程资源。

课程资源的开发，就是探寻一切有可能进入课程，能够与教育教学活动联系起来的资源；课程资源的利用，就是充分挖掘所开发课程资源的教育教学价值。所以，课程资源的开发与利用是密切联系在一起的，开发是利用的前提，利用是开发的目的。开发利用课程资源的过程决不是随心所欲、想当然的过程，只有遵循一定的规律和原则才能起到良好的效果。一般来说，应遵循以下原则：

1. 教学服务原则

体育课程资源的开发是为体育课程的教育教学服务的，因此一定要遵循为教学服务的原则。例如我国的体育教学由于受多年竞技运动思想的影响，存在一定的教学内容竞技化、成人化现象，这是造成许多学生喜欢体育而不喜欢上体育课现象的原因之一。体育教学的改革方向绝非抵制和淡化运动技能教学，而是强调体育锻炼和运动技能的健康目标，强调“以人为本”，坚持学习体育知识和运动技能是为了学生的全面健康尤其是增强学生的体质健康，并在此前提下鼓励教师在教学过程中注重激发学生的学习兴趣和运动参与热情。

因此，体育课程资源本身包含很广，作为教学内容而言，不仅有竞技项目、娱乐项目、休闲项目、新体育运动项目，还有少数民族的传统体育项目、民族歌舞项目；作为体育场地、器材而言，不仅有现代体育项目或是民族传统体育项目的体育场地、器材，还有自制体育场地、器材等。在开发与利用的过程中一定要根据儿童身心发展的规律和教育教学的规律，遵循教学化的原则，对其进行教学化的改造、开发，然后引进体育课教学，加以利用。这样才能实现体育课程目标，促进学生身心健康、和谐、全面发展。

2. 因地制宜原则

我国地域广阔，在经济发展、文化教育普及等方面存在着较大的地区差异；同时各地人文地貌、风土人情大不相同，这为学校体育的开展提供了丰富多彩和多样化的课程资源。不管是校内课程资源和校外课程资源、自然课程资源和社会课程资源、文字资源、实物资源、活动资源和信息化资源，还是显性资源和隐性资源、素材性资源和条件性资源，相对于不同的地区、民族、学校、教师、学生，都具有较大的差异性。

因此，体育课程资源的开发与利用是一项极具创造性的实践活动，体育课程资源的开发与利用不应强求一律，而应从实际出发，发挥地域优势，发挥地方特点，展示地方风貌，体现文化特色，扬长避短，因地制宜，因时制宜，因人制宜地开发与利用。以体育课程内容资源的开发为例，各学校可从本校的实际出发，发挥地域优势，强化地方特色，利用好、开发好传统的、民俗的、特色的校本课程资源。

3. 经济适用原则

课程资源的开发与利用决不是大兴土木，大量投资，更不是重复建设，而是尽可能用最少的资金和最少的精力投入达到最理想的结果。体育课程与其他课程的一个显著区别就是需要一定器材、场地的物质保障，缺少了这些，体育课的实施就相对困难。正因如此，体育课程资源的开发与利用要做到节俭、经济，否则，面对众多的体育课程资源，我们永远也不可能提供足够的体育经费。只有

“低成本高效益”才能解决有限的教育投入和体育与健康新课程日益丰富的教学内容的需要之间的矛盾。

因此，在体育课程资源的开发与利用过程中，要根据本地区和本校的实际情况，因地制宜，在花费最少、空间最小、时间最少的条件下，开发出丰富的、效果最好的、最符合学生需要的体育课程资源，使其在体育教育、教学过程中能得到充分利用，达到最好的教育、教学效果。

另外，遵循经济适用原则与因地制宜原则可以结合进行，即尽可能利用当地的条件和优势，就地取材，不舍近求远：校内有的不求诸校外，本地有的不求诸外地，开发主体自身能做到的就不求诸他人。这也是实现经济适用原则的重要保障之一。

4. 安全可靠原则

体育与健康课程的教学对象是正在生长发育中的中小学生，课程的培养目标是为了全体学生的身心健康发展，为了学生更好地学习、生活，安全性原则对于体育课程来说尤为重要。在挖掘和开发体育课程资源的过程中，要考虑课程资源可能会对学生的安全产生的潜在影响，尤其是课程内容资源和自然地理资源的选择中；在利用体育课程资源进行体育课堂组织与实施的过程中，要注意对学生加强安全、纪律教育，强化课程资源开发主体的安全性，做好组织工作，在确保安全的情况下才能组织实施，为学生负责。以武术、攀岩、登山、漂流、游泳、滑冰、定向运动等各项运动项目的开展为例，各种潜在的不安全因素始终存在，一旦掉以轻心或者处理不当，意外事件就有可能发生。所以，在利用与开发体育课程资源的过程中，安全性是教育者必须考虑的重要原则之一。

5. 资源共享原则

尽管在体育课程资源的开发和利用过程中，我们鼓励不同地区和学校根据各自的实施情况去挖掘和形成独具特色的教育资源，同时也希望地区、学校之间甚至体育与其他学科之间加强彼此的交流和学习，充分体现信息时代的资源共享。对课程资源来说，只有实现相互交流，相互学习，才能体现其丰富性和潜在的巨大价值。在体育课程资源研究的探索阶段，为了避免资源开发的重复性、盲目性和浪费，应拓宽校内外课程资源及其研究成果的交流、推广与分享渠道，建立学校体育课程资源交流平台，各学校可以通过相互交流、相互借鉴，做到信息资源共享，提高使用效率。各学校不仅可以共享有形的课程资源如体育场地器材设施和教学资料，也可以共享无形的资源，如教学经验、教学方法和手段等。

另外，课程资源的多质性使同样的课程资源可以为实现不同的课程目标服务，不同的学科教学也可以运用同一种课程资源。就体育学科来说，它包含了身体的、心理的、意志品质的、教育的、审美的等众多因素，内容广泛，涵盖、涉及面广，体育课程的实施必须与其他学科或因素相联系，与其他学科资源进行共享，才能更好地达到使学生全面健康发展的教育目标，达到学校教育的目的。例如，音乐、舞蹈、美术与体育之间的相互交融就是实现资源共享的有效例子。所以，在课程资源的开发与利用过程中应该遵循资源共享的原则。

（二）开发和利用体育课程资源的步骤

无论是对于学校的教育管理者——校长，还是体育教育的实施者——体育教师来说，开发和利用体育课程资源都是一项重要的和需不断更新和发展的长期工作任务。在具体实施过程中，除了要遵循上述的几项基本原则之外，还要遵循一定的步骤，做到有组织、有制度、有计划，按部就班、有条不紊、科学有序地进行。很多学校体育方面的专家对于学校体育课程资源的开发和利用的步骤提出了具体的操作建议。

耿培新等指出，学校体育课程资源开发和利用，可从以下三个步骤来进行。第一，学校体育课程资源状况的调查，即对学校已有的或有待开发与利用的体育课程资源进行综合的调查。第二，学校体育课程资源状况的分析研究，在对学校体育课程资源状况调查的基础上，系统地对学校内外环境中各种类型的体育资源进行分析研究。第三，学校体育课程资源的管理与规划，如制定出相应的学校体育课程资源管理制度，从制度上给予保障；对校内外体育课程资源进行优化与整合，逐步建立以校为本的体育课程资源开发与利用机制。

吉建秋等认为课程内容资源开发与利用的基本步骤为：第一，学生需求评估，这是体育课程开发的基础。第二，体育课程校本资源的筛选，即在借鉴的基础上根据本校实际情况，形成本校特色和精品课；制定教学方案；进行组织和实施；最后进行检查、反馈、评价和改进。

吴健、常生认为，一般情况下，体育课程资源的开发主要有以下几个方面的基本步骤：第一，开展当代社会调查，不断地跟踪和预测社会需要的发展动向，以便确定或者揭示有效参与社会生活和把握社会所给予的机遇而应具备的体育卫生知识、体育技能和身体素质；第二，审查学生在日常活动中以及为实现自己目标的过程中获益的各种体育课程资源；第三，研究一般青少年以及特定受教学生的情况，以确定制定体育课程教学计划的基础；第四，鉴别和利用校外体育课程资源，建立体育课程资源管理数据库，拓宽校内外体育课程资源及其研究成果的分享渠道，提高使用效率。

施小菊则提出了开发和利用体育课程资源的“三步法”：（1）调查研究：开发体育课程资源的首要任务就是通过广泛的调查研究，充分掌握可利用资源的实际情况，再经过比较分析，从中选择最佳的资源加以利用。（2）实验研究：提倡采用科学研究的方法，以实验的结果证实所选择的资源的有效性，并从中选择最佳的资源加以利用。（3）交流推广：在开发课程资源的工作中应提倡相互交流、相互学习，做到信息资源的共享。

综合上述研究成果，我们认为在进行体育课程资源的开发与利用时，应该按照以下几个步骤进行：第一，应考虑学生及本校的基本情况，借鉴别校经验，对已有及亟待开发的体育课程资源进行整合；第二，根据所掌握的情况，制定相应的学校体育课程资源开发利用的管理制度；第三，进行有效的组织实施，使学校体育课程资源的开发与利用真正落到实处；第四，建立反馈、评估机制，使学校体育课程资源的开发利用在不断探索、不断总结经验中得以发展。

四、开发和利用体育课程资源的途径和方法

《体育（与健康）课程标准》将体育课程资源划分为六大类，在具体开发和利用的过程中，应该根据每类内容的具体对象和特点，有针对性地采取不同的途径和方法。

1. 人力资源

体育课程资源中的人力资源包括体育教师、学生、班主任、有体育特长的教师、校医、社会体育指导员、家长等。《体育与健康课程标准解读》（简称《解读》）中提出“应调动各方面的人员关心和参与体育与健康课程的建设，这有助于提高体育教学效益，促进学生积极参与体育活动，使学生更好地达成学习目标”。

在这些人中，体育教师无疑是最重要的人力资源，这是因为，体育教师既是课程的主要实施者，又是体育课程资源的开发者和利用者。因此，充分挖掘体育教师的潜力，提高他们的综合素质，是人力资源开发最重要的环节。在课改的进程中，体育教师应当尽快完成角色的转换，即从原来的课程执行者转变为决策者，从“教书匠”变为课程的研究者。角色的转换是一项艰巨的任务，我们应当为体育教师创造条件，加强教师培训和自学指导，让他们有机会学习和掌握现代教育、教学理论与技术，不断更新观念，不断提高业务水平。

由于时间和空间的拓展、内容与方法的多样化，开放式的体育课程需要多方人力的介入才能得到较好的实施。为了更好地贯彻“健康第一”的指导思想，在校内，需要校领导、教务管理人员、班主任等积极介入学校体育工作。体育课教学内容与方法改革，仅靠体育教师的力量往往是不够的，在必要的情况下，完全可以考虑聘请校外的有关专家、教练员和社会体育指导员甚至民族民间体育项目的“高人”等担任部分的教学工作。

另外，学生资源的有效开发就是充分挖掘和利用学生“好玩”的天性和已有

的生活经验，充分发挥学生的主体作用；鼓励学生发明创造新颖、安全、健康、有趣的游戏，启发学生的创造性思维，充分发挥学生的聪明才智，教师和学生共同参与，发挥各人的长处和主观能动性，合理地利用人力资源，为课程教学提供保证。

2. 体育设施资源

体育场地、器材是加强素质教育、提高教学质量、增进学生健康的物质保证。因此，《解读》根据我国各地、各校在体育器材和设备配置中存在的实际差异，提出“一方面，各校应根据国家制订的各级学校体育器材设施配备目录，尽量配齐所规定的学校体育器材设施，另一方面，各校（特别是办学条件差的学校）要努力利用和开发现有的体育设施资源，如发挥体育器材的多功能作用，制作简易的体育器材，改造场地和器材等”的操作建议。

对于许多学校来说，因地制宜、自制器材是应对体育场地器材不足的有效途径。另外，体育场地器材资源的整合也被证明是一种行之有效的开发利用体育设施资源的途径和方法。它通过转换视角和思维方式，开发出常用器材的新功能，要求体育教师结合本校的实际，制作简易器材，要合理规划，合理布局学校场地器材，充分利用空地，进行安全、适宜的体育活动等，使体育设施资源做到物尽其用的最佳效果。

案例 5—1　各种不同学校场地和器材的整合利用方法

场地的整合利用：

把一块操场的中间位置用作篮球场和足球场是许多学校都考虑和实施过的，我们也可充分利用操场两端的半圆形场地。如果把其中一端改为沙滩；另一端用土垫成一边高一边低的坡地，则可大大提高场地的利用率。利用沙滩进行教学可使学生感到新颖、刺激，从而调动他们练习的积极性，此外，还可减少运动损伤，对发展学生的下肢力量和提高其身体的灵活性及耐力有很好的作用。利用坡地则可进行多种项目的练习，如各种跑的练习，可增强腿部力量，增快两腿的交换频率。操场四周可砌成高 2m、宽 1.5m 的墙面，其间用铁栅栏间断，这样既美观又实用。墙上书写鼓励运动的标语，可激发学生的锻炼积极性，另外，还可用来进行如网球、足球、排球等球类项目的对墙练习，一举多得。操场周围，设立台阶，锻炼学生的腿部力量及弹跳能力。

器材的整合利用：

实心球可用做达标项目“掷实心球”练习，还可以用来进行腰腹力量的练习：仰卧收腹时，持球于头上方，收腹向上坐起时用力将球抛出；或做仰卧举腿时，双脚夹球上举；还可在向上跳时双脚夹球以增强下肢的力量。在进行跑步的专门性练习时，可以用实心球做标志，要求学生从球体上方越过或每步的步幅必须跟球间距等长等；还可利用实心球做一些游戏，如“地滚球比快”、“赶猪”等。

标枪除可用来投掷外，还可把标枪扎成一排让学生做蛇行跑练习或绕杆运球（篮球或足球）等。肋木，可用之压肩、压腿、踢腿（正踢、侧踢、后踢），做斜体俯卧撑、头低脚高的俯卧撑、倒立、悬垂等练习，还可用来做腰腹力量的练习。方法如下：背对肋木蹲下，手抓一根肋木，肩放松，髋部用力向外挺出，还原，如此反复进行；背对肋木，向高处上一阶站立，两手尽可能高地抓住上面的一根肋木，悬垂，做收腹举腿动作，腿可曲可直，尽可能靠近胸部；上到1m左右的地方，把腿伸进两根肋木之间，平躺，做仰卧起坐练习（适用腰腹力量较强者）。利用肋木练习要预防与肋木接触部位的损伤。

另外，栏架可以用来跨栏，也可以用作投射门，还可以用作钻越障碍。用一根小跳绳可以把学生引入全面身体练习的天地：用跳绳组合进行体育游戏、双人拔河比赛，用绳子做挥臂鞭打练习，师生共同创新开发的集体绳操练习，还可以利用绳子能够打结的特性让学生学习和寻找生存自救的本领等。

3. 课程内容资源

开发课程内容资源有助于学校课堂教学内容的丰富多彩，有助于激发学生进行体育学习和活动的兴趣，有助于形成学校的体育特色。因此，《解读》提出“新的体育课程除继续重视一些传统的运动项目内容外，鼓励各地、各校对现有的运动项目进行改造，并大力开发新兴运动项目（如野外生存训练、轮滑、现代舞等）、民族民间传统体育项目（如蒙古族的摔跤、朝鲜族的荡秋千等）”。可包括：

（1）现有运动项目的沿用改造。

为了使学校体育内容能更好地促进学生身心健康发展，体育教师要充分发挥主导作用，如：对学校体育中那些具有良好的实用性和代表性的体育内容要坚持沿用、继承；对学校体育中现有的不符合学生实际需要、身心特点、兴趣爱好，不符合学校实际情况，不利于终身体育开展的竞技性、成人性的运动项目要进行改造，具体的改造方法有运动项目的简化（包括对运动规则、技术难度和场地器材的简化）、异化、游戏化、趣味化、生活化、实用化等；此外体育教师还要转变观念、更新视角、勇于开发、创新出新的体育教学内容。

（2）新兴运动项目的引用。

随着社会的进步、生活水平的提高以及大众体育的蓬勃发展，新兴运动项目将不断涌现，那些具有时尚性的新兴运动项目当然也成为学生所喜欢、追求的对象。因此，要根据学生的兴趣爱好，结合本地、本校的实际情况，在学校体育中选用适当的新兴运动项目。

（3）民族和民间传统体育项目的开发。

我国是多民族国家，民族、民间体育文化源远流长，那些经过千百年流传的民族、民间体育项目，既各具特色，又具有良好的健身价值，是学校体育应着力开发的宝贵资源。各地学校应根据当地的风俗、民情，大力开发，适当选用。

案例5—2 北京市大兴区采育中心小学将珍珠球引入体育课程的尝试

珍珠球是满族传统体育项目，同时也是全国少数民族体育运动会的竞赛项目之一。珍珠球最早是满族儿童模仿采珍珠人劳动的情景，用内装黄豆的布包进行投接的游戏活动，以后发展为采用小球进行攻防结合的传统体育项目。珍珠球作为一项传统体育运动在民间广为流传，距今已有300多年的历史。

珍珠球有明确的竞赛规则，非常适合引入到学校体育课堂或者在课外活动中开展。北京市大兴区采育中心小学对这一传统项目进行开发，并引导学生在体育课堂和课外活动中开展，取得了很好的效果。珍珠球的玩法和篮球有接近之处，通过运、传、投推进，进攻和防守也基本一样。不同之处在于没有篮筐，而是队员拿网替代篮筐，并且网可在一定的范围内移动，即“活动篮板”。这项运动具有篮球的基本价值特征，但更具娱乐性和趣味性，且不受年龄、性别限制，场地、器材也相对简单，易于开展。经常参加这项运动，既可提高观察、判断和反应能力，改善血液循环、呼吸系统机能，又能培养勇敢顽强的意志品质和集体协作精神，是一项难得的优秀学校体育项目。因此珍珠球一经推广，就受到全校师生的广泛喜爱，并已成为该校的校本课程内容。

在开发体育课程内容资源的过程中，需要特别注意的是开发和引入的内容要符合体育的学科特点和课程目标，绝不能单纯为了追求新鲜、花哨而去开发一些华而不实的资源。《体育（与健康）课程标准》修订小组核心成员毛振明教授按照体育教学内容的选用标准将教学内容分为三类，非常值得广大体育教师参考和借鉴：

（1）急需开发的内容：有利于实现课程标准提出的课程目标的内容，如心理拓展训练、领会教学游戏、克服焦虑和孤僻倾向的教材、培养社会适应能力的教材、运动处方的教材、安全教育的教材等。

(2) 需要开发的内容：过去有所忽略的内容、新兴体育运动项目。例如轮滑、踢踏舞、短拍网球、三门球、花样跳绳、校园定向越野、街舞、跳皮筋、形体锻炼、安全有趣地发展身体基本活动能力的教材等。

(3) 不能开发的内容：非活动性或非技术学习性的内容。如棋牌类、电子竞技、魔术、劳作和纯艺术内容，非体育类的服装和道具，没意义的背景、挂图和多媒体等。

4. 课外和校外体育资源

《解读》中将课外体育资源定位为主要包括“早晨上课前的体育活动、课间体育活动和课外体育活动等，校外体育资源主要包括家庭体育活动、社区体育活动和竞赛、区县镇的体育活动和竞赛、少年宫体育活动、业余体校训练、体育俱乐部活动、节假日体育活动和竞赛等”，并提出“大力开发课外和校外体育资源，有利于增加学生的活动时间，培养学生坚持体育锻炼的习惯，增进学生的身心健康。一周只有两节体育课，每节体育课也只有 45 分钟，是不足以使学生达成体育课程目标的。因此，应鼓励学生积极参加课外和校外的各种体育活动”。

体育课程的重要目标之一是要培养学生的终身体育意识，因此，课外和校外学生的体育锻炼情况和资源对其体育锻炼习惯的养成非常重要。包括家庭体育活动、社区体育活动和竞赛、区县镇的体育活动和竞赛、业余训练、体育俱乐部活动等，都可以组织学生参与其中。同时还可以通过参观、参与、访问、讲座、讨论、实习等途径，使学生多接触社会，了解体育与社会和科学技术的关系，以激发学生的学习兴趣，并在体育知识和运动技能的学习中有效地培养其实践能力和社会适应能力。

另外，要重视开发学生家长资源。学生家长也是重要的体育课程资源。要充分发挥家长对体育活动的参与、督促作用，为学生购置一定的体育小器材。同时教师可以通过家长及时了解学生的身体情况、学习与心理上的变化，以便在教学中做好因人施教。

5. 自然地理资源

自然地理资源主要包括利用空气、阳光、水、季节、气候、地理条件（如江、河、湖、海、荒原、雪原、草原、森林、山地、丘陵、沟渠、田野、海滩、沙地、沙丘等）进行的各种各样的体育活动。边远地区、农村地区的学校完全可以利用自然地理条件开展体育活动，即使是体育课也可以在大自然中进行。

我国地域宽广，幅员辽阔，地形地貌千姿百态，季节气候变化万千，蕴藏着丰富的课程资源。各地应根据本地自然地理与人文特征大力开发利用课程资源。具体可包括：

（1）利用野外环境条件。

“三浴”，即日光浴、空气浴、水浴。人体接受适当阳光的照射、呼吸新鲜的空气、沐浴等都会增进身体的健康。经常在室外进行散步、慢跑，到野外旅游、远足，经常擦身、浴足、冷水浴、温泉浴、游泳等，可以增强人体对环境的适应能力，提高机体免疫力。

（2）利用季节气候条件。

俗话说“冬练三九，夏练三伏”，严峻的气候条件可以磨炼学生的意志，锻炼强健的体魄，增强抵御不良环境的能力等。因此，在寒冷的冬季和炎热的夏季也要坚持室外的体育锻炼。

还可以利用四季的变化开展体育活动，如春天开展春游、长跑、踏青、放风筝等活动；夏天开展游泳、嬉水、沙滩排球等活动；秋天开展爬山、骑自行车等活动；冬天开展冰雪项目，如冰车、冰陀螺、滑冰滑雪等。

（3）利用山川河流等地理环境。

利用山地、丘陵可以进行爬山、滑草、滑沙、“寻宝”游戏等活动；利用江河湖海等水域进行游泳、划船、水球、航模等项目；利用田野、村庄进行越野跑、地形跑、放风筝、投掷等活动；利用复杂地形进行野外生存训练等。

（4）利用人居地理环境。

如一些山地、山区学校可利用校园内或附近的高墙、山体、岩壁等制作攀岩壁、攀岩网、爬绳、爬杆、斜绳速降等设施；一些操场比较小的城市学校可以利用学校附近的广场、车辆稀少的公路、人行道、公共体育活动设施、堤坝等场所进行活动。

此外，在开发和利用自然地理资源时应注意：

（1）了解掌握必要的知识技能，以免损害健康。如过强的紫外线照射会灼伤皮肤；空气污染、沙尘、雾天不宜室外活动；冷水浴和冬泳应循序渐进并作好准备活动；在活动中避免运动损伤，了解运动损伤的简单处理与救治等。

（2）安全教育不可忽视。在自然环境中活动，不安全因素较多，如水域中的暗沟、旋涡、水质污染，冰面上的冰裂、冰洞，山地的山体滑坡、泥石流，田间野外的秸秆、荆棘，攀岩与野外生存训练中容易出现的摔伤、扭伤、擦伤，还有冻伤、中暑、交通安全等。因此，首先要了解自然地理环境的安全性，及时排除安全隐患。其次，对学生加强安全教育，增强组织性、纪律性，使其掌握安全知识技能，注意自我保护和防护。

（3）在利用自然地理资源的同时，还要注意保护环境、爱护自然、保持环境卫生等。

案例 5—3　南昌市湾里学校利用自然地理资源开展体育教学的方法

活动名称：轻松愉快的跳台阶活动。

活动设计：湾里是南昌的旅游山区，山丘自然地形，台阶较多，利用现有自然地形，使学生体验到在大自然中活动的乐趣，同时利用自然地形跑、跳结合，发展学生的弹跳力量及速耐能力。

活动过程：将学生分成两组，一组在山丘做放松活动，一组排成一路纵队，等第一位学生跳过两个台阶后，第二位学生开始跳，依此类推，两组轮换，共20个台阶，等每人跳完4组后，整理放松。

案例评析：利用自然地形、台阶高低不同，学生集中在一起，你追我赶，增加了运动的乐趣，发展了学生的速度、弹跳力等能力，培养了学生克服障碍的能力。同时使学生体验到紧张、兴奋、欢乐的运动气氛。

6. 体育信息资源

在一堂体育课上，学生所能获得的体育与健康信息是十分有限的，因此，“要鼓励学生充分利用广播、电视、体育书刊等资源获取体育与健康信息，沿海地区和经济发达地区的学校还可以让学生通过网络获得体育与健康信息”。

为了更好地开发和利用体育信息资源，首先应该让学生认识和了解体育与健康资讯对自己生活的重要意义，了解和掌握获取信息资源的途径和方法，并以适当的方式去学习和运用这些方法。例如：

（1）利用班报、板报、墙报、校内广播等形式传播体育与健康方面的知识、信息。这样既增长了学生的知识，又营造了关注体育与健康的氛围。

（2）可以组织学生观看精彩的体育比赛录像，教师作必要的讲解和评论。这样既增强了学生对体育比赛的鉴赏能力，又极大地激发了学生对此项运动的兴趣，为今后学习和观赏此项运动打下良好的心理基础。

（3）在教学中，运用技术动作录像课件辅助教学，或辅导学生利用教学光盘独立学习。这种方法既在一定程度上弥补了教师技能方面的不足，又培养了学生自我学习的能力和习惯，为今后自学、自练奠定了技能基础和心理基础。

（4）指导学生运用网络获取体育知识、信息。

（5）鼓励学生观看并评论体育比赛等。

本讲小结

本讲从广义和狭义的范畴分析了课程资源和体育课程资源的概念，提出了开发和利用体育课程资源需要遵循的五项原则（教学服务原则、因地制宜原则、经济适用原则、安全可靠原则和资源共享原则）以及一般性操作步骤，并针对体育人力资源、体育设施资源、课程内容资源、课外和校外体育资源、自然地理课程资源、体育信息资源六大类课程资源的不同内容和特点提出了具体的开发和利用途径以及相应的建议，并提供了可供体育教师参考的部分具体实施案例。

思考与活动

1. 结合自身理解，谈谈你所认识的学校体育课程资源的具体内容。

2. 结合自身所在学校的现状，制定一份开发和利用学校体育课程资源的工作计划。

参考文献

1. 教育部基础教育司，教育部师范教育司. 课程资源的开发与利用 [M]. 北京：高等教育出版社，2004

2. 体育与健康课程标准研制组. 体育与健康课程标准解读 [M]. 武汉：湖北教育出版社，2002

3. 耿培新. 学校体育课程资源的开发与利用 [J]. 体育教学，2005 (3)

4. 吴健，常生. 关于体育课程资源建设的理性思考 [J]. 山东体育学院学报，2006 (22)

5. 施小菊. 试论体育与健康课程资源及其开发与利用 [J]. 体育科学，2003 (23)

6. 刘贺. 对学校体育课程资源开发利用的探讨 [J]. 浙江体育科学，2004 (26)

7. 刘琼. 南昌市农村学校体育课程资源现状及利用与开发的对策研究 [D]. 2006

8. 曾晓进. 贵州省少数民族农村地区学校体育课程资源开发与利用的研究 [D]. 2005

[作者简介]

胡峰光，女，北京教育学院体育系教师，硕士。曾发表《对中小学生参加课外体育锻炼的调查分析》、《日本小学体育运动会 30 人 31 条腿比赛带给我们的思考》、《奥林匹克教育在学校体育课堂中的落实》等学术论文。曾参与教育部体育与健康新课程标准高中（水平五）教科书、《新教材疑难问题研究与解决——初中体育与健康》等的编写工作。

第二讲
学校体育场地器材的开发与利用

北京教育学院体育系　胡峰光

体育场地器材是完成学校体育教学的物质基础，是中小学生进行身体锻炼的物质保障。适宜的体育场地器材对激发中小学生的运动兴趣，有效地实施体育教学将会起到事半功倍的作用，对中小学生在运动参与、运动技能、身体健康、心理健康和社会适应等方面全面发展有着不可或缺的作用。但现阶段，农村一些学校虽有宽阔的场地却苦于器材的缺乏，城市一些学校虽拥有丰富的体育器材却因拥挤的场地而无用“材”之地；大部分学校的学生们只能对着高高的篮球架望“框”兴叹，只能看着2m多高的排球网失望而归；一些器材长年累月地躺在学校器材室中。合理地开发和利用体育器材资源，在各个学校有着重要的意义。

本讲主要分析了学校场地器材的现状，进一步明确开发和利用学校体育场地器材的必要性和重要性以及开发与利用原则，通过大量案例阐述学校体育场地器材开发与有效利用的途径和方法，并结合国家政策、学校实际、教师能力等提出了一些建设性意见等。

一、学校体育场地器材的概念

学校体育场地器材是指学校的体育教学、体育训练以及课外体育活动使用的场地、器材和材料，是学校体育的基本物质条件之一。体育场地器材是保证体育教学、课外体育活动和课余体育训练正常进行必不可少的物质条件，也是检查、督导、评估、规范学校体育工作的重要内容之一。

二、学校体育场地器材的现状和特点

（一）体育器材配备率明显不足，农村中小学问题更加突出

按照国家教委颁布的《中小学体育器材设施配备目录》规定，体育器材配备

率须在80%以上，但是当前只有小部分学校体育器材配备能达到这个标准。农村学校体育器材达标率普遍低于城市，而且有相当一部分的学校器材达标率在50%以下，属于不合格范围。而自制器材率则与之相反，农村和城镇学校远高于城市学校。由于地区经济落后，缺少对体育场地、器材的资金投入，我国大部分农村及偏远地区中小学体育器材的状况与有关规定相差甚远。在农村及偏远地区中小学中，体育器材不能满足体育教学需要的学校占到本地区学校总数的约60%～80%，仅有20%～30%的农村及偏远地区中小学基本满足体育教学的需要。①

现象一：陕西省西安市蓝田县北关小学是县城最好的小学，却连100m的跑道都不够，校长赵润学介绍，全校2 000多名学生，到了课间操的时候，学生操场站不下，连楼道都站满了，每天锻炼一小时的要求根本无法保证。

现象二：贵州省六盘水市六枝特区陇脚布依族乡中学至今没有一名专业体育教师，学校仅有的几件运动器械中，双杠因损坏变成了“单杠”，刚刚砌起的水泥乒乓球台很不标准。学校操场一下雨就积满了水。

现象三：在西部农村学校，体育器材常常是捉襟见肘，体育课常被戏称为“立正、稍息、解散”。一些农村中学干脆就不开体育课，越是到高中，这样的现象就越突出。

现象四：陕西省咸阳市长武县昭仁中学体育教研组长对记者说：“过去经常开展的项目，如跳箱、山羊等，现在做起来就相当危险。一些投掷类项目，如铅球、标枪等，也因为场地有限和危险系数高，只能停开。”

现象五：某一学校的学生普遍反映，他们的体育课长年累月是跑步、跳远、跳高，形式单一，学生对体育课缺乏兴趣，上课无精打采，甚至有的同学借故不上体育课；他们的体育器材室，仅有五个铅球（3kg）、三个体操垫、一副跳高架和一个破篮球。学校的体育教师抱怨说：“就这么点儿器材，能上些什么？”

现象六：听过一位体育教师“三传二抢投篮”的篮球游戏教学课。教师讲述了游戏规则，师生共同讨论探究了游戏中的技巧和注意事项，探究活动进行得非常成功，学生摩拳擦掌，跃跃欲试。在游戏时，有两个篮球，教师将班上60名学生分为男女两组，一组游戏时另一组由组长组织跳高，可就是这样，一节课每位同学参与游戏的时间也才七八分钟，大部分时间他们是观众，在一旁无所事事，有的干脆席地而坐，下课铃响了，学生唉声叹气，教师只得说：“下次课再接着玩。”在与体育教师交流时，他说：“我们学校近600人，学校穷，拿不出钱

① 参见赵学功：《中小学体育发展现状与对策》，载《教学与管理（中学版）》，2007（8）。

来买篮球，就这两个篮球，平时也是不轻易拿出来给学生用的。”

（二）城市中小学学校体育场地严重不足

体育活动场地在一些城市中小学中明显不足，部分学校的情况与原国家教委对各级各类学校体育场地、器材的要求相差甚远，根本满足不了课程标准所规定项目的需要。农村地区的学校生均水平则远远高于城市。据哈尔滨市教委调查，目前全市有139所中学画不出50m^{2}场地，占中学总数的63.8%，小学有277所，占小学总数的78.2%。[①] 许多学校只好在马路上上课间操、跑步。体育场地符合规定的学校寥寥无几，许多学校的体育场地仅一个篮球场大小，广播操也要分几批做，排球场平均800多人才有一个，严重影响体育教学工作的开展。

据相关调查得知，北京市某城区中小学校操场人均面积符合率仅在50%左右；运动场地材质方面，小学仍有40%的学校使用非弹性地面，中学也有少部分学校使用非弹性地面，可能会增加学生运动伤害的危险；运动场地配置方面，小学低于中学，这不仅与课程标准的教学内容有关，而且也与学校规模有关。中小学校在体操器材与健身器材配备上，情况大部分近似。调查显示，中小学校的运动场地面积明显不足，有近50%的在校学生不能同时使用操场；另外，各类型的运动场地如跑道、篮球场、排球场等均不能按标准设置，学生从事的体育项目也随之减少。此次调查的体育器材种类，仅占《中小学体育器材设施配备目录》中必备类的30%，且没有一种体育器材在中小学校配备率为100%。体育器材的来源中，由教委和学校自购占主要部分。

现象一：相关报道中记者曾在西安走访了十余所中小学，发现大多数校园都有操场。处于市中心的学校操场面积一般较小，郊区或远离市区的学校操场面积较大。但操场面积、跑道等离标准要求相差甚远，有的根本没有操场，只有拥挤的校舍。“学生连个跑步的场地都没有，全校学生做广播体操还须两拨倒，否则连胳膊都伸不开。有的学校干脆取消了早操和课间操。长此下去，怎么能培养出社会和国家需要的德智体全面发展的优秀学生呢?”一些老师也对此忧心忡忡。

现象二：马路锻炼，“盆景学校”的传统。“武汉市不少条件差的中小学，一直都是在马路上进行冬季锻炼的。”采访中，武昌区一所小学负责人告诉记者，一些占地面积非常有限的学校（业内称其为“盆景学校”），由于操场面积太小，根本容纳不下全体学生早锻炼，于是校方便将学生们带上马路锻炼。另外，相当一部分中小学的田径队也将训练场搬到了马路上，一名校田径队教练直言：“跑

① 参见赵学功：《中小学体育发展现状与对策》，载《教学与管理（中学版）》，2007（8）。

步需要速度和距离，围着学校不到 200m² 的操场绕圈根本出不了成绩。”

（三）学校体育场地器材的标准化、成人化、竞技化情况严重

长期以来，中小学体育场地器材以成人竞技体育的体系为规格标准，场地器材的成人化严重影响了学生参加体育活动和锻炼的兴趣。随着学校体育改革的深入和基础教育课程改革的实施，原有体育场地器材体系已经远远适应不了改革的要求。

教育部体育卫生与艺术司和国家体育总局群众体育司联合在华东师大举行中小学体育器材标准的研讨会时，季克异说：“目前中小学的体育器材和设施多数是成人的标准，竞技色彩太浓。例如，篮球架太高，孩子们够不着，球的分量太重，孩子们拿着累，这大大影响了学生们参加体育运动的积极性，有的学生甚至对体育课望而生畏。更重要的是，小身材的孩子们使用成人化的体育器材和设施，不符合学生的身心发展规律和体育运动规律。”

体育场地器材的成人化、竞技化，忽视了学生的个体差异，没有从中小学生的实际需求出发，要求太高，使学生失去了奋斗的信心。

现象一：以篮球标准为例，现代篮球自 1891 年诞生以来，规则中的场地设备规格屡经调整修改，并在实践中不断完善，此规格可以看作成人身体条件与运动能力的最佳对应域，成人可以在其中玩得最舒畅、取得最佳体育效果。但是约占我国人口 1/5 的少年儿童却没有自己活动的篮球领域。目前仍采用现存的成人篮球形式（篮圈高度 3.05m、球重 567g～650g、球的周长 74.9cm～78cm），或实施推行属于“成人形式”的少年篮球（其球的周长和重量分别为成人规格的 97%与 93%）、儿童篮球（其球的周长和重量分别为成人规格的 87%与 80%），活动在成人球场、用的是成人篮球，这严重违背了少年儿童的身心特点。由于不恰当的目标设置难度使得当前许多学校里学生的失败心态非常严重。但是国家、政府要求学校构建“标准化”场地设施，又是否必要与可能，值得探讨。

现象二：仅湖南有序号的中学就有 6 048 所，在“标准化”口号下，就该建 6 048 个标准的 400m 环形田径场，须知该占用多少土地。标准田径场上沙坑 1～2 个，又能否满足学校体育教学和开展课外体育活动的需求？又如标准篮球场，按国内外使用惯例，一般只容纳 10～15 人比赛训练，比照之下，2 000 名学生的学校，也是否该建 100 个以上的篮球场。更有甚者，从小学生、大学生到职业篮球队一律必须使用高 3.05m 的球篮，显然很不合理。若“扣篮”是一种高效得分技术，而普通学生却望尘莫及，就是体育专业学生也是一筹莫展。为什么不可以降低篮筐高度让孩子们在游戏中也获得享受与体验呢？之所以如此，显然只有一个“理由”，就是因为它们是竞技运动项目，有国际比赛，更因“长官意志”

强令学校学生执行。

(四)学校部分体育器材的闲置、“压室”情况严重

在各级各类中小学校里都不同程度地存在相当一部分器材只是在体育竞赛中使用一下就成为了保管室的“压室”之宝的现状。闲置器材主要包括损坏器材、脏污器材、旧器材和没场地使用的器材等几种。

体育器材的闲置对学校体育而言是一种奢侈浪费。尤其是对中小学校来讲,体育经费非常有限,如果不能做到物尽其用,无疑对学校体育工作的进一步开展非常不利。田径器材中就有相当一部分是器材室的“压室”之宝(如标枪、铁饼、栏架、铅球等)。这些器材其价格少则几十元,多则几百元甚至上万元(一整套栏架);而这些器材多为学校运动队的少数队员所使用,使用频率很低,这显然不符合学校体育的初衷,也在一定程度上制约了体育优秀人才的发现。

三、开发和利用学校体育场地器材的必要性和重要性

(一)开发和利用学校体育场地器材的必要性

1. 大量成人化、“标准化”的器材需要改造成适合中小学生身心特点的器材

近几年来,各校都在争相建设新的体育设施。然而,许多农村学校修建了成人化的体育场地器材,忽视了学生的年龄生理特点和兴趣爱好,在一定程度上抑制了学生参与体育活动的积极性。在课间,我们可以看到学生的活动丰富多彩,但一到有组织的体育活动,学生就产生抵触情绪,原因就在于这种有组织的体育活动所使用的是我们津津乐道的“标准”场地、器材。将这些“标准”场地、器材的规格按学生的实际需要进行改造,使学生在体育活动中多获得成功的体验,激发兴趣与爱好,对培养他们的终身体育意识和体育能力、体育习惯有非常现实的、长远的意义。

2. 体育经费不足,需要自制器材解决短缺问题

很多学校体育器材数量少,品种单一,大都是一些既方便购买又廉价的器材,如篮球、排球、乒乓球、羽毛球、跳绳等,而活动设施往往又不配套,如有篮球却无场地、篮板,有沙坑无沙子,有羽毛球无球网等;质量较差,场地不平整,器材易坏、易损,保管与维护措施不到位,有效使用期短。结合学校的实际情况自制体育器材、合理开发和利用现有的体育课程资源,显得尤为重要。

3. 一些“压室”、闲置等器材,有待开发加以有效利用

在各级各类中小学校里都不同程度地存在相当一部分器材只是在体育竞赛中

使用一下就成为器材室的“压室”之宝的情况，如田径器材中的标枪、铁饼、栏架、铅球等就有相当一部分存在“压室”的情况。如何有效利用这一部分器材，发挥其多种功能，这也有待于广大体育教师集思广益。

（二）开发和利用学校体育场地器材的重要性

1. 有利于转变课程功能和学习方式

体育课程的主要功能有健身、教育、个体社会化、娱乐、竞技等，其中健身功能和教育功能是体育课程的本质功能。以往由于受竞技体育的影响，体育课程教学的场地器材配置规格是成人化、竞技化的。新体育课程下场地器材资源的开发利用、改革创新，应超越狭隘的内容，将师生的生活和经验引入教学过程，让教学“活起来”。通过体育教学场地器材资源的开发利用，可以改变学生在教学中的地位，使学生从被动的知识接受者转变成知识的共同构建者，从而激发学生的学习积极性和主动性。

2. 有利于培养学生的创新意识和能力

素质教育的两个重点就是创新意识和能力的培养。体育课程资源中场地器材的开发利用，为培养学生的创新意识和创新能力创造了条件，提供了机会。对于学生而言，体育课堂教学中的场地器材是有限的，但所能提供给学生创新思维的空间却是无限的。教师通过对场地器材的改革创新，充分利用有限的场地器材，让学生在教师的引导下，结合自己的实际合理运用教师提供的思路和活动内容进行选编和改造，激发创造性思维，从而达到培养创新意识和能力的教学目标。

3. 有利于教师专业水平的提高

课改前的体育课程教学，是体育教师按照“大纲”规定的内容进行的，老师教什么，学生就得学什么。学校有什么器材，老师就使用什么器材。器材量不足，教法单一，使得学生虽然爱好体育，但不愿意上体育课的现象大量存在。随着新体育课程的实施，新的教学观念、新的教学目标的确定，教师参与课程资源的开发与利用，参与场地器材的改革创新，可以很好地促进教师专业的发展。教师参与场地器材资源的开发之后，会面临新的教学观念、教材和策略的挑战，思考与应对这些新事物的过程，有利于教师专业上的进步。同时通过参与场地器材资源的开发与利用，可以提高教师对自己和教育的理解，丰富其学科知识，并能够超越课堂的局限去思考问题并采取行动。另外，从理论上讲，教师参与场地器材资源的开发与利用，可以增加教师对学科的归属感，提高教师的士气、工作满意感和责任感，使教师对教学工作有更多的投入。

4. 有利于竞技项目的教材化

几十年来，学校体育课上出现的教学内容多数是竞技性的运动项目，极少数是近几年出现的健身运动项目。在学校体育教学中过多地选择竞技性的运动项目，既不符合中小学生的兴趣和爱好，也不利于促进他们身心的健康发展。因此，对那些纯竞技化的运动项目内容进行改造是必要的，而场地器材资源的开发与利用有利于促进竞技化运动项目的改造，使之更符合新课程理念下中小学教学的需要，使竞技运动项目教材化，更好地为实现新课程目标服务。在我们的教学实践中已有不少竞技运动项目教材化的实例，如门式篮球在体育教学中的运用等，就是通过场地器材的改革创新，使本来纯竞技运动项目的教材得以“教材化”。

四、开发和利用学校体育场地器材的原则

（一）教育性原则

教育性是所有课程的最基本原则。体育与健康课程在全面贯彻《基础教育课程改革纲要〈试行〉》中培养学生的目标方面，具有其他学科不可替代的作用，特别是体育与健康课程在培养学生集体主义观念、团结协作意识、公平竞争意识、遵守规则、坚强意志品质等方面具有的独特作用。因此，自制和自创体育教学场地器材，开发与利用体育课程资源，首先要突出资源的教育性，以促进体育课程在培养全面发展人才方面的作用得到发挥。

（二）健康性原则

新课标下体育与健康课程的指导思想是“健康第一”，整个课程是根据“身体、心理、社会适应”整体健康观而设计的，健康性是课程的主线。在自制和自创体育教学场地器材，开发与利用体育课程资源时，既要充分考虑开发与利用课程资源对学生身体健康的作用，还要思考资源对学生生理健康、社会适应的作用。同时，安全问题也是开发与利用体育资源、遵循健康原则必须认真考虑的内容。

（三）兴趣性原则

体育与健康课程的重要理念之一是“激发和保持学生的运动兴趣”。兴趣是学习的初始动机，是有效学习的保证，学生的兴趣直接影响着学生的学习行为和效果。因此，自制和自创体育教学场地器材，开发与利用体育课程资源中，要认真研究学生年龄生理、心理特点，学生的爱好、特长、接受能力等，实施过程中能体现师生的合作互助，努力营造轻松愉快、和谐的课堂教学气氛，保证学生学

习方法的多样化，促进学生学习并保持良好的学习兴趣。

（四）经济实效性原则

场地器材资源的开发与利用要尽可能用最少的开支和精力达到最理想的效果。具体包括开发的经济性、时间的经济性、空间的经济性和学习的经济性。同时场地器材的开发利用是为了有效达成课程目标和促进学生的全面发展，因而体育教学场地器材的开发利用必须在可能的范围内及充分考虑成本的前提下，针对不同的课程目标，精选那些对学生终身发展具有决定意义的场地器材资源。

（五）因地制宜原则

在场地器材资源的开发与利用中，尽管资源多种多样，但相对于不同地区、学校、教师和学生，可供开发与利用的场地器材资源又具有极大的差异性。因此，体育教学场地器材资源的开发与利用不应强求一律，而应从实际情况出发，发挥地域优势，强化学校特点，突出学科特性，展示教师风格，扬长避短、取长补短，因地制宜、因时制宜、因人制宜。

（六）共享性原则

信息时代，任何一个人所了解的信息都是有限的。资源只有共享，其价值才能得到更加充分的发挥。有形的资源共享固然重要，无形的资源如经验、智慧、思路如果能共享，则更具有价值。体育教学场地器材资源的开发利用，应遵循共享性原则。重要的不仅在于提供一种方法，更在于提供一种思路，体现一种思想。

五、开发和利用学校体育场地器材的途径和方法

（一）巧用场地器材，发挥多种功能

体育器材的缺乏是许多学校面临的现实问题，这就需要我们体育教师发挥聪明才智，根据器材特点发挥其多种用途，尽量做到一物多用，解决器材品种少的问题。体育场地器材一般都具有多种功能，只要转换视角和思维方式，就可以开发出常用器材的许多新功能。结合学生实际和项目特点，做到一种器材多种用法。例如，一根跳绳，既可以通过教学手段和组织做绳操，又可以用于辅助立定跳远、行进间多级跳；既可以用来做拔河练习，又可以用来安排接力游戏、比赛；还可以利用打成各种绳结的特性教学生学习野外生存、自救的本领。又如手

榴弹和实心球可以组合成简易的保龄球游戏；体操棒和小皮球可以当作垒球等。

案例 5—4　　**4 对 4 篮球场足球比赛**

足球运动是学生特别是男生非常喜爱的一种运动，由于场地器材的限制，如果学校没有正规的足球场地，学生就不能享受足球带来的愉悦。但是可以利用篮球场地进行学生足球运动的教学和练习。

我们可以利用“4 对 4 篮球场足球比赛”的方式，创设机会让学生参与足球运动。用两根橡皮筋分别拴在两边篮架 1m 高处做球门，将学生分成 4 人一组的两队，不用守门员，4 人分散在场地中。比赛开始，双方队员采用传、接、射门等技战术配合，将球射入对方球门为一球，以先进球方为胜（也可以用时间控制比赛的结束），然后换 4 人继续进行比赛，这样利用篮球场作为小型的足球场，简化规则，降低难度，在篮球场开展小足球运动，可以使学生有机会体验足球运动。

同时，篮球场还可以作为排球运动场地，还可以在篮球场地进行地面乒乓球比赛，让学生有机会体验各类活动，有利于促进学生的全面发展。

案例 5—5　　**小保龄球对抗赛**

在平坦的场地上画一条投掷线，距投掷线 5m 处放几堆手榴弹，每堆五枚。然后将学生分成人数相等的四组，面对投掷方向，成纵队站在投掷线后。比赛开始，各队排头将实心球向本队的手榴弹投去（用地滚球），再跑上前将球捡回交给第二人。第二人以同样的方法进行，依次类推，最后以击倒手榴弹个数最多的组为胜。

（二）改造场地器材，提高利用价值

学校的运动场要成为学生的运动乐园，就要打破竞技化、成人化的场地器材规格限制，一切从学生的实际和兴趣出发，把学校成人化的场地器材改造成适合学生活动的场地器材，以满足学生体育活动的需要。

案例 5—6　　**自制竹圈进行投准与扣篮教学**

利用毛竹自制成直径不一的竹圈，用长绳悬挂在篮球架上，教学中根据实际情况升降篮圈高度进行分层教学。练习投准时，先分组投篮，再自由选择地点投篮。练习扣篮时，分组练习，可自由选择高度，也可加助跑跳板进行扣篮，还可

以让学生自荐进行表演。这不仅可以拓宽体育场地器材的使用面，而且可以激发学生参与活动的兴趣，尤其是激发胆小、个子小的学生也参与其中，使他们能够在改编的器材上尝试在成人化的器材上无法完成而又最感兴趣的技术动作。这样，可以让不同条件的学生既学会技术，又体会到成功的乐趣。

案例5—7　走遍全中国

首先在教室里向学生展示中国地图引出活动内容，讲清活动方法及规则。将学生分成红、橙、黄、绿、青、蓝、紫七组；分给各组注明地名的各色纸片；各组学生根据地图所示，在规定的时间内跑到指定城市，在空地相应位置标出地名（空地已标出经、纬线）。根据各组所到达城市的多少评出超级旅行家、优秀旅行团、标图最准确的小小地理家。

（三）合理使用辅助器材，提高教学效果

体育教学中选用恰当的辅助教具，能够收到事半功倍的教学效果。例如在三级跳远教学中巧妙地利用三块小垫，分别间隔平铺摆放，让学生做连续的“隔、跨、跳跃”练习，体验三级跳的动作节奏感和不同动作的身体感觉，形成主要动作方法的概念；接着改变三块小垫的形状，第一块平铺在地，第二块对折成A形竖放，第三块对折成方形摆放，进行三级跳的完整动作练习，体会第一跳的“隔”，要有力度；第二跳的“跨”，要有高度；而第三跳的“跳跃”，要有远度。利用三块垫子的不同形状，凸显动作“内涵”，帮助学生有效地完成三级跳的学习任务。

案例5—8　自制双杠保护带

由于双杠属体操类教材，不同于其他教材，技术含量高、难度较大，并且有一定的危险性，为了更好地使学生们掌握该项技术动作，自制双杠保护带，用于帮助学生练习双杠前滚翻分腿坐。还可以根据学生掌握技术的情况，调整保护带的松紧，从而消除学生练习中的恐惧心理，帮助学生树立起练习的勇气和自信心，使每位同学都能体验到通过努力，克服困难，挑战自我，获得成功的喜悦，为学生更好地掌握成套技术动作奠定了基础。

案例5—9　排球正面双手垫球部位教学辅助器材——袜筒

在一堂小学生的排球正面双手垫球课堂中，教师为了让学生清楚地找到准确

的击球点——一般应尽量保持在腹前约一臂距离的位置，用腕上 10cm 左右的两小臂桡骨内侧所构成的平面击球；让学生每人从家里剪一段废弃袜子的袜筒，在课堂上将袜筒套在击球点的手臂部位，通过这个简单的器材，让学生很容易地找到了击球点，收到了非常好的教学效果。

（四）制作简易器材，改善教学条件

根据当地的资源，集合本校实际，制作简易的体育器材，是改善教学条件的有效途径之一。例如，用树桩制作“山羊”，用破布缝制沙包等。

案例 5—10　**旱地龙舟**

学生自由组队，每队五人，五人都将两脚分别踩在两块木板上，两手分别提着从木板上牵引上来的绳子。行走时，两脚站在木板上，两手必须提起木板，连同双脚一起行走。以先走完规定距离者为胜。老师刚一宣布规则，学生便三五成群纷纷协商开始了，分组练习后进行比赛。各组学生不断总结经验，配合得越来越好，于是，就变换方式进行横着走、倒退走、曲线走比赛。笑声、欢呼声、呐喊声响成一片。

利用废旧物解决器材的短缺，改善教学条件，是一个“量材录用”、因陋就简的积极办法。同时，又能培养学生动手动脑能力和创新能力。

案例 5—11　**哑铃**

利用空矿泉水瓶子装满沙子自制成“哑铃”，将篮球场地平均分成四块地；学生也分成四个合作小组，利用哑铃创编各种形式的哑铃操练习并进行展示。学生创意无限。接着，利用哑铃作为障碍物进行单脚跳、蛇形跑、“8”字形跑等形式的跑跳练习，学生玩得不亦乐乎。然后，引导学生开动脑筋利用哑铃创编游戏，学生创编的游戏更是丰富多彩，有迎面接力、绕“8”字接力、快放快取、搬运接力、抛接哑铃等。

体育课利用废旧物品自制器材，同样可以精彩纷呈。还可以用废旧足球、棉纱和沙子等制作实心球，自制沙袋、毽子、铁环、接力棒、体操轻器械等。

另外，以生活用品、生产设施和生产工具等作为器材替代物，也是一个解决器材数量少的好方法。生活中，大量的泡沫包装盒随处可见，给城市造成白色污染。体育课中可将它们利用起来，和学生一起将废弃的包装盒裁剪成大小块状、花边状，用作课题教学中多种练习的辅助材料。

（五）为了确保安全，使用一些替代性的器材

在一些运动项目的教学中，尤其在武术教学过程中，会使用一些刀枪棍等器材。符合比赛规格标准的器材，材质为钢质，而在教学中使用这一规格标准有些过高，不太适宜，另外价格不菲，不是一般学校所能承受的。同时为了确保学生的安全，为了教学的顺利进行，采用木质、竹质较为合适，而且经济实用。

案例 5—12　剑

材料：体操棒或同等粗细轻重的木棍一根，较硬的鲜艳纸张，约 $1m^2$，细胶条一卷。

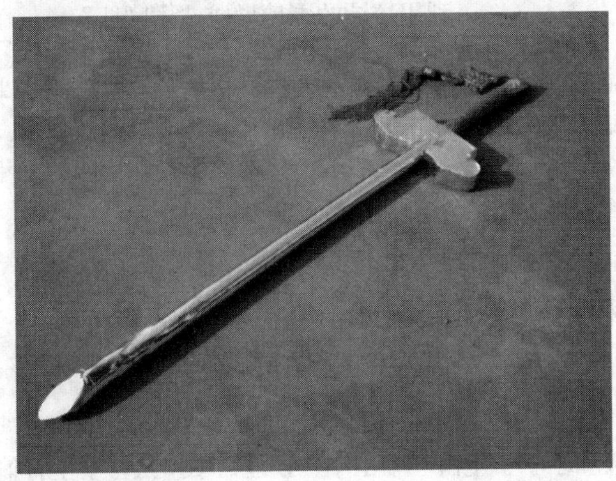

制作过程：以体操棒为例。

1. 将体操棒 4/5 的部分用纸严密包裹后用胶条粘牢作为剑身。

2. 用双层纸片粘贴成圆锥体（约 5cm 高）套于剑身顶端作为剑尖。

3. 将纸片剪成剑柄形状两张，相对粘贴在剑身末端作为剑柄。

案例 5—13　流星锤

材料：细长绳、布条或跳绳一根，宽胶条 20cm，小垒球或小皮球、有一定重量的纸球等。

制作过程：以跳绳、垒球制作为例。

1. 将跳绳一端留出约 10cm 后用宽胶条与垒球粘贴固定。

2. 将预留出的 10cm 跳绳与跳绳主体打结防止滑脱。

（六）充分利用自然地理资源

我国幅员辽阔，地域宽广，地形地貌千姿百态，季节气候气象万千，蕴藏着丰富的自然资源，应重视开发与利用。自然地理资源是我们最经济、最简便的体育课程绿色资源，如越野跑、爬山、野外生存训练等与气候、自然、地理环境有关的课程内容，可以培养学生适应气候、自然、地理环境的能力，培养学生热爱大自然、自觉保护自然环境的意识，促进学生养成良好的行为习惯。各学校可利用当地周边的森林、山地、田野、沟渠、江河、沙滩等不同的地理环境，合理规划、充分利用空地，开展安全、适宜的体育活动，让学生置身于自然环境中，可以缓解因学习紧张带来的压力，培养和激发学生的体育兴趣。

案例5—14　　利用校园的围墙做成“攀爬墙” 

在围墙的不同位置安置攀爬把手，要求每个把手的间隔在学生身体伸展的范围内。在地面铺上一层厚厚的沙子或草垫等起到缓冲和保护作用。使学生学会攀爬技能，提高全身的协调能力，锻炼学生的思维能力，培养学生吃苦耐劳的精神品质，激发学生的活动乐趣和活动中的团队精神。

六、开发和利用学校体育场地器材的实例

（一）简化篮球

初中低年级和小学学生由于个子小，投篮命中率低，学生打篮球的兴趣不浓厚，为此可以做以下三种改进：

方法1：在篮圈上加一个大口径的球圈，形状像一个大漏斗，可提高投篮命中率。

方法2：在篮板的左下角和右下角各挂一个球篮，同样能提高命中率和激发学生打篮球的兴趣。

方法3：对比赛规则进行小改革，按学生打篮球水平高低定进球得分。篮球水平最低的定五分，中等水平定三分，高水平定两分，这样可使更多学生在体育教学中获得成功的乐趣，从而培养学生参与篮球活动的兴趣。

（二）排球网的改进

在排球的教学和比赛中由于采用标准网高，低年级学生发球过网者较少，如将球网做相应变化，这一问题就能很好地得以解决，学生就会乐于参与排球的练习。

方法1：降低球网。

方法2：松挂成两边高中间低的“U”字形。

方法3：斜挂，一边高一边低，这样可便于不同水平的学生发球。

方法4：缩短发球距离。

（三）自制摸高器

摸高器是测人体起跳后手摸高能力的体育器材。它可以准确、客观地测出每个人能摸高多少厘米，同时又能准确地计算出每个人的纵跳能力。这种器材在课上可使每个人充分地发挥出自己的弹跳力，反映出每个人的真实水平，能有效地

发挥练习者的积极性和主动性，活跃课堂的气氛。

制作方法：首先制出1条长木板（长1m，宽5cm，厚1cm）做横梁。用12个羊眼圈分别拧在木板下端（每个羊眼圈相距8cm）做挂钩圈儿。备12个小木牌号（长5cm，宽3cm，厚1cm）。用10号铁丝做挂钩，一头穿过木牌上端将钩与木牌连接起来，另一头穿过横梁上的羊眼圈封口将上钩与眼圈连接，使号码牌下垂可以前后摆动。每个木号牌的下端横面之间相差5cm高，这就做成一副摸高器。在横梁上端两头各安装一个羊眼圈，就可以把摸高器挂起来使用。

（四）立定跳远尺

在进行立定跳远达标测试时，一般先用皮带尺测出成绩（单位为cm）再去查得分表，比较麻烦。根据立定跳远成绩间隔5cm得分正好相差5个分值这个规律，制成一条得分尺，得分尺上每隔5cm处依次标上45分、50分、55分……95分、100分，并把得分尺套到皮带尺上。在测试时，只要将得分尺移到该组相对位置且稍做固定，该组同学跳一下，就能得出一个成绩。

（五）气球的妙用

气球作为一种体育器材以其轻便、娱乐性强等特点正悄然地走进体育课堂中。

1. 吹

吹球比大：每人拿一只没有使用过的气球，分别用一口气、三口气或若干规定次数吹球，看谁在规定的次数内吹的气球大。

吹球比快：将吹饱的气球放在体操垫上（把体操垫排成排），吹球者趴在球的后面向前吹，看谁先将球吹到体操垫的另一端（也可用接力的形式比赛）。

吹球对抗赛：将吹饱的气球放在课桌上，两人一组面对面坐好，当听到口令后相互对吹，看谁先将气球吹到对方的区域。

2. 打

打排球：分组用打排球的方法来打气球，球网的高度要因学生的年级而定。

打尾巴：每人拿一个气球系在腰后，在保护好自己“尾巴”的同时要千方百计地打掉别人的尾巴，最后剩下“尾巴”的同学获胜。

3. 顶

每人拿一个吹饱的气球，听到口令后把球抛起，用头连续撞击球，不准用身体的其他部位触球，看谁的气球在空中停留的时间长。

双人、多人对顶：分组，每组一个球，方法同上。

4. 夹

腿夹球将学生分组成纵队站立，用双腿夹住球，向前连续跳，到终点后再跳回，然后将球交给下面的同学，依次进行，看哪一组的速度快。

胸、背夹球：将学生分成两人一组，相互面向或背向站立，把气球夹在两人胸前或背后，一起向前走或慢跑，不能把球夹破或掉地，比速度。

本讲主要分析了开发和利用学校体育场地器材的必要性、价值性，同时提出了进行开发和利用过程中需要遵守的一些原则，最后结合大量的案例阐明了开发和利用体育教学场地器材的途径和方法。

思考与活动

1. 对学校体育场地器材进行开发和利用，需要遵循哪些原则？

2. 结合工作中自制和自创体育器材的实况，分析开发和有效利用学校体育场地器材的途径和方法。

3. 请列举你所了解的自制与自创学校体育器材的案例，并加以分类。

参考文献

1. 季浏，胡增荦编著. 体育教育展望［M］. 上海：华东师范大学出版社，2000

2. 毛振明. 体育教学改革新视野［M］. 北京：北京体育大学出版社，2003

3. 毛振明. 体育教学科学化探索［M］. 北京：高等教育出版社，1999

4. 杨贵仁等. 中小学场地器材设施配备标准研究实验总报告［J］. 中国学校体育，2006（3）：2～20

5. 吴健. 刍议体育课程场地器材资源的开发与利用［J］. 吉林体育学院学报，2006（3）：1～3

6. 王明亮. 对闲置体育器材合理运用的探讨［J］. 中国学校体育，2006（3）：56～57

7. 潘华等. 瑞士小学体育器材的特点及对我们的启示［J］. 四川体育科学，2008（1）：146～148

8. 王磊等. 中小学校本课程中开发体育器材设施功能多元化的思考［J］. 体育世界，2008（7）：78～80

第三讲
校本课程的设计与自编

北京教育学院体育系　黄春秀

2001 年的全国基础教育工作会议在《基础教育课程改革纲要（试行）》中明确指出“要改变课程管理过于集中的状况，实行国家、地方、学校三级课程管理，增强课程对地方、学校及学生的适应性”。三级课程管理体制的出台和《课程标准》的颁布，既有利于国家的宏观指导，也有利于地方和学校实施课程的自主性和选择性，从而实现了体育课程统一性与灵活性的结合，为校本课程设计提供了巨大的需求可能、政策支持和发展空间，意味着体育校本课程的设计具有法律依据，也为体育校本课程设计模式的多元化提供了前提条件。

本讲就如何进行校本课程的设计与自编，从校本课程设计的背景，校本课程设计的目的、意义和基本原则，校本课程设计与自编的程序和校本课程设计与自编模式案例四个方面进行阐述。

一、校本课程设计的背景

（一）“三级课程管理体制”为体育校本课程设计提供了政策保障

1999 年《中共中央、国务院关于深化教育改革全面推进素质教育的决定》中明确指出：“调整和改革课程体系、结构、内容，建立新的基础教育课程体系，实行国家课程、地方课程和学校课程”，由此开始了构建我国“三级课程体系”的改革。2001 年《基础教育课程改革纲要（试行）》中明确提出的三级课程管理体制和《学校课程管理指南》提出的学校“研究学生多样化发展的需要，开发或选用适合本校特点的、可供学生选择的课程”，对校本课程设计程序和实施方式提出了明确的要求，为体育校本课程设计提供了政策保障。

（二）新《课程标准》的实施为体育校本课程设计奠定了基础

新《课程标准》按照不同的学习领域设置相应的水平目标，不具体确定学习内容，学习内容由各个学校自己进行选择，就能考虑到我国幅员辽阔、民族众多、经济文化发展的区域性差异，使体育课程学习内容更符合本地、本校的实际情况，又能考虑到学生发展的个体差异性，使每一个学生受益。这种课程结构体系的出台，为各学校进行体育校本课程设计提供了广阔的发展空间。

体育校本课程的设计与编写作为国家课程设计的一种补充和学校特色构建的一部分，已成为地方、学校和体育教师关注的热点。

二、体育校本课程设计的目的、意义和基本原则

体育校本课程设计是指学校依据自己的办学思想，根据社区和学校的体育资源，为了实现体育与健康课程目标，满足学生的实际体育需要，以体育教师为主体进行适合学校具体特点和条件的体育课程设计。

1. 体育校本课程设计的目的

（1）建立我国基础教育课程体系的需要。

建立三级课程管理体系的目的是为了进一步简政放权，加大地方政府发展和管理本地区的权力以及统筹力度，促进教育与当地经济社会发展紧密结合，继续完善基础教育由地方负责、分级管理的体制。在课程的设计和管理上，改变过去国家管理过于集中的做法，试行国家课程、地方课程、学校课程，提高课程的适应性，满足不同地方、学校和学生的需要。

（2）全面推进素质教育的需要。

新一轮基础教育改革的核心理念就是要促进每一个学生的发展，体育课程就是要坚持“健康第一”的指导思想，促进学生健康成长，激发学生的运动兴趣，培养学生终身体育的意识。而体育校本课程的设计是依据学生自身的特点和条件，由学校体育教师自主设计以满足学校所有学生体育学习需求的一切形式的课程设计活动。可以看出，体育校本课程的设计作为基础教育课程改革的一种取向，其目标与素质教育的目标是一致的，是全面推进素质教育的重要举措。

（3）创建富有个性的学校体育文化的需要。

体育课程改革不只意味着内容的更新与完善，更为重要的是意味着学校体育文化的创建。因为学校体育文化的变革是体育课程与教学改革中最深层次的改革。学校体育文化，是关于学校体育教育的物质、制度、精神文化的总和，体育校本课程设计需要学校体育文化的支持。同时，体育校本课程设计又反作用于学校体育文化，对学校体育文化的创建起着积极的促进作用。

2. 体育校本课程设计的意义

体育校本课程的设计在形成学校特色、课程改革、促进教师发展和学生成长

等方面具有重要的意义和价值，主要体现在以下几个方面：

(1) 校本课程弥补了国家课程设计的不足。

从整个课程发展上来看，校本课程使国家与学校在课程变革的权重问题上得以协调统一，它们之间不再是调控与被调控的关系，而是国家、地方、学校三级达成共识的过程，每一方都是主体，对我国的教育改革更好地融入世界教育改革大潮具有举足轻重的作用。

(2) 校本课程体现了课程的差异性、针对性和灵活性。

我国人口众多，幅员辽阔，各地区经济发展不平衡。例如，东西部之间、城乡之间在经济水平、文化背景、教育资源各方面都存在差异，国家课程很难全面顾及不同地区的教育需求，即使是在同一地区，不同学校的办学理念、办学条件也各不相同。如果要求各个学校都实施相同的国家课程，完成相同的课程目标，势必造成课程设计与课程实施严重脱节的现象。而体育校本课程的设计具有很强的针对性，既结合了学校自身环境与社会资源，又减少了课程意图与课程实施之间的“落差”。

(3) 校本课程体现了不同学校的办学特色。

一所学校有没有特色，首先要看它有没有正确而独特的办学目标，国家对于各级各类学校的培养目标和规格的规定只能是一种最基本、普遍、原则性的要求，不可能照顾各地各级各类学校的特殊性。我国实行三级课程管理政策的目的之一就是尊重地方差异和学校差异，给学校一个空间，根据师生的特点、学校的教育资源、学校传统来确定学校自己独特的发展方向。校本课程设计，其核心理念是以学校为课程设计的场所，是基于学校、立足于学校、为了学校。正是由于每一所学校均有其特殊性，才使得校本课程设计成为可能。

(4) 校本课程的设计有助于促进体育教师专业的成长。

在校本课程的设计中，教师成为课程的设计者、课程标准的制定者和课程内容的编制者，体育校本课程设计使体育教师成为课程设计的主体，确立了体育教师的专业自主地位，赋予体育教师课程设计的权力和责任，因而体育校本课程设计对体育教师的课程意识和专业素养提出了更高的要求。这就要求体育教师要深入地认识课程、研究学生、探索社会，不断更新知识、补充知识，扩大自己的知识范围，学习新的教学理念。这就使他们有了学习先进教育理念的内驱力，有了追踪教育改革新动向的渴望，也就促成了体育教师与新课程同步前进的大好局面。

(5) 校本课程能促进学生和谐、个性化发展。

体育校本课程设计充分尊重和满足中学生的差异性特点和多样化需求，为中学生提供了更多的课程选择权利，因而有助于学生的个性得到充分和更主动的发展 。同时，让学生参与到体育校本课程设计中，既有利于了解学生已经具备的知识、技能和素质以便确定制定体育课程教学计划中比较有用的、符合学生终身发展的个性化的方案；也有利于提高学生的参与性、积极性和创造性，从而更好地发挥学生的作用，促进其个性特征的全面发展。

学生个性发展、教师专业发展、课程的针对性和灵活性、学校特色的形成，这几方面是相互联系、相互依存的，是一个问题的不同方面。学生的充分发展离不开教师的引导、学校的熏陶和课程的灵活安排，教师的专业发展也以学生的发展、学校的发展和课程灵活性的提高为依托，课程灵活性的提高要通过教师发挥智慧和学生的配合，学校特色的形成更离不开教师与学生的共同努力。换言之，学生的个性发展是校本课程设计的最终追求，教师的专业发展是学生个性发展的必要保障，课程灵活性的提高是教师专业发展的基础，学校特色的形成则是校本课程设计的自然结果。

3. 体育校本课程设计的基本原则

(1) 统一性原则。

体育校本课程设计的过程中，必须考虑国家体育课程、地方体育课程、学校体育课程三者之间的关系，必须与国家课程改革的指导思想和目标保持高度的一致。要求校本课程必须在国家课程计划框架内、立足于弥补国家课程之不足的基础上，寻求与国家课程和地方课程的协调一致和均衡发展。此设计是学校根据国家、地方的教育方针政策，在分析本校学生学习需求的前提下，结合学校所具有的体育教育资源，以学校为主体，以学校成员如校长、行政人员、教师、学生等为主导，一个民主、开放、科学的体育课程设计过程。

(2) 科学性原则。

体育校本课程设计必须遵循科学性原则，主要体现在以下两个方面：第一，课程体系结构的合理，即体育校本课程要与国家、地方课程相互补充、相互衔接、相互融合，构成科学合理的课程体系；第二，教材内容的合理性，要确保教学内容的严谨性、逻辑性、准确性、科学性，提高课程的学术价值，从而使体育校本课程设计更具有活力、丰富多彩，为实现终身体育的目标、培养良好的兴趣爱好，打下坚实的技能基础。

(3) 以校为本原则。

校本课程的设计应满足学校需要，以学校体育教师为主体，根据本校的教育思想和办学方向而进行课程设计活动。因此校本课程设计的一个重要原则就是以校为本，它解决的课程问题要反映出学校的体育教育特点和实际情况，它所贯彻的是学校的体育教学特色和体育课程标准的理念。

(4)“健康第一”原则。

新体育课程标准的核心理念就是要突出“健康第一”的课程思想，因此在体育校本课程中要围绕这一课程理念选择内容，课程组织与实施都要体现体育课程的主要教育思想，不仅体现在身体健康方面，更要使学生身心融和、全面发展。体育校本课程内容的选择，在注重兴趣的同时，更要注重教学的目的性和传授体育文化的知识性。

(5) 因地制宜原则。

校本课程的设计应当根据学校实际和周边环境，合理规划、充分利用空地；应当合理地使用有限的财力、物力、人力，使每一设施都能发挥尽可能大的作用；应根据当地的地理环境和民族风格，开展多种多样的民间体育活动。具体来讲，体育校本课程设计有三个渠道：一是对现有运动项目进行改造，通过对一些竞技运动项目技术环节和运动强度的调整，结合学校实际情况和学生特点进行课程内容设计；二是根据实际情况引进一些新兴运动项目如定向运动、健美、攀岩、现代体育舞蹈等；三是利用民族、民间传统体育资源如舞龙、独轮车、抖空竹等。

(6) 学生发展为先原则。

校本课程的设计就是要改变学校教育远离学生生活实际、发展水平和发展需要的课程模式，充分尊重和满足学生的差异性，将他们的兴趣、爱好和要求融入学校的课程计划之中。体育校本课程的设计，必须考虑到学生的实际需要，形成学校的体育教学特色，使学生感受到体育课的魅力并积极参与体育校本课程的设计。校本课程设计一旦脱离学生的独特性和差异性，就很难成为真正意义的校本课程，这对于体育校本课程而言尤为重要。

三、校本课程设计与自编的程序

关于体育校本课程设计过程究竟包括哪几个环节，目前主要有以下几种观点：

第一，三个环节，即课程规划—课程实施—课程评价及调整。

第二，四个环节，即课程规划—课程编制—课程实施—课程评价。

第三，五个环节，即环境分析—课程目标设置—课程组织—课程实施—课程评价。

第四，八个环节，即建立领导机构—进行前期论证—培训师资—确定题目和搜集资料—撰写《课程纲要》—综合分析和分成类别—教师开题和学生选题—课程评价。

综合上述观点，根据体育课程特点，我们将体育校本课程设计概括为五个环节，即前期准备—环境分析—编制校本课程方案—校本课程实施—校本课程评价。因为这五个环节符合体育校本课程设计的实际现状和专业需求，它们共同构成了体育校本课程设计的全过程。

（一）前期准备

我国长期以来推广国家课程，课程设计都是由课程专家完成，学校和教师没有课程设计的经验，课程设计也没有固定的模式。如果以学校和教师为主体设计校本课程，对学校和教师而言，必然是一个探索和创新的过程。为保证课程设计的实效性，就需要进行充分的前期准备。前期准备的过程是：成立体育校本课程设计组、进行校本培训，以明确课程设计理念。

1. 成立体育校本课程设计组

体育校本课程设计组是由校长、体育教师、体育课程专家、学生等组成，校长担任组长，因为校本课程设计实质上是一个以学校为基地进行课程设计的民主决策过程，即校长、体育教师、体育课程专家、学生共同参与学校的课程计划制定、实施和评价活动。

2. 进行校本培训

校本培训是对本组成员进行的培训，使各组成员明确体育校本课程设计的理念、背景、目的和意义、各成员的职责和任务、各成员之间的合作关系等。课程设计要体现“以人为本”、“以学生身心为本”、“健康第一”的思想，就必须注重学生的参与，学生是学校的主人，学生的参与度是校本课程必不可少的衡量标准。

（二）环境分析

环境是指特定的学校所处的内外环境，主要是与体育课程设计相关的校内外体育资源。目的是明确体育校本课程设计的背景因素。环境分析包括需求分析、资源分析和优势分析。

1. 需求分析

需求分析是指在课程理念指导下对学生、社会的体育需求的分析。学生的体育需求是体育教育的内部需求，是体育教育的出发点和归宿。体育文化知识需求是学生对体育文化知识本身、对获取文化知识的方式和途径等的需求和看法。身心需求是学生健康身心、发展个性、健全人格的内在愿望和渴求。

2. 资源分析

资源分析是指对学校信息资源、能力资源和物质条件的分析。信息资源主要是指学校的体育资料和体育教材，分析这些信息资源是为了求得对体育校本课程设计的信息支撑。能力资源主要是指体育教师的专业能力和学生的体育学习能力。他们的能力状况制约着体育校本课程设计的深度和价值。物质条件主要是指学校的体育经费和场地设施，明确场地设施现状和可设计利用的体育场地设施，以便扬长避短、量力而行。

3. 优势分析

优势分析是指对学校的教师优势和学生优势的分析。教师优势决定他们在体育校本课程设计中的角色及课程内容选择。学生优势主要是指长期以来学生形成的群体优势能力、学生对课程内容的选择能力和对课程的反馈能力。这些能力使学生成为校本课程设计的积极参与者和推动者。

（三）编制校本课程方案

校本课程方案由体育教师按照课程基本原理和要求进行编制，这是课程设计的主要环节。编制校本课程方案的程序是：确立校本课程设置依据和目标，确定校本课程内容，确定课的类型、任课教师、授课对象和课程开设时间，制定校本课程评价体系。

1. 确立校本课程设置依据和目标

校本课程应根据国家及地方制定的课程纲要，结合学校自身的性质、特点、条件以及可利用和设计的体育资源和学生、社会的体育需求进行设计。在制定课程目标时要注重从客观实际出发，一是要从学生的主体需要出发，二是要从客观的课程资源出发。体育校本课程目标体系必须体现“健康第一”的思想，充分考虑学生的个体差异和不同需求，以达到增强学生体质、增进健康的目的。

2. 确定校本课程内容

根据校本课程目标合理地选用课程内容。学校在选用校本课程内容时应全面分析学校的体育课程资源和学校的体育特色及传统性运动项目。例如，经济发达地区的学校可以将街舞、轮滑、网球、跆拳道、棒球、橄榄球等新兴项目作为体育校本课程的内容，而经济欠发达地区要选用这些课程内容显然不太现实，可以以本校的传统体育项目、民族项目为依托设计校本课程。

3. 确定课的类型、任课教师、授课对象和课程开设时间

课程类型要根据课程目标、课程内容和课程实施的客观条件确定，一般包括理论课、技术课、活动课和实践课。任课教师要根据教师的专长、知识优势和研究实践能力确定。授课对象要根据学生和课程需求确定，可以是一个年级，也可以是几个年级。课程开设时间要根据国家课程、地方课程和校本课程特点，结合学校体育课程实际、季节气候变化和课程内容结构等进行统筹安排。

4. 制定校本课程评价体系

制定校本课程评价体系是运用课程内容实现课程目标的具体化。校本课程评

价体系是纲要性教学文件。根据课程内容的结构，按照教育学、心理学、生理学等学科理论，把课程内容有效地进行时间分配，并制定出各个内容所要达到的具体评价指标。

（四）校本课程实施

校本课程实施由体育教师完成。课程实施程序包括制定校本课程教学计划、体育教学、教学结果反馈三个方面。

1. 制定校本课程教学计划

体育校本课程教学计划是实施体育校本课程教学的直接性文件，包括学年计划、学期计划、单元计划和课时计划。教学计划是体育教学内容、组织教法的具体化，体育教师必须依据校本课程标准，按照教学计划的编写原则和方法，对教学内容进行课时分配，选择可行的组织教法。

2. 体育教学

体育教学是校本课程实施的基础环节，教学必须严格按照校本课程设计的要求进行教学实践，对教学实践中可能出现的问题要有预见性，教学过程要有创新性，要恰当使用新教法和新的组织方法，使教学过程能贯彻课程设计的意图，达到预期的效果。

3. 教学结果反馈

获得良好的体育教学效果是校本课程设计的最终目的，良好的教学效果必须建立在不断设计—实践—再设计—再实践的基础上。所以，在每次教学活动结束后，对教学效果都要进行反馈与沟通，主要内容包括教学内容的合理性、组织教法的新颖性、学生的积极性、技术掌握情况、存在的问题、学生建议等方面。

（五）校本课程评价

校本课程评价由课程设计组共同完成。在发展性课程评价理论的影响下，我们应重视发展，淡化甄别与选拔，实现评价功能的转化；重视综合评价，关注个体差异，实现评价指标的多元化；强调质性评价、定性评价与定量评价相结合，实现评价方法的多样化；强调参与与互动、自评与互评相结合，实现评价主体的多元化；注重过程，强调总结性评价与形成性评价相结合，实现评价重心的转移。体育校本课程设计要树立“立足过程、促进发展”的评价理念，对体育校本课程的目标、内容及实施过程的适应性、有效性和科学性等进行及时的判断，为不断完善体育校本课程的方案和实施过程提供参考意见。

四、校本课程设计与自编模式案例

（一）以学校传统体育项目为特色的校本课程的设计

如北京延庆西屯中学、怀柔庙城中学根据学校的特色开设的独轮车校本课程，大兴区魏善庄第一中心小学的“抖空竹”、大兴区庞各庄第二中心小学的“踩高跷”、顺义区高丽营二小的“跳绳”、北京市房山区窦店中心小学的“绫球”，还有重庆市秀山县溶溪小学利用本地土家族、苗族民间体育资源，将“摔腰告（摔跤）”、“抵腰劲”、“抛高石”、“摆手舞”等民族体育项目整理、设计为体育校本教材。“木球”是回族最具代表性的民俗传统体育运动，是回族文化的精髓。宁夏回族自治区银川高级中学，将“木球”作为学校体育校本教材。宁夏吴忠市回民中学以“回族女儿扇”作为学校女生校本课程的必修课。

案例 5—15　　顺义区高丽营二小的跳绳校本课程实施方案

【课程背景】

学校地处北京郊区的农村，位于城乡结合地带。学校将可持续发展的教育思想理念根植于学校课程，融入校本课程之中。跳绳是民族传统体育项目，有史书记载的就有 1 500 多年的历史，具有携带方便、场地简单、安全易练等特点，是小学生喜爱的体育项目之一，结合我校实际，开设了“跳绳”作为校本课程。

【课程实施】

1. 加强宣传与组织，营造跳绳实践活动的良好氛围

充分利用小广播、板报、展板、课间操、课间体育活动等多种载体，宣传跳绳活动的作用和意义，在课堂教学的同时，将奥运知识、跳绳活动与校会、班会、队会结合，与课间操、课间活动和课外体育活动相结合，确定每年的四月、十月为跳绳活动月，在月末进行校跳绳比赛。其他月每周设立跳绳活动日，全面地开展跳绳活动，重普及、抓基础、促提高；开展以跳绳活动为主题的征文、讲跳绳的故事等活动。如：“跳向 2008”的主题征文，配合跳绳活动向更深层次推进，给学生展示的机会，为学生搭建创造的舞台，并设立创新奖，鼓励个人、小组、集体创新跳绳方法。

2. 努力开发多种多样的跳绳内容，满足学生个体的不同需要

在参考《体育与健康》教材的基础上，查找资料，大胆进行跳绳教学改革的实践，通过优化组合教材、改编增补教材等方法，开发出跳绳五大教材。有跳绳

基础练习、短绳跳法、长绳跳法、花样跳绳、绳子游戏等。

【课程评价】

1. 制定跳绳评价标准（略）

跳绳评价具体分为体能评价、技能评价和加分项目等内容

2. 跳绳评价简介（略）

【教学效果】

1. 培养了体育兴趣，使学生逐渐养成了锻炼身体的习惯

学生100%地拥有体育器材，为锻炼身体提供了物质保证。学生在单人跳绳中，展示个人能力；在双人跳绳中，体现合作意识；在长绳“8”字跳、双绳跳、网绳跳中，凝聚集体精神。学生们通过天天学、时时练这样的运动形式，自我锻炼意识明显提高，有利于体育运动习惯的养成。

2. 学生的身体素质有所提高

以前组织集体活动，学生站久了，不时就有晕倒的，自我校开展跳绳活动后，这种现象就再也没有出现。在开展跳绳活动的背景下，体能素质特别是与跳绳相关的跳跃能力和耐力素质有了大幅度提高。

3. 师生的创新意识和能力进一步提高

在我校，跳绳不仅是一种锻炼身体的方法，更是师生创新与实践的大课堂。师生在跳绳中充分发挥主动性，从单人跳绳的创新到双人跳绳的创新，从多人跳绳发展为跳绳游戏的创新，共同进行跳绳教学改革的实践与研究。

4. 促进了师生发展

近几年，干部、教师在理论和教学实践能力上有了一定的提升。我校举行了两次以跳绳活动为主的区级现场会，跳绳参加了一次区“团拜会”大型活动的表演。2007年11月30日，在丰台体育中心，我校的阳光少年跳绳队获市“万众齐心跳”比赛第一名。

5. 初步形成了学校跳绳特色

通过几年的跳绳教学改革的实践，校领导、教师、学生、家长等都能参与其中。跳绳教学的改革，丰富了学生的校园生活，陶冶了学生的情操，形成了校风正、体育氛围好的大好局面。

（二）以新兴体育项目为特色的校本课程的设计

深圳市观澜第二小学把健美操教学引入课堂，编写了校本教材，在二至四年级中开设了健美操课程。定向运动具有很强的情趣性和自主性，可以使学生在塑造强健体格的同时塑造人格和国格，具有很强的教育辐射性和融合性，便于学校

理念的整合，为此上海大学市北附属中学在推行“高尚国格、健全人格、强健体格”三格教育的理念指导下，设计与自编了学校定向运动的校本课程，并初步形成了以定向运动为特色的体育校本课程。

案例5—16　北京市海淀区中关村中学的轮滑、空竹和篮球项目校本课程实施方案 

【课程选定】

为了选定体育的校本课程，体育组教师先研究了选定原则：遵循“健康第一”思想，按照体育与健康课程改革的基本理念，根据中关村中学场地、器材和教师等方面的具体情况，分析学生的体育爱好、锻炼兴趣、接受能力，选择符合学校条件、适合学生的身心特点、具有学校特色的体育校本课程，同时借鉴其他学校的先进经验。在对学生的问卷调查分析的基础上，体育教研组讨论确定将轮滑、空竹和篮球项目作为中关村中学的体育校本课程上报学校批准，最后由学校决定在初中一、二年级体育课和各年级体育课外活动中推广。把轮滑、空竹和篮球项目作为我校的体育校本课程，是考虑到我校学生和教师、器材和场地等方面情况确定的。

【课程实施】

第一，在体育课外活动中组织推广校本课程。体育课外活动的组织形式为：全年级学生集合，前5～10分钟统一做操，后35分钟或30分钟体育活动。体育活动分为三种形式：第一种形式是各班进行篮球、排球等项目的活动，由各班学生自由组合、自行安排；第二种形式是安排篮球等项目的年级比赛；第三种形式是全年级学生统一安排体育活动，如纠正广播操错误动作、练习队列、进行身体素质练习等。经过讨论，大家一致认为，体育课外活动的组织形式是多年形成的、十分有效的组织形式，面对新的形势需要改进和创新，以提高体育课外活动的效果。

第二，组织学生根据自己的意愿报名参加轮滑、空竹或篮球中的一个项目。在报名的基础上，分别组成三个大的项目，每个项目又分成3～4个活动小组，指派2～3位体育教师组织开展各种活动。体育教师事先分别做好了周密的活动计划，安排了每个锻炼小组的组长。在初一、二年级和高一、二年级的体育课外活动中教师们进行了精心的组织。例如，请北京市空竹协会的艺人到我校进行表演和辅导，请著名的轮滑运动教练到我校指导传艺，组织多种形式的练习，开展不同项目、不同组别的小型比赛。初一、二年级还进行了学生参与的轮滑展示表演。

初一年级安排了体育选修课，每周安排一节课，四个教学班按轮滑、空竹和篮球项目重新组合分班，每个教师带一个或两个项目的练习小组，这样既可以发挥每个教师的专项特长，也可以促进学生集中精力、互相学习、加强交流、开展竞争。

通过一个学年的体育校本课程的试验，我们感到：将轮滑、空竹和篮球项目作为我校的体育校本课程是符合我校学生和场地器材实际情况的，在初一、二年级体育课和各年级体育课外活动安排体育校本课程，对体育课和课外活动的内容和教学方法进行调整，有助于体育校本课程得到有效的宣传和推广，较好地调动了学生锻炼的积极性，促进了他们的身心健康。体育校本课程的推广使轮滑和空竹项目在我校从无到有，日益发展，受到许多学生、学生家长的欢迎和喜好；篮球运动也得到了更广泛的普及和提高。

（三）以《体育与健康》理论课程为特色的校本课程的设计

北京市门头沟区大峪二小构建了《奥林匹克教育》校本课程体系，并形成了三种整合模式：一是把奥林匹克教育以独立主题的形式整合；二是转化为学科内容；三是结合奥运拓展教学内容。北京市宣武区十四中紧紧抓住历史悠久的“宣南文化”，结合奥林匹克教育，形成了具有强烈人文奥运特色的校本课程。崇文区广渠门中学开设了“自助餐式体育选修课”，将奥运项目和中华传统体育融入学校的日常体育课程中，使同学们在参与体育锻炼的过程中深切地感受奥林匹克精神。此外，甘肃省庆阳市正宁四中开设了《青春期心理健康教育》校本课程、浙江省临安市青云中心小学开设了《奥运会教育读本》校本课程等各种体育与健康教育理论的校本课程体系。

案例 5—17 遵义市朝阳小学《奥林匹克教育》校本课程实施方案

【课程设计背景】

2006 年 5 月，我校被北京奥组委、教育部、省人民政府命名为“2008 北京奥林匹克教育示范学校”，借此机会，我校把奥林匹克教育作为学校校本课程设计的课题。这将进一步推进我校体育教育教学工作，把奥林匹克精神融入我校的教育教学活动中，把奥林匹克精神落实到学校的活动中，让学生们在活动中学习和发扬奥林匹克精神，参与和创新奥运活动。

【指导思想】

认真贯彻落实《北京 2008 中小学奥林匹克教育计划》，努力体现北京奥运会“科技奥运、绿色奥运、人文奥运”三大理念以及“全民参与、全员受益”和“每天锻炼一小时、健康工作五十年、幸福生活一辈子”的奥运主题，探索我校奥林匹克教育工作和课程模式，为我校留下具有学校特色的校本课程。

【课程设计程序】

1. 成立课程设计领导小组（成员略）

2. 成立课程设计编辑小组（成员略）

3. 制定课程设计方案

4. 成立课程评估与反馈小组（成员略）

【实施步骤】

2006年4月—2008年12月（每学年编辑一册，共三册）

1. 2006年4月—5月：学校申报北京2008奥林匹克教育示范学校

2. 2006年6月—7月，确立学校校本课程主题，即奥林匹克教育

3. 2006年7月—8月，制定工作方案、宣传、动员、学习

4. 2006年9月—10月，构思校本课程教材及各责任组拟奥林匹克教育融入本学期教育教学的活动方案，各班出奥林匹克教育专刊

5. 2006年10月，编辑并印刷《奥林匹克教育》校本课程

6. 2006年11月，发行第一册《奥林匹克教育》校本课程，建立学校奥林匹克教育知识网站

7. 2007年10月，发行第二册《奥林匹克教育》校本课程

8. 2008年10月，编辑发行第三册《奥林匹克教育》校本课程

【校本课程的具体实施】

1. 体育教师和班主任每月用一课时对学生进行《我与奥林匹克同行》教材的教学

2. 在2006年—2008年期间，每位学生接受奥林匹克教育课时要达38课时

3. 通过评价反馈学生接受教育的成果

【附：《奥林匹克教育》校本课程第一册框架结构】

封面

课程的指导思想

目录

历届奥运会知识汇编

（1）奥运精神。

（2）历届奥委会主席简介（附图片）。

（3）历届奥运会介绍。

1）时间：（历史的一刻）。

2）地点：（神圣的净土）。

3）奥运特色：（聚焦奥运）。

4）奥运会中国介绍：（中国雄风）。

5）插图。

6）页眉与页脚（页眉主题为：同一个世界，同一个梦想）。

本讲小结

国家课程、地方课程和校本课程，这三个不同水平上的课程反映了不同的课程理念，它们有各自的长处和局限。国家课程有利于传承思想、文化、道德和政治法律等共同的价值观念，地方课程有利于地方经济和文化的发展，而校本课程有助于满足基于特殊环境中的学校的实际需要。校本课程设计是以国家及地方制定的课程纲要的基本精神为指导，结合教育实际自主进行的课程设计，其主要特征在于充分考虑到教师的积极参与、学生的认知背景和需要、学校的主客观条件及其所处地区的经济与文化水平，凸显学校自身特色，这是社会进步、科技发展、教育变革的客观要求，是国家课程设计的重要补充，必将给中小学教育教学带来广阔的发展背景，给体育教育带来勃勃生机。

总之，校本课程设计与自编作为国家课程设计的一种补充形式，与国家课程互相渗透、沟通和结合，是和谐完美的课程内容，可弥补地方区域性课程不协调的不足，同时也是实际教学的选择和配套。走向校本，是课程发展的一个趋势，校本课程以其独具的特色和优势将在国家宏观课程体系中发挥重要的作用。

思考与活动

1. 在完成国家课程和地方课程的基础上，你校将如何开展学校的校本课程？
2. 你校体育特色、传统体育项目将如何纳入校本课程？

参考文献

1. 姚学英，朱爱民. 论体育校本课程的设计［J］. 湖北体育科技，2007（4）：464～465

2. 杨占明. 体育校本课程设计研究［J］. 山西师范大学体育学院学报，2006（3）：83～86

3. 董翠香. 体育校本课程导论［M］. 北京：北京体育大学出版社，2006

4. 陈建绩，王海增. 体育校本课程设计的理论与实践［M］. 北京：人民体育出版社，2007

5. 王海雁，郝俊英. 中学体育校本教材的初步探讨. 人教期刊网

6. 董翠香，周登嵩. 体育校本课程设计及相关概念的界定［J］. 天津体育学

院学报，2005（1）

7. 郭燕. 中小学体育校本课程设计研究综述［J］. 内蒙古体育科技，2005（4）

8. 楼兰萍. 关于体育校本课程开发的理性思考［J］. 北京体育大学学报，2004（10）

[作者简介]

黄春秀，女，北京教育学院体育系讲师，曾发表《浅谈体育教学中激发学生运动兴趣的几点体会》、《高中女生健美操模块教学——“小组合作学习”教学方式的实验研究》等学术论文；曾参与《业余田径训练计划制定与范例》和教育部组织的《第二套中小学幼儿广播体操》等著作的编写工作。

第六编

体育教师专业发展与成长

第一讲
优秀体育教师成长之路

北京教育学院体育系　张庆新

教师是教育之源、教育之本。如果没有优秀的体育教师，那么学校体育教育工作全面推进、体育课程与教学改革都难以体现和把握。在全面推进素质教育的进程中，体育要充分发挥其特有的教育价值，要有开拓、创新的体育教师；在新的体育课程与教学改革实验过程中，要实现体育课程的现代化，也要有睿智、专业的体育教师；在面对严峻挑战的形势下，要促进学生体质快速增长，更要有爱岗、敬业的体育教师。本讲在收集15个省市34位体育特级教师的先进事迹和教学经验的基础上，选取部分优秀体育教师进行访谈调查，对优秀体育教师成长的共性和促进因素做了分析和总结，旨在为广大体育教师的健康成长提供榜样力量和成功经验。

一、优秀体育教师成长的共性

（一）优秀体育教师的基本状况与整体特征

1. 优秀体育教师的年龄教龄分布范围较广，但整体体现出中年成才的特征

大多数优秀体育教师年龄分布在40～55岁之间，尤其是体育特级教师的评选年龄，这说明体育教师需要较长时间的积累、奋斗与创造，才可能成为优秀体育教师，大多数都不可能像众多体育明星一样少年得志、青年成才。而这些优秀体育教师的教龄也大多在20年以上，有的体育特级教师甚至已有30多年教龄，如宁夏回族自治区特级教师高建仓老师自20世纪70年代参加工作，直至2004年才荣获“宁夏回族自治区特级教师”称号。要想成为优秀体育教师，多数人要经过一二十年的工作努力，这反映了优秀体育教师成才的艰苦性和长期性以及中年成才的必然性。

2. 优秀体育教师整体上表现出较高的专业化程度

大多数优秀体育教师均受过各类高等院校的专业体育教育，部分教师还获得

了硕士学位，如北京市特级教师蔡福全老师、姚卫东老师、张建中老师，湖南省特级教师陈奇志老师，江苏省特级教师嵇明海老师等；大多数优秀体育教师的职称均在高级以上，教师的职称和学历在一定程度上反映出其教学科研的水平。此外，大多数优秀体育教师曾担任过国家级、省市级竞赛裁判，有的特级教师甚至担任过国际级竞赛裁判，如北京市特级教师胡凌燕老师担任过2008年北京奥运会、远南残疾人运动会、世界青年田径锦标赛、北京国际马拉松等大型国际比赛的裁判工作。这一切都表明，优秀体育教师整体上的专业化程度较高。

（二）优秀体育教师具有教学、训练、科研相结合的综合优势，且取得了显著成果

1. 优秀体育教师在体育教学中大都是出类拔萃者，积累了相当丰富的教学经验，教学效果良好，深受学生欢迎

优秀体育教师，都能在教学实践中得心应手地开展体育教学工作，并逐渐形成自己的教学特色，均承担过省市区县级公开示范课，有的特级教师甚至承担了国家级公开教学观摩课。例如，北京市特级教师索玉华老师在第二届全国中小学体育教学观摩展示活动开幕式上做示范课，赢得了专家和同行的一致认可和好评。又如，广东省特级教师彭佩华老师在全国“十城市”体育教学研究会上给大家展示了一节非常有创意的富有沿海地区特色的体育课，荣获一等奖及最佳教态奖。因此，优秀体育教师在教学上显示了丰富的经验和卓越的工作能力。

2. 优秀体育教师在学校课余训练和运动竞赛中成绩突出，为国家各级体育部门输送了大批体育人才

绝大多数优秀体育教师都在学校课余训练和运动竞赛领域对国家和社会有突出贡献。被输送的体育人才中，从体院学生到亚运会、世界大赛中获取奖牌的国手各类均有。例如，湖南省特级教师陈奇志老师，多年来始终致力于中学生课余训练工作，硕果累累，多次带队参加国际及国家比赛，获得国际比赛金牌3枚、银牌3枚、铜牌3枚，全国比赛金牌19枚、银牌26枚、铜牌17枚。此外，优秀体育教师所训学生在省市区县级比赛中获奖甚多，举不胜举。这反映了学校体育在完成面向全体学生的体育教育的多元任务中，在培养优秀体育人才方面也是大有作为的，优秀体育教师培养的体育人才数量与质量都是较好的。这也显示出学校体育对整个国民体育和竞技体育的基础作用。

3. 大多数优秀体育教师能结合体育教学与训练实践开展科研，取得累累硕果

优秀体育教师较高的整体专业化程度在一定程度上也反映了其教学科研水平，大多数优秀体育教师都怀着强烈的事业心，结合教学训练，积极从事科研工

作，在各级各类体育学术期刊发表学术论文多篇。例如，北京市特级教师蔡福全老师，多年来笔耕颇丰，发表论文、经验总结等百余篇，主编、编著体育著作和教材 12 本。又如，辽宁省特级教师邱志钊老师，发表国家级优秀论文 17 篇，发表学术论文 21 篇，参加编写 30 本教材，出版 7 部专著。这些对于科研条件较差的中小学体育教师来说，实属难能可贵，成果来之不易。

（三）优秀体育教师的身上凝聚着体育人的精神、蕴涵着体育文化的精神

每位优秀体育教师都有各自的成长环境和专业背景，都有各自的教育思想和教学特色，但在以下方面他们是共同的：

1. 敬业

敬业指的是优秀体育教师在工作中投入了超出常人的时间与精力，所以他们比大家走得更远、更快。例如，河北省特级教师张东兵老师由于其优秀表现，刚参加工作不久便被推荐代表张家口市参加全省体育课观摩比赛，但需要在从确定参赛到比赛的一个月内将高中三年的教材一一熟悉才行，张老师每晚加班加点通读教材，白天利用课余时间加紧备课、编写教案，并恳请校内外的老教师精心指导，克服重重困难，最终圆满而精彩地完成了此次教学任务，获得比赛一等奖。

2. 善思

善思指的是大家在听时，优秀体育教师在思索；大家在说时，他们还在思索，所以他们总比大家想得更多、更深。例如，北京市特级教师姚卫东老师常把学生学习中遇到的问题以及同行交流中讨论的焦点，当成需要研究和思考的问题。经常问自己“为什么学生听不懂？是不是我讲得不清楚？学生做得不好，是不是我教法选择的不对？学生不爱练，是不是我对学生实际了解不够？”诸如此类的问题，必须通过教学观察、反复思考、分析研究、总结经验、把握关键，从而找到解决的方法。

3. 创新

创新指的是大家都在这样做时，优秀体育教师在审视是否可以那样做；大家在那样做时，他们又在考虑为什么不能这样做，所以他们总比大家更具独特性、更有新意。例如，福建省特级教师朱素丽老师为了激发学生对体育课的兴趣，让学生在不断探索与创造中形成正确的认识，获得积极的情感体验，总结出多样的教学方法，尝试各种创新游戏，自制器材，以丰富练习内容吸引学生。近年来，朱老师利用破球自制实心球，利用体操棒和跳高竹竿做各种跳跃练习，教学生做沙包、毽子、接力棒来练习投掷，将室内器材——体操垫、体操圈、体操凳和跳

绳进行改造。

4. 大度

大度指的是，大家在批评时，优秀体育教师在寻找其中的可取之处；大家在否定时，他们在寻找其中的优点，所以他们总比大家更辩证、更全面。例如，北京市特级教师丁玉山老师在一些人忽视我国学校体育50年的传统经验，一味提倡、推崇西方体育之时，以北京101中学50年体育工作实践为依托，着手我国学校体育传统经验的挖掘与整理。经过深入的调研和素材积累，公开发表多篇相关学术论文，以驳斥忽视国情、歪曲历史、否定传统的观点。

二、优秀体育教师成长的促进因素

优秀体育教师在其多年成长的过程中，必然有许多不同于其他人才成长的一些特征和规律。在这些特征和规律中有一些促进因素对优秀体育教师成长的作用是不容忽视的。

（一）强烈兴趣

“兴趣是最好的老师。”任何专业人才的培养，首先离不开他们对某一活动或学科的浓厚兴趣，尤其是青少年时代的兴趣选择和保持发展，往往促使他们在某一方面得到长足发展进而成为专业人才，不少人都是沿着兴趣走向终身职业和成功顶峰的。而强烈的兴趣是优秀体育教师立志学体育、当教师的起始动因。优秀体育教师绝大多数在青少年学生时代就热爱体育，在中小学就喜欢参加各类体育活动，打好了学体育的身体基础和兴趣基础，这也是优秀体育教师长大选择学体育、当体育教师的主要原因。

例如，福建省特级教师张培基老师从小酷爱体育运动，曾是市少体校的体操和田径运动员，曾有过学生时代荣获省级奖牌的欢乐，也有过花甲之年荣获区级体育竞赛个人冠军的喜悦。曾有人问他：“你可以教别的学科，为何偏要上体育课?”“你的工作担子已经不轻了，为何还要带运动队?”“为什么你教体育一教就是40多年?”……张老师斩钉截铁地回答：“这是爱的选择!”“回顾我走过的教育历程，也许是从小与体育结下了不解之缘，也许是对教育体坛辛勤耕耘之后的眷念，我对这辈子当一名体育教师的选择感到无怨无悔!”

因此说，只有那些具有强烈的体育兴趣并真正立志终身从事体育工作者才可能在体育教师岗位上长期工作，为学校体育事业充分发挥自己的才能，贡献自己的力量。

（二）职业特点

职业特点使他们必然要经历艰苦和长期的奋斗，并多在中年时期取得一定的成绩。多数优秀体育教师需要在学校体育的各个环节（教学、训练、群体、竞赛、科研等）历经长时间、多方面的磨炼与积累，要奋斗到中年才可能被评为优秀体育教师。这主要是体育教师的职业特点决定了他们不可能像竞技场上的体育明星一样，经早期专门的系统训练后少年成才。体育教师的角色地位完全不是自己去创造运动成绩，而是去对千百万青少年进行系统全面的学校体育教育。由于教学活动的复杂性、双边性，学生的群体性，教学目标的多样性，知识技能掌握的长期性和教学工作的创造性，决定了他们要长期不懈地在体育教学实践中反复探索和不断总结。大多数人要经多十年、二十年，甚至终身不懈的努力奋斗，才可能达到优秀体育教师所要求的德、才、学、识方面的水平。

例如，湖南省特级教师刘平贵老师认为想成为一名优秀体育教师，创造一流的工作，为人民多作贡献，除了要有甘为人梯的奉献精神，最重要的是要有教书育人的真功夫、硬本领。在30余年的教学和训练生涯中，刘老师第一做到立足本职，有的放矢，全面提高自己的教学水平和教育能力；第二，做到扎扎实实，打好基础，不仅在身体素质上艰苦训练，还在教学中勤奋学习，总结出从书本学、参加培训班、虚心求教、寻找一切机会学习、在比赛现场学、参加函授班、在实践中学七种自学方法；第三，做到及时总结自己教学和训练中的得失，注重反思，才能不断地创新和提高，将自己的专业水平和事业成果达到一个新的高度；第四，做到从生活上关心学生，关注学生的全面发展，同时关心学生的前途，特别是体育特长生的前途……

只有在学校体育的园地中长期耕耘，不断奋斗，扎扎实实练好教学基本功，熟悉各项业务工作内容与方法，努力探索体育教学训练的规律，创造性地开展学校体育工作，才可能成为体育教师中的佼佼者。

（三）个人努力

对于优秀体育教师的成长，个人因素、社会因素和学校因素都起到很重要的作用。毋庸置疑，个人长期不懈的奋斗和努力是优秀体育教师成才的根本条件和前提。个人因素的核心是理想信念与工作学习态度。大多数优秀体育教师工作在基层，长期面临各种难以预料的困难，比起其他科技、竞技、文艺人才的成长道路更充满艰辛。体育教师在这样艰苦困难的环境中长期奋斗，必然需要远大的理想和坚定的信念，才能为他们的工作提供前进的动力源泉，支持他们在艰苦长期的工作中去跨越障碍，克服困难，鼓舞他们去努力奋斗，奉献青春。

例如，广东省特级教师彭佩华老师将“努力成为孜孜以求的学习者”作为自己的信念，坚定地认为“牢固的敬业乐业思想、过硬的专业技能和强烈的工作责任心是教育工作者的必备条件”。从教20余年，彭老师努力做到虚心学习，不断充实完善自己，在坚持利用业余时间阅读教育教学理论专著的同时，积极主动地参加各类教师素质培训班，学习先进的教育思想和理念。尤其是1999—2002年间，彭老师以孜孜不倦、坚持不懈的精神和毅力，同步参加和完成了广东省“百千万人才工程”首批省级名教师培养对象高级研修班、区中小学名教师培训班、华师大体育系自考本科班以及广东省体育（与健康）新课程培训者等培训进修学习，解决了多年来在体育教学和训练中积累的一些问题，加深了对体育教育思想和本质规律的理解和认识，向着科研型的教师行列迈进，朝着高层次的教育教学理论研究前进。

因此，体育教师只有在具备了理想信念之后，才可能有良好的工作态度与钻研精神，才会在教学训练中勤奋工作、努力探索，才会去为实现理想不断自学进修，提高业务能力。

（四）环境影响

优秀体育教师的成长也离不开所处环境的影响。这主要反映了体育教师要在学校体育工作中取得显著成绩，除了个人努力外，还需要争取学校各级领导的支持与信赖，进而采取必要措施解决工作中的困难，为优秀体育教师成才提供发展的条件。同时，一位优秀体育教师的成长离不开教研室同事乃至全校其他教师的帮助与支持。因为学校体育工作的各项任务与内容，绝不是一个人能独立包办的，它需要教师之间的密切配合与相互协作。越是优秀的体育教师，越应尽可能地去争取别人的帮助支持并更多地去帮助别人。

例如，江苏省特级教师杨潘顺老师认为学校体育工作的开展仅仅依靠个人的力量显然是不够的，需要团结协作，以求共同发展。因此，杨老师在担任体育教研组长工作期间，致力于抓好体育教研组的组织与建设，提升教研组教师的整体教学和科研水平，提升学校体育工作的整体层次。在杨老师的引领下，全组教师团结协作，积极开展教学研究工作，努力做到“人人有课题，人人有文章”，并多次承担了国家、省市级教改与教学观摩课活动，使得体育教研组的先进管理经验在全市范围内被介绍与推广。

只有在一个相互扶持、关系融洽的良好环境中，才能避免内耗、增强合力、发挥个人和群体优势，进而取得优异的工作成绩。

（五）学生评价

教师对工作的热爱、突出的成就及独特的个人魅力，常获得学生的尊敬与爱戴，而正是这一点，常给体育教师以巨大的精神力量，鼓舞他们在艰苦的工作环境与生活条件下、为国育才，鞭策他们常守师道、乐此不疲。很多优秀体育教师在访谈中深情回顾，正是他们在中小学时受到体育教师的良好教育影响才爱上体育并走上了终身从事体育的道路。而今，他们又在用知识去点燃学生求知的火焰，全身心地为学生树立前进的旗帜。

例如，北京市特级教师韩玲老师 30 年执教不离操场，但是无怨无悔，这种动力和对体育教师职业尤其是一线女体育教师永久的新鲜感源自于被教育者——学生回馈给韩老师的每一份成绩。看到学生的迅速成长，知晓学生的人生进步，听到学生的亲切声音，所有的艰辛真的就化为了乌有。韩老师说："热爱就是我的动力，热爱使我保持着对职业的新鲜感，我感谢这些活泼可爱的学生们！"

因此，什么样的教师称得上优秀教师，什么样的教师形象在学生心目中占有一定的位置，作为学习主体的学生最有资格对优秀教师做出客观的、准确的、公正的评价。而学生的肯定是对长期战斗在一线的优秀体育教师最好的回报和激励。

本讲小结

本讲采用经验归纳总结和案例分析的形式阐述了优秀体育教师成长之路的一些共性和促进因素。当前我们正面临着学校体育发展的大好机遇，但也面临着更多的重任和挑战，这就需要更多的优秀体育教师不断涌现以把学校体育工作做得更好。要想成为优秀体育教师，必须具备崇高的敬业精神、先进的教育理念和科学的教学方法，同时要做到爱岗敬业，不断提升自己的专业素质，为广大青少年学生的健康成长作出积极贡献。

思考与活动

1. 谈谈自己对优秀体育教师成长的想法。
2. 参照上述优秀体育教师成长的经验，为自己制定一个成长计划。

参考文献

1. 毛振明，陈雁飞. 师之翘楚——全国体育特级教师教育智慧与艺术［M］.

北京：北京出版社，2007

2. 吴俊伟. 学生心目中的优秀体育教师［J］. 中国学校体育，2006（9）：18

3. 周登嵩. 我国优秀体育教师成才的阶段性规律与促进因素的研究［J］. 体育科学，1994（14）

第二讲
体育教师如何做科研

北京教育学院体育系　罗希尧

实践证明，科学技术正在成为推动社会进步、经济发展、教育革新、人民生活水平不断提高的巨大原动力。现代体育的发展，无论是学校体育、群众体育还是竞技体育，都离不开体育科学理论的指导和体育科研活动的兴起。学校体育科研工作，不仅是整个体育科研工作的重要方面，也是学校教育科研工作的重要组成部分。著名教育家苏霍姆林斯基说过："如果你要想让教师的劳动能够给教师一些乐趣，使天天上课不至变成一种单调的义务，那你就应当引导每一位教师走上从事一些研究的道路上来。"事实表明，许多体育教师的成长与进步、学识增长、从事学校体育工作能力和认识能力的不断提高，与他们积极从事科研活动有直接关系。在第一线工作的广大中小学体育教师中，有不少人在完成繁重的教学、训练、群体、竞赛等工作的同时，为了一种理想，为了一种爱好，为了自身的发展，积极从事着科研工作。本讲主要从体育教师科研能力的内涵与现状分析，科研在体育教师成长中的作用，研究课题的来源、内容和常用的研究方法，以及学术论文的基本格式与写作等方面进行阐述，供一线中小学体育教师参考。

一、中小学体育教师科研能力的内涵与现状分析

教育科研是用教育理论、科学的态度、研究的方法去探索教育现象和教育问题及内容，揭示教育规律的创造性活动，是以解决新问题、新情况的一种科学实践活动。体育教育科研的起点是学校体育和教育教学问题，其中善于发现问题、提出问题是教育研究的关键。

（一）科研能力的内涵

科研能力作为教师素质的一项基本要素，是教师个人发展的要求。在关于优秀教师的特殊能力调查中发现，"科研能力"被列为优秀品质的第五位（优秀教师的具备率为65.42%）。通常认为，构成一般科研能力素质的主要因素包括科

研意识、科研方法和科研精神等。

1. 科研意识

科研意识是指积极从事科学研究的心理倾向，潜心捕捉和发现科研课题的探求欲。

2. 科研方法

科研方法是指探索科学理论和预计结果的途径与手段，包括搜集资料、社会调研、实验论证、统计处理、理性思维、图表绘制等一整套实事求是、理论联系实际的研究途径和手段。

3. 科研精神

科研精神是指勇于探索、刻苦钻研、团结合作、不断创新等精神动力。

（二）中小学体育教师科研现状及分析

调查表明，很多一线的中小学体育教师认为：科研就是做课题；科研就是写论文；科研不是我的事；做不做科研一回事；科研就是上研究课，然后写反思。还有的认为：学校科研说白了，就是写，先写课题计划，再写总结报告，反正文笔行的人比较适合搞科研。

本讲结合北京市第八届中小学体育科学论文报告会的基本情况，对北京市中小学体育教师的科研现状，特别是中小学体育教师撰写的学术论文现状进行分析。

1. 论文的选题与研究内容

从总体上看，论文的选题视野新、范围广、选题依据真实、研究前提可靠。关于研究视角方面，都能围绕贯彻“健康第一”的指导思想，围绕贯彻落实中央7号文件精神进行研究，注重吸收和借鉴当代课程教育的新理念，结合课程改革的形势，以及在体育教学中比较难解决的问题，结合本地区实际进行了探索性的实验研究。特别是中小学生体质健康问题、学校体育课程改革中的热点问题、学生课间操与课余体育活动等方面的选题占了很大的比例。论文在教学内容、教学手段、组织形式、教法学法练法的研究方面有较大的突破和创新，还有研究者在弱势学生体育和智障学生体育方面有所涉猎。也有不少论文涉及对体育教学课的评价，课程资源开发，校本教材和多媒体技术的研制、挖掘、利用与开发，以及体育学科的整合、学校奥林匹克教育等。

但在论文的选题与研究内容方面还存在一些不足，如部分论文研究目的不明确，论述虽有一定篇幅，但往往是泛泛而谈、没有具体内容支撑、缺乏一定的深度。有些论文研究设计较窄，仅仅定位于教学过程的一个点、一个环节或一个手段上，没有一定的深度，不具有代表性，论据不充分，甚至出现了内容与标题不符，内容条理性差的问题。有些论文选题过大，论点不清，有些论文选题拘泥传统的格调，研究视角死板、以偏赅全等等不一而足。

2. 关于研究方法

研究方法上，体育教师撰写的论文总体上比以往更加合理，趋于科学化，注重理论联系实际。大多都有长期的调查或实证研究方法的运用，多数论文采集的数据能够科学地支撑论文的观点。论据比较科学可靠，可信度较高。多数论文采用2～3种以上的研究方法（文献资料法、问卷调查法、体质测量法、实验法等）进行综合研究。大多能够较好地综合运用多学科理论（如教育学、社会学、生理学、心理学、卫生学、体制测量学、组织行为学等）对研究的问题进行综合分析和论证，体现了研究思路的开阔和研究理论基础的增强。

但体育教师在科学方法运用方面也存在不足。如在调查研究的取样方面存在样本量抽取不足、缺乏代表性的问题。有些论文的研究对象仅仅针对一个班级或一个年级的范围，取样不科学，样本量小，甚至只有一二十人，得出的结论不具有科学性、代表性、普遍性。还有些论文数理统计不规范、计算不准确。有些论文没有课题设计；在研究结果与分析中未引用调查测试的数据，调查测试的数据形同虚设；有的数据没有进行效度检验，因此其研究结果的可信度差。有些论文研究方法简单，研究方法运用不够科学、合理。有些论文理论基础薄弱，基本就是一般经验，没有什么理论分析，就是简单的描述。有些论文的调查或实验结果与该论文不匹配。有些论文研究方法不规范。

3. 关于论文学术价值

许多论文内容比较丰富，观点正确，符合有关学校体育的政策法规，研究方法切实可行，具有较强的科学性。多数体育教师能在查阅和研究了大量文献资料的基础上，结合自己的教学实例，引用生动的例子来说明问题，并能认真总结教学经验，从实践中探索出可行性的理论。这些论文对于体育教学有很高的借鉴价值。同时，多数论文的文字水平也有了很大的提高，表述比较清楚，在层次性、逻辑性、流畅性等方面较以前有了一定程度的进步。

但是也有部分论文仅仅是泛泛而谈、言之无物、不能切入主题、没有一定的学术价值。少数论文中仍出现了概念混淆的现象，如把测试对比、实际验证称为实验法等。

4. 关于论文写作格式

正确的论文格式能够全面、科学地表达学术研究成果。正确的论文格式也是评价优秀论文的基本要求。许多论文的格式比较规范，基本符合科研论文的要求。但有些论文的撰写格式不规范。有的论文结构较松散，结论缺乏概括性，过于冗长。有的论文题目表述不清楚，没有摘要和关键词，有的研究方法可操作性不强，过于笼统。还有的研究结果与结论不分，文中的目录级别排列错误以及重要内容缺失等。

二、科研在体育教师成长中的作用

（一）科研是体育教师教学工作和自身发展的需要

教师在教育科研中最大、最有价值的收获是教育智慧和教育机智的增长。作为教师只有具备了科研能力，才能去追求创新，创造出最佳的教育教学效果，才能适应教育改革和发展的需要。进行教育科研是教师更新知识的最佳途径和方法。体育教师如果没有研究意识和习惯，就不能提高自身的工作能力，也不能适应社会发展的需要。实践证明，许多名、优、特级教师的进步和成长与他们具有科研意识、积极从事科研工作与取得优秀科研成果密切相关。

（二）促进教师专业发展和教育教学能力的提高

教师掌握了科研的武器以后，不但会在教育教学实践中自觉地学习教书育人的理论知识，而且会自觉地以研究者的眼光去观察、思考和解决教育教学活动中遇到的问题，同时还会主动地反思和改进自己的教育教学工作。通过教师的研究，课堂教学改变了，学生的学习行为改善了，学生成绩提高了，学生学习的积极性、创造性得以激发，思维更加灵活，视野更加宽阔，教师的教学能力和水平也有所提高了。

（三）教育科研能增长见识，弥补专业知识的局限

从事科学研究能丰富和调整中小学教师的知识结构和认识领域，弥补专业知识不足的局限。有关调查表明，不少体育教师并不是在学校学习时掌握体育新的学科知识的，而是在工作中结合科研实际的需要，在科研过程中真正掌握并通过科研实践逐步加深对学校体育领域内各种规律和特点的认识，从而不断丰富自身的知识结构与业务水平，增强事业心与责任感。

案例 6—1　　一位小学体育教师从事科研后的感悟

时光飞逝，三年的课题研究即将结束，蓦然回首，竟发现收获的笑容如花般开放在我们那滴滴滑落的汗珠里。昨天，我从科研中起步；今天，我在科研中充实；明天，我将在科研中圆梦，让生命在科研中绽放光彩！这是我内心一直涌动

着的对课题研究的情怀与感悟。

参与科研课题研究，使我能够不断尝试新的教学方式，以改进自己的工作，能够对那些理所当然、天经地义的事物进行新的审视。在教学工作中，我能以从容的心态对待自己的工作，不急于求成，不心浮气躁，多了一份耐心，多了一份成熟。

科研使我尝到了甜头，得到了好处，也改变了我对待教育科研的态度。由最初的抱怨、诅咒到理解、支持，由被动参加到主动参与，这是一个由最初的痛苦逐渐变得愉快起来的过程。参与科研使我提高了教学工作的质量和效益，在工作上也取得了许多成绩，让我快速地成长和发展。

三、研究课题的来源、内容及常用的研究方法

教育科研不是为研究而研究，而是为教育而研究，为了不断改进教学的组织方法、提高教育教学质量、有效增强学生体质、培养德智体美全面发展的人而研究。体育科研应对与上述有关的学校体育中热点、难点、重点问题予以更多的关注。

（一）研究课题的来源

科研课题来源范围的八种类型：

来源1：来源于学校体育实践中遇到的理论问题和实际问题。

来源2：来源于对学校体育传统的理论、观点、方法及结论的质疑。

来源3：来源于前人尚未解决或未能完全解决的一些难题。

来源4：来源于学术争论中提出的问题。

来源5：来源于新兴学科的发展及交叉所产生的空白区。

来源6：来源于体育课程资源的利用与开发。

来源7：来源于学会、研究会制定的科研课题大纲和指南。

来源8：来源于学校体育专家的意见。

以下是北京市第八届中小学体育科学论文报告会的部分论文选题：

“落实学生每天一小时体育活动”有效性的实践研究

健美操教学对高中女生自信心影响的研究

在体育教学中关注小学生创造力倾向的调查研究

东城区小学高年级体质现状的调查及对策研究

北京市中小学生接受奥林匹克教育的现状与对策研究

初三耐久跑分层教学与提高练习参与度的实效性研究

对影响中学生运动员文化学习客观因素的调查分析

（二）研究课题的内容与选题的原则

1. 研究课题的内容

我们的体育教师在教学第一线，每天置身于复杂多变的教学情境中，最了解教育对象，处于最佳的研究位置，面对各种各样的教学问题、实践演练各种教学理论与策略，进行教育调查、组织教育实验就十分便利，更容易将自己的研究落实在教育理论与教学实践的结合点上。因此，中小学体育教育科研课题更多地来源于对体育教育教学实践的研究，通过研究来指导体育教学实际工作。也就是说，课题的来源体现在“教”中“研”，在“研”中“教”，将教育科研渗透于常规的教育教学之中，在实践中学习、积累教育科研的方法。

研究内容的选取与确定：最好是体育教师自身的工作需要；是体育教师自己熟悉的领域；便于操作和实施；利于得出理想成果和推广。适宜一线体育教师做的研究内容有：基于身边理论与实践问题的研究；嵌入教学内容与方式的研究，研究与工作结合在一起，改变工作的方式；教研工作的探索，提高教师教研品质；情境式、体验式、主体式、探索式、合作式研究，充满着教师来自实践的行动、感悟及思考；多形式、多层次的研究（简便易行的研究方式、朴素易懂的成果表达）。

2. 选题的基本原则

（1）需要性原则。

所谓需要性原则，就是指选题要从实际出发，有针对性地选择学校体育理论和实践中亟待解决的问题。一是要充分注意课题的实用价值；二是要注意课题的学术价值，这是目前学校体育改革的客观要求。

（2）可行性原则。

选择什么样的课题，不仅需要对未来研究前景进行预测，而且还需要对自己的研究能力做出正确的自我评价。为此，所选课程必须进行主、客观条件的可行性分析。主观条件是指研究者为完成某个课题所必须具备的科学知识、分析研究问题的能力与方法。经验不足者初选课题不宜过大，研究范围不宜过宽，应由浅入深，循序渐进。如果一开始所选的课题过大过难，在研究过程中就可能碰到许多难以解决的问题，就会感到困难重重，力不从心，从而丧失勇气和信心，影响今后的研究积极性。如果选择那些适合自己主观条件、容易出成果的课题，会因成功而得到极大的鼓舞。所以，应选择与自己知识和能力相适应的课题去研究。

客观条件是指科研活动所必须具备的设备、仪器、经费、工具等物质条件，以及时间、人力和图书情报资料等。

（3）优势性原则。

所谓优势性原则就是指研究者最好应在自己所擅长的、熟悉的领域，特别是自己有独到见解和感兴趣的领域去选择课题，这样在研究过程中就能充分发挥自己的优势和专长。否则会因知识不及、缺乏兴趣等情况，影响研究的质量，甚至半途而废。

（4）创新性原则。

选题要有新意，在遵循可行性原则的前提下，选题应力求新颖，对于初学者来说，除多看书、多阅读学术论文之外，还应多请教其他老师和前辈。有的老师在选定一个课题后，经过一段时间研究已初见成果，但随后却发现，这一课题别人早已研究解决了。类似这样的例子，在实践中屡见不鲜。因此，选题时要慎重，克服盲目性从而避免不必要的重复劳动。

（三）常用的研究方法

笛卡尔认为：最有用的知识就是关于方法的知识。研究方法是解决研究命题的钥匙，掌握了科学研究的思路和方法，不但可以学习现存的知识，更重要的是，还可以发展新的知识。方法的选择与运用是否科学、合理、完整，直接影响研究的水平。研究方法主要说明课题所采用的方法，甚至说明研究工作的经过。学校体育科研成果的形成与科研方法密切相关。也就是说学术论文的优劣与作者选用的方法是否恰当有很大关系。

学校体育科研方法很多，如文献资料法、观察法、调查法、实验法、定性法、定量法、数理统计法、图片绘制、照片选择方法等。而一个课题、一篇论文拟采用什么方法，采取哪几种方法，要根据实际需要来选择。

1. 文献资料法

又称“历史研究法”或“文献资料研究法”，是指对文献资料进行合理地搜集、使用和再创造，以获得间接理论知识的方法。此方法可以开阔视野，了解有关领域内某些问题的研究成果、研究动态与趋势、历史与现状，为选择、确定、论证题目、研究结果提供理论依据和事实根据。文献资料法是每个体育科学研究课题所必用的研究方法。

2. 调查法

是通过对学校体育范围内的某一类或某些对象进行直接接触、访问、现场观察以及间接的了解、询问等形式获得事实材料的一种研究方法。这种方法的特点是，可在比较短的时间内，经济有效地获得大量所需要的资料，并可使调查者加深对研究对象的认识。

（1）会议调查法。

也称集体访问法，是由调查者亲自召集或委托被调查单位的负责人代为召集若干人参加的座谈会，依据事先准备的调查提纲，提出问题进行座谈，收集会议中的各种观点和看法的一种调查方法。其优点是时间短、见效快，并可以相互启发补充使调查内容更为完整全面；缺点是有时会因为人际关系，形成一种人为的压力。尤其有些人的发言可能受领导权威、专家的左右，无法反映出其真实的观点。因此在选用这种方法时要注意扬长避短。

（2）访谈调查法。

访谈调查是研究者通过与被访问者进行口头交谈的方式收集调查资料的一种研究方法，是社会调查的常用方法。访谈调查通常以面对面的方式进行，有时也以电话访谈的方式进行。

访谈一般有结构访谈与非结构访谈（正式与非正式）、直接访谈与间接访谈、个人访谈与集体访谈（头脑风暴法）几种。一般在访问时多采取两种形式：一种是以调查者的身份出现，可以按拟好的问卷顺序发问，而且当场将谈话情况记录（录音或笔记）下来。另一种是自由交谈式，比较随和，不受拘束，往往可以达到言者无心、闻者留意的效果，但谈话内容不易当场记录，需要事后追记。

（3）问卷调查法。

问卷调查是要求被调查者按设计好的问卷文字、表格等形式进行书面回答的一种调查方法。研究者将要研究的问题编制成问题表格，以邮寄方式、当面做答或追踪访问方式填答，从而了解被试对某一现象或问题的看法和意见。它调查范围较窄，偏重于意见、态度或看法，并往往以个人或一群人为对象。

问卷类型与问题形式：封闭式问卷（又称限制或选择答案式）：就是调查者事先把答案准备好，答卷者在回答问题时，只能从列表答案中选择一种或几种，不能发挥。封闭式问卷回答方便，表格整齐，不仅便于回答，也利于整理和分析，但受限过死，答案不能把较复杂的问题详细阐述清楚，充分表达。开放式问卷：就是被调查者根据问卷所列问题，可以不受答题方式、字数等限制，自由发挥，详述己见。这类问卷，提出问题不列可能答案，由被试自由陈述。就题型来说，可以是填空式的，也可以是回答式的。综合型：一般以封闭型为主，根据需要加上若干开放性问题——将研究者比较清楚、有把握的问题作为封闭性问题提出，而对那些调查者尚不十分明了的问题作为开放性问题放入，但数量不能过多。

问卷的发放可以采用邮寄、有组织地分配或当面填答；对回收的问卷，在剔除废卷的同时要统计有效问卷的回收率。一般来说，回收率如果仅在30%左右，资料只能作参考；50%以上，可以采纳建议；达到70%～75%以上时，可作为研究结论的依据。因此，回收率一般不应少于70%。

(4) 专家调查法。

专家调查法（国外称德尔菲法），是一种以问卷形式征询专家意见的现代预测方法。它既可以克服专家会议中的某些弊端，又可以防止个人判断的局限，是一种合理、有效地控制和利用人们智慧和经验的调研方法。目前，这种方法被广泛应用于体育科研领域中。

3. 实验法

实验法指研究者根据课题的目的，利用一定的物质手段（科学仪器、设备）或变更条件，人为地控制或模拟研究对象，排除干扰，突出研究的主要因素，以便在最有利的条件下对其进行观察，从而获得经验事实的一种方法。实验法有多种，如自身比较实验、组间比较实验等，应根据课题需要和目标来确定。实验设计方案的制定应包括：实验设计的目的和意义；实验设计的基本原则（对照、随机化、重复性）。体育实验设计的基本内容应包括：确定题目；实验目的与任务；实验时间；被试因素；观察和受试对象；实验样本；观察指标或测验内容；实验步骤；科研记录；数据统计方法；其他（仪器、设备、场地需要情况、经费预算等）方面。实验法是学校体育科研中一种常用而又重要的一种方法。

4. 案例法

案例研究是教育理论与教育实践相结合的一种有效研究方法。它不仅是案例撰写者自己改革的记录、总结和反思，而且为同行间的交流提供了思路和载体、指导和参考。通过案例的撰写和研究，教师本身将由单纯教书型的教师向研究型、创新型的教师转变。加拿大著名教育家马克斯·范梅南认为，教师从事实践性研究的最好方法，就是说出和不断说出一个个真实的教育故事。这些教育故事，有情节和细节，有故事发生的背景，有提示故事内涵和价值的反思，因而是有深度的叙事；这些教育故事，既可以是正面的，也可以是反面的。教师每天都在创造、发现、接触这样的教育故事，因此教师进行教育叙事研究资源丰富，便利可行，易获成功。苏霍姆林斯基对这类写作非常看重，他说："每一位教师都应写教育日记，写教育随笔和记录。这些记录是思考和创造的源泉，是无价之宝，是搞教育科研的丰富材料和实践基础。"

5. 数理统计法

将调查研究和实验研究付之于实践，会收集到大量的对研究有用的数据资料。在调查或实验测试中受不可控因素的影响，所收集的数据难免或多或少地含有随机误差，我们就可以用统计的方法对收集到的数据资料进行科学的处理和分析。在体育学术研究领域，一般常用SPSS或EXCEL对数据进行整理与统计处理。数理统计常用的方法是排列图法。

四、学术论文的基本格式与写作

所谓科研，最常见的表现形式就是撰写学术论文，而撰写学术论文的主要目的是为了与同行交流、分享成果、促进本学科发展，而决非像大众媒体上的文章那样影响读者。所以，科研能力提高的直接途径就是多写论文并力争发表。

（一）学术论文写作中最为普遍的突出问题

《中国体育科技》李晓宪主编曾说过："从研读原稿论文感到许多科研论文的选题和所研究的内容颇有价值，但论文写作不符合期刊编排规范化和科研论文撰写的要求。其中最为普遍的突出问题是文章结构层次混乱、写作格式极不统一（尤其是理论型和实验型的'定量化'研究论文）。这不仅给编者和读者认识和理解论文之精髓增加了难度，也直接影响了体育科研成果的传播、储存和利用。"这段话道出了我们一线教师撰写论文存在的主要问题，也正是本讲主要想帮大家解决的问题。

（二）学术论文的写作要求

学术论文的写作需要技巧，而这种技巧是"只可意会"，甚至是"心照不宣"的，是需要从"实践中掌握"的知识和技能。诸如如何选题、如何扣题、如何布局，如何分清主次结构、逻辑层次，甚至如何划分自然段、使用标点符号——不动笔永远也不会了解写论文是一件多么艰难的事情。

学术论文的写作还有着自己的特殊要求，比如行文的规范性、选题和资料的前沿性等，只有写得多，发表得多，才能够不断摸索出经验。

一般来说，属于体育人文社会科学内容的论文要用议论文（也称论说文）的体裁，即以议论、说理为主要表达方式的文体，这类论文不必设置"研究对象"和"研究方法"等章节，不必把查阅文献、通常的调查了解过程写出来，如果有影响到论文内容表达的重要材料非交代不可，可简要写进段落中。

属于体育自然科学内容的论文，大多数属于实验性、实证性的，就要用科技论文的体裁与格式来表达，文章内容应包括"研究对象与方法"、"研究结果"（或"结果与分析"）、"讨论"或"结论与建议"等章节。

（三）学术论文的写作格式与要求

无论什么性质的学术论文，基本要求都是科学系统化、简要明确地表达一项研究工作的成果，或提出作者的见解。一篇完整的学术论文或研究报告一般包括：

1. 题目

一篇论文给人的第一印象来自题目。题目如同论文的旗帜和眼睛，是用来揭示论文的主题和中心内容的；是论文思想的精髓所在；是论文内容的高度概括和集中；是读者窥视全文的窗口和检索文献的标识；是编制目录、索引等二次文献的重要内容。

（1）组成要素。

论文题目一般由几大基本要素组成，即研究对象和范围（研究什么）、研究内容的高度概括（怎样研究）、施加因素即研究方法或研究程度（研究的方法或程度如何）、效果反应。

（2）选取要求。

论文题目选取的要求有以下几点：

其一，确切。能准确反映文章的特定内容，从而帮助读者迅速了解全文要点，按题取舍。

其二，恰当。用词准确，恰如其分地反映研究范围和深度。过于概括使人感到空泛；过于烦琐使人难以记忆。

其三，鲜明。题目要有吸引力，能准确反映文章的独到之处。据美国广告公司统计，读者阅读文章题目的概率是全文的五倍。

其四，精炼。题目在准确反映文章核心内容的同时，应简明清楚，字数不宜过多，通常在20个字以内（美国数学学会曾要求数学论文一条题目的词不超过12个）。为更加准确地说明主题可设副标题。

（3）表达方法。

其一，定语法：即采用加限制词来扩大内涵、缩小外延的一种方法，可使研究方向、研究领域更加明确和集中。例如，“运动员的素质训练”——“中学生篮球运动员速度素质的训练方法探讨”。

其二，副标题法：指在论文主标题之下，再立一个副标题，借以更为明确地确定论域范围的方法。例如，标题是“体育与提高学生学习成绩的关系”，副标题是“温州市黎明小学1987—2001年试办体育加强班的调查分析”。

（4）注意事项。

体育教师在选题中要注意防止选题过大、论域过宽、题目不完整或者不适合做论文题目、论文内容与题目不相符、系统性差、选题过难、选题陈旧等问题。

2. 引言或选题依据（序言、问题的提出、文献概述等）

论文的引言就是文章的“开场白”，是论文的开头、引子，好比一出长剧的序幕，好比交响乐的序曲，又好比一份宣言的总纲，要有吸引力，目的是向读者交代本研究的来龙去脉，让读者对论文有个总体的了解。通常以引言、导言、绪言等小标题冠之，也可以不冠以任何小标题。

（1）引言或选题依据应包括的内容。

——介绍课题研究的背景材料，前人的工作和现在知识空白。

——研究的理由、目的，理论依据和实验基础，预期结果及其在相关领域的地位、作用和意义。

——交代课题研究的范围、任务。

（2）撰写“引言”部分的基本要求。

——研究背景应清楚描述。

——探讨的问题应具有研究的价值。

——重要理论及相关研究应引用。

——研究动机应有充足的理由。

——研究目的应明确。

——研究问题应具体可行。

——名词解释应包含概念性定义和操作性定义。

——不要与摘要重复或雷同。

——一般不设分级标题，也不加序号。

3. 研究对象与方法

研究对象及研究方法的选择，是评审论文质量的重要依据。对象选择是否合理，方法采用是否妥当，直接影响到研究结果的可靠性、真实性、科学性。

（1）研究对象。

主要说明课题研究的是人还是物，人是指的学生还是老师，是运动员还是教练员？学生是什么样的学生？哪个年级的学生？男生多少，女生多少？范围限定清楚。

（2）研究方法。

研究方法主要说明课题研究所采用的方法，甚至说明研究工作的经过。学校体育科研成果的形成与科研方法密切相关。研究方法是解决研究命题的钥匙，其方法的选择与运用是否科学、合理、完整，直接影响研究的水平。也就是说科研论文的优劣与作者选用的方法是否恰当有很大关系。一般常用的研究方法有：文献资料法、调查法、观察法、实验法、案例法、数理统计法等。

4. 研究结果（结果与分析）

研究结果部分是全篇科研论文的主体，要将研究取得的数据、调查的资料，通过统计图表并结合文字分别表达出来。

研究结果是指研究中所获得的数据和所观察到的现象。一切讨论由此引发，一切推论由此推出，一切结论由此得到。

研究结果要求指标明确，数据准确，层次分明，在对这些材料进行加工整理的基础上，选取最能反映问题本质的东西，制成便于分析讨论的图表。图表可使研究结果的表达更为直观、紧凑，可用表或图结合文字对研究结果加以说明。

(1) 表格制作的要求（见表 6—1）。

表格由表序、表题、表体和表注四部分构成。

其一，表格一律采用“三线表”，即一个表只有顶线、底线和栏目线三根线，必要时可加辅助线。

其二，表随文排，先见文字后见表，并按文中出现的先后排序，只有一个表也称“表×—1”，不称“附表”。

其三，表应有表题，表题由表序和表名组成，表序由阿拉伯数字加“表”字组成，如“表×—3”；表名要鲜明、简短，要能表达出表的内容。表题置于表的正上方。

其四，表中每栏同类的数据数位要对齐，若全表量的单位完全相同，可用“共有单位”，并将共有单位置于表的右上角（右低一格），用“量单位符号/量符号”表示，如：“t/min ”，表格中的数据不带单位符号或“%”符号。

其五，必要时可加表注，表注依在表中出现的先后排序排列，置于表的下方。

表 6—1　　不同年级的中小学体育教师职业压力五因素的方差分析一览表

因素	小学生		初中生		高中生		初高中生		P
	平均数（M）	标准差（SD）	平均数（M）	标准差（SD）	平均数（M）	标准差（SD）	平均数（M）	标准差（SD）	
学生因素	2.84	0.80	2.93	0.86	2.61	1.10	2.84	0.79	0.25
家长因素	3.62	0.88	3.76	0.87	3.20	1.14	3.52	1.11	0.01*
工作因素	3.86	0.75	3.83	0.61	3.50	0.77	3.68	0.72	0.02*
考试压力	3.19	0.85	3.47	0.91	2.72	1.09	3.27	0.80	0.00**
职业需要	3.52	0.67	3.77	0.67	3.26	0.83	3.44	0.73	0.00**

注：* 为 $P<0.05$，** 为 $P<0.01$。

(2) 图形制作的要求（见图 6—1）。

图由图序、图题、坐标、变量说明、图形和图注几部分组成。图序号用阿拉伯数字表示，位于图的正中下方。

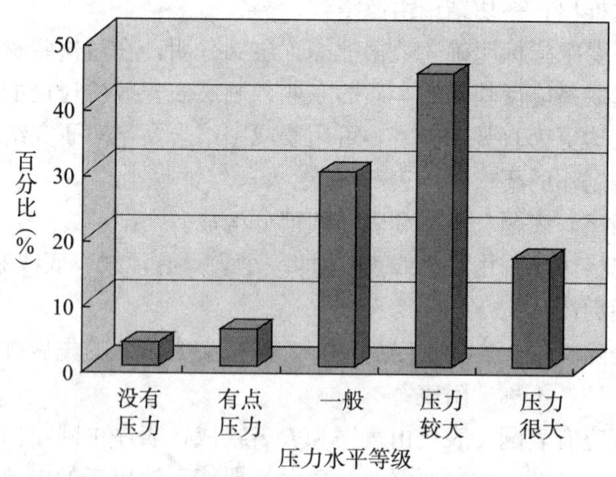

图 6—1　中小学体育教师职业压力水平频次分布图

其一，插图可分为照片图和墨线图两类：照片图要注意图面清晰、反差大，利于扫描制版；墨线图的线条要清晰、均匀、连贯，没有锯齿。

其二，函数图要有纵坐标轴和横坐标轴，坐标轴应标明标值线（俗称“刻度线”）、标值（俗称“刻度”）、标目（俗称“坐标轴名称”），标目用文字或“单位符号/量符号”表示。横坐标标目置于横坐标标值的正下方；纵坐标标目置于纵坐标标值的左方，顶左低右自下而上居中排。

其三，图应精选，不与表格、文字重复。图与表格一样随文排，先见文字后见图。

（3）研究结果部分写作的方法。

其一，如数据较多，结果部分可以分段写，每段加上小标题，也可采用附件的办法。这样，脉络清晰、结构严谨、层次分明。分段的方法很多，如：按调查指标分段；按施加因素分段；按观察内容分段；按实验过程本身分段等。

其二，并列式，将中心论点分成几个彼此并列的分论点，然后分别论证。例如，论文“浅谈小学体育教学难点”的并列式结构是这样安排的：小学体育教学难点的含义；小学体育教学难点的成因；小学体育教学难点的特点；小学体育教学难点的解决方法。

（4）研究结果部分层次标题的写作要求。

同论文题目一样，层次标题也应准确得体，能概括全章、全节的特定内容，突出中心，一般宜用词组；同时应简短精练，明确具体。此外，作者拟订后的层次标题应满足同一级标题反映同一层次的内容。层次标题的格式：一级标题的序号是一、二、三……二级标题的序号为（一）、（二）、（三）……三级标题的序号是1、2、3……四级标题的序号是（1）、（2）、（3）……有括号的标题序号后不要出现顿号“、”。

科技论文的各层次标题一律用阿拉伯数字连续编码，不同层次的两个数字之间用下圆点（.）分隔开，末位数字后面不加点号。

例如，“1”，“1.2”，“3.5.1”等；各层次的标题序号均左顶格排写；最后一个序号之后空一个字距接排标题。

有些学术论文，把研究结果与分析讨论结合起来撰写也是可以的。分析和讨论文字占的篇幅较多，主要是说理论证，让读者对研究结果从理性上认识，增加论文的可信度，并为得出结论提供依据。

5. 结论与建议

结论对全篇论文起画龙点睛的作用，是全篇论文的归宿，概括研究的主要结果，使读者对研究发现有简明和全面的了解，应当具有简洁性、客观性和概括性。结论是整个研究过程的成果，是全部研究的结晶、全文的精髓。它是对全部研究成果的高度概括，标明解决了哪些问题，揭示了什么规律，尚待解决的问题以及今后研究的方向。撰写结论既可以总结在正文中（研究结果或讨论分析）的发现，又可以对其进行理论思维得到新认识。

（1）撰写论文结论的内容。

其一，该项研究成果说明了什么问题，得出了什么规律，解决了什么理论和实际问题。

其二，对前人有关问题论述的检验结果。指出哪些与本研究的结果相符合，哪些不符合，分别加以修改、发展、证实或否定。有些不能肯定的问题要留有余地。

（2）撰写论文结构的方法。

其一，结论的语言要高度精练，措辞严谨。

其二，结构要有一定的逻辑顺序，层次分明。

其三，形式上可用分条式或分段式表达。

其四，篇幅尽可能简短、精炼、准确。

建议是在论文通过总体结论后，对有关人士就有关问题提出科学而切实可行的建议。建议部分是对论文中虽涉及、但还未解决，或在推广、参考本研究成果中应注意的问题与某些条件要求等做简要说明和陈述，放在结论之后。不涉及这些内容的可以不写建议。

6. 参考文献

学术论文最后应列出参考文献。参考文献是作者在撰写论文时，曾经借鉴、引用过的重要文章和著作；参考文献是文章的有机组成部分，是作者对自己研究的引证、分析、比较的依据，是读者进一步核查、探究的指路石。论文写好之后，要将这些文章或著作编目，附在论文后面。它能帮助读者了解有关本课题以前的研究成果以及研究者的观点所根据的资料来源，也能反映作者谦虚的科学态度和尊重他人研究成果的负责精神。

(1) 常见参考文献写作的问题。

文献排列顺序混乱；规定文献应著录的各项中不缺这项，就缺那项；在文末列几条文献而正文中无标引，或错引、转引；有的文献太陈旧。

(2) 参考文献的写作格式。

参考文献表应包括：作者姓名、资料名称、发表的书刊、期刊数（卷）、页数、出版单位、年份等。

顺序号：作者姓名. 文献名称［J］. 期刊名，年（期号)：页码范围（如20～30）

顺序号：作者姓名. 书名［M］. 出版地（如北京)：出版社，年份：页码

(3) 参考文献（即引文出处）的类型以单字母方式标识。

M——专著；　　C——论文集；

N——报纸文章；　　J——期刊文章；

D——学位论文；　　R——报告；

S——标准；　　P——专利；

对于不属于上述的文献类型，采用字母“Z”标识。

参考文献中的符号一律用半角。

(4) 参考文献写作的要求。

文献著录中，作者著录采取“三作者制”，作者为三位以内者全录，第四位起不再录，中文加“等.”英文加“etal”。

参考文献既是一篇完整学术论文的重要组成部分，也是判定论文质量高低的重要指标。每篇论文文后都应有参考文献表，参考文献一般五至十几篇（综述类论文要求30篇以上)。国外研究表明：完成硕士学位论文要求消化100篇左右参考文献，博士学位论文则要求消化150篇左右参考文献。

著录参考文献要注意：只著录公开发表的文献；只著录最必要最新的文献，尤其是近三年的文献；采用规范的著录格式。

7. 论文摘要

如申请学位，或参加学术报告会，还需要撰写论文摘要。撰写论文摘要的基本要求有以下几点：

(1) 论文摘要不宜过长，通常在300～500字左右，最长1 500字。

(2) 摘要的内容要精。主要是介绍作者创见或研究的主要成果，使读者知其梗概内容。

(3) 论文摘要虽然不长，但要具有完整和严密的结构，一般应包括：论文题目、研究方法、研究结果、结论等。

(4) 摘要的位置一般放在引言的前面，也有的放在结论和建议的后面。

(5) 如果是国际科研论文的报告会，其学术论文要附上英文摘要，其内容与中文内容相同。

8. 关键词

关键词是指从论文题目、摘要和正文中抽选出来，用以揭示或表述论文的主题内容特征，具有实质意义，未经规范处理的自然语言词汇。这些词汇要能代表论文的主题内容，合乎规范，通用性强，为同行所熟知，适用于情报检索系统。从技术角度考虑，没有关键词的论文应列入非学术论文类。

关键词可以是一个词，也可以是一个词组，每篇论文关键词数量一般为 3～6 个，太多或太少都难以使读者准确地检索资料。

关键词书写时，另起一行，每个关键词间空一格，或用逗号、分号隔开，最末不用任何符号。

9. 作者姓名和单位

作者署名只限于那些参与选定课题和制定方案，直接参加全部或主要部分研究工作并作出主要贡献，以及参加论文撰写并能对论文负责，同时对论文具有答辩能力的人员。作者工作单位应写全称，一般应写到系（所、部）一级，如“华南师范大学体育科学学院 体育系”。工作单位后边加“，”号隔开，写上所属省市名及邮编。多个单位时，用阿拉伯数字排序，序号后加下圆点，并相应在作者姓名右上角标上阿拉伯数字的序号。整个作者单位加圆括号后置于作者署名下方。

例：(1. 北京教育学院　体育系，北京　100009；2. 北京体育大学　体育教育系，北京　100084)

(四) 学术论文的一般写作过程

1. 拟订提纲

提纲是论文构成的蓝图和基本逻辑框架，是要由文字和序码图表构成的逻辑关系表明。拟订提纲就是先给论文搭建一个骨架，即作者将自己的研究构想以简洁的语言符号形式记录下来的组成论文的框架结构。在拟写提纲的过程中，把材料组合成一个中心突出、层次清晰、逻辑严密、主次详略得当的体系。

(1) 提纲的内容。

主要有明确论点、提出论据和论证。并精选好材料、安排好层次等内容。

(2) 提纲的形式。

提纲有粗纲和细纲两种形式。

2. 动手写作

提纲拟订以后，要抓紧时间写作初稿。初稿要紧紧围绕提纲尽快撰写，最好一气呵成。初稿写成后，不要急于定稿，先把它搁置思考，然后再重读细读，检查文字表达是否清楚，数据计算是否准确，推理是否严谨，更正明显的错误，改正字迹模糊的地方，稍后再做全面修改定稿。

3. 认真自检

文字的运用是否准确流畅；各章节是否层次分明；标题是否清楚易懂；相关内容（如研究动机、研究目的、研究问题、研究假设、数据处理等项）是否相呼应。

4. 修改润色

经验告诉我们：好文章是改出来的，改不好文章就写不好文章。修改是文章写作中一个非常重要的环节，从某种意义上说是有决定性作用的一环。

五、对体育教师做好科研的几点建议

第一，以科学发展观指导整个科研工作，从选题到撰写论文的全过程，都应该从实际出发，注意理论联系实际，注意应用问题的研究。要练好科研工作的基本功，认真读书，并且读懂、读透。不断更新知识，根据学校体育现状和发展趋势，根据学校体育科研的基本特点，探索解决前人没有解决或没有完全解决的一些问题、难题。通过已知条件，去探索未知的结果，不断提高自身的科研素质和能力。

第二，明确科研目的，端正科研动机，在科研工作中树立严谨求实的科学态度。坚持以事实为依据，在调查、整理、分析和利用各种资料、数据以及在提出论点、获得数据，进行说理论证过程中一定要实事求是、一丝不苟，不能有半点虚假。那些在科研工作中为了急于求成而粗制滥造，甚至为了急功近利，取得显著效果而选择性编造数据和结果的人，只能自欺欺人，给工作带来损失，给事业造成影响。另外，搞科研应坚持真理，修正错误，不盲从国外的理论与方法，不迷信“权威”的思想和观点，要运用辩证唯物主义方法，处理好学习与借鉴、批判与继承、改革与创新的关系，坚持实践是检验真理的唯一标准。我们在科研过程中要注意防止跟在别人的后面人云亦云，防止没有自己的想法和观点。在看别人资料、听别人观点的时候，我们要先了解、认同再接受。这个认同过程有时是非常艰辛的，我们会从中发现很多问题，这正是创新的开始。

第三，作为一名体育教师应力戒浮躁，要加强科研的道德修养，踏踏实实教学，老老实实做学问。搞科研要尊重事实，尊重别人的劳动，要认识到任何一项研究都不是从零开始，都不可避免地要借用或建立在前人和同事的研究基础之上。搞科研要有群体意识和协作精神，尤其是那些较大的课题、非一人能及的科研项目，要在发挥集体智慧和协作基础上，在团队中发挥个人的独创性。目前，在我们的教师队伍中引进了一些硕士和博士，他们高学位的获得是一个学习和进取的过程，也是他们努力学习、艰苦奋斗、勇攀高峰的结果。一位青年学者曾对我说："我们青年教师在自己成长的道路上，不是一帆风顺的，搞科研也是一样，不可能在短期或一次实验就获得成功。"要勇于面对现实，敢于面对失败。科学研究可能是一个失败转向又一次失败，但不要轻言放弃，更不能否认失败，要善于从失败中发现问题、解决问题。

本讲主要从中小学体育教师的实际需要出发，根据体育教师在科研过程中普遍存在的问题和科研工作中的难点，本着理论与实际相结合、理念与操作相结合、方法与示例相结合的原则，力图使中小学体育教师学习掌握体育科学研究的基本理论、基本内容、基本方法，培养其科学研究素质和具备从事体育科学研究的能力，特别是规范撰写学术论文的方法和能力，并在科研实践中加以运用和提高，以此供大家在学习、实践中参考。

思考与活动

1. 关于学校体育科研与论文写作，你存在哪些方面的问题？需要得到哪些方面的帮助？

2. 试确定一项研究主题，设计一份体育调查问卷量表或制定一份体育观察设计方案。

3. 在体育核心期刊上寻找一篇学术论文，分析作者的研究选题是否符合需要性、创新性？分析作者的研究方法是否科学、有效？为什么？

4. 如何撰写科研论文？根据实际情况，选定题目，写一份论文的提纲。

参考文献

1. 全国体育学院教材委员会. 体育科研［M］. 北京：人民体育出版社，1989

2. 裴娣娜. 教育研究方法导论［M］. 合肥：安徽教育出版社，2004

3. 张力为. 体育科学研究方法［M］. 北京：高等教育出版社，2002

4. 周登嵩. 体育科研概论［M］. 北京：北京体育大学出版社，1994

［作者简介］

罗希尧，男，北京教育学院体育系教授，曾发表《“空中课堂”教师应提升的素质》、《中学体育教师继续教育的必要性及其设想》等学术论文，出版《学校体育科学研究方法》、《中学体育教材教法》、《学校体育理论》等著作。

第三讲 体育教师如何进行教学反思

北京教育学院体育系 潘建芬

美国心理学家波斯纳（G. J. Posner）曾说过："如果一个教师仅仅满足于获得经验而不对经验进行深入的思考，那么，即使是有 20 年的教学经验，也许只是一年工作的 20 次重复，除非善于从经验反思中吸取教训，否则就不可能有什么改进，永远只能停留在一个新手形教师的水准上。"实践也表明，一个优秀教师的成长过程中离不开不断的教学反思这一重要环节。教师反思是教师专业发展的核心，教师在不断反思与探究的教学过程中提升自己的专业水平和教育教学能力，是新课程、新理念的需要，是体育课程改革与发展的需要，是教师自身发展与提升的需要，是教师专业发展与教学质量提高的需要。

一、教师教学反思的内涵

教师反思自 1980 年以来成为教师教育领域研究的热点，这与教师专业发展的要求密切相关。杜威（J. Dewey）最早对反思进行了描述，他在 1933 年的著作《我们怎样思维》（*How We Think*）中认为："反思是一种对于任何信念或假设性的知识，按其所依据的基础和进一步结论而进行的主动的、持久的、周密的思考。"各国学者纷纷对反思进行研究，由于研究视角不同，提出的看法也不尽相同。一般认为：反思就是用批判和审视的眼光，多角度地观察、分析、反省自己的思想、观念和行为，并做出理性的判断和选择的过程。教师教学反思是指教师为了实现有效教学，在教师教学反思倾向的支持下，对已经发生或正在发生的教学活动以及这些教学活动背后的理论、假设，进行积极、持续、周密、深入、自我调节性的思考。它是教师教学认知活动的重要组成部分，贯穿于教学活动的始终。

反思的本质是一种理解与实践之间的对话，是理解与实践之间相互沟通的桥梁，又是理想自我与现实自我心灵上的沟通。教学反思是一种有益的思维活动和再学习活动，不仅仅是头脑内部的"想一想"（自己与自己的内部对话），更是一个不断实践、学习、研究的过程（自己与自己、自己与他人更深层次的对话）。它贯穿于教师教学生涯的始终，而不是某一阶段的特殊任务。

二、反思成为今日教师的需要

教师是新课程的实践者，在实践的过程中，一定会遇到这样或那样的问题，对问题的思考，是最宝贵的财富。“教然后而知困”，我们不仅要做好一个教师，更重要的做一个有思想的教师。那么，教学反思，是提升思想的最佳方式。

（一）反思还没有成为教师需要的主要原因

多年形成的固定的工作模式，使教师的文化越来越缺失。大部分体育教师缺乏课后反思的意识。

有的体育教师说：“不会写反思。我们学校改变了传统的备课方式，把教学反思作为了重要的备课内容。可是，我们没有时间写反思，再说也不会写反思。”“每周近20节课，早操课间操，课外运动训练，没有时间静下心来写。”“活动太多，太累。备课可以‘借鉴’，但写反思有难度。”“没什么用，不写，一样能把课上好，这是在加重我们的负担。”“虽然每周有半天的备课时间，一般的时候，都是被业务学习或者学校的工作会议占据了，很少给足备课的时间，即使给时间，我们也写不完，因为课时量很大，备课赶不了上课的进度，我们大多是补备课。”

（二）培养体育教师自我反思的意义和价值

研究型教师要善于反思，学会自我批评，能从自身不足中发现学生出现各种问题的原因，具有强烈的教育道德感和自我批评精神。那么，培养教师自我反思意识和能力的意义和价值何在呢？

1. 具有反思意识和能力，能够促进自身教育观念的改变

现代教育观念提倡“以人为本”、“以学生为本”。在教育过程中，教师是主导，学生是主体。教师的角色发生了根本的变化，教师不再是指挥者，而是学生学习的引导者、组织者，学生作为教育的主体，要发挥自主性，这一观念正在被广大教师接受。但是，从接受新理念到行为实践有一个转化过程。受传统教育观念的影响，教师常常会不自觉地出现违反现代教育理念的教育教学行为。例如，在教学中有些教师讲得多，给学生提问、思考、切磋的时间少，习惯于以“教”为中心，而不是以“学”为中心。又如，学生违反了纪律，或同学之间发生冲突，有的教师往往不给学生申辩的机会，而是一味地批评。学生受了委屈，教师

还浑然不觉。种种现象表明，教师在转变教育观念的过程中还存在理念与行为脱节的现象。反思是解决这一问题的好方法。如果教师具有反思意识和反思能力，经常用现代教育理念审视、分析自己的教育教学行为，反思教育教学效果，及时发现问题，总结经验，改进方法，就能把转变教育观念落在实处，不断提高自身素质。

2. 具有反思意识和能力，能够激发自身的创造力

体育教师的创新意识和创新能力是在实践中逐步培养的。在形成创新能力的过程中，反思能够激发教师自身的创新意识。例如，当前的课程改革给教师提供了广阔的创造空间。教师不仅是课程标准、教材的执行者，也是课程改革的参与者，他们可以充分发挥创造性，针对学生的实际情况，灵活使用教材，开发课程的潜在资源。在这一发挥教师创造性的过程中，反思起着关键的作用。

教师只有细心观察学生，反思学生的课堂表现，分析学生出现学习困难的原因，才能产生改进教学的愿望，激发创新意识，进而不断提高教学水平。没有反思，意识不到课程改革中的不足，教师也就难以发挥创造性。

3. 具有反思意识和能力，能够提高自身的道德修养

教师面对学生，需要时常反思，反思自己是否尊重学生，处理问题是否公平、公正，是否关爱后进生等。通过反思，教师可以及时发现自己在教育过程中出现的不符合现代教育理念的言行，及时发现对学生的无意伤害，及时采取补救的措施。这一反思过程，既是教师自我评价、战胜自我的过程，也是教师提高师德修养的过程。在教育实践中，有的教师经历过这样的情景：当老师在全班同学面前承认自己处理问题有些急躁，对某某同学不够尊重时，迎来的是学生热烈的掌声和尊敬的目光。在学生看来，实事求是、敢于自我批评的教师是好老师，而教师的人格也会在学生心目中得以提升。因此，要做一个好老师，必须学会在反思中不断提高师德修养。

4. 具有反思意识和能力，可以最大限度地调动学生的主动性和创造性，培养学生反思性思维能力

很多人在小孩子的时候非常具有探究意识和创造精神，但随着年龄的增长，这种创造力却在减弱。其原因很复杂。教育教学的不当和失误，可能是造成学生创造力减弱的重要原因。创造力高的儿童，一般具有顽皮、淘气、所作所为超越常规、待人处事不固执、较幽默但难免嬉闹等特点，这与一些教师眼里的传统好孩子的标准如听话、乖巧、守规矩等很不一样。一些教师误把有创造力的孩子当作“淘气”孩子对待，批评不断，只能将孩子的创造力扼杀在摇篮里。

三、新课改背景下体育教师反思什么

（一）不同类型的体育教师反思什么

对于一个体育教师来说，教学技能、策略、理念是反思的主要内容。对于不同类型的体育教师来说，如新手形体育教师主要进行教学技能反思；适应型体育教师更多地需要进行教学策略反思；成熟型教师在经验基础上需要对某些理论进行反思；专家型体育教师则在经验基础上对理论的研究进行教育科研反思。通过对北京市 120 名中小学体育教师的问卷调查，体育教师反思内容百分比结果如表 6—2 所示。

表 6—2　不同类型体育教师反思内容调查

教师类型	反思的内容	中学体育教师	小学体育教师
新手形	教学技能的反思	49.5%	62%
适应型	教学策略的反思	28.5%	18.8%
成熟型	教育理念的反思	11.8%	10%
专家型	教育科研的反思	10.2%	9.2%

从表 6—2 中可以看出，不同类型体育教师反思存在着一定的梯度，教师对教学技能的反思占的比例最大，而对教育科研的反思占的比例最小，可见目前体育教师更多的停留在教书匠的行为中，而现代体育教师应怎样发展成为教育研究者是值得关注和反思的问题。同时，从表 6—2 中可以看出中小学体育教师的反思内容存在不同的比例和差距。

（二）新课改下体育教师教学反思的内容

新一轮的体育与健康新课程改革，在教学内容、教学方式、评价方法等方面都发生了变化，多数体育教师在新课程的实施过程中，创造出了许多新颖独特、颇具个性、深受学生喜欢的课堂教学新模式，使教师自己的创造性得到了很好的发挥。同时体育课程在改革中碰到一些新问题，遇到一些新困难，教师不知道如何选择有利于实现学习目标的教学内容，不知道怎样实现五个领域的学习目标，不知道采用怎样有效的教学方式，还有一些体育教师不敢教竞技运动技能，特别对学习评价感到难于操作等。新课改中体现出的好的教学模式和存在的问题，需要体育教师认真的总结与反思，通过调查分析，表 6—3 所列的新课改体育教师教学反思内容是体育教师认为在教学中需要进行反思的方面。

1. 新课改体育教师教学反思的内容

表 6—3　　新课改体育教师教学反思的内容

序号	反思内容
1	教学目标是否达到
2	教学情景是否和谐
3	学生积极性是否被充分调动
4	教学过程是否得到优化
5	教学方法是否灵活
6	教学手段优越性是否体现
7	教学策略是否得当
8	教学效果是否良好

2. 教师如何对自己进行教学水平的反思

如果教师学会从学生的外在表现中发现自己教学水平的不足，那么将非常有助于教学。教师在对自己的教学水平进行反思时，可以从以下几方面入手：

(1) 在教学时，你的学生是以怎样的表情来听课的？是不是始终处于一种思考的状态？面部表情是不是有一种满足的微笑？

(2) 每当你提出一个问题后，是不是多数学生都会积极响应？进而展开热烈的讨论？还是处于一种沉闷的气氛中，学生不为教师的焦急所动？

(3) 课堂上你为学生留下的有效时间是多少？能不能有一半以上的时间是学生在积极地活动？

(4) 你在备课的时候，是否注意了学生的不同层次问题？是否为不同层次的学生设计了不同的思考题？

(5) 每一项教材内容是否使用了不同的导入方法？在备课时是否设计了一种堂堂有别、课课有新的教学过程？

(6) 教学过程中，是否注意到了对语言的锤炼？能不能保证每一节课都是在一种神采飞扬的精神状态下使学生受到感染？

(7) 是否注意到了课外体育教学资源的有效利用？能否做到每一节课都为学生带来一些教材中所没有的新信息？

(8) 在课堂上，你对学生是表扬多还是批评指责多？当学生回答问题比较精彩时你是怎样对其进行表扬的？

（三）体育课堂教学反思

在体育课堂教学中，认真反思自己教学的得与失，包括教学中的具体细节，如情景的导入、语言、示范、讲解、提问、练习、组织、结束等具体环节的实施技巧等，这一系列的反思有利于促进教师专业化水平的提高。如：为什么篮圈的高度是3.05米？高一点行吗？低一点行吗？单杠是不是只能用来发展力量？滚翻究竟应该翻得快些还是慢些？滚翻运动在实际生活中有哪些用途？

1. 教学前反思

在体育教学前的反思："我为什么要进行今天的体育教学活动？怎么进行？""本次课的教学目标是什么？通过什么途径和方法来实现教学目标？""自己在过去的教学中曾遇到过哪些问题？采取什么策略和方法去解决？其效果如何？""他人的教学有什么可借鉴之处？其优点何在？你认为还存在哪些问题？理由是什么？""根据目前所教班级学生的能力状况，在学习中可能会出现哪些新问题？你准备采取哪些策略和方法？"

2. 教学过程中反思

教学过程中反思主要针对课堂教学，要求教师在课堂教学中捕捉每一个细节，以及每一个新的问题。如在教学过程中的反思："学生当时的反应是什么？他们需要什么？他们进行练习存在的问题是什么？我该如何及时调整，更好地促进学生的学习和发展？"这一过程中可包括如下的反思核查清单："教学中出现了哪些你未曾预料到的问题？你是如何解决的？""学生当时的反应是什么？他们更需要什么？他们进行练习时存在的问题是什么？应该如何进行调整？""课堂气氛有没有出现过分沉闷或过分活跃的现象？你是如何调控的？""教学设计与实际的教学进程有何差距？你是如何处理这种差距的？""对原先的教学设计，你做出过哪些调整？"

3. 教学活动后反思

教学活动后反思是教师在实际教学过程结束后对整个教学过程进行的思考性回忆，它包括观念、行为、情感、成败归因等一系列理性的分析。如"为什么学生的反应和我预期的不一样？为什么学生会有这种反应？对这种反应我应该采取什么样的措施？我怎么上课更好？"可以有如下反思核查清单："为什么学生的反应和预期的不一样？为什么学生会有这种反应？对这种反应应该采取什么样的措施？怎么才能把课上得更好？""教学目标是否达到了？达到的标志是什么？""教学中还存在哪些问题？哪个问题是最为关键性的问题？""你打算在后续的教学中如何解决这个关键性的问题？""教学中有没有发生让你印象深刻的事件？其蕴涵的意义有哪些？""今后教同一内容时，你准备做怎样的更改与完善？"

四、体育教师怎样进行教学反思

教学反思是一种回忆、思考、评价教学经验的活动，是对过去经验的反馈，是思考、反省、探索教育教学过程中存在的问题。要求教师在实践中反思自身或他人实践的内容和结果，分析其背后所蕴涵的理论知识，提出解决问题的假设，并在实践中检验假设，不断发展。也就是学习、实践、交流讨论，再实践、再学习、再交流讨论的一个过程。其主要方法有反思随笔、反思日记、反思教案等。

（一）反思随笔（想一想）

反思随笔就是用平实的话，即教后想想，想后写写，有感而发，有感而记。可以在课上、课后随机摘记，可以在书中、教案上、自己头脑中留下痕迹，或对课上的教学机智或一个小小的引导失误进行反思，想想后动动笔。反思随笔看似小，贵在及时，贵在坚持，贵在执著地追求，一有所得，及时记下，有话则长，无话则短，以记促思，以思促教，日积月累就会达到从量变到质变的飞跃。

通过对教学过程的认真记录，通过对教学细节的真实描述，通过对真实案例的描述分析，通过反思与交流，可以随笔记录：每一次我们的发现，每一次的成功与失败，每一次经验的获得与积累，每一次老师、学生的变化，每一次教学事件……

（二）反思日记

所谓反思日记，是指教师将自己教学实践的某方面，连同自己的体会和感受诉诸笔端，从而实现自我监控的最直接、最简易的方式。从本质上讲，反思日记是把反思这一单纯的内省活动外化，通过对反思日记这一工具不断地分析、回顾、研究，以改进自己的教学、提高自身的反思能力。也就是在一天的体育教学工作结束后，体育教师自己写下自己的教学经验、教训或困惑，并与其他教师进行交流，分析成败得失，提高教学水平，促进自身以及学生的发展。

体育教师反思日记的主要内容包括记成功之举、记“败笔”之处、记教学机智、记学生见解、记再教设计。

1. 记成功之举

即将教学过程中达到预先设计的目的、引起教学共振效应的做法，课堂教学中临时应变得当的措施，某些教学思想方法的渗透与应用的过程，教学方法上的改革与创新等，详细得当地记录下来，供以后教学时参考使用，并可在此基础上不断地改进、完善、推陈出新。

2. 记“败笔”之处

对课堂教学的疏漏失误之处进行回顾、梳理，并对其做深刻的反思、探究和剖析，使之成为以后再教时应吸取的教训。再完美的教学设计也可能有疏漏、失误，把这些课堂教学中的“败笔”（处理不当的教学重点和难点、安排不妥的教学内容、甚至由于某种原因对学生积极性的挫伤等）做进一步深刻的分析和探究，在适当的时机有计划、有步骤地补救。

3. 记教学机智

课堂教学中，随着教学内容的展开、师生思维的发展及情感交流的融洽，往往会因为一些偶发事件而产生瞬间灵感。再详尽的教案也不可能写出课堂上的每一句话和每一个动作，也不可能预见师生思维发展、情感交流的全部情况，课堂上，随着教学内容的展开，问题情境的创设，或者一些偶发事件的产生，教师总会突然产生一些灵感，这些智慧的闪光点往往“突如其来、突然而去、不由自主”。不及时地课后捕捉，会再也想不起来，从而造成很大的遗憾。

4. 记学生见解

在课堂教学过程中，学生是学习的主体，他们总会有“创新的火花”在闪烁，教师应当充分肯定学生在课堂上提出的一些独到的见解，这样不仅使学生的好方法、好思路得以推广，而且对他们也是一种赞赏和激励。同时，这些难能可贵的见解也是对课堂教学的补充与完善，可拓宽教师的教学思路，提高教学水平。

5. 记再教设计

一节课下来，教师应静心沉思，反思摸索出了哪些教学规律；教法上有哪些创新；组织教学方面有何新招；练习是否到位等。及时记下这些得失，并进行必要的归类与取舍，考虑一下再教这部分内容时应该如何做，写出“再教设计”，这样可以做到扬长避短、精益求精，不断提高自己的教学水平。叶澜教授指出：“一个教师写一辈子教案不一定能成为名师，一个教师写三年反思有可能成为名师。”可见，课后的“二度设计”是一种不断提升自己教学水平的好方法。

（三）反思教案

反思性教学是指教学主体借助于行动研究，不断探索与解决自身和教学目的以及教学工具等方面的问题，将“学会教学”与“学会学习”结合起来，努力提升教学实践的合理性，使自己成为学者型教师的过程。教学反思教案是一种有益的思维活动和再学习活动方式。通过课的构思与设计，通过教案的撰写与修改，通过体育课堂教学与实践，通过课前、课中与课后的反思，进行课的教学目的反思与分析、学生反馈的反思与分析、教材处理的反思与分析、教学设计的反思与分析、教学方法的反思与分析、教学设计与教学实践差距的反思与分析等，从而促使体育教师自己求学求教，激活体育教师的教学智慧，探索教材内容的崭新表达方式，构建师生互动机制及学生学习的新方式。

（四）教学日志

教师应有意识地、生动地表达自己。不是罗列清单，而是聚焦事件（故事）；了解自己的假定，揭示自己的真实情况，从特别高兴、紧张、困惑、反感的经历中反映出现实生活所依附的价值观。可以是一天中：全神贯注的事情；难以回避的技能；习以为常的实践；出乎意料的挑战；成见的怀疑；假定的推翻；诱因的诊断；费心劳神的解脱；“盲目的高峰”；“迷失的低谷”等。

（五）研究日志

每天将自己的教学心得、研究实践记录下来，并且进行反思，以一种更具个性化和人性化的方式理解体育课程与教学。可记大家所熟识的内容，比较简单可行；可记很多方面的资料，包括那些可以通过参与观察、访谈和对话等方式收集到的资料；可以随时记下自己的灵感和偶发事件，反省每天的教学和研究结果，对一手材料做解释性评论；可以对自己的身份和使用的方法进行反思，增进对自我的理解；记录的思想可以发展为理论架构。

1. 个人日志

个人对事情的见解、评论，融入丰富的个人情感和喜好。一般每天记录或定期记。

2. 备忘录

记录范围较小，记录中力求客观，不加入个人的情感、观点。

3. 记录

类似于“流水账”，事无巨细地记下发生的事情、处理的情况。

五、体育教师教学反思案例及启发

（一）体育教师教学反思案例

案例 1：房山区一位体育教师在利用废旧报纸设置投靶完成了一堂小学《持轻物掷准》课后，在课后反思中写道：“以后的教学，如果在标靶上挂有一个铃铛，打中后会发出响声，学生的练习兴趣会更高；我若多准备一些纸包，学生手中有几个纸包，练习起来减少捡包时间，活动密度会更高，学生练习时间会更长，投中的机会会更多；投掷时，采取自由选择投掷远度，投中后后退，再投，随着远度的增加，投中的难度也增加；如果投中，及时表扬，照顾不同学生的不同需求，教学效果会更好。”

案例 2：“了解了反思，回想起自己的教学真是惭愧，在自己工作的六年中从没进行过反思，以前上课不论成功与失败从没有反思过。现在我会不断地对自身的行为进行反思，对出现的问题进行探究，对积累的经验进行总结。每次的教中反思与教后反思都让我有所收获，有所提高，使我驾驭课堂的能力更强，使我的教学效果更加完美，我在反思中前进，在积累中创新，在实践中成长”，这是一位来自北京远郊区县农村中学体育教师的反思记录。

案例 3：有一位中学体育教师，在反思中写道：“学会了案例撰写与教学反思，为自己的教学积累了材料，为自己将来进行教育、教学总结积累一些鲜活的资料，对于教学经验总结有很大帮助。在自己撰写论文时这些反思和记录会大大提高撰写论文的能力和水平。我的论文《一物多用教学内容的选择和教学计划的制定》获得了区级一等奖，这是我进行教学反思的收益。”

案例 4：“积累经验是快速成长的基石，而经验只有从反思中获取。学了反思才发现自己是多么的无知，因为我以前只有在无奈时考虑过如何才能胜任，却从来没有回忆过前面教学过程中的成功之处与失败的教训，也没有那种意识把它们作为宝贵的经验写出来。当听到‘如果一个教师仅仅满足于获得经验而不对经验进行深入的思考，那么，即使是有 20 年的教学经验，也许只是一年工作的 20 次重复，除非善于从经验反思中吸取教益，否则就不可能有什么改进，永远只能停留在一个新手形教师的水准上’这句话以后，我后悔前几年的所作所为，如果有人早点来提醒我，我也不至于走那么多的弯路。现在不一样了，我知道一个优秀教师的成长过程中离不开不断的教学反思这一重要环节，而且这项工作要贯穿于教学生涯，而不仅仅是指某一阶段。我渴望成功，为此十天集中培训回来以后我便认真考虑了这几年教学经历中的成功与失败之处，为我新学期拟订新的教学工作计划做好了准备工作。新学期之初，我拿出了一套全新的教学方法来面对我的学生，并在课前课后认真反思，如何才使我的课堂更具有实际意义。一个学期下来，我在教学、管理等能力方面突飞猛进，为此，我更加自信了，更加热爱我的体育工作。当同事问起教学中的困惑如何解决时，我便能以我的亲身经历和感触为他们解答困惑。这不仅仅是我一个人的收获，更是大家的收获。”

（二）教学反思案例的启发

以上四个案例，分别从体育教学、教师成长和论文撰写等不同角度，反映了一线体育教师通过教学反思提升自我的真实事例，对于广大体育教师在专业发展与自身成长的过程中起到一定的引导、启发、点拨等作用。一名体育教师要想更快更好地成长与提高，就必须学会工作反思，在教学中只有经常地、自觉地反思自己和分析自己，审视教学实践中的各种问题，研究教学中出现的问题，才会从中获取经验和收益，更有助于深入理解体育与健康课程的新理念和教学的更高要求。在不断反思与探究的过程中提升自己的专业水平和教育教学能力，是新课程改革的需要，是教师自身发展的需要，是教师专业发展的需要。作为一名体育教师，如果经常地进行反思、学习与对比，才能有助于更深入地理解和思考体育与健康课程，总结教学经验，增强参与体育与健康课程改革的意识和能力，将理念运用到体育教学实践的过程中。

教学反思是教师成长的基础，是教师专业发展和自我成长的核心因素。本讲主要是对教师教学反思内涵进行阐述分析，提出在新课改背景下体育教师教学反思的内容，从反思随笔、反思日记和反思教案三方面分析体育教师如何进行教学反思，并从具体真实的体育教师教学案例中启发、引导一线教师，让体育教师从实践中学习，不断探讨与解决教学目的、教学工具和自身方面的问题，不断提升教学实践的合理性，在反思中进步，促进专业化提高。

思考与活动

1. 什么是教学反思？联系体育教学实践，谈一谈教学反思对教师专业化发展的意义。

2. 结合你的体育教学，针对自身教学反思实践，你认为自己在反思能力提高方面还要做哪些努力？

3. 在体育教学实践过程中，你曾进行过哪方面的教学反思，有怎样的收获？

4. 联系自己的教学实践，选取适合的方式进行反思，并形成一篇反思案例或反思随笔。

参考文献

1. ［美］史考特·G·派瑞斯，琳达·R·爱尔丝. 培养反思力［M］. 北京：

中国轻工业出版社，2001

2. 陈雁飞. 教学反思的内涵与体育教师如何进行教学反思 [J]. 北京体育大学学报，2005 (9)

3. 辛涛. 教师反思研究述评 [J]. 清华大学教育研究，1998 (3)

4. 吴卫东，骆伯巍. 教师的反思能力结构及其培养研究 [J]. 教育评论，2001 (1)

5. 李玲. 反思性教学与教师反思能力的培养刍议 [J]. 东岳论丛，2002 (3)

第四讲
体育教师如何听评课

北京市教科院基教研中心体育教研室　马　凌

教与学、讲与练、主导与主体、学知识与学做人、学知识与提高能力、全面要求与因材施教等都是在课堂教学中引出、展开和运行的。因此，怎样来认识课堂教学规律和抓好课堂教学质量之类的问题就摆在我们眼前。深刻认识这些问题对于抓好常规教学、深化教学改革、开展教科研活动以及推进素质教育都是至关重要的。听评课是一种行之有效的研究课堂教学的重要方法和手段。听（看）课、评课是最常见的教研活动，对体育教师之间互相切磋教艺，增强教学能力，提高教学质量，推动教研、教改和素质教育起着重要作用。本讲从剖析听课、评课与教师成长关系的角度出发，结合听评课的具体方法和实际案例，来和大家一起探讨体育教师如何听评课的问题。

一、听课评课与教师成长

上课、听课、评课是最能体现教师专业水平的教学研究活动。不管是哪一级别的公开课，还是“家常课”，目的不仅是为了证明、展示教育、教学能力，也是为了促进和提高。因此，我们把促进教师专业发展作为教研活动的“任务驱动”，突出听课评课的激励、导向功能。

也许有些教师会认为，听课评课虽然很重要，但并不是很难，只要带上笔记本，走进课堂认真听、认真分析就可以了，没什么复杂的。

听课者应具备学科专业知识、教学实践经验、先进的教育思想和专一的心力四个层面的素质。教师通过听课评课来提升自己的专业能力是一个既简便又快捷的好方法。

二、体育课怎样看收获最大

听课是教学研究的有效手段。在当前课程改革实施的推进过程中，在大力提倡开展校本教学研究的今天，体育教师通过听课研究改进体育教学中存在的问题尤其重要。此部分我们重点解决的是会不会听课、能不能听好课、怎样去听课的问题。

（一）什么是听课

听课是一般教师或研究者凭借眼、耳、手等自身的感官及有关的辅助工具（记录本、调查表、录音录像设备等），直接（或间接）地从课堂情景中获取相关的信息资料，从感性到理性的一种学习、评价及研究的教育教学方法。听课是教学的常规工作之一，也是一种技能和方法，是达到甄别认定课堂教学优劣的手段和途径。

听课的基本特点是：

1. 目的性

一般来说，听课者应根据听课的目的来选择时间、地点和对象等，听课应带着一定的目的要求和任务，如为什么要去听课？听什么样的课？要解决什么问题？如新体育教师听课最主要的目的就是观摩学习，主要看上课教师是怎样教的如教学的重点难点是如何突破的、教学手段和教学媒体是如何运用的、教师是如何调动学生积极性活跃课堂气氛的。

2. 主观性

体育教师在听课活动中有很多的主观因素，如是什么时候到什么地方去听什么人的课；课堂教学的实际情况可能会因听课者的参与而发生变化；听课者的听课行为受其教育思想、教学经验、对上课者的印象的制约。

3. 选择性

体育教师进行有意识有目的地听课就意味着选择。如学校要对年轻教师进行培养和考核，就会选择听年轻教师的课；要推荐教师参加优质课比赛，就会听部分优秀教师的课。

4. 指导性

大多数听课活动在听课后要形成个人或集体的认识和意见，提出一定的指导性意见和要求及改进措施等。

5. 理论性

听课需要掌握一定的方法和技能，需要一定的教育教学理论做支撑。听课本身就需要有一定的教育学、心理学的理论基础及掌握一定的新课程教育教学理念、教学方法。

6. 情境性

课堂教学几乎是每天都在进行的活动，听课是在现场进行的一种活动，听课者和被听课者都处于一定的情境中，不同的时间、地点、条件就可能有不同的过程和结果，即使同一个教师在不同的学校上同一节课可能会得到不同的评价。

（二）听课准备什么

1. 目的准备

体育教师走进课堂听课，目的是改进教学实践；促进学生发展和教师专业成长；提出问题讨论，提高教学质量，提升教学境界。因此，体育教师听课时该把自己作为学习者和研究者的角色参与其中，设想假如“我来上这一节课我应该怎样上”、“他这样做有什么好处”、“他的失误我应怎样避免”。

2. 教学内容准备

上课教师要备课，听课教师也应备课，在听课前，最好能认真浏览一下上课的内容，并且能结合自己的教学做一番粗浅的思考。如想想哪些是重点，上课者会如何设计教学。

3. 学生情况准备

备课要备教材、备自己、备学生。要了解班级的类型、班级的特点、班级的水平。

4. 先进理念准备

新课程实施后，面对新理念、新教材、新教法，体育教师平时听课应善于学习，关注报刊有关学科的课改经验和论文，获取新的信息，提高听课的品味，敏锐准确地发现教师授课的优缺点。

5. 心理与物质准备

听课时，不仅要听得懂、听得进，还要做记录，并深入进行思考分析。如果听课时打瞌睡，既听不好课，又会给师生带来不良的影响。听课时要带好听课笔记、教科书、参考书等。

（三）听谁的课

体育教师应该听谁的课呢？一般教师听课有很多机会，听自己校内老师的课，走出学校听名家、特级教师的课，到兄弟学校听一般教师的课等。体育教师听课时，建议也能不分学科、不分年级、不定时间随堂听课。因为这样，首先教师讲课比较轻松，能表现出真实的水平；其次学科间横向听课，有助于拓宽教师的知识领域，还有助于听课者和被听课者融洽地交流意见。

还有一种听课的方式，就是年轻教师听自己的课。把录音机或摄像机带进课堂，把自己的课记录下来，然后自己听，自己看，自己分析，请他人指教，在修改的基础上再重上，这是年轻教师尽快提高教学水平的一种好方法。

（四）听课的方法

我们知道，新课程要求听一节课成功与否，关键不是听教师如何讲，重要的是看在教师引导下的学生如何学，做到既听又看，听看结合，注重观察。

1. 看什么

（1）看体育教师的主导作用。

其一，看教学目标设计与达成是否准确、合理、全面、有差异性等。

其二，看教材处理的重点、难点是否抓住；看开发体育课程资源，创造性使用教材思路是否清晰；看动作技能学习和呈现方式，是否化难为易。

其三，看教学组织方式是否从教材和学生实际出发，学生是否充分参与、体验、合作、探究等。

其四，看体育教师对课堂的驾驭，看对突发事件与问题的巧妙处理，看应变能力。

其五，看体育教师的课堂教学评价方法和策略，以及学生对评价的反应。

其六，看体育教师课堂教学的激情、教态，示范、运用现代教学手段等教学基本功。

（2）看学生主体作用的发挥。

其一，看课堂上的宽松民主气氛。

其二，看学生参与教学活动的情况。

其三，看学生的学习效果。

其四，看学生的自觉习惯、行为习惯、语言表达习惯以及课堂常规学习习惯的养成。

2. 听什么

体育教师在课堂上不仅要看，还要听。

（1）听体育教师的教学激情是否有感染力。

（2）听体育教师讲课是否讲到点子上，知识是否全面、技术是否准确、重点是否突出、难点是否突破、详略是否得当。

（3）听体育教师讲课是否言简意赅，思路是否清楚明白，学生是否明白。

（4）听学生课堂对问题的回答和教师的相应指导等。

3. 想什么

体育教师在课堂上要真正对课做出正确的判断，必须是看、听、想结合起来，并借助新课程理念做出分析。例如在一些教研活动中，专家评定为优课，教师觉得一般；教师评价为好课，学生却感到乏味。我们知道，专家是全面评价，方方面面去总结；教师是侧面评价，看教学效果；学生认准一条，这一节课是否有趣。

（五）怎样做听课记录

体育教师听课时不仅要听、看、想，还应仔细捕捉讲课者的语言和表情，记下每个教学环节和教学方法，记下自己的主观感受和零星评析。

1. 课堂实录内容

（1）听课年、月、日、学科、班级、执教者、课题、第几课时等。

（2）教学过程。包括教学环节和教学内容以及教学采用的方法。

（3）各个教学环节的时间安排。

（4）学生活动情况。

（5）教学效果。

2. 课堂评点

课堂评点即听课者对本节课教学优缺点的初步分析与评估以及提出建议。可把师生双边活动后所产生的反馈感应随时记录下来；或是把综合分析间评后所形成的意见或建议记在记录本上。

3. 听课后反思

体育教师听课后，应对课堂实况“过几遍电影”，反复琢磨，在分析总结时注意比较、研究、取长补短；善于研究，准确地评价各种教学方法的长处和短处，并结合自己的教学实际，吸收他人的有益经验，改进自己的教学。

三、体育课怎样评效果最好

特级教师徐世贵老师认为：评课，是指对课堂教学的成败得失及其原因做切实中肯的分析和评价，并且能够从教育理论的高度对一些现象做出正确的解释。科学正确的评课能较好地发挥其应有的功能。在现实的评课中，存在着不少弊端，如听后不评、评课比较随意，不痛不痒，听后觉得毫无价值；评起来头头是道，却没有深入关键和实质内容；面面俱到分不清主次；害怕伤害上课者，就说一些好话，做老好人；语无伦次，让人听了摸不着头脑；追赶时髦，流行什么新的教育理论就用时髦的话题和理论套；听了一节课就给上课者的上课水平贴上“标签”。

（一）评课的内容

评课首先要对课堂教学进行评价，也就是对课堂教学效果进行评价，以及对构成课堂教学过程的各要素（教师、学生、教学内容、教学方法和教学环境等）

的作用进行分析和评价。唐晓杰等编著的《课堂教学与学习成效评价》一书中指出：考虑较多的是教师与学生的相互作用、教师与教学方法的相互作用、教学方法与学生的相互作用。也就是说，是要评价课堂教学中的教与学、讲与练、主导与主体、学知识与学做人、学知识与提高能力、全面要求与因材施教、教学目标与绩效达成、教师专业发展等方面。

（二）一节好课的评价标准

评课作为一种质量分析，首先应该有一种质量标准。什么是一节好课的评价标准？面对新课程、新思想、新教材，因为年级不同、地区不同、每次评课的目的任务不同，很难有一个通用的标准（见表 6—4）。

表 6—4　　一节好课的不同看法

主要看三条：	（1）教得有效；（2）学得愉快；（3）考得满意。
主要看四条：	（1）学科特点鲜明；（2）教学理念深刻；（3）教学重点突出；（4）教学设计独特。
主要看五条：	（1）看教学目标；（2）看教学内容；（3）看教学程序和策略；（4）看教学素养；（5）看学习状态和结果。

案例 6—2　第二届全国中小学体育教学观摩展示活动优秀课的基本特点

1. 较好地贯彻了“健康第一”的指导思想和体现了体育课程的性质
2. 既重视教师主导作用的发挥，又较好地确立了学生在课堂学习中的主体地位
3. 注重组织教法的有效性与多样性，教学步骤比较清晰
4. 提高了课程内容资源利用与开发的水平
5. 体育教师的综合素质有所提高

（三）评课应注意的问题

1. 评课要有准备，切忌信口开河

评课时的准备工作主要是对听课时所获取的感性材料进行细致的分析综合，使之上升为理性的东西。听课时往往会发现一些问题或经验，评课时要对这些看似独立的问题加以仔细的分析研究，发现它们之间的本质联系，还必须注意揭示那些被表面现象掩盖的本质问题。

2. 评课要有重点，切忌吹毛求疵

评课的重点应主要围绕教学任务的完成情况、课堂教学组织结构、课堂信息传递结构、学生身体活动的密度和质量、教师基本功等方面进行，不应在琐碎问题上吹毛求疵。有的老师在听课时往往抓不住课堂教学中的要害问题，总喜欢对教学中出现的偶发性错误抓住不放，这是一种舍本逐末的做法，不但不能帮助教师提高教学水平，反而会严重地伤害教师的自尊心。

3. 评课要全面衡量，切忌以偏赅全

我们在听课中往往会发现有些教师在某一方面有十分突出的优点，令人赞叹不已。例如示范动作做得很漂亮，或者教具设计得精致实用等。这些突出的优点往往会使听课的人产生一种愉快的心境。相反，有时候也会因为授课教师存在某一方面的缺陷，给听课者带来一些沮丧失望的心境。心理学研究证明，不管任何性质的心境都具有强烈的发散性。也就是说，这种愉快和失望的心境使人们在其他问题上也会带上同样的感情色彩，产生“一好遮百丑”或者“一丑遮百好”的心理感觉。因此，如果在听课时发生这种情形，那么在评课时要特别注意防止感情用事、以偏赅全。

4. 评课要因人而异，切忌程式化

(1) 要注意教师的年龄差异。

对待老教师要尊重，持虚心态度；对于有多年教学经验的中老年教师，要把评课重点放在教学指导思想方面，对于一般性的问题可以讲得概括一点，不要不厌其烦地谈论教学细节问题。同时要帮助其总结经验，并使之上升为理论性的东西；对待刚参加工作的年轻教师，要细心指导，持扶持态度，评课要具体，可以就教学细节提出具体的改革意见或努力方向，但不要求全责备，可结合实际讲一些教学理论问题，但不宜太多太深。

(2) 要注意教师的性格差异。

对待性格谦逊的老师，可促膝谈心；对待性格直爽的教师，可直截了当；对待性格固执的教师，应谨慎提出意见。

(3) 要注意教师的素质差异。

对待素质好的教师要提出新的目标，以求不断进取，形成个人的教学风格；对待素质一般的教师，要注意鼓励、鞭策，使其充满信心，迎头赶上；对待素质较差的教师，要诚恳地帮助他们认识到教学中的不足，促使其苦练基本功，以提高自身素质。总之，评课要看对象，不能一个程式往下套。

5. 评课要实事求是，切忌片面性和庸俗化

评课要一分为二，实事求是，实话实说，敢讲真话。既充分肯定成绩，总结经验，又要揭露问题，指出错误。现在评课中的庸俗化现象比较严重，只谈成绩

不谈缺点，或者对一些明显存在的缺陷，讲一通模棱两可的话，甚至把缺点也说成优点，讲假话，重吹捧。这些评课中的不正之风，无论对授课者本人，还是对于参加评课的其他教师，都是十分有害的，要坚决予以反对。

（四）评课的几种形式

评课的形式有很多，我们要根据实际情况确定评课的形式。

1. 个别面谈式

在听课人数只有一两个人的情况下，听课者与执教者面对面地单独交流，更容易进行双向沟通，这样既可以保护执教者的自尊心，也使探讨问题容易深入。

2. 小组评议式

人数较多时采取小组评议的方式进行，特别是学校举行一些展示课、研究课等。一般的程序为执教者说课、听者评议、领导或专家点评。

案例 6—3　对江苏省江阴高级中学初中部王建伟老师的初二年级“自编棍术组合”展示课的点评意见

开发的教材具有较强的民族性、健身性、实用性，技术含量较高，教学因素较强，符合《课程标准》的精神；本节课重视运动技能教学，并突出了武术“形神兼备”的特点；课的运动负荷较大，使学生的身体得到了比较充分的锻炼；教师注意课堂教学情绪的调节，教和学的积极性都得到了比较充分的发挥；采用为动作命名的方法，有利于培养学生的创造性；擂台赛为学生提供了比较好的自我展示舞台；教学效果较好。

案例 6—4　对北京石油学院附属中学索玉华老师的双杠前滚翻成分腿坐展示课的点评意见

器械体操中的单双杠教材对促进高中学生身体和心理发展有特殊的锻炼价值，本课根据高二男生的身心特点，大胆地选用了技术难度较大的双杠前滚翻成分腿坐作为教材，并自制了双杠保护带及袖标标识等教具，保护带不仅为学生学习这一教材提供了安全保障，消除了学生的惧怕心理，而且也有利于学生循序渐进地掌握动作；教师对教材的重点与难点把握较准，教学设计比较合理，选用的教学方法针对性、实效性较强，教学层次分明；教师既充分发挥了自身的主导作用，又关注学生主体性的发展；注意培养学生的学习兴趣和激发学生的学习积极性、主动性；教学氛围比较和谐，教学目标完成得较好。

3. 书面材料式

评课受时间、空间、人员、场所等多种因素的影响，有些不便在公共场合交谈的问题可以通过书面传达，还可以填写评课表。

4. 调查问卷式

主要有三种形式，其一是学生学习效果调查表；其二是听课者对课堂教学情况的评价表；其三是教师自评表。

5. 陈述答辩式

先由执教者陈述自己的上课设想、教学思路、教学方法、教学理念、教学特色、教学成败等问题；然后由评课者提问，双方各自阐述自己的观点，然后进行总结；最后权威专家点评。

6. 点名评议式

这种评议方式有点像考试，采取点名的方式请参加评课者进行现场点评。

7. 师生评议式

执教者评议学生学习态度、学习效果、学习方式、合作情况和技能掌握情况等，多肯定积极因素，少批评。学生则主要评议教师上课的精神面貌、自己学的情况，有没有学会等方面。

8. 专家会诊式

邀请专家对执教者的课进行会诊，更容易帮助青年教师扬长避短，尽快成长。因为专家看问题比较准确、比较深入、能够有理有据，所以专家会诊更有说服力。

9. 自我剖析式

在听取了别人的评价后，执教者要及时进行反省性的修改、优化，进行二度设计。特别是要反思自己的不足，探究失误的原因并及时记录。

四、怎样分析一节课

体育教师在看完一节课后，都会去分析一节课，怎样才能客观、恰当、有效地去分析一节课呢？特级教师窦桂梅曾说过："评课时评课者一定要在了解课前、课后的细节，以及教师本人的一些教学特点、教学意图和个人爱好等前提下，再敞开心扉。"

（一）综合分析法

所谓综合分析法就是评课者对一节课做出全面、系统、综合性的评价。综合分析包括以下内容：

1. 从教学目标上分析
2. 从处理教材上分析
3. 从教学程序上分析
4. 从教学方法与手段上分析
5. 从教学基本功上分析
6. 从教学效果上分析
7. 从教学个性上分析
8. 从教学思想上分析

→ 综合评析（既不就事论事也不空谈理论）
↓
做出综合性评析意见

（二）归纳分析法

归纳分析法是对整节课的优缺点做总结归纳，从而找出课的优点、缺点。

（三）片段评课法

这种方法是评课者从课堂教学中选取有代表性或典型的教学片段进行评析。可以按一节课教学进行的顺序，分若干片段进行全程评价，然后再做一个小的综合评析，也可以从一节课中选择一两个片段进行评断。

（四）寻找特点法

从哲学上讲，特点就是一事物区别于其他事物的质的规定性。听课者可以寻找执教者的教学特点或教学风格即亮点，这可能是执教者教学成功的闪光之处，也可能是其教学区别他人的创新之处。

（五）以果溯因法

所谓以果溯因，就是评课者以一节课成与败的效果，去探寻其产生的原因，从中总结出规律性的东西。通过这种方法的评课，可以从现象到本质、从表象到规律，抓住实质问题，概括出教师上课的突出特点或主要问题。

（六）诊断分析法

教学诊断分析法通常经历“诊—断—治”三个阶段。

所谓诊，是提出问题和发现问题，通过对课的分析，找出优点和缺点，分析其特点。

所谓断，就是对于提出的问题要进行原因分析，要注意借助教学理论和优秀教师成功的教学经验，广开思路，引导大家深入思考。

所谓治，就是针对“患病”的原因，对症下药，提出改进教学的意见。

本讲小结

听评课是教师在日常教学活动中经常性的不可缺少的教研活动，是促进教学观念更新、教学经验交流、教学方法探讨、教学艺术展示、研究成果汇报、教学水平提高等的重要途径和主要手段。因此，体育教师掌握听评课的方法和技巧是提升其专业化水平的重要手段。本讲中提及的如何听、如何评课仅仅是在工作中的一些经验的总结，旨在为广大一线体育教师的成长提供一些参考。

思考与活动

1. 谈谈你在听课中有哪些经验和体会？
2. 评课的基本形式有哪几种？你认为还有哪些好方法？
3. 你希望别人怎样来评自己的课？
4. 你认为评课者在评别人的课时还应注意什么？

参考文献

1. 徐世贵. 新课程怎样听课评课［M］. 天津：天津教育出版社，2006
2. 杨九俊. 新课程说课、听课与评课［M］. 北京：教育科学出版社，2005

[作者简介]

马凌，男，北京市教科院基教研中心体育教研室主任，曾发表《关于完善〈体育（与健康）课程标准〉的建议》等学术论文，参与编写《师之翘楚——全国体育特级教师教育智慧与艺术》等著作和教材。

图书在版编目（CIP）数据

体育新课程教学与教师成长/陈雁飞主编
北京：中国人民大学出版社，2009
当代中小学教师研修教材
ISBN 978-7-300-10584-0

Ⅰ. 体…
Ⅱ. 陈…
Ⅲ. 体育课－教学研究－中小学－师资培训－教材
Ⅳ. G633.962

中国版本图书馆 CIP 数据核字（2009）第 060024 号

当代中小学教师研修教材
体育新课程教学与教师成长
主　编　陈雁飞
副主编　袁立新　韩　兵　潘建芬

出版发行　中国人民大学出版社
社　　址　北京中关村大街 31 号　　邮政编码　100080
电　　话　010－62511242（总编室）　010－62511398（质管部）
　　　　　010－82501766（邮购部）　010－62514148（门市部）
　　　　　010－62515195（发行公司）　010－62515275（盗版举报）
网　　址　http://www.crup.com.cn
　　　　　http://www.ttrnet.com(人大教研网)
经　　销　新华书店
印　　刷　北京市鑫霸印务有限公司
规　　格　170 mm×228 mm　16 开本　　版　　次　2009 年 6 月第 1 版
印　　张　22.25 插页 1　　印　　次　2014 年 1 月第 2 次印刷
字　　数　420 000　　定　　价　36.00 元
